광장의 문화정치

광장의 문화정치

12·3 내란 이후 광장을 읽다

2025년 7월 10일 처음 펴냄

지은이	정원옥 외 14인
엮은이	문화/과학·문화사회연구소·문화연대
펴낸이	김영호
펴낸곳	도서출판 동연
등 록	제1-1383호(1992년 6월 12일)
주 소	서울시 마포구 월드컵로 163-3
전 화	(02) 335-2630
팩 스	(02) 335-2640
이메일	yh4321@gmail.com
인스타그램	@dongyeon_press

Copyright ⓒ 문화/과학·문화사회연구소·문화연대, 2025
이 책은 저작권법에 따라 보호받는 저작물이므로, 무단 전재와 복제를 금합니다.

잘못된 책은 바꾸어 드립니다.
책값은 뒤표지에 있습니다.

ISBN 978-89-6447-260-6 03300

12·3 내란 이후 광장을 읽다

광장의 문화정치

정원옥
김상규
김성일
김진호
김현준
박상은
박이현
이윤서
이종임
정고은
조윤희
채효정
최준영
하장호
홍명교
지음

문화/과학
문화사회연구소
문화연대
엮음

동연

책을 펴내며

평등하고 역동적인 민주주의, 새로운 세계의 열망을 기록하다

정원옥 (문화사회연구소)

연구자와 활동가가 함께 만든 공동연구 보고서

2024년 12월 3일 밤, 윤석열의 불법적 비상계엄 선포와 쿠데타 시도는 시민들을 다시 거리로 나오도록 만들었다. 2016~2017년 박근혜를 퇴진시켰던 촛불광장 이후 8년 만에 다시 대통령 탄핵광장이 열린 것이다.

2024~2025년 윤석열 탄핵광장은 초기부터 시민들의 기발하고 창의적인 문화적 실천이 폭발적으로 쏟아져나왔다는 점이 특징적이다. 여성, 성소수자, 장애인, 청소년, 노동자, 농민, 이주자 등 이른바 사회적 약자로 불리던 주체에 의한 문화적 실천이 폭발하면서 그 이

전의 집회·시위에서는 보지 못하였던 다양한 연대의 풍경과 이야깃거리가 만들어졌다. 깃발과 응원봉, 시민발언, 선결제 릴레이, 푸드트럭에서 난방성당, 말벌 동지에 이르기까지 자신의 정체성은 더 선명히 드러내는 한편, 더 많이 나누고 더 적극적으로 연대하려는 '민주' 시민들의 문화적 실천은 그 자체로 기록할 만한 가치가 있는 것으로 주목받았다.

시민들의 문화적 실천을 수집·기록하는 활동이 그 어느 때보다 활발하게 전개되었다는 점도 이번 탄핵광장의 특징 가운데 하나다. 지난 1월 문화연대, 문화사회연구소, <문화/과학> 편집위원회 소속의 활동가와 연구자들이 공동연구팀을 구성하고 현장 연구에 들어간 것 또한 광장의 문화적 실천과 민주주의의 열망을 기록해야 한다는 긴급성 때문이었다. 이 책은 2024년 12월부터 2025년 4월까지 광장의 다양한 목소리와 문화적 실천을 수집하고 분석한 결과물이다.

무엇보다 이 책은 문화 분야 활동가와 연구자의 공동연구 프로젝트라는 점에서 의미가 있다. 학술적 관심만이 아니라, 실천적 관점에서 문화연대, 문화사회연구소, <문화/과학> 편집위원회에서 활동하고 있는 활동가와 연구자, 일곱 명이 공동연구팀을 구성했다. 김성일, 김현준, 박이현, 이윤서, 정원옥, 조윤희, 최준영으로 이루어진 공동연구팀은 사회개혁을 바라는 광장의 다양한 목소리를 수집·기록한다는 목적으로 머리를 맞댔는데, 가장 먼저 주목한 기록의 대상은 시민발언이었다. 자신의 정체성을 커밍아웃하는 소개 방식에서부터 개인의 서사와 시국을 연결하고 평등과 연대의 정치를 대안으로 제시하는 시민발언자들의 서사화 전략은 형식과 내용 모두를 기록하고 분석할 만한 가치가 있다.

시민발언의 수집 범위는 다음과 같다. 먼저, 시간적 범위는 첫 대규모 주말 탄핵 집회가 열렸던 2024년 12월 7일에서 윤석열 체포영장 집행을 둘러싼 갈등이 정점에 달했던 2025년 1월 11일 주말 집회까지다. 공간적 범위는 서울(여의도·경복궁)과 지역(부산·대구·광주)의 주말 집회 그리고 남태령대첩, 한강진대첩으로 한정했다. 자료의 출처는 유튜브(윤석열즉각퇴진·사회대개혁비상행동, 오마이TV, 전농TV, 부산MBC, 대구MBC, 광주MBC)로, 공개된 29개의 동영상에서 345명의 시민발언을 수집·녹취·분석했다. 녹취는 집회 주최 측이나 언론에 의해 유튜브에 게시된 발언자들의 공개된 의견 표명에 기반한 것으로서 발언자에게 개별적 동의를 구하지는 못했음을 밝힌다. 한편, 녹취 작업에 참여했으나 갑작스러운 취업으로 인해 집필 작업에 참여하지 못한 김지수에게는 감사와 아쉬움을 전한다.

공동연구팀이 두 번째로 기록의 필요성을 느낀 대상은 광장을 꾸리고 운영하는 활동가들의 목소리였다. 사회운동의 주체이자 시민들을 광장과 매개하는 활동가들은 현재의 광장을 어떻게 읽고 전망하고 있는지에 대해 기록해둘 필요가 있다고 여겼다. 인터뷰는 모두 2월 중에 실시되었으며, 참여한 활동가는 다음과 같다. 김예민(대구여성회 대표), 김은정(윤석열즉각퇴진·사회대개혁 비상행동/기후위기비상행동 공동운영위원장), 김인수(부산 민예총), 김지호(윤석열즉각퇴진·사회대개혁 비상행동 행사기획팀장), 박한희(성소수자차별반대 무지개행동 집행위원/공익인권변호사 모임 희망을만드는 법 변호사), 서동규(윤석열 퇴진을 위해 행동하는 청년 일동/민달팽이 유니온 위원장), 이채원(공유성북원탁회의 사무국장), 정록(윤석열즉각퇴진·사회대개혁 비상행동 공동운영위원장/인권운동사랑방 상임활동가), 조은혜(기후정의동맹), 현석환(마포희망나눔 운영위원장)까지 모두 10명이다. 이 지면을 빌려 다시 한 번 깊은 감사의 인사를 드린다.

마지막으로 공동연구팀은 이번 탄핵광장에서 새롭게 등장하였거나 주목할 만한 문화적 현상 및 실천을 기록했다. 이른바 '탄핵 위키'가 그것이다. 12.3 내란 이후의 광장에서는 그 이전의 집회·시위에서는 볼 수 없었던 새로운 문화적 실천이 폭발했는데, 그 현상을 기록함으로써 광장정치의 문화적 함의를 도출하고자 했다. '탄핵 위키'는 공동연구팀이 분담하여 집필하였고, 문화연대 신영은 활동가가 한 꼭지를 담당했다. 신영은 활동가에게 감사를 전한다. 광장의 이미지를 수집하고 제공해주신 김상규 교수에게도 특별한 감사를 전한다.

한편, 이 책에는 공동연구의 결과물 외에도 문화 분야 연구자들과 활동가들의 글 8편을 실었다. 탄핵광장의 문화정치를 분석한 논문 6편과 극우 대중의 부상을 다룬 논문 2편이 그것이다. 문화연대, 문화사회연구소, 〈문화/과학〉 편집위원회는 성균관대학교 BK21 한국어문학교육연구단을 비롯하여 마포구 일대 인문학 관련 학문공동체들과 공동 주최로 〈'내란 이후', 저항과 연대의 문화정치〉라는 제목의 포럼을 2월과 3월, 두 차례에 걸쳐 개최한 바 있다. 책에 실은 글 대부분은 이 포럼에 참여한 발표자·토론자에게 받은 것으로, 김상규, 김진호, 박상은, 이종임, 정고은, 채효정, 하장호, 홍명교가 참여하였다.

광장에서 보고, 듣고, 읽고, 느낀 것들에 대한 기록

이 책은 12.3 내란 이후 문화연구자와 활동가들이 광장에서 보고, 듣고, 읽고, 느낀 것들을 기록한 것이다. 모두 5부로 구성했다. 1부에는 광장의 새로운 주체화와 문화정치의 양상을 각자의 시선으로 읽어낸 여섯 편의 글을 실었다. 먼저, 김상규의 글 "광장의 창발적인 자기표현은 어떻게 생성되었나"는 광장의 풍경이 어떻게 이토록 다채롭고 창의적이며 자주적일 수 있는가를 묻고 답한 것이다. 그는 광장의 풍경을 만들어내는 응원봉과 깃발, 손팻말 그 자체에 주목하기보다는 이러한 표현물들이 창작자들과 노동자들의 수고를 거쳐 생성되었다는 것에 의미를 부여한다. 그의 시각에서 광장의 정치는 창발적 주체들이 형성해온 감각의 공동체이자 이를 통해 생성된 저항과 연대의 풍경으로 읽힌다.

정고은의 "'훼걸'과 '말벌'의 이미지"는 〈문화/과학〉 121호(2025년 봄호)에 실린 글 "'훼걸'과 '말벌': 초대장에 응답·연대하는 방식"을 사진과 이미지 중심으로 요약·재서술한 것이다. 정고은은 윤석열 탄핵 및 사회대개혁을 위한 집회의 문화양식을 자신만의 시각으로 읽어낸다. 즉, '훼걸', 노동조합 조합원, 30대 여성, 시간 강사, 노동문학 연구자, 피크민 블룸 유저 등 다양한 위치에서 살아가는 '나'의 시각으로 바라본 집회의 기록을 사진과 이미지로 표현했다.

이종임의 글 "광장정치와 여성 정치세력화"는 비상계엄 이후 광장정치에서 여성정치가 부상한 배경과 이유를 추적한 것이다. 그의 질문은 12.3 이후 여성들이 광장에서 무엇을 위해 함께 하였는지 그리고 이후의 젠더정치는 어떠해야 하는가이다. 이를 위해 그는 안티페미니즘과 신자유주의의 결합으로 나타난 페미니즘 담론의 위기와 젠더/정치, 이에 대한 대항으로서 여성의 광장정치가 응원봉을 매개로 어떻게 더 확장되고 있는지를 분석한다.

박상은이 쓴 "흥, 신, 힘 그리고 긍지와 기개: 광장 '연행'의 수행성"은 2025년 4월 4일 윤석열이 파면되면서 광장이 닫히기까지 주말 집회를 중심으로 광장의 '연행'이 구성되었던 양상을 살핀 것이다. 그는 광장의 의제와 노래·언어·장소성·신체성 그리고 전통과 새로운 문화적 상징물들이 어떻게 신체들의 만남을 매개하였는지, 그 함의가 무엇이었는지를 설명하고자 한다. 그에게 집회란 개개인의 신체가 거주 가능한 공간과 사회란 어떠해야 하는지, 살아볼 만한 삶의 조건을 토론하고 질문하는 장으로서 의미가 있다.

하장효가 쓴 "내편의 시간을 넘어 전복된 세계를 꿈꾸며: 윤석열 퇴진 운동 국면에서의 예술운동의 한계와 과제"는 박근혜 탄핵광장의 예술행동과 윤석열 탄핵광장의 예술행동을 반성적으로 성찰함으로써 문화운동의 전환을 모색한 것이다. 박근혜 퇴진 국면에서의 예술행동은 '문화예술계 블랙리스트 사건'의 실체가 드러나면서 예술행동의 주류화와 문화예술단체 중심의 연대 질서를 넘어서는 관계성을 만들어내는 성과를 남겼다. 반면, 윤석열 퇴진 정국에서는 극우세력의 부상과 함께 거리에서 물리적 충돌이 예상되는 가운데 예술행동의 한계와 이를 넘어서는 문화운동의 새로운 방향 설정을 위한 과제들이 요구된다.

홍명교의 "발 없는 새: 사회운동 세력화의 가능성과 불가능성" 또한 사회운동의 전환 가능성과 과제를 모색한 글이다. 그는 비상계엄 이후 사회운동 좌파의 현실을 '발 없는 새'로 은유한다. 대중 시위가 연일 벌어지는 상황에서는 자신의 정치·이념을 드러낼 공간을 확보할 수 있지만, 이 기회가 닫히게 되면 공간의 제약을 받을 수밖에 없는 좌파 운동의 현실이 바람 속에서만 쉴 수 있는 '발 없는 새'의 처지와 흡사하다는 것이다. 그는 사회운동의 세력화를 가능하게 하기 위해서는 '민주화 세력'의 서사와 절연하고, 우리가 살아가는 사회(체제)를 끊임없이 비판적으로 인식하고 폭로할 수 있어야 한다고 주장한다.

2부에는 극우대중의 부상에 어떻게 대응할 것인지에 대해 성찰하는 두 편의 글을 실었다. 첫 번째는 김진호가 쓴 "전광훈과 K-극우의 재구성"이다. 그는 이 글에서 최근의 전 지구적인 극우주의의 발흥과 21세기 자본주의가 초래한 양극화 위기가 깊은 연관성을 갖고 있다는 것을 추적하는 한편, 전광훈 현상, 이른바 'K-극우' 현상의 특이점을 분석한다. 전광훈의 아스팔트 집회는 새로운 양식의 교회, 탈근대 혹은 전근대적 메타성을 갖는 교회로서 그 메타성의 중심에 극우주의가 있다.

한편, 채효정이 쓴 "어떤 위기인가, 무엇을 해야 하는가: 12.3 비상계엄 사태에 대한 진단과 전망"은 "자본주의와 파시즘 위기를 민중의 민주주의로 넘어서자"라는 부제를 달고 있는 정세 분석이다. 그는 12.3 비상계엄 사건을 민주주의의 위기가 아니라, 자본주의와 민주주의, 자유시장과 민주정치라는 모순된 결합체의 총체적인 파산 위기로 바라볼 것을 제안한다. 극우와 파시즘이 자본주의 위기와 어떻게 연결되어 있는지를 보지 않는다면 비상계엄과 같은 비상 정치의 반복은 피할 수 없기 때문이다. 그는 극우세력뿐만 아니라 자본주의 관리 체제로 기능했던 자유주의적 민주주의와 민주주의에 대한 신자유주의적 해체에 동시에 대항하면서, 그것을 넘어서는 민중의 민주주의를 재발명할 것을 주장한다.

3부에는 시민발언을 분석한 다섯 편의 글을 실었다. 먼저, 김현준의 "일상의 파괴에 저항하는 헌정구성적 정치: 내란 반대집회가 여는 민주주의의 성찰과 희망"은 345건의 시민발언을 전사한 녹취록에 개방코딩·축코딩, 주제별 빈도와 비중, 담론·서사 분석, 의미연결망 분석 등을 시행하고 시각화한 것이다. 이러한 통계 분석의 결과 김현준은 시민발언에 참여하는 사람들이 '정체성들의 구성적 정치'를 수행하고 있다고 해석한다. 광장은 각자의 정체성을 기반으로 열린 정체성의 헌정질서를 구축하는 운동의 장이 된다.

김성일은 "난 누구, 여긴 어디? 광장에 선 사람들이 답하다"에서 시민발언 참여자들의 서사 전략을 '집합적 정체성의 사회적 구성'이라고 명명한다. 이를 통해 참여자는 자신의 동조자들과 연대성을 발견하고 자신과 반대자들을 구별할 근거를 찾게 된다고 본다. 그는 저항을 위한 광장의 언어를 '난 누구?'와 '여긴 어디?'로 나누어 살펴보는데, '난 누구?'가 사회운동 참여의 동기화 요인을 분석할 수 있게 해준다면, '여긴 어디?'는 탄핵 집회를 효과적으로 이끌 전략적 자원을 지시한다. 그의 관심은 시민발언을 통해 사회운동 양식의 변화를 찾는 데 있다.

정원옥의 글 "새로운 민주주의를 향한 애도와 사랑의 연대"는 12.3 내란을 민주주의가 붕괴한 사건이자, 민주주의를 애도할 과제를 남긴 사건으로 보는 데서 시작한다. 그는 버틀러의 애도 작업 개념을 경유해 애도의 슬픔이야말로 우리 모두를 지키는 정치를 조직하는 자원이 될 수 있다는 것을 강조한다. 12.3 내란으로 우리가 잃어버린 민주주의가 무엇인지를 탐색하고, 민주주의를 애도하는 작업이 탄핵과 정권 교체를 넘어 새로운 민주주의, 대안적 세계로의 전환 가능성을 탐색하게 해줄 수 있을지를 시민발언에서 찾는다.

최준영이 쓴 "보수의 심장은 늙어 죽을 것이다: 대구, 부산 지역 시민발언을 중심으로"는 광장의 다채로운 목소리 중 지역의 목소리, 그 가운데서도 대구와 부산의 시민발언에 주목한 것이다. "TK의 콘크리트는 TK 딸들에 의해 부서질 것이다", "보수의 심장은 늙어 죽을 것이다", "저는 저기 온천장에서 노래방 도우미로 일하는 소위 말하는 술집 여자입니다" 등 TK와 PK의 광장에서 들려오는 광장의 목소리는 부산과 대구의 광장에서 지금까지 다른 '무엇'인가가 분출되고 있다는 것을 말해준다.

시민발언을 분석한 마지막 글, 이윤서의 "미래(를 위해 현재를 바꾸는) 세대: 청소년의 목소리"는 제목 그대로 청소년의 목소리를 재구성한 것이다. 10대 청소년의 발언은 광장의 동등한 정치적 주체의 목소리라는 점에서 귀 기울일 필요가 있다. 청소년들은 관찰자가 아닌 당사자로서 자신이 경험한 차별과 부당함을 폭로하고 함께 연대할 것을 주장하며, 미래는 자신들이 살아갈 사회이기에 지금, 행동해야 한다는 메시지를 담은 발언들을 쏟아냈다.

4부는 '광장을 꾸리는 사람들'로 활동가 인터뷰의 결과를 분석한 두 편의 글을 실었다. 먼저 박이현이 쓴 "평등하고 역동적인 광장을 만드는, 보이지 않는 매개자로서 활동가"는 활동가 관점에서 인터뷰 결과를 분석한 것이다. 이 글에서 그는 내란 이후 광장의 특징으로 보이는 현상들을 사회운동의 연속선으로 분석하고, 여러 위치에 놓인 활동가들의 역할을 가시화하는 데 초점을 둔다. 활동가들은 광장을 여는 사람들이자 평등한 집회를 위해 보이지 않는 노력을 하고 있다. 박이현은 활동가들이 보이지 않는 매개자로서 기능했기에 광장의 문화정치가 더 역동적이고 민주적으로 전개될 수 있었다고 분석한다.

한편, 조윤희의 글 "광장을 꾸린 이들: 활동가 인터뷰를 통해 본 광장과 그 '이후'"는 활동가들이 광장을 어떻게 경험하고 어떤 고민을 갖고 있는지 연구자 관점에서 듣고 분석한 것이다. 그의 분석에 따르면, 12.3 내란 이후 2030 여성의 주체화는 활동가들에게도 주목할 만한 현상이다. 시민들이 창조해낸 다양한 운동의 형식과 문법은 광장에 창의성과 역동성을 가져다주었지만, 광장 이후에 이들이 곧바로 사회운동의 동력이 되는 것은 아니기에 활동가들의 고민은 깊다. 역동적으로 변화하는 광장 안팎에서 활동가들은 시민과 무엇을 매개할 것인가, 라는 질문에 대한 답을 찾아가야 한다.

마지막으로 5부에는 13개의 '탄핵 위키'를 실었다. 12.3 내란 이후 광장에 등장한 새로운 문화현상과 다양한 문화적 실천의 목록은 다음과 같다. 선결제 릴레이, 2024 첫 집회 참가자를 위한 가이드, 응원봉, 깃발들, 평등하고 민주적인 집회를 위한 모두의 약속, 나눔 문화, 시민 발언, 다시 만난 세계, 은박 담요(키세스단), 난방버스·난방성당, 말벌 동지, 디자인 행동, 아카이브에 대해 기록했다.

평화롭고 끈질기며 성숙하고 따뜻했던 광장의 이야기

윤석열의 비상계엄 선포와 내란 획책은 역사의 시간을 거꾸로 돌렸지만, 이에 맞선 시민들의 저항과 연대는 민주주의의 역사를 새롭게 쓴 것이었다. 2024~2025년 윤석열 탄핵광장은 그 어떤 광장보다도 평화롭고 끈질겼으며, 성숙하고 따뜻했던 이야기들로 가득 차 있다. 평등과 민주, 안전과 돌봄, 타인에 대한 사랑과 존중을 기반으로 하는 연대의 정치가 문화적 실천으로 표출되었기 때문이다. 광장은 닫혔지만, 평등하고 역동적인 민주주의와 다시 만들 세계를 상상하는 일의 출발이 된다는 점에서 광장의 목소리와 문화적 실천을 기록하고 그 함의를 성찰하는 작업은 의미가 있다. 광장 이후의 새로운 세계, 광장 이후의 문화정치는 지금부터다.

차례

책을 펴내며 ─────────────────── 정원옥 | 5

1부 　광장의 문화정치를 읽다

광장의 창발적인 자기표현은 어떻게 생성되었나 ── 김상규 | 21

'헨걸'과 '말벌'의 이미지 ─────────────── 정고은 | 37

광장정치와 여성 정치세력화 ──────────── 이종임 | 64

흥, 신, 힙 그리고 금지와 기개
: 광장 '연행'의 수행성 ──────────────── 박상은 | 86

내란의 시간을 넘어 전복된 세계를 꿈꾸며
: 윤석열 퇴진 운동 국면에서의 예술운동의 한계와 과제 ── 하장호 | 111

발 없는 새
: 사회운동 세력화의 가능성과 불가능성 ──────── 홍명교 | 130

2부 K-극우 읽기

전광훈과 K-극우의 재구성   김진호 155

어떤 위기인가, 무엇을 해야 하는가
: 12.3 비상계엄 사태에 대한 진단과 전망   채효정 169

3부 광장의 목소리 듣기: 시민발언

일상의 파괴에 저항하는 헌정구성적 정치
: 내란반대 집회가 여는 민주주의의 성찰과 희망   김현준 227

난 누구, 여긴 어디? 광장에 선 사람들이 답하다   김성일 244

새로운 민주주의를 향한 애도와 사랑의 연대   정원옥 267

보수의 심장은 늙어 죽을 것이다
: 대구, 부산지역 시민발언을 중심으로   최준영 299

미래(를 위해 현재를 바꾸는)세대
: 청소년의 목소리   이윤서 323

4부 광장을 꾸리는 사람들

평등하고 역동적인 광장을 만드는,
보이지 않는 매개자로서 활동가 _____ 박이현 345

광장을 꾸린 이들
: 활동가 인터뷰를 통해 본 광장과 그 '이후' _____ 조윤희 372

5부 탄핵위키

선결제 릴레이 ·404   2024 첫 집회 참가자 가이드 ·407

응원봉 ·411   깃발들 ·414

평등하고 민주적인 집회를 위한 모두의 약속 ·437

나눔 문화 ·440   시민발언 ·445   다시 만난 세계 ·447

은박 담요(키세스단) ·451   난방버스·난방성당 ·453

말벌 동지 ·455   디자인 행동 ·458   아카이브 ·463

지은이 알림 _____ 477

1부

광장의 문화정치를 읽다

광장의 창발적인 자기표현은 어떻게 생성되었나   김상규

'웬걸'과 '말벌'의 이미지   정고은

광장정치와 여성 정치세력화   이종임

흥, 신, 힙 그리고 궁지와 기개   박상은

내란의 시간을 넘어 전복된 세계를 꿈꾸며   하장호

발 없는 새   홍명교

광장의 창발적인 자기표현은 어떻게 생성되었나

김상규(〈문화/과학〉)

광장의 풍경이 이처럼 다채로웠던 적이 있었던가. 12.3 계엄부터 탄핵까지 광장의 집회에서 매번 느낀 감정이다. 소셜미디어에서 개인들이 줄곧 사진과 영상으로 올린 집회 현장의 풍경은 무척 감각적인데 이는 그들 역시 그 이미지에 매료되었기 때문일 것이다. 저항과 연대의 감정은 먼저 시각적으로 경험하면서 곧 자신이 그 풍경에 참여하게 된다. 참여하는 방법은 손팻말과 깃발과 응원봉을 드는 것이다.

그런데 여기서 이미지는 누군가가 주도해서 만드는 것이 아니고 그 풍경은 의도되지 않았다. 생성되었다고 보는 것이 맞겠다. 이 글에서는 다양한 손팻말과 다양한 깃발, 여러 유형의 응원봉으로 뭉뚱그리기보다는 개별 이미지의 형식에 주목하고 어떻게 그것이 생겨났는지 살펴보려고 한다. 그 가운데 극히 일부만 지면에 담을 수밖에 없으나 광장의 풍경을 떠올릴 만한 단서는 될 것이다.

포스터에서 깃발로

〈내란 이후 저항과 연대의 문화정치〉 1차 포럼(2025년 2월 11일 성균관대학교)에서 신진욱, 천정환, 권창규, 정고은은 응원봉과 깃발, 손팻말의 의미를 설명하고 분석한 바 있다. 예컨대 천정환은 2016년 촛불집회에서 패러디, 농담, 풍자 등의 유머와 주체성 및 정체성 표현의 향연을 경험한 개인과 단체들이 이번 시기에 더 열정적으로 깃발을 만들어냈으며 몇 가지 특징이 두드러진다고 설명했다. 그에 따르면, 느닷없는 계엄 발동에 따른 '비상사태'와 일상의 붕괴 등을 표현하고 또 젠더, 직업, 심리적 정체성을 표현하거나 게임 등의 영역에서 덕후 생활의 '애환'을 표현하고 또 반대로 그것을 내세우는 것이 주를 이루었다. 그 외에도 반려동물에 대한 애정과 음식 취향을 비롯한 다양한 깃발이 등장했는데 전반적으로 정체성, 소수성이 부각되었다는 것을 알 수 있

정운, 〈20250322, 역사적 현장에 그만 있고 싶음〉(디지털프린트, 가변 크기)

다. 아울러, 문화사회연구소의 정원옥 대표는 '깃발들'(https://flaaags.com) 사이트(기획 및 디자인: 최중원, 웹개발: 조현석)에 올라온 깃발의 내용을 정리하기도 했다.

오랫동안 선동적인 시각 표현 매체는 포스터였다. 포스터는 전문성을 갖춘 사람이 다룰 수 있는 매체라서 누군가 디자인하고 배포하면 사람들이 그것을 활용하곤 했다. 1968년 파리에서도 민중공방(Atelier Populaire des Beaux-Arts)이 디자인한 포스터가 거리에 붙었고 68운동 이후에 민중공방 출신 디자이너들이 프랑스 환경연구소(Institut de l'environnement)[1]를 거쳐 그라푸스(Grapus) 디자인 그룹을 결성하여 정치 포스터를 디자인했다.

캐나다의 문화운동 네트워크인 애드버스터즈(Adbusters)도 반세

민중공방이 제작한 포스터

---

[1] 68운동 이후에 문화부 장관으로 임명된 앙드레 말로가 울름조형학교를 모델로 설립한 디자인 및 건축 학교. 1971년에 교육기관을 상실하고 연구소 기능만 수행하다가 1977년에 해체되었다.

그라푸스가 디자인한 포스터

계화 운동을 이끄는 포스터를 제작했다. 그러다가 시민들이 자발적인 발언 도구를 자주적으로 만들기 시작했는데 그 첫움직임은 2011년 뉴욕의 '월가를 점령하라'(Occupy Wall Street) 운동까지 거슬러 올라간다. 당시에도 애드버스터즈가 포스터를 디자인했다. 의미 있는 행동이었지만 정작 시민들은 포스터, 손팻말을 스스로 만들고 주코티 공원으로 모여들었다.[2] 이 사건은 디자이너의 자율성을 넘어서 디자이너와 시민의 구분이 없음, 즉 의식 있는 디자이너가 강력한 시각 매체를 만

---

[2] '월가를 점령하라' 운동의 손팻말을 다음 사이트를 참조하라. https://www.theatlantic.com/photo/2011/09/occupy-wall-street/100159.

▲ '월가를 점령하라' 시위 현장(출처: https://buly.kr/ESyC3qk)
◀ 애드버스터즈가 디자인한 'Occupy Wall Street' 포스터(2011.9.17)(출처: https://en.wikipedia.org/wiki/Occupy_Wall_Street#/media/File:Wall-Street-1.jpg)

들고 시민들이 그것을 사용하는 구도가 사라졌다는 것을 보여주었다.[3]

2016년 박근혜 탄핵을 외치던 광화문 집회에서도 비슷한 현상을 발견할 수 있었다. 2008년 촛불집회 때보다 더욱 다양한 방식으로 자신의 목소리를 담은 자발적인 디자인의 향연이 되었다. 디자이너들도 참여했지만 어디까지나 시민으로서 자신의 창작물을 갖고 나왔다.[4] 실제로 민성훈 디자이너가 〈타임〉지의 표지를 변형하여 디자인한 포스터는 여러 단체에서 활용되었다. 『그날 당신은 어디에 있었는가: 다큐멘터리 사진가 10인이 기록한 탄핵 그리고 기억의 광장』(루페, 2017)이라는 사진집에도 여러 컷 등장한다.

---

[3] 이 주장은 미국의 그래픽디자이너이자 평론가인 마이클 비어럿이 〈디자인 옵저버〉에 기고한 다음의 글을 참조하였다(https://designobserver.com/the-poster-that-launched-a-movement-or-not/).

[4] 이 부분은 필자가 쓴 다음의 글에 자세히 나와 있다(https://blog.naver.com/designpress2016/220939665647).

디자이너 민성훈이 제작한 포스터
(ⓒ Min Sung-hoon)

누가 왜 디자인했나?

그러면 광장의 다양한 자주적 표현 매체를 생산한 주체는 누구인가? 사물과 이미지에 관심을 두는 디자인 연구자로서 줄곧 던지게 되는 질문이다. 어떤 사물과 이미지를 동원하여 의사를 표명하는가, 누가 디자인했고 어떤 용도로 쓰이나, 집회 참가자들은 어떻게 그것을 선택하고 어떻게 확보했는가 하는 점 등이다.

누가 디자인했든 그게 무슨 상관이겠는가. 하지만 광장의 이미지는 누군가가 창작한 것에서 비롯되었다. 예컨대 촛불집회부터 지금까지도 사용되는 가장 오래된 상징인 '촛불 소녀'는 박활민이 디자인한 것이다. 3.8 여성파업조직위원회의 집회에 등장한 'Women Strike' 로고와 손팻말은 '페미니스트 디자이너 소셜클럽'(FDSC)의 신인아 디자이너가, 티셔츠는 키후위키가 디자인하고 제작했다. FDSC는 계엄이라는 초유의 사태가 발생한 바로 다음 날부터 피켓 디자인을 공유드라이브에 올리기 시작하여 2025년 2월까지 150여 개 디자인을 모았다.[5] 그래픽디자이너 63팀이 참여한 〈시대 정신〉전(리얼레이션 스페이스, 2025.2.26.~3.16)도 열렸다. 디자인 스튜디오 '일상의실천'이 기획

---

5 다음 사이트에서 확인할 수 있다. https://linktr.ee/fdsc.kr.

정운, 〈20241228〉(디지털프린트, 가변크기)

한 프로젝트의 결과물을 전시한 것인데 이들 역시 계엄 직후부터 시국선언문으로 포스터 작업을 시작했다.[6]

    물론 전문 디자이너만이 창작 주체는 아니다. 이들의 디자인 결과물이 집회 현장에 활용되는 것은 당연하지만 그보다는 최근에 디자이너들이 활동가들 및 시민들과 협력 관계를 맺고 있으며 그것이 광장 문화에 일부를 이루고 있다는 점에 주목할 필요가 있다. 박활민은 2008년 정부의 미국산 쇠고기 수입 재개 협상 내용에 반대하는 촛불문화제에서 처음 등장했는데 당시 사회운동단체 '나눔문화'와 협업한 것이고, FDSC 역시 활동가와 디자이너의 협력 관계로 피켓 협동 디자인 활동을 하고 있다. 모두 개별 디자이너의 이름을 굳이 내세우지

---

6 자세한 내용과 작업 결과는 다음 사이트에서 확인할 수 있다. https://www.manifesto.ing.

FSDC 링크트리 화면과 인스타그램 게시물

않고 디자이너와 활동가를 경계 짓지 않는다. 즉, 디자이너의 사회 참여 측면이 아니라 디자이너이자 활동가의 정체성을 갖는 것이다. 이는 FDSC가 디자인의 가이드라인을 구체적으로 제시하고 구호 제안과 디자인 작업에 누구나 참여할 수 있도록 플랫폼을 만들었다는 점에서도 알 수 있다.

〈시대 정신〉 프로젝트의 경우, 참여 디자이너 모두가 늘 사회적 쟁점에 적극적이었던 것은 아니지만 시국선언 형식으로 누적되어온 발언들을 시각화하는 작업으로 참여할 계기를 마련했고 현재의 시국선언뿐 아니라 그동안 중요한 역사적 순간에 발화된 목소리를 일깨우려 했다는 점에서 의미가 있다. 실제로 포스터 작업이 온라인으로 공유되고 이번 집회 현장에도 등장하곤 했다.

이 같은 디자인 사례를 포함하여 창의적인 집회 참여자들이 각자의 표현 매체를 선택하고 준비할 동기를 주었을 것은 분명하다. 양적으로나 질적으로 콘텐츠가 풍부해지고 수준도 대단히 높아졌다. 이는

왼쪽은 〈시대 정신〉전의 전경이고 오른쪽은 그 전시에 참여한 정재완 디자이너의 포스터를 한 시민이 집회 현장에서 펼친 장면이다.(사진: 김상규).

2008년과 2016년 그리고 이번 집회의 기록을 비교해보면 확연히 드러나고, 당시를 기억하는 누구라도 충분히 공감할 수 있다.

누가 어떻게 만들었나?

만든 사람이 누구냐보다 무엇을 어떻게 만들었는지에 더 관심을 쏟아야 할지도 모르겠다. 2016년과 비교해보더라도 8년의 시차에서 나타난 광장의 문화는 정동의 측면뿐 아니라 환경의 변화, 즉 도시 인프라, 경험의 등도 변화의 중요한 요인이다. 기술적인 변화는 말할 것도 없고 소셜미디어에 유통되는 이미지와 영상만 하더라도 이전과는 질적으로 다르다. 장비와 해상도의 수준이 높아졌고 유통되는 플랫폼도 확장되었다. 자발적이고 호혜적인 앱을 개발해서 공유하는 일은 팬데믹 기간부터 경험해오고 있다.

집회에서 사용되는 시각 매체의 생산력을 담보할 독특한 조건도 마련되어 있다. 무척 저렴한 가격에 제작할 수 있고 신속하게 확보할 수 있었던 것은 디자인과 인쇄, 제작, 납품, 배달이 저렴하고 빠르게 이루어지는 한국의 인프라 덕분이다. 비판의 대상인 플랫폼 비즈니스와 저가 노동이 여기에 동원되어 있다. A0 사이즈 현수막은 만원에 제작되고 당일 배송된다. 탄핵 LED 응원봉은 쿠팡의 로켓배송 가격이 14,500원이고 하나를 주문하면 하나를 덤으로 주는 이른바 '1+1' 서비스도 있다. 지난 12월과 1월엔 네이버쇼핑, 11번가 등의 전자상거래 사이트와 당근, 번개장터 등 중고거래 플랫폼, 편의점 건전지 판매 등의 매출이 상승했다. 노동, 자본, 소비문화, 빅테크, 생태 등 우리가 비평적으로 다룬 의제들이 광장에 유용하게 녹아들어 있다.

어떻게 확산되고 기록되는가?

12.3 계엄이 두 달 지난 뒤, 〈123 호외: 내일에게 오늘 여기를〉전(류가헌 갤러리, 2025.2.4.~3.2., 기획자: 최연하)이 열렸다. 계엄 포고령이 발동된 그날 국회부터 광화문까지 현장을 기록해온 다큐멘터리 사진작가 16명의 사진을 전시했는데 종결되지 않은 시점에, 더구나 어떻게 종결될지 알 수 없는 시점에 열린 이례적인 전시였다. 실제로 작가와의 만남이 있던 2월 8일은 전시장 인근에서 집회가 열려서 몇몇 사진작가는 참석하지 못했고 전시장에 걸린 사진과 똑같은 장면이 같은 시간에 광장에서 펼쳐지고 있었다. 하지만 2016, 2017년의 탄핵 집회와 2025년 초의 보수단체 집회 사진이 함께 전시되어 오늘의 탄핵 촉구 집회

〈123 호외: 내일에게 오늘 여기를〉전의 전경 (사진: 김상규)

에서 볼 수 없는 시각을 한꺼번에 겹쳐봄으로써 당대의 기록과 확산을 생각할 계기가 되었다.

헌재의 판결이 이루어진 시점부터 집회 현장의 기록에 대한 의견들이 나오고 있다. 앞서 언급한 '깃발들'(https://flaaags.com) 사이트의 기획자도 똑같은 생각에서 깃발 이미지를 모으기 시작했다. 사이트 소개글에 따르면, 웹 개발 취지는 집회 현장을 가득 채웠던 깃발이 사라지는 것에 대한 아쉬움에서 비롯되었고, 깃발에 주목한 이유는 깃발들이 집회에 모인 사람들이 다채로운 개별자들임을 드러냈다는 점 때문이었다. 2025년 4월 13일 현재 1,133개의 깃발 이미지와 취지, 제작자 정보가 기록되어 있는데 한곳에 모으고 보니 그 다양성이 더 확연해졌다고 한다.[7] 진행 중인 과정의 기록이므로 사이트에서 본 깃발을 현장에서 만나게 되는 특이한 경험도 여러 차례 있었다.

* * *

[7] 2025년 4월 11일에 최중원 디자이너와 이메일로 질문과 답변을 주고받았다. 그는 '깃발들' 사이트를 운영하면서 우리 사회의 구성원들이 가진 다양성에 놀라고 일상생활에서는 그 다양성이 쉽게 보이지 않는다는 점에서도 놀라웠다고 한다. 아울러 "광장이 아닌 곳에서는 이런저런 이유로 쉽게 꺼내어 보여줄 수 없는 취향, 성향, 메시지일수록 광장에서는 더 힘차게 펄럭였습니다. 국가, 사회 그리고 다수의 억압이 역설적으로 드러났다고 생각합니다"라고 설명했다.

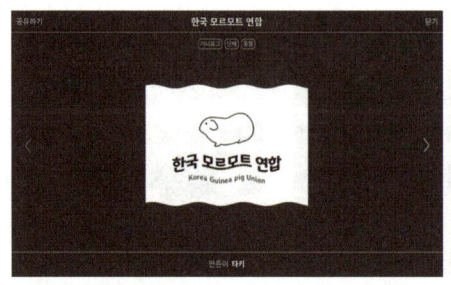 

'깃발들' 사이트의 개별 깃발 설명 페이지와 집회 현장의 동일한 깃발 (사진: 김상규)

아키비스트, 활동가들이 비상행동의 집회 프로그램, 발언 내용 등을 기록하고 분석하는 작업이 발표되고 있으나 개인들이 기록하고 공유하는 부분도 있다. 인스타그램과 페이스북에서 살펴본 개인들의 집회 현장 포스팅은 깃발과 응원봉 장면이 적지 않으나 사진보다 짧은 영상이 더 많았다는 점이 흥미로웠다. 2016, 2017년의 경우, 압도적으로 많은 시민이 광장을 채우고 있고 자신이 그 가운데 있다는 점이 부각되었다면 현재의 포스팅은 깃발이 좌우로 힘차게 움직이는 역동성, 불빛들의 움직임, 특히 행진하는 모습이 영상으로 공유되었다. 사진의 경우는 독특하고 기발한 메시지가 있는 손팻말과 깃발을 포착한 경우가 많았다. 지난 8년 사이에 많음에서 다양함으로 초점이 옮겨갔다고도 볼 수 있다.

감각의 공동체

헌재에서 탄핵이 인용되기까지 몇 달간 광장을 수놓은 응원봉과 깃발, 손팻말을 패턴으로 분석하고 싶지는 않았다. 그것은 짧지 않은 시간 동

정운, 〈20241221〉, 디지털프린트, 가변크기

안 창작자와 기술적 조건, 노동자들의 수고를 거치면서 생성되어온 것이기 때문이다. 표현의 내용뿐 아니라 그 형식에 주목하는 것은 이 때문이다. 각자가 동원할 수 있는 저작 도구와 생산 방식, 상호 참조하면서 학습된 감각이 주도하여 당대의 인프라와 결합한 연결망 속에서 개별 표현물이 생겨났다. 수많은 개별적인 표현물은 다시 광장 문화 속에 녹아들어서 우리가 경험한 지난 시간의 광장 풍경이 생성된 것이다.

어떻게 이렇게 다양하고 창의적이며 자주적일 수 있는가? 특히 2030 세대의 그 역량은 어디서 온 걸까? 이러한 질문에서 시작된 탐색이지만 〈내란 이후 저항과 연대의 문화정치〉 1차 포럼에서 정고은이 언급한 대로, 오늘의 집회 문화가 하늘에서 떨어져 만들어진 것이 아니었다. 이 글의 그 말을 실증적으로 살펴본 것이라고 할 수 있다.

디자인 연구자로서, 실존하는 창작 주체를 기억하지 않는 한국 사회운동의 일면이 내내 아쉬웠던 것이 사실이다. 물론 디자이너가 강력한 시각 매체를 만들고 시민들이 그것을 사용하는 구도가 사라진 것은 분명하며, 두 집단의 구분 없이 자연스레 각자의 역량을 공유하는 협력적인 생산 주체들이 되었다. 그럼에도 오늘날 광장에 펼쳐진 시각적 표현의 성숙함과 자주적이고 창의적인 표현 매체의 등장에는 그만한 밑거름이 있었고 그중에 디자이너를 포함한 창의적인 이들의 기여가 포함된다는 정도는 남기고 싶었다. 광장의 정치를 사회적·정치적 의제와 구호뿐 아니라 창발적 주체들이 형성해온 감각의 공동체, 이를 통해 생성된 저항과 연대의 풍경으로 기억되길 바라면서.

김상규, 김상민, 안연정, 최연하, 최은별이
2024년 12월부터 2025년 4월까지 촬영한 집회현장의 풍경

광장의 창발적인 자기표현은 어떻게 생성되었나 _ 김상규

'훼걸'과 '말벌'의 이미지

정고은(성균관대학교 동아시아학술원)

어느 '훼걸'의 집회 참여 후기

오른쪽 이미지는 2024년 12월 7일 여의도 집회를 나가기 직전 동료들과 나눈 카카오톡 대화의 일부이다. 이날 나는 왜 응원봉을 '촛불'이라고 부르며 가지고 나갔던 걸까? 자세한 기억이 없는 것으로 볼 때, 아마도 2016~2017년 박근혜 탄핵 집회 당시 "촛불은 바람 불면 꺼지기 쉽다"라는

---

1 이 글은 정고은, "'훼걸'과 '말벌': 초대장에 응답·연대하는 방식」, 〈문화/과학〉 121(문화과학사, 2025)을 사진과 이미지를 중심으로 요약·재서술한 것이다.

어느 국회의원의 망언으로 사람들이 촛불 대신 꺼지지 않는 LED 촛불과 응원봉을 들고 나갔다는 이야기가 어렴풋이 기억 속에 남아 있었던 것이 아니었을까. 그때는 아니었으나 팬데믹을 거치며 '훤걸'(fan girl)이 된 나는 내 버전의 촛불을 들고 나섰다.

응원봉이 윤석열 탄핵 집회의 상징물로 등장하고 언론의 찬사를 받기 시작했을 때, 나는 예전에 트위터에서 보았던 빨간 '단결 투쟁' 띠를 머리에 두른 토끼 이미지를 떠올렸다. 이른바 '뉴진스 토끼'의 수많은 패러디 짤 중 하나이다. 그리고 이 이미지와 연결되는 하나의 영상이 있다. 향수를 자극하는 레트로한 느낌의 뮤직비디오로 엄청난 인기를 끈 뉴진스의 〈Ditto〉를 오마주한 '노조스'의 'Danttu'(단투) 뮤비는, 산업 도시의 대공장 노동자로 추정되는 노동계급의 영상으로 채워져 있다.[2] 오토바이와 자전거를 타고 출근하는 수많은 노동자, 노동자 집회 무대에 선 무서대, 마창노련·광노협·서노협·인천지역노동조합협의회·부산노련 깃발. '평등사회 앞당기는 전노협' 깃발 뒤로는 커다란 걸개그림이 걸려 있다. 영상의 마지막 부분에는 2001년 금속노조의 창립이라는 자막이 뜨고, 현재 우리가 광장에서 마주치는 파란색 금속노조 깃발이 펄럭인다. 영상 속 군중 사이를 헤치고 나가는 깃발들은 마치 이번 집회의 스펙터클 중 하나였던 '깃발 행진'을 연상케 한다.

1987년 노동자대투쟁과 1980~1990년대 민주노조운동의 시간으로부터 30여 년이 훌쩍 지난 2024~2025년의 광장에서, 금속노조의 깃발은 무지개 깃발 버전으로 '빙키봉' 및 수많은 버전의 케이팝 응원

・・・

2 Nojos(노조스), 〈Danttu(단결투쟁) MV (side B)〉, 금속노조 유튜브, 2023.3.9.(https://www.youtube.com/watch?v=E3wRC5le2Ew).

▲ '단결 투쟁' 띠를 두른 토끼
◀ Nojos(노조스) 'Danttu'(단결 투쟁) MV (side B)

봉과 함께 존재하고 있다. 각종 사진 및 이미지에 대한 주석 달기인 이 글은, 2024~2025년 윤석열 탄핵 및 사회대개혁을 위한 집회의 문화 양식을 '훼걸', 노동조합 조합원, 30대 여성, 시간 강사, 노동문학 연구자, 피크민 블룸 유저 등 다양한 위치에서 살아가는 '나'의 시각에서 서술한 집회 기록이다.

계엄 이후 트위터에는 무수한 짤과 밈, 깃발 이미지가 올라오기 시작했다. 너도나도 창의력과 풍자 정신을 발휘하는 모습에 감화를 받아 '언제나 피곤한 시간 강사'로 살아가는 나와 동료들도 그 대열에 합류했다. '탄핵하라!' 머리띠를 반려동물 사진에 덧입히는 귀여운 흐름에 발맞춰 우리 집 강아지 '설기'에게 투쟁 머리띠를 둘러주었고, '밈친자', 쿠로미 덕후, 밴드 오아시스 팬으로 살아가는 각자의 취향에 맞게

'훼걸'과 '말벌'의 이미지 _ 정고은   39

동료들과 함께 만든 소형 깃발과 피켓　　　　　'탄핵하라!' 머리띠를 두른 설기

밈을 활용하여 파워포인트(포토샵 아님)와 수공예로 한 땀 한 땀 피켓·깃발을 제작했다.

　형형색색의 응원봉과 케이팝 메들리로 채워진 여의도 광장에서 또 하나의 흥미로운 '사이버 실천'이 이어졌다. 12월 14일, 걸어 다니며 꽃잎을 심고 빅플라워를 개화하는 게임인 '피크민 블룸' 유저들이 하얀 국화 꽃잎을 모아서 국회의사당 및 주변의 빅플라워를 모두 하얀 국화로 피우는 진풍경이 벌어진 것이다. 여기에는 지난 탄핵소추안 표결 당시, 아예 참여하지 않음으로써 소추안을 부결시킨 국회의원들의 작태를 게임의 형식 안에서 비판하는 뜻이 담겨 있다. 이후 내란 동조 세력으로 여겨지는 국회의원의 사무실에 근조화환이 배달된 것도 마찬가지이다. 그리고 이 하얀 국화들을 보며, 나는 소속사에 항의의 뜻을 전달하기 위해 근조화환을 보내는 팬덤 문화를 떠올렸다.

　　"김밥 먹고 배 든든히 해, 다만세 잘 불러봐"(소녀시대 유리)

▲ 국회 앞 피크민 화면. 익명의 트위터리안 제공
■ 탈하이브 깃발
◆ 권영세 사무실 사진(출처: 트위터 아이디 @fire_shellfish)

"정치 얘기할 위치가 아니라고? 정치 얘기할 수 있는 위치는 어떤 위치인데? 국민으로서 시민으로서 알아서 할게. 걱정은 정말 고마워. 우리 더 나은 세상에서 살자. 그런 세상에서 우리 맘껏 사랑하자"(이채연)

"(살기 좋은 세상) 같이 만들자"(이달의 소녀 이브)

근조화환 보내기에 더하여 선결제 지도를 만들어 배포하고, 간식과 물품을 준비하여 집회 참여자에게 전달하는 나눔의 문화 역시 '훼걸'이라면 팬덤 내에서 직간접적으로 경험해보았을 일들이다. 이번 집

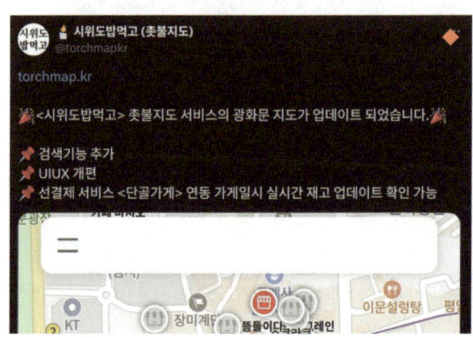

▲ 선결제에 동참한 뉴진스의 인스타 공지
■ 여의도에서, 같은 응원봉을 든 사람들과 함께 찍은 사진
◆ 선결제 매장 위치를 알려주는 트위터 계정 '시위도 밥먹고(촛불 지도)'
● 한남동 집회 당시, 옆자리 여성이 보낸 간식

회 초반에는 팬덤뿐만 아니라 케이팝 아티스트, 특히 여성 아이돌이 선결제 행렬에 적극적으로 동참하고 목소리를 내는 인상적인 장면들이 있었다. 이는 지금까지 아이돌이 '정치적인' 목소리를 내는 것을 극도로 경계하면서 '중립'을 표방해온 것과는 구별되는 행동이었다.

'촛불 소녀'?

그러나 응원봉을 들고 집회에 참여하여 '나라를 구하는 젊은 여성'들을 향한 찬사를 마주했을 때 내가 느꼈던 불편함의 정체는 무엇이었을까. 그것은 과거 '촛불 소녀' 표상이 그러했듯, 여성들의 저항적 실천을 논할 때마다 그 역사성은 물론이고 서로 간의 첨예한 차이가 모두 지워진 채 오로지 '선하고' '순한' 존재로 매번 새롭게 발견된다는 데에 있었다. 그러나 '소녀'의 이미지가 집회의 이념적 순수성, 탈정치성, '배후 없음'의 증거로 인식되어온 것과 달리, 2024~2025년 탄핵 국면에서 무대 위에 오른 여성·퀴어의 시민발언과 '말벌'의 표상은, 과거의 표상이 가진 한계를 부수고 있다. 이러한 문제의식의 연장선상에서 내가 주목한 것은 '여성'들이 어떤 경험과 실천을 거쳐 정치적 주체로 형성되었는가이다.

위의 사진들은 2017년 3월 4일 청계광장에서 열린 여성의날 행사에서 찍은 '강남역 10번 출구' 깃발과, 여러 부스에서 수집한 유인물·스티커이다. 범페미네트워크(강남역10번출구, 나쁜페미니스트, 부산페미네트워크, 불꽃페미액션, 페미당당)가 주관한 페미니즘 문화제 〈페미답게

강남역 10번 출구 깃발

〈페미답게 쭉쭉간다〉에서 수집한 유인물과 스티커

▲ 애드벌룬에 매달린 '최저임금 1만원!'
■ 노란봉투법 제정을 촉구하는 노동자들
◆ 광화문 광장에 놓인 304개의 구명조끼
● '세월호 고래' 풍선

쪽쪽간다〉에서는 2017년 주요 의제로 낙태죄 폐지, 기본소득, 차별금지법 제정, 동일노동·동일임금·동일민낯, 다양한 월경용품지원을 공표했다. 이 행사의 팸플릿 한쪽에는 '집회 내 폭력/성폭력 매뉴얼'이 적혀 있었는데, 이는 박근혜 탄핵 집회 당시 광장에서 벌어진 여성 혐오에 대한 문제 제기를 반영한 것이라 할 수 있다. 또한 이날은 광화문 광장에서 박근혜정권퇴진비상국민행동이 주관하는 19차 범국민행동 '박근혜 없는 3월, 그래야 봄이다!'가 열렸다. 세월호 참사 진상조사를

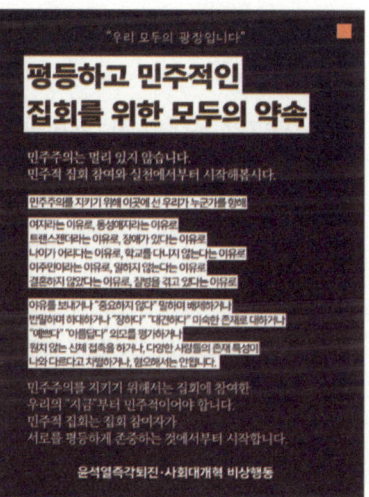

▲ 2016년 11월 12일 제1차
페미존 포스터
■ 윤석열즉각퇴진·사회대개혁
비상행동 평등수칙 포스터
◆ 〈페미답게 쭉쭉간다〉 팸플릿

요구하는 유가족의 목소리, 노동조합과 노동운동을 탄압하는 가장 '유력한' 수단이 된 손해배상·가압류를 제한하는 '노란봉투법' 제정을 향한 목소리, 최저임금 1만 원 쟁취를 위한 노동자의 목소리, 여성 혐오에 반대하고 성평등한 민주주의를 위한 페미니스트의 목소리가 함께 울려 퍼진 날이었다. 그러나 많은 연구자가 지적해왔듯 2016~2017년 촛불집회의 '성숙'하고 '다채로운' 집회 문화를 상징하는 것은 언제나

깃발을 들고 광장에서 싸워온 기존의 운동조직들이 아니라, 개인들이 새롭게 들고 나온 깃발들이었다.[3]

　12월 7일 무대에 선 '페미당당' 활동가 심미섭은 박근혜 탄핵 당시는 물론이고 김건희를 비판하기 위해 여성 혐오적 표현을 사용하는 것을 비판하면서 "방금 전에 있었던 일을 말씀드리겠습니다. 제가 발언을 위해 대기실에서 기다리는데요, '여기 너무 남자만, 이성애자만 있는 거 아냐? 성소수자 한 명 들여보내'라고 농담하는 것을 들었습니다. 바로 옆에 레즈비언이 있다는 것도 알지 못한 채 말입니다"[4]라고 발언했다. '페미당당'은 2016~17년 광장에서 "혐오 발언, 혐오 문구, 폭언, 불쾌한 신체접촉 없는 '페미존'"[5]을 운영한 바 있다. 이렇게 소수자 혐오 없는 성평등한 민주주의를 향한 반복된 외침이 축적되었기 때문에, 이번 광장에서 '평등 수칙'은 중요한 기준이 될 수 있었다.

'남태령'과 '한강진', '말벌'의 탄생

- 12월 22일 남태령

2024년 12월 21~22일 남태령에서의 이틀은 소외된 존재들의 자기 서사가 공명하고, 농민회나 노동조합과 같은 오랜 운동조직을 향한 연대의 목소리가 높아지게 된 시작점이라 할 수 있다. 내가 주목한 것은 남

3　이 문단의 내용은 정고은, "'민중'을 어떻게 다시 쓸 것인가", 〈상허학보〉 72(상허학회, 2024), 732-733쪽의 내용을 요약·재서술한 것이다.
4　2024년 12월 7일 페미당당 심미섭 활동가의 엑스(@gosms)에 올라온 발언문을 인용.
5　'페미당당' 아카이브(https://femidangdang.com/11-12-1).

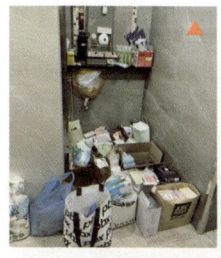

▲ 남태령 이튿날, 남태령역 화장실에 쌓여 있던 물품들
■ 남태령에 모인 사람들
◆ 내가 남태령에서 뽑은 모종에서 기른 피크민

남태령 부근의 티켓
보라 피크민

태령에서의 '승리'가 노동조합과 이들의 투쟁에 대한 연대로 이어졌다는 사실이다.

2024년 12월 24일 거통고지회 사무장 이김춘택의 페이스북에는 '#남태령에서온소녀'라는 해시태그와 함께, 11월 28일부터 시작되었지만 지지부진했던 파업기금 모금이 12월 22일부터 급격하게 늘었다는 것을 알리며, 인상적인 입금명을 적은 포스팅이 올라왔다. 이 연대자들의 유형을 크게 다섯 가지로 정리해보았다. 짐작하건대 현실에서 이들 유형은 서로 엄격하게 분리되지 않고 겹쳐 있을 것이다.

1. 남태령의 경험을 노동자 투쟁으로 이어가고 있는 사람들
2. 정체성에 관한 자기 서사로 시작되는 시민발언에서 두드러졌던, 퀴

어 페미니스트 정체성을 가진 사람들
3. 사업장의 틀을 벗어난 거통고 지회의 특징을 잘 보여주듯, 지역 및 (지역)노동자 가족임을 알린 사람들
4. 집회에서 케이팝 팬덤 응원봉을 들었던 사람들
5. 소액일지라도 소중한 마음을 담아 전달한 사람들

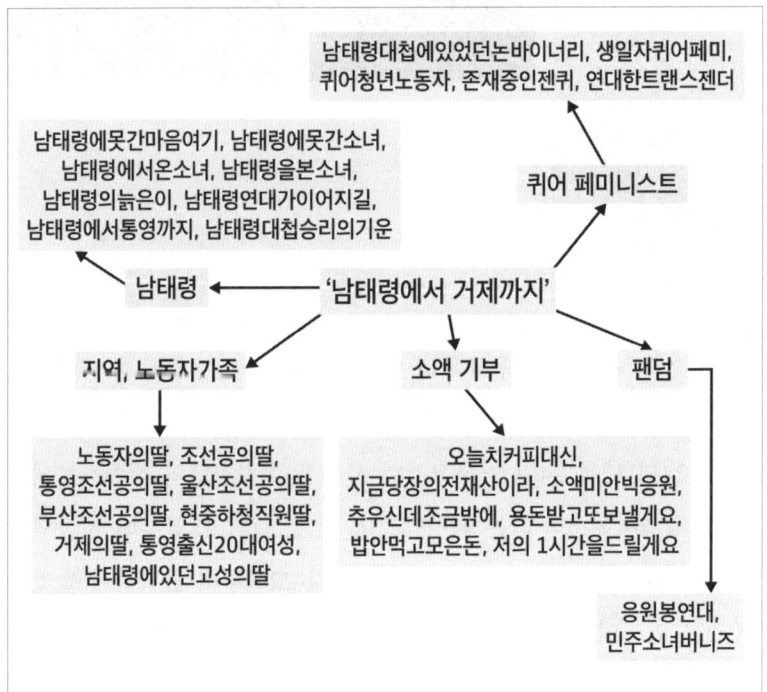

*출처: 이김춘택 페이스북 게시물(2024.12.24.)

- 1월 4일 한강진 집회

경찰이 시민을 보호하지 않고 오히려 탄압하는 상황에서, 사람들은 위험한 일이 생겼을 때 흔히 쓰는 '경찰 부른다'라는 말을, 앞장서서 길

민주노총 트위터 캡쳐

을 열었던 '민주노총 부른다'로 바꿔 썼다. 그리고 민주노총이 광장의 연대자들을 기다리는 상황이 되었다. 눈이 펑펑 오는 날씨에 도로 한복판에서 은박 담요를 나누어 두르며 밤을 지새운 1월 3일부터의 한강진 집회, 마치 '남태령'의 농민들이 보낸 초대장이 그랬듯 민주노총이 보낸 초대장에 광장 참여자들이 응답한 순간이었다.

"박근혜 퇴진 투쟁 때도 민주노총이 주도한 민중총궐기가 마중물이 되었다. 집회를 준비하고 진행하는 일은 민주노총이 제일 잘한다. (웃음) 다만 2016년에는 시민들이 민주노총에서 깃발 드는 거, 조끼 입는 것을 부담스러워했다. '설친다'는 이야기도 많이 들었다. 심지어 퇴진운동본부 단위 안에서도 그런 얘기들이 있었다." [6]

"노동자들의 투쟁을 영화 속에 직접적으로 드러내는 것에 투자자 등의 우려가 있었다"고 전했다. 박 감독은 "영화가 무거워진다는 이유로 싫어할 수 있다는 생각은 했는데 아니나 다를까 '조금 줄여달라,

---

[6] 장일호, "누가 대통령 되든, 민주노총의 길을 가겠다.", 〈시사인〉 906호(2025.1.29.) (https://www.sisain.co.kr/news/articleView.html?idxno=54887).

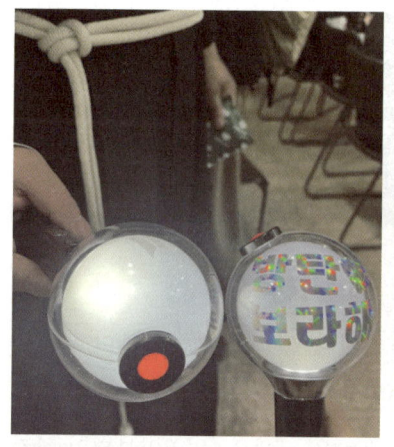 

집회 참여자들에게 쉴 공간과 화장실을 제공해 준 꼰벤뚜알 프란치스코 수도회에서, '아미밤'을 들고 화장실을 안내해주신 신부님과의 만남

한남동 육교 풍경

양을 줄여달라, 전면에 보이지 말아달라, 조선소에서 파업하는 데까지는 가지 말자' 이런 의견들이 굉장히 많이 나왔다"며 "영화 속 나온 대사처럼 저 역시도 '파업은 응원하면 안 되나'라는 말을 했을 때 사람들이 어느 정도 수긍을 해서 잘 해결된 것 같다"고 밝혔다.[7]

위의 인용문에서 알 수 있듯이 현실에서도 재현의 영역에서도 노동자의 투쟁은 '기피 대상'이 되어 왔다. 그러나 '남태령에서 거제까지'라는 표현처럼, 연대의 물결이 '남태령'을 넘어 여러 투쟁 현안으로 이어지면서 이른바 '말벌 동지'로 불리는 적극적 연대자가 등장한 것

---

[7] 성하훈, ""응원봉에 깜짝 놀라"... 지난해 개봉한 영화가 특별 상영된 까닭: [현장] 민주노총 금속노조가 마련한 '빅토리' 특별상영', 〈오마이뉴스〉(2025.1.22.)(https://star.ohmynews.com/NWS_Web/OhmyStar/at_pg.aspx?CNTN_CD=A0003098512).

은, 과거와 비교했을 때 이번 광장에서 가장 눈에 띄는 현상이다.

TV 프로그램 〈나는 자연인이다〉에서 한 출연자가 진행자와 대화를 나누다가 일벌을 지키기 위해 갑자기 뛰쳐나간 장면에서 탄생한 '말벌 아저씨' 밈은, 이제 '말벌 시민'이나 '말벌 동지'로 전유되어 각종 투쟁 현장에 함께하는 존재들의 이름이 되었다. 나 역시 '말벌'이라

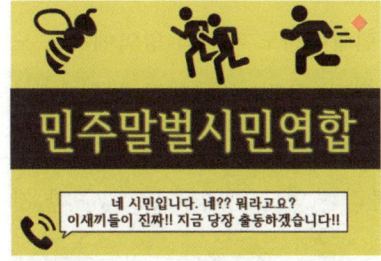

▲ 〈나는 자연인이다〉 캡쳐 화면
■ 위의 장면을 응원봉과 깃발을 든 '말벌 동지' 버전으로 그린 이미지 (출처: 트위터 계정 @syeonlyforyou)
● 투쟁지도
★ 갱상도말벌
♥ 9시 내동지 투쟁정보통
◆ 민주말벌시민연합 깃발의 이미지

는 새로운 종의 탄생을 지켜보면서, 내가 할 수 있는 일을 찾아보기 시작했다.

- 1월 25일 '4.16 주먹밥' 만들기

4.16 주먹밥 만들기 자원활동 모집 포스터와 주먹밥 만들기에 참여하여 찍은 사진

- 2월 8일 거제통영고성조선하청지회 무지개조선소 연대투쟁호 진수식

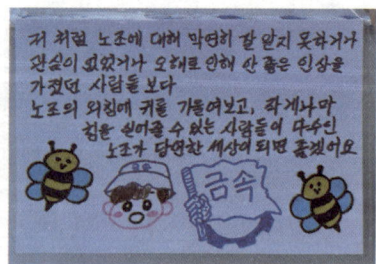

연대투쟁호 진수식 포스터와 연대투쟁호 사진

- 2월 5일 윤석열 퇴진! 평등으로 가는 수요일

매주 토요일 '메인' 집회만큼이나, 상대적으로 작은 무대와 앰프에서 들려오는 목소리에 주목할 필요도 있다. 그중 '평등으로 가는 수요일'은 '윤석열 탄핵! 세상을 바꾸는 네트워크'에 참여하는 단위(차별금지법제정연대, 성소수자차별반대 무지개행동, 기후정의동맹 등의 사회운동 연대

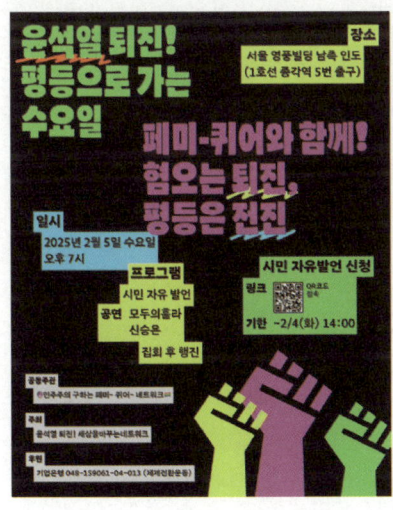

▲ 평등으로 가는 수요일에 참여하는 사람들
◀ 2025년 2월 5일 윤석열 퇴진! 평등으로 가는 수요일 포스터

체 및 노동운동단체, 진보정당)들이 매주 수요일마다 '평등'을 주제로 앞으로 만들어갈 세계를 이야기하기 위해 열어낸 광장이다. 동료와 함께 참여한 2월 5일, 기온이 영하 10도 이하로 떨어진 매서운 추위 속에서 공연을 맡은 '모두의 훌라'는 바닥에서 맨발로 훌라춤을 췄고, 가수 신승은은 맨손으로 기타를 치며 노래를 불렀다.

> 산타는 물류창고에서 당일 배송을 위해
> 하루 종일 까대기를 하느라 끙끙 앓다가
> 루돌프가 내밀어 준 굳은살이 밴 손을 잡고서
> 공공운수노조 집회에 함께 나갔다
>
> 부처는 이주노동자들과 비건 식당에서
> 자비를 뒤집으면 비자라고 풍자를 했고
> 마리아는 사람들에게 아빠가 없이도
> 아이를 낳는 방법을 알려주었다
>
> 평강공주는 온달과 학벌주의 폐지를 외치고
> 콩쥐는 두꺼비를 사지 않고 입양했다
> (중략)
> 트랙터를 탄 직녀와 미싱 돌리는 견우
> 까치와 까마귀를 밟지 않아도
> 집회에 가면 만날 수 있었다
>
> ─ 신승은, 〈내가 아는 동화〉 가사 중에서

노동조합 문화 양식의 변화

이번 광장에서 응원봉만큼이나 눈에 띄는 문화적 현상은 바로 노동조합 문화 양식의 변화이다. 대표적으로 민주노총의 '민총이', 금속노조의 '금방이', 민주노총 대구지역본부의 '달곰이' 등 노동조합이 캐릭터를 각종 홍보물과 굿즈, 인형탈 제작에 활용하기 시작했으며, 이들이 대중적으로 많은 호응을 얻게 된 것이다.

- 민주노총 대구지역본부 달곰이지부

트위터에서 다양한 버전으로 재생산된 '잡혀갔나?' 짤의 달곰이 버전

2025년 1월 11일 14차 대구시민시국대회 본대회 후 진행된 국민의힘 당사 행진 안내를 '피크민 버섯 전투' 버전으로 그린 이미지 (출처: @kctudg 대구지역본부 트위터)

달곰이지부는 대구 지역에서 노동 문제에 관심이 있는 사람들, 노동법을 배우고 노동조합과 연대하고자 하는 사람들을 대상으로 만들어졌다.

민주노총 대구지역본부 달곰이지부 모집 공지(출처: @kctudg 대구지역본부 트위터)

- 전국민주일반노조 누구나노조지회

설립 열흘 만에 400여 명이 가입했다는 누구나노조지회는 '기수제'로 운영되는 달곰이지부와 마찬가지로 '준조합(원)' 형태이며 "업종, 연령, 지역, 성별을 뛰어넘어 모든 노동자가 참여할 수 있는"[8] 노조를 표방한다. 그러한 기조를 반영하듯, 원래는 부정적인 어감을 가진 '개나 소나'를 유쾌하게 전유하여 '소동지', '개동지', '고(양이)동지'를 마스코트로 내걸고 있다.

---

8   누구나노조지회 소개(https://everyone-nodong.github.io).

누구나노조지회 홍보물 　　　　누구나노조지회 마스코트 소개

- 공공운수노조 전국대학원생노조 지부

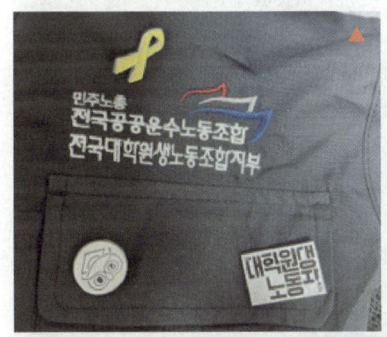

▲ 대학원생노조 조끼와 배지
■ 공공운수노조 대학원생노조 지부 응원봉
◆ 3.8 여성의날 부스에 걸린 슬로건

2017년 12월에 설립된 대학원생노조의 경우 결성 초기부터 부엉이 캐릭터를 노동조합 홍보물 및 굿즈 제작에 활용해왔는데, 응원봉이 K-팝 팬덤을 넘어 광범위하게 활용되면서 기존 캐릭터를 활용하여 응원봉을 제작한 사례라 할 수 있다. 특히 이번 탄핵 국면에서 조합원이 100

여 명 이상 급속도로 늘어났으며, 신규 조합원 90%가 20대 '여성'인 것으로 알려졌다.⁹

- 민주노총 '민총이', 금속노조 '금방이'

▲ 광장에서 만난 민총이   ■ 나, 금방이, 동료   ◆ 모여 있는 금방이들

9 김해정, "" 노조 활동하며 이런 경험 처음"…내란에 분노한 시민들이 힘을 나눈다", 〈한겨레〉 (2025.01.13)(https://www.hani.co.kr/arti/society/labor/1177720.html).

- 광장에서 받은 각종 굿즈, 스티커, 추모리본 등

무지개 단결투쟁띠를 비롯한 스티커, 추모리본 등

- 3월 29일 가자! 평등으로 3.29 민중의 행진

보신각에서 집회를 한 후 거통고 지회 김형수 지회장이 고공농성을 하는 서울고용노동청 앞 철탑과 세종호텔 고진수 지부장이 고공농성을 하는 명동 세종호텔 앞을 거쳐 광화문 동십자각으로 행진했다. 이날은 깃대가 휘청일 정도로 엄청난 바람이 불었는데 고공농성장은 멀고 높아서 휴대전화로는 제대로 사진을 찍기조차 힘들었다.

우리는 싸울수록 우리가 강해지고 있음을 느낀다. 모든 존재가 평등

세종호텔 앞 지하차도 진입 차단시설 위, 고진수 지부장 / 서울고용노동청 인근 한화오션 앞 고공농성장, 김형수 지회장

하다는 사실을 망각시켜온 권력은 우리의 일상을 이미 무너뜨리고 있었다. 우리를 갈라치기 하고 가난할수록 무시하며, 노동의 권리도 뭇 생명의 터전도 자본의 이윤을 위해 제물로 바쳤다. 그러나 광장에서 평등을 약속하기 시작한 우리는 세상을 바꿀 힘이 우리에게 있음을 깨닫기 시작했다. 우리는 결코 이전으로 돌아가지 않는다.

평등은 윤석열을 파면시킬 우리의 힘이며 미래다. 국회 앞에서, 남태령에서, 한강진에서 광화문으로, 서로를 배우는 용기, 아끼고 돌보는 연대로, 존엄과 평등의 민주주의는 이미 시작되었다. 세상이 우리를 듣게 하자. 우리가 겪는 위기를 더 크게 말하자. 위기의 한가운데서도 우리의 시간이 얼마나 빛나는지 더 많은 사람들이 보게 하자. 윤석열을 파면시키고 우리가 나아가려는 세상에서 누구도 나중으로 밀려나지 않을 것임을 선언하자.

내란을 멈추고 세상을 바꾸자.
윤석열뿐만 아니라 윤석열들 없는 나라로 가자.
차별금지법 있는 나라, 노동이 존엄한 나라,
기후정의 당연한 나라로 가자.

윤석열 파면하고 가자 평등으로!
내란을 멈추고 세상을 바꾸자!

2025년 3월 29일
가자 평등으로 3.29 민중의 행진에 함께 한 나 그리고 우리[10]

'노동자 휀걸'은 자신의 일터에서도 '말벌'이 될 수 있을까?

2월까지만 해도 개강 전에는 판결이 날 것으로 생각했으나 큰 착각이었다. '다음 주에는? 그 다음 주에는?'이 계속되던 와중, 2월의 마지막 날, 대학가를 돌면서 극우 집회를 열고 특히 '여자대학'에서 폭력적인 행태를 보인 극우 유튜버들이 내가 일하는 학교에도 찾아왔다. 무엇보다도 그날은 내가 사랑하는 아이돌 멤버의 콘서트 날이었다. 어떤 조

• • •
10 〈가자! 평등으로 3.29 민중의 행진 선언문〉 중에서.

▲ 레인보우 곰돌이와 단결 쥐순이
■ 누군가 들고 있었던 '그저그런 연구자들 모임'과 '차별금지법지금당장' 스티커
◆ 내 응원봉과 동료의 티니핑봉(?)
● 부스에서 만들었던 친환경 피켓
♥ 2025년 4월 5일 '윤석열즉각퇴진·사회대개혁 비상행동' 집회가 끝난 후

치도 취하지 않고 방관하는 대학 본부와 엄청난 소음과 혐오 발언을 쏟아내는 극우 유튜버 그리고 이름난 '부끄러운 동문'의 방문까지, 누군가는 '대응하는 게 더 이상하다'고 생각할 수도 있지만 동료 몇 명과 함께 정문 앞으로 갔다. 민주동문회, 재학생, 졸업생 등이 모인 현장에서 민중가수 최도은이 힘찬 목소리로 노래를 불러주었고, 나는 서둘러 콘서트장으로 떠났으나 이미 내가 사려던 굿즈는 품절되고 없었다. 몇 달 동안 아스팔트 위에서 흔들던 응원봉을 오랜만에 콘서트장에서 흔드니 이상한 감정이 들었다. 마침(?) 강의가 있는 날 학교 근처에서 경찰들이 다시 트랙터를 막고 있다는 소식을 듣고 경복궁역으로 향한 적도 있었다.

그리고 파면 이후, 지난 학기에 나의 수업을 들었던 한 학생이 메시지를 보내왔다. 광장에서 김진숙 지도위원의 발언을 들으며 수업에서 함께 읽은 『소금꽃나무』를 떠올렸다고 했다. 계엄을 옹호하고, 성차별과 유리천장은 없다고 말하고, 중립을 외치는 교수의 수업을 들으며 자괴감을 느꼈다는 글을 읽으면서, 한 번 더 "'노동자 훼걸'은 자신의 일터에서도 '말벌'이 될 수 있을까?"라는 스스로의 질문을 곱씹게 되었다. 탄핵 이후에도 누군가는 고공에 올라가고, 경찰은 '순수한 시민'으로 보이지 않는 사람들에게 폭력을 행사한다. 선거국면으로 전환되면서 '사회대개혁'을 향한 외침은 또 다시 외면당하는 것처럼 느껴진다. 그럼에도 우울해하기보다는 '가자! 평등으로'를 외쳤던 날들을 떠올리면서 할 수 있는 일을 해야 할 때다.

광장정치와 여성 정치세력화

이종임(경희대학교)

들어가며

2024년 12월 3일 밤 10시가 넘은 시간, 지인들로부터 '계엄' 관련 내용이 모바일 메신저로 전달되었다. 2024년에 '계엄'이라니, 처음 메시지를 확인했을 때는 '가짜뉴스'(fake news)라고 생각했다. 하지만 비상계엄은 실제 벌어진 '사건'이었다. 2024년 12월 3일 밤, 대통령의 긴급 대국민 특별담화를 통해 비상계엄을 선포했음을 뉴스를 통해 확인했기 때문이다. 국회 안으로는 헬기를 타고 계엄군이 진입했고, 국회 밖에서는 경찰이 출입문을 막아서면서 국회의원과 기자, 시민들이 엉키어 들어가지 못하는 상황이 실시간으로 중계되었다. 국회 광장에 착륙한 헬기를 타고 온 계엄군들은 빠르게 국회로 들어섰다. 국회에 남아 있던 관계자들은 복도를 막아 들어오지 못하게 했고, 계엄군은 창문을 깨고 안으로 들어갔다. 국회의원들과 보좌진, 당직자, 국회 직원, 취재진 등은 창문을 깨면서까지 본청 진입을 시도한 계엄군에 맞서 의자와 테이블, 소화기 등 각종 집기류를 활용해 국회 본청 주요 출입구를 막았다. 일촉즉발의 상황이었다. 하지만 이런 위험한 상황 속에서도 여의도로 향하는 시민들의 수는 점점 늘어났다.[1] 화면에 비친 계엄군들의 눈빛은 불안해 보였다. 비상계엄은 어느 누구도 동의할 수 없는 이유로 실행된 것임을 계엄군도, 기자들도, 국회의원들도 그리고 시민들도 알고 있었기 때문이다. 2025년 4월 4일, 대통령 탄핵 결정문에서도 이러한 상황을 구체적으로 언급하고 있다. "국회가 신속하게 비상계엄 해제를 요구할 수 있었던 것은 시민들의 저항과 군경의 소극적인 임무 수행 덕분이었으므로, 이는 피청구인의 법 위반에 대한 중대성 판단에 영향을 미치지 않았습니다."[2]

비상계엄 이후 우원식 국회의장이 12월 4일 새벽 1시쯤 비상계엄 해제요구 결의안을 상정했고, 결의안은 여야 의원 190명이 참석한 가운데, 190명 전원이 찬성해 가결됐다.[3] 비상계엄은 해제되었지만 12.3 비상계엄 사태 이후 오히려 한국 사회는 더욱 극단적으로 분열되었다. 극우 유튜브를 중심으로 생산·확산되는 음모론과 혐오 담론, 집권당의 폭력을 선동하는 움직임 등 민주주의의 후퇴를 체감하는 사건들이 계속 발생했다. 서울 서부지방법원 점거 및 폭동사건이 가장 대표적일 것이다. 윤석열 대통령의 구속영장이 발부되자 구속심사를 담당했던 서부지방법원으로 윤석열 대통령 지지자들이 모여들었고, 2025년 1월

...

1 비상계엄 당일, 여의도에서 군용차를 막아선 시민들을 워싱턴포스트가 영상과 함께 보도하였고, 군용차를 막은 시민들 중 여성이 존재했다는 사실을 확인한 국내 보도도 이어졌다. 이슬기, "계엄 날 군용차 막은 여성의 이야기...WP보도에 안 나온 것", 〈오마이뉴스〉(2025. 3. 21.).
2 헌법재판소 대통령 탄핵(인용) 결정문, https://www.ccourt.go.kr/site/kor/event/adjuList.do
3 고한솔, ""계엄 선포 무효"…국회, 비상계엄해제요구 결의안 가결", 〈한겨레〉(2024.12.4.).

19일 새벽 서부지방법원을 무단 점거하고 경찰과 기자를 폭행했을 뿐 아니라, 건물을 파손하는 등의 범죄를 저질렀다. 서부지법 점거사태는 우리 사회에 쌓여 있던 이데올로기 갈등과 차별, 혐오담론이 얼마나 심각한지를 상징하는 사건으로 기록되었다.

비상계엄 이후 대통령의 탄핵을 요구하는 시민들의 목소리는 광장을 통해 울려 퍼졌다. 2024년 12.3 비상계엄 선언 이후, 2025년 1월 19일 대통령 구속 그리고 2025년 4월 4일 헌법재판소의 대통령 탄핵 심판 전원일치 인용까지 '광장'은 우리 사회를 비추는 거울이었다. 비상계엄 선언 당일, 시민들은 여의도 국회 근처로 자발적으로 모였고, 군용차를 몸으로 막아서며 계엄군과 맞서기도 했다. 해외 언론에서도 1980년대 이후 벌어진 비상계엄 선포라는 사실이 갖는 의미와 계엄군에 맞서는 시민들의 모습, 국회 상황 등을 취재해 보도했다.[4] 비상계엄을 막기 위해 여의도로 달려온 시민들은 밤을 새우며 여의도를 떠나지 않았다. 이후 용산과 남태령, 광화문 등으로 공간을 이동하면서, 여성, 소수자, 장애인, 농민, 민주노총 등 다양한 주체들과의 네트워크를 형성했고, 정치적 위기와 민주주의의 중요성에 대해 공감의 '장'을 구축하였다.

그리고 비상계엄 이후 광장집회를 중심으로 언론에서 특히 주목했던 것은 여성의 연대운동과 정치적 목소리였다. 2025년 4월 4일, 탄

...

4 Michelle Ye Hee Lee, "Martial law, then a reversal: An astonishing six hours in South Korea", The Washington Post, December 3, 2024., https://www.washingtonpost.com/world/2024/12/03/martial-law-south-korea-explained; Tessa Wong, "South Korea's emotional protesters watch impeachment hopes fade", BBC, December 8, 2024., https://www.bbc.com/news/articles/cj0rrn7e1qgo

핵이 인용되기까지 많은 시민이 광장을 찾아 민주주의 주체로서 목소리를 내고 민주정치를 구현하는 데 힘을 모았는데, 그중에서도 2024년 12월 탄핵집회가 시작되면서 집회 방식에서 이전과는 다른 특징이 두드러졌다. 집회 현장에는 많은 시민 중 여성의 참여율이 높았다. 집회에 참여한 여성들은 다양한 방식으로 자신의 정체성을 드러냈다. 케이팝 팬덤의 상징인 응원봉이 촛불을 대신했고, 광장의 추위를 견디고 함께함을 느끼게 하는 데 민중가요뿐 아니라 케이팝도 함께 부르는 진풍경이 이뤄졌다. 집회 여성 참가자들은 X(구 트위터)도 적극적으로 활용했다. '전국응원봉연대'를 중심으로 집회 정보를 공유하고, 온라인에서의 모임이 집회 현장으로도 이어질 수 있도록 소셜미디어는 중요한 매개가 되었다.

　광장을 둘러싼 정치적 움직임 관련 논의는 시대적 흐름이 변하면서 활동 주체와 정치적 이슈 역시 계속 변화해왔다. 특히 정치집회에 참여하는 주체의 다양성에 대한 논의가 주를 이루는데, 2008년 미국산 소고기수입 반대집회에서는 유모차를 끌고 나온 젊은 주부들, 부모님의 손을 잡고 나온 아이들의 사례처럼 가족 단위의 집회 참여가 늘어났다는 특징을 지닌다. 2008년 촛불집회는 특히 여성단체의 집회 참여가 아니라 여성 개인의 집회 참여가 늘어났다는 특징을 지닌다. 2016년 광장집회는 집회의 의제 설정 자체의 변화가 나타났다. 과거 광장집회가 민주 대 독재, 개혁 대 수구, 보수 대 진보, 자본 대 노동 등 국민국가를 구성하는 구조적 요소와 관련된 이슈가 쇠퇴하고 생명, 건강, 환경, 주거, 교육, 일자리처럼 대중의 일상 속에서 제기되는 쟁점이 국가권력에 저항하는 새로운 주체로 부상하였다.[5] 이후 2024년 광장집회는 '응원봉' 집회로 불렸는데 여성 참여의 증가뿐 아니라 여성들이 다양한 사회정치적 이슈에 목소리를 내는 데 적극적 행보를 나타냈다. 특히 케이팝 팬덤을 상징하는 응원봉을 들고 참석하는 여성들이 늘어나면서, 참석한 여성들의 정체성을 드러내는 데 응원봉은 중요한 역할을 했고, 2030 여성들뿐 아니라 다양한 정체성을 지닌 집회 참가자들도 변화에 동참하였고, 응원봉을 들고 참석하는 시민들의 수도 증가했다. 이러한 변화는 집회문화에서도 나타났는데, 민중가요와 케이팝이 집회 현장에서 함께 울려 퍼졌고, 젠더, 세대, 소수자 등 다양한 정체성을 가진 시민들의 정치적 실천이 가능하다는 것을 확인하는 집회 현장이 되었다.

이처럼 광장집회에서는 유모차를 끌고 집회에 참여하는 여성들과 2030 여성들의 집회 참여 등이 꾸준히 나타나고 있는데, 이 글에서는 비상계엄 이후 광장정치의 의미와 왜 여성정치가 부상했는지 그 배경과 이유들을 살펴보고자 한다. 디지털 미디어의 매개성과 디지털 행동주의도 주목해야 할 것이다. 지금 우리가 던져야 하는 질문은 2024년 12.3 이후 여성들이 광장에서 무엇을 위해 함께하였는지 그리고 이후의 젠더정치는 어떠해야 하는가이다. 이를 위해 안티페미니즘과 신자유주의의 결합으로 나타난 페미니즘 담론과 위기의 젠더/정치 그리고 이에 대한 대항으로써 비폭력이자 말로 하는 혁명정치로서의 여성의 광장정치가 응원봉을 매개로 어떻게 더 확장되고 있는지 그 의미를 논

• • •
5   고원, 『촛불혁명 이후 새로운 정치의 탄생』(한울엠플러스, 2017) 참고.

하고자 한다.[6]

광장에서 목격되는 여성/여성정치

12.3 비상계엄은 극단적 분열, 혐오와 비난의 일상화가 민주주의를 수호하는 데 얼마나 큰 위협이 되는지 확인할 수 있는 하나의 '사건'이었다. 극우 유튜버의 생각으로만 치부했던 이슈가 국가 지도자의 믿음으로 이어졌고, 비상계엄이라는 초유의 사태까지 이어졌기 때문이다. 12.3 비상계엄부터 시작되었던 광장집회는 2025년 4월 4일 헌법재판소의 전원일치 탄핵 인용이 발표되기까지 이어졌다. 이번 광장집회에서 주목할 만한 점은 공간이 특정되지 않는다는 점이다. 2008년, 2016년 촛불집회에서는 광화문을 중심으로 집회가 이뤄졌지만, 2024년 광장집회는 여의도, 용산, 광화문으로 확장되고 집회 참가자들을 연결하고 모이게 만들었다. 특히 광장집회 초기, 2030 여성들의 문화가 광장집회문화를 주도했다는 점을 주목할 필요가 있다. 12월 3일부터 시작된 여의도 집회는 여러 가지 의미를 갖는데, 서울시 생활테이터를 기반으로 12월 7일 여의도 집회에 참가자 추정 인원의 특징을 보

---

6 리베카 솔닛(Rebecca Solnit)은 저서 『어둠 속의 희망』(Hope in the Dark)에서 희망을 이야기하는 것은 순진하다고 치부되기 쉽다면서, 미래의 불확실성을 인정하는 데서 희망이 생겨난다고 본다. 미래는 불확실하나, 불확실하기 때문에 우리가 만들어갈 수 있다고 믿는 것이 곧 희망이라는 것이다. 이러한 맥락에서, 응원봉이 상징하는 것은 바로 우리가 '희망'을 계속 이야기해야 하는 것임을 미루어 짐작해볼 수 있다. R. Solnit, Hope in the Dark: Untold Histories, Wild Possibilities (Haymarket Books, 2016), 설준규 옮김, 『어둠 속의 희망』(창비, 2017) 참고.

면 20대 여성의 비율이 18.9%로 가장 높게 나타났다.[7] 이후 윤석열 전 대통령의 탄핵소추안이 국회를 통과한 2025년 12월 14일의 경우, 서울 여의도 국회의사당 집회 참여자들 중 약 30%가 2030 여성인 것으로 나타났다.[8]

2024년 집회의 특징은 촛불이 아닌 응원봉을 들고 집회 현장에 참여하는 여성들이 늘어났다는 점이다.[9] 이러한 분위기는 집회 문화를 바꿨다. 케이팝 팬덤이 아니어도 응원봉을 들고 집회에 참가하는 시민들이 늘어났다. 2020년 태국 반정부 집회에서 소녀시대의 〈다시 만난 세계〉가 울려 퍼진 것은 이미 잘 알려진 사실이다.[10] 〈다시 만난 세계〉는 국내에서도 집회 현장에서 투쟁가로 불리곤 했는데, 대표적인 사례가 이화여대 본관 점거 투쟁 현장이다. 지난 2016년 이화여대 학생들이 본관을 점거하자 학교 측에서 경찰에 신고하였고, 학생들은 학교에 출동한 경찰에 맞서는 투쟁가로 소녀시대의 〈다시 만난 세계〉를 불렀다. 이후 케이팝은 국내외 집회 현장에서 투쟁가로 자연스럽게 소환되었다.

...

7 플랫팀 기자, "여의도 탄핵집회, '20대 여성이 가장 많았다'. 10명 중 3명은 2030 여성", 〈경향신문 플랫〉(2024.12.12.).
8 신다인, "'광장 주역' 2030여성, "장미 대선은 성평등 대선으로"", 〈여성신문〉(2025.4.10.).
9 비상계엄 이후 광장에는 2030 여성들이 눈에 띄게 많이 참여했다. 이후 2024년 4월 4일 헌법재판소의 탄핵 인용 판결이 있기까지, 집회 참여자들은 더욱 다양한 정체성을 가진 사람들이 모였고, 한국 사회의 다양성, 노동, 인권 등의 문제를 제기할 수 있는 계기가 되었다고 볼 수 있다.
10 정리나, "태국 반정부 집회에 등장한 케이팝... "소녀시대가 가장 큰 힘"", 〈아시아투데이〉(2020.10.20.). 소녀시대 노래 〈다시 만난 세계〉는 2016년 이화여대 학생들의 본관 점거 과정에서 경찰에 맞선 투쟁가로 불리며 주목을 받았고, 해외의 케이팝 팬들도 집회 장소에서 〈다시 만난 세계〉를 투쟁가로 부르게 되었다. 이 노래는 소수자, 홍콩 민주화 시위, 페미니즘 운동 현장에서 종종 소환되는 노래가 되었다.

광장집회에 응원봉을 들고 참여하고, '남태령대첩'[11]에서는 농민들과 함께하기 위해 밤샘 집회를 하면서, 콘서트에 참여하기 위해 밤샘을 하는 것과 다를 바가 없어서 힘들지 않다고 말하는 여성 집회 참가자들이 어떤 사회문화적 환경에서 여성으로서의 정체성을 경험하고 있는지 살펴본다면 답을 찾을 수 있을 것이다. 페미니즘 운동에 대한 정치경제적 모순과 젠더화된 모순 그리고 소비사회의 대중문화와 대중미디어를 기반으로 하는 '포스트 페미니즘' 안에서 페미니즘이 다시 소환되는 이유를 찾아야 한다는 논의[12]는 응원봉 집회를 주도하는 2030 여성들의 정치적 참여를 설명할 수 있는 중요한 근거가 된다. 또한 페미니즘이 하나의 입장이나 단어로 설명되기 어렵다는 점을 12.3 이후의 광장집회에서 확인할 수 있다. 2030 여성들이 광장집회에 참여하게 된 계기는 2016년 강남역 살인사건, 2017년 미투운동, 2018년 불법 촬영 및 편파 수사 비판 집회, 2024년 딥페이크 수사 촉구 시위 등으로 여성의 '비폭력 저항/말로 하는 정치'가 계속되어온 여성 투쟁의 맥락을 고려해 2024년부터 시작된 탄핵 집회를 바라봐야 할 것이다.

여성정치, 페미니즘운동은 디지털 미디어 이용이 일상화되면서 디

---

11 2024년 12월 16일 전라·경남에서부터 시작된 전국농민회총연맹(전농)·전국여성농민회총연맹(전여농)의 '세상을 바꾸는 전봉준투쟁단 트랙터 대행진'이 12월 21일 서울 남태령 고개에서 막혔다. 경찰이 차벽을 세워 트랙터와 차벽을 두고 대치가 이어졌다. 이날 오후 전농 시위를 주최한 전봉준투쟁단은 시민들에게 긴급호소문을 전파했다. "시민 여러분, 남태령 고개로 모여주십시오." 현장에 가장 발 빠르게 참여한 집단은 '2030 여성'이다. 농민 집회와 거리가 먼 것 같은 이들은 왜 남태령을 향했을까. 22일 시위 현장에서 만난 여성들은 "사회관계망서비스(SNS)로 소식을 공유"하고, "커뮤니티에서 키운 정의감을 바탕" 삼아 "내 편을 지키고 두려움을 떨치기" 위해 기꺼이 응원봉을 들고 남태령역을 향했다고 말했다. 오동욱, "2030 여성은 왜 남태령대첩에 모였나", 〈경향신문〉(2024.12.23.).
12 손희정, "혐오의 시대 – 2015년, 혐오는 어떻게 문제적 정동이 되었는가", 〈여/성이론〉 32호 (2015), 17쪽.

지털 네트워크를 적극적으로 활용해왔던 운동방식에 힘입어 12.3 이후 광장집회에 참석하고 언제든지 필요한 곳에 달려가는 여성들의 공동체 형성에 중요한 배경이 된다. '남태령대첩'이라 불리는 농민들의 트랙터 집회가 경찰에 저지되자 농민들을 지지하기 위해 여성/시민들이 함께한 일화는 유명하다. 2024년 12월 21일부터 22일까지 대통령 구속을 촉구하는 농민들의 트랙터 집회가 경찰에 의해 저지되자 시민들이 함께하기 위해 모였는데, 서울시 생활인구 통계에 따르면 이날 남태령역 인근에 몰린 집회 참가인원 2,693명 중 26.2%가 20대 여성으로 전체에서 가장 큰 비중을 차지했고, 30대 여성은 16.44%로 2030 여성의 참여 비율이 가장 높았던 것으로 나타났다.[13] 이뿐만 아니라 전국 장애인 차별철폐 선전전과 세종호텔 해고노동자 파업을 지지하기 위해 함께하기도 했다.[14] 광장에는 공동체가 함께 모여 집회를 하기도 했지만, 혼자, 개인이 소셜 미디어를 통해 정보를 접하고 참여하는 참가자들도 적지 않았다. 항상 존재했던 다양한 소수자/여성/사회적 약자/농민들은 이번 탄핵집회를 통해 드러나고 주목받았다. 여성들이 광장에 나오게 된 가장 주된 계기로 윤석열 정부의 반여성 정책 때문이라는 언론보도가 많았다. 이러한 현상을 통해 우리는 페미니즘 운동으로서의 광장정치를 인간의 존엄성을 보장할 수 있는 근본적 권리, 공동체에 소속될 권리, 즉 '권리를 가질 권리'(a right to have

...

13 정다은, "남태령 집회 참가자 40%가 2030 여성…여성농민 후원 '연대'도", 〈서울경제〉 (2024.12.19.).
14 김정화·이예슬, "2030 여성·장애인·청소년·농민…"싸우는 '우리들' 있다"", 〈경향신문〉 (2024.12.22.).

rights)라는 아렌트의 논의로 설명할 수 있을 것이다. 공동체에 소속될 권리를 의미한다기보다 권리를 생산하는 공동의 정치적 노력에 참여하는 것을 포함하는 권리인데,[15] 광장집회에 많은 참가자들/시민들이 모이는 이유일 것이다. 권리 주체들은 소극적인 권리의 보호만을 기다리는 수동적 존재들이 아니라 인류가 공동으로 추구할 만한 가치를 권리 체계 속에 포함시킴으로써 인권 개념을 확대할 수 있는 적극적 행위 주체들이다. 결국 아렌트의 '권리를 가질 권리'는 법과 제도에 의해 보장되는 정치적·사회적·경제적 기본권의 중요성을 강조하는 것에서 그치지 않고 기본권을 재구성할 수 있는 정치적 과정을 인권 개념 속에 포함시킴으로써 확장된 인권 이론의 가능성을 보여준다고 평가되기도 한다. 2024년 12월 3일부터 광장에 모인 수많은 시민은 옆 사람의 핫팩을 챙기고, 안전을 확인한다. 현장에 오지 못한 시민들은 푸드트럭을 보내거나 선결제를 통해 자신의 마음을 전하기도 했다. 디지털 기술의 활용이 일상화되면서 놀이의 수단뿐 아니라 정치적 실천 현장에서도 중요한 역할을 수행해왔다. 시민들의 자발적 정치 실천에 기술이 활용된 사례로는 1999년 시애틀 전투(battle of Seattle)가 꼽힌다. 인터넷과 모바일로 무장한 시위대의 '벌떼 전술'(swarming)이라고도 불리는데, 2024년 비상계엄 이후 2030 여성들을 중심으로 정치적 이슈가 있는 곳이면 어디든지 달려가는 '말벌 아저씨' 운동전략이 활용된 사례와도 크게 다르지 않다.

    시민들이 자발적으로 모여 정치적 목소리를 냈던 사건을 주목하

---

15 김민수, "한나 아렌트의 사회적인 것의 의미와 '권리를 가질 권리'의 난점", 〈인문과학연구〉 제44집(2021), 216쪽.

는 연구는 꾸준히 있었다. 광장정치는 근대 민주주의의 발전 및 대안적 민주주의 모색을 이해하는 현 시기 대중이 전개하는 새로운 실천이기 때문이다.[16] 차별과 혐오에 맞서는 연대/정치적 활동으로서 광장집회가 존재했고, 비상계엄 반대와 탄핵촉구 집회를 통해 광장은 다시 한번 민주주의 정치의 장으로서 역할을 한 것이다. 로렌 벌런트(Lauren Berlant)는 국가적 사안을 둘러싸고 쟁론이 벌어지는 공적 영역이 정동적으로 형성된다고 설명하는데, 정동[17]을 통해 형성되는 공적 영역을 '친밀한 공중'이라고 설명한다. 그리고 현재 '광장'은 국가적 사안을 둘러싸고 쟁론이 벌어지는 공적 영역이기도 하다. 2008년부터 2024년, 2025년까지 이어지는 광장정치는 알랭 바디우(Alain Badiou)가 설명했던 '사건'의 개념[18]과 다르지 않다. 비상계엄이라는 사건은 존재(우리/여성)에 충격을 가해 급진적으로 열린 상황 안으로 존재(우리/여성)를 밀어 넣고 있다. 디지털 개인과 개인들을 연결하는 공간으로서 광장은 민주주의 수호의 중요한 매개체다. 광장에 모인 시민들은 자발적으로 함께 목소리를 내고, 국가적 사안을 둘러싸고 쟁론이 벌어지는 정치의 공적 영역이 되었다.

・・・

16 김성일, "광장정치의 동학: 6월항쟁에서 박근혜 탄핵 촛불집회까지", 〈문화과학〉(2017), 146-168쪽.
17 12.3 이후 광장에서 나타나는 여러 정동적 사건과 정동정치에 대한 분석은 아직 진행중이다.
18 L. Berlant, Cruel Optimism (Duke University Press, 2011), 박미선·윤조원 옮김, 『잔인한 낙관』(후마니타스, 2024).

여성의 권능화(empowerment) 공간으로서 광장
: 광장정치의 동력

정치적 위기를 극복하기 위해 시민들이 광장에 모여 다양한 목소리를 내고 민주주의 수호를 가능하게 했던 것은 광장의 촛불집회부터 논의해야 할 것이다. 2008년 촛불집회, 2016년 박근혜 퇴진 촛불집회, 2024년 윤석열 탄핵촉구 광장집회까지, 국가의 정치적 위기 때마다 광장으로 모였고, 정치적 위기를 극복해왔다. 조직화된 집단이 아닌 개인들이 자발적으로 모여 광장을 지켰고, 밤샘 집회를 이어나가며 광장을 지킨 집회 참가자들의 의지와 염원은 정치적 문제를 해결하는 중요한 동력이 되었다.

과거에도 많은 광장집회가 있었지만, 촛불집회는 '효순이 미선이' 사건으로 거슬러 올라간다. 당시 의정부 지역 여중·여고생들의 저항을 시작으로 한국 사회에서 촛불은 전 국민적 저항의 중요한 수단으로서 상징성을 띠게 되었다. 이후 사회의 중요한 이슈가 발생할 때마다 시민들은 촛불을 들고 광장으로 모여들었고, 정치적 공간으로서의 '촛불광장'이 만들어졌다. 2008년 미국산 소고기 반대 촛불집회는 다양한 여성들의 주도적 역할 아래 진행되었다고 평가되는 대표성을 띠는 집회다. 당시 여성들의 집회 참여가 주목받았던 이유는 참가자 대부분이 정치와는 무관해 보이는 사람들로 자발적으로 광장에 나왔기 때문이다. 기존의 운동방식에 대한 근본적인 반성을 촉구함과 동시에 지구화

시대 정치적 주체로서 여성에 대한 다양한 논의를 촉발시켰다.[19] 2016년 촛불집회에서도 여성들의 광장정치가 큰 주목을 받았다. 이 시기는 사회적으로도 젠더 갈등과 혐오 정치가 문제가 될 만큼 여성들이 분노할 만한 사건들이 발생했다. 일명 '강남역 살인사건'으로 2016년 5월 강남역 근처 노래방 공중화장실에서 여자들이 자신을 무시한다며 살인을 결심한 범인이 남녀공용화장실에서 여성이 들어오기만을 기다렸고, 불특정 여성이 남성에 의해 살해당하는 사건이 발생했다. 가해자의 정신질환 병력과 생면부지의 상대를 살해했다는 점에서 '정신질환자의 묻지마 살인'으로 언론보도가 이뤄졌다. 그러나 언론보도와 SNS를 통해 사고 소식을 접한 여성들이 강남역 10번 출구에 모여들어 추모 공간을 만들었고, 정신질환이 아닌 여성 혐오 범죄라 규정했고 관련 비판운동을 확산시켰다. 같은 해 7월 이화여대의 '미래라이프대학 반대 농성'도 주목을 받았다. 반대 농성의 경우 지도부 없이 구성원 모두가 온라인을 매개로 운동의 주체가 되었고, 학내 비리의 진상을 규명하고 비민주적으로 학교를 운영한 총장의 사퇴를 촉구한 시위를 벌였다.[20] 2017년에는 미국의 영화제작자 하비 와인스타인의 성폭력 사건 폭로로 시작된 미투운동이 전 세계적으로 확산되었다. 한국에서도 여성들이 피해 사실을 알릴 수 있도록 독려하고 연대하는 미투운

...

19 김영옥, "여성주의 관점에서 본 촛불집회와 여성의 정치적 주체성", 〈아시아여성연구〉 48권 2호 (2009), 10-11쪽.
20 시위 결과 미래라이프대학 계획은 폐지되었고 당시 이화여대 총장은 사퇴를 거부하다가 국회의 교육부에 대한 국정감사에서 정유라의 대학 입학·학사관리 특혜 논란이 불거졌고, 결국 사퇴한 뒤 이듬해인 2017년 2월 15일에 구속되었다. 이가현, "주요 피고인 줄줄이 출소… 국정농단 사태 어느덧 '석방국면'", 〈국민일보〉(2019.2.19.).

동이 일어났다. 당시 미투운동은 SNS를 통해 확산되면서, 과거 그 어느 때보다 빠른 속도로 성폭력 피해를 알리고 고발함으로써 디지털 공간이 젠더 갈등을 촉발시키거나 동참시키는 공론장 역할을 했다.[21] 이후 2018년에는 혜화역을 중심으로 여성 불법촬영과 편파수사를 비판하는 시위가 열렸고,[22] 사회관계망서비스(SNS)에서는 '#딥페이크_엄벌하라' 해시태그 운동이 이어졌다.[23]

디지털 커뮤니티, 소셜미디어를 기반으로 여성들의 저항운동은 더 큰 힘을 발휘했다.[24] 너스바움(Nussbaum, 2004/2015)은 혐오를 죽음과 아픔, 고통에 취약한 인간이 자신보다 열등한 존재와의 구별을 통해 우월함을 확인하는 본능으로 이해한다. 배고픔이나 목마름 같은 신체적 본능과 달리 차별을 기반으로 한 혐오나 공포 등의 감정은 의도된 학습의 결과라는 것이다.[25] '미순이 효순이' 사건으로 촉발되었던 촛불집회는 사회제도권 내에서의 젠더 차별과 혐오 담론에 대한 비판의 목소리를 내고, 젠더 갈등 문제해결을 위해 노력해왔던 공감과 공론의 장으로서 '광장정치'가 현재까지 이어진 것이다. 즉 고착화된 사회제

---

21 이종임·홍주현·설진아, "트위터에 나타난 미투(#Me Too)운동과 젠더 갈등이슈 분석: 네트워크 분석과 의미분석을 중심으로", 〈미디어, 젠더&문화〉 34권 2호(2019), 99-146쪽.
22 BBC News Korea, "혜화역 시위: 혜화역 3차 시위 열려… 시민 반응은 어떨까"(2018.7.7.).
23 많은 여성이 거리로 나선 이유는 '우리를 더 이상 능욕할 수 없다'는 것을 보여주고, 국가·사법부·경찰의 방치를 더는 참지 않겠다는 목소리를 내기 위한 것"이라며 "세상을 바꾸는 것은 '우리'라는 믿음으로 거리에 나왔다. 〈경향신문 플랫(Flat)〉, ""#딥페이크_엄벌하라, 세상을 바꾸는 것은 '우리'"…다시 거리로 나선 여성들"(2024.9.23.).
24 대화가 불가능할 정도의 혐오의 언어가 디지털 공간을 뒤덮기도 했고, 이를 비판하는 여성들의 저항도 더욱 거세졌다. '일간베스트'와 '메갈리아' 커뮤니티의 등장도 이전에는 없었던 혐오 담론의 미러링 효과로 설명되었다.
25 홍지아, "젠더화된 폭력에 대한 뉴스 보도 4개 언론사(조선일보, 동아일보, 한겨레, 경향신문)의 강남역 여성살인사건 보도를 중심으로", 〈한국언론정보학보〉 통권 83호(2017), 192쪽.

도를 비판하고, 젠더 갈등과 혐오적 발언을 비판하는 페미니즘 운동은 정치집회에서도 그 힘을 발휘하게 된 것이다.

디지털 행동주의와 여성정치

소셜미디어의 가상공간에 적용되는 '익명성'은 사회적 소수자들로 하여금 말하기를 추동시켰다. 특히 대한민국의 여성들은 2015년과 2016년 '메갈리아'의 미러링 발화나 강남역 추모 움직임과 같은 사건들을 겪어가면서 '침묵을 깨고 분노를 드러내는 말하기'를 시작하였다.[26] 비위계적인 사이버공간에서 페미니즘을 더욱 적극적으로 실천하는 움직임을 보였다. 특히 용기 있는 일부 피해자 여성들은 '미투 해시태그 운동'을 통해 성폭력 말하기를 주저하지 않게 됨으로써, 이들의 고발을 지지하고 공감하며 의미 실천을 확산시키는 데 많은 여성의 동참을 불러일으켰다. 아울러 개인화되고 파편화된 미디어 지형 속에 X(옛 Twitter)와 같은 소셜네트워크사이트(SNS)는 특유의 조직력·신속성·확산성을 기반으로 빠르게 의제를 선점하고 이슈를 제공하는 주요 개인 매체로 활용되었다. 2017년 온라인으로 활발하게 이뤄진 미투운동은 지난 10여 년간 온라인 공간에서 진행된 '여성 혐오' 발언의 확산에 대한 여성들의 분노와 피해 여성들을 돕기 위한 연대의 움직임이라고 볼 수 있다. 여성 혐오(misogyny)는 여성에 대한 멸시이자 여자를 성적 도구로만 생각하고 반응하는 것이다. 남성과 동등한 주체로 여성을

---

26 김효인, "SNS해시태그를 통해 본 여성들의 저항실천: '#00_내_성폭력' 분석을 중심으로", 〈미디어, 젠더&문화〉 32권 4호(2017), 7쪽.

인정하지 않는 여성의 객체화, 타자화를 뜻한다.[27]

국내의 경우 온라인에 기반한 페미니즘 관련 논쟁은 2010년 중반부터 첨예한 담론으로 자리 잡게 되었다. 이후 2015년 메갈리아 사이트 개설, 2016년 강남역 여성 살인사건에 대한 여성들의 분노와 여성과 남성 간의 갈등, 2016년부터 시작된 미투(Me Too)운동에 이르기까지 여성 혐오와 성차별, 성폭력에 대한 논쟁이 공적 담론으로 확장되는 데 큰 역할을 한 것이 디지털 공간이기도 하다. SNS를 기반으로 수많은 젠더 관련 글이 디지털 공간에서 생산되면서 이를 보고 경험한 여성들에게는 우리 사회가 여전히 '부정의'하다는 감각과 '여성됨'에 대한 집단적이고 감각적인 동일시를 구성하도록 만들었다.[28] 미투운동은 기존의 여성 혐오 표현과 인식에 대한 수동적 대응 방식에 큰 균열을 낸 운동이다. 여성 혐오를 외면하거나 '나의 문제가 아니다'라고 여겼던 많은 여성에게 SNS상에서 스스로 말하고 연대적 움직임에 동참할 수 있게 추동했기 때문이다.[29]

디지털 플랫폼의 특성에 익숙해진 시민/여성들은 비상계엄 이후 탄핵집회에 참여하면서, 온라인 공간에서도 함께 하며 공동체를 형성하였다. 디지털 행동주의 혹은 디지털 이용자들의 연대 방식도 주목할 만한데, 현장 영상을 공유하거나 공공데이터를 기반으로 여의도 화장실과 선결제 가게 등을 디지털맵으로 구성해 공유하기도 했다. 개별

...
27 우에노 치즈코, 나일동 옮김, 『여성혐오를 혐오한다』(은행나무, 2012), 12-13쪽.
28 강예원, "디지털 시대 페미니즘 대중화와 십대 페미니스트 '되기(becoming)'에 관한 연구", 이화여자대학교 석사논문(2012).
29 이종임·홍주현·설진아(2019), 앞의 논문, 110쪽.

적으로 광장집회에 참여하는 여성들도 많았지만, 개별적 참여의 방식이 모여 정치공동체를 형성하는 것이 자연스러운 운동방식이 되었다. 강남역 살인사건부터 딥페이크 비판까지 일상생활에서 목격되는 여성 혐오, 여성을 대상으로 하는 범죄에 대한 문제를 꾸준히 비판해왔던 운동방식은 윤석열 정부의 여성정책의 문제를 주목해왔던 여성들이 광장집회에 더 적극적으로 참여하게 된 것이다. 윤석열 정부는 대선공약으로 여성가족부 폐지를 내세웠고, 젠더폭력 피해 지원예산 축소, 고용평등상담실 예산 전액 삭감 등 여성 인권과 성평등 실현의 가치를 철저히 훼손했다는 비판을 받아왔다.[30] 윤석열 정부의 성평등에 반하는 정책으로 인해 여성 혐오 담론이 확산되었고, 민주주의 가치에 반하는 집회와 디지털 공간에서의 발언을 쉽게 찾아볼 수 있게 되었다. 성평등 정책의 후퇴와 젠더 차별과 혐오에 기반한 담론 확산이 정책을 기반으로 공식적으로 이뤄진 것이다.[31] 대통령의 지지자 선동과 유튜브 등 플랫폼의 영향력 확대, 탄핵 인용 및 조기 대선 가능성에 따른 정치적 양극화, 여기에 기존 언론의 신뢰도 하락까지 한국 사회가 직면한 이 모든 환경이 허위 조작 정보를 싹틔우는 최적의 토양으로 작용하고 있는 상황이며,[32] 이를 우려하는 전문가의 진단이나 언론보

...

30 정인선, "여성·성소수자들도 "성평등 후퇴시킨 윤석열 파면 환영"", 〈한겨레〉(2025.4.4.).
31 유엔(UN) 여성차별철폐위원회(CEDAW)에서도 지난해 6월 한국 정부에 "여가부 폐지안을 철회하고 여가부 장관을 지체 없이 임명하라"라고 권고했다. 윤석열 정부 동안 교육부는 2022 교육과정에서 '성평등'과 '성소수자'를 삭제했고, 2023년 1월 여가부가 제3차 양성평등정책 기본계획에서 '여성' 표현을 대체·삭제하기도 했다. 여가부가 비동의 강간죄 도입 검토를 발표했지만 법무부와 국민의힘의 반대로 철회했고, 같은 해 말에는 여가부가 여성폭력 방지·지원 예산을 삭감하는 등 여러 성평등 정책이 후퇴했다. 장슬기, "혐오·비하·차별·왜곡···무모했던 윤석열의 입", 〈미디어오늘〉(2025.4.4.).
32 최성진, "'문형배 음란물' 가짜뉴스 논란···조회수 장사에 멍드는 민주주의", 〈한겨레〉(2025.2.25.).

도 역시 적지 않다. 문제의 심각성을 보여준 사례가 서부지법 난입 폭동사건일 것이다. 서부지법 난입 폭동사건으로 난입 과정에서 경찰과 취재진이 폭행당하는 사건이 벌어졌다. 또한 신남성연대의 이화여대 난입사건으로 윤석열 대통령 탄핵을 촉구하는 학생 측 피켓을 찢고 부수며 조롱하는 등 극단적인 폭력행위가 발생하기도 했다.

그럼에도 시민들은 여전히 광장을 지키며, 사회의 문제들에 관심을 갖고 위로를 건넨다. 집회가 지속되면서 연대의 방식이 다양해지고 참여자들의 정체성도 다양해졌다. 남태령대첩, 말벌 아저씨 밈, 키세스 시위대 등 미디어가 주목하는 사건들을 통해서도 알 수 있다. '남태령대첩'은 트랙터를 몰고 서울로 행진하던 농민들이 남태령에서 경찰의 차벽에 가로막히자 SNS를 통해 이 소식이 전해진 후 광장에 있던 시민들이 모여 농민들과 밤샘 시위를 벌였고, 열 대의 트랙터가 대통령 관저 앞까지 갈 수 있었던 사건을 일컫는다. 이 외에도 전국장애인차별철폐연대의 '출근길 지하철 다이인(die-in) 행동'을 지지하는 시민들, 동덕여대 시위 등에 귀를 기울이고 현장 투쟁에 합류하는 등[33] 그동안 존재했던 우리 사회의 차별과 혐오에 저항하는 움직임은 광장집회를 기반으로 더욱 힘을 얻게 되었다.

• • •

33 탄핵 집회에 참여하는 많은 시민은 플래카드, 모자, 가방 등에 스스로 메시지를 작성해 공유하였다. 집회 참가자들이 들고 오는 응원봉은 케이팝 팬뿐만 아니라 팬이 아닌 집회 참가자들도 응원봉을 들고 모여들었다. 응원봉을 매개로 집회의 안전(사회의 안전), 다양성, 차별과 혐오 반대 등의 정치적·사회적 메시지가 형성되고 전파되었다.

나가며: 응원봉의 상징적 의미를 잊지 않기

12.3 비상계엄 선언 이후 2025년 4월 4일 탄핵 결정 인용까지 광장에는 많은 시민이 모여 민주주의를 바로 세우기 위한 목소리를 냈고, 우리는 길에서, 광장에서 많은 시간을 보냈다. 광장에는 정말 다양한 정체성을 지닌 시민들이 함께 연대했다. 광장집회가 시간이 길었던 만큼 다양한 사건들이 광장에서 혹은 디지털 공간에서 교차하고 횡단하며 민주주의 수호를 위해 힘을 모았다. 언론 인터뷰에 응했던 탄핵집회 여성 참가자들은 집회 참여의 이유를 묻는 질문에 모두가 같은 대답을 했다. "후회하기 싫어서", "부끄러워서" 광장으로 달려갔다는 것이다.[34] 광장에서는 여성, 청년, 장애인, 농민, 성소수자, 비수도권 주민, 비정규직 등 사회에서 함께 공동체를 형성하고 목소리를 내기 힘들었던 다양한 정체성을 지닌 참가자들이 있었다. 그리고 다양한 참여 주체들이 함께 네트워크를 형성할 수 있었던 데에는 여성 청년들의 연대활동이 큰 동력이 되었다. 대표적인 사례가 '말벌 동지'다. 하청노동자와 해고노동자, 장애인 등 사회적 약자들이 투쟁하는 현장에 말벌 아저씨처럼 순식간에 뛰어가 연대하는 이들이 있었기 때문에 2024년 12월부터 시작된 광장집회는 여성, 청년, 장애인, 성소수자, 비수도권 주민, 비정규직 등이 함께 목소리를 내는 민주주의 '장'이 될 수 있었

---

34 "계엄이 터지고 나서는 누군가의 권리가 밟혔을 때 뒤늦게 움직여서 또다시 후회하고 싶지 않다는 감정이 강하게 들었다. 박근혜 탄핵집회 당시에는 집회 참여를 못해서 이번에는 역사의 한 장면을 목격하고 싶다는 생각도 있었다. 계엄이 선포된 날 바로 여의도로 달려갔다. 겨울철 배달일을 하며 구비한 방한용 유니폼과 보호장구, 핫팩이 집회 참여에 요긴하게 쓰였다. 노동자의 보호구가 집회의 보호구가 된 셈이다." 인터뷰 내용 중 일부. 박상혁, "'부끄러워서', '후회하기 싫어서' 청년 여성들은 광장으로 달려나갔다", 〈프레시안〉(2025.1.10.).

다.[35] 광장정치를 통해 여성의 정치세력화의 가능성과 현재를 확인할 수 있었다. '디지털 행동주의'의 사례가 될 뿐만 아니라 성평등을 위한 노력을 축적해온 노동조합과 개인들의 역량이 전면화되고 만나면서 상호작용한 결과였다.

사회에서 경험한 여성 혐오 범죄와 이에 대한 당국의 안일한 대처에 반발하는 과정에서 청년 여성들은 젠더 갈등을 사회적 아젠다로 제기하고 스스로 연대하는 다양한 행사와 집회를 조직해왔으며, 성폭력처벌법과 스토킹처벌법 개정과 같은 제도 개선을 이끈 온라인 활동은 성평등 운동과 젠더를 사유하게 하는 중요한 역할을 하고 있다. 지난 10여 년 동안 기후 위기 등 사회적 의제에 대하여 다양한 방식으로 참여하는 젊은 여성들이 빠르게 늘어났다는 점 그리고 사회적 의제를 스스로 만들어내고 함께 연대를 형성해 사회에 영향력을 미칠 수 있다는 것을 직접적으로 체험해왔다는 점도 광장정치를 가능하게 했던 기반이기도 하다. 2030 여성들은 사회를 변화시키고자 했던 작은 노력들과 경험들을 축적해왔고 이번 집회 과정에서 그들의 경험과 노하우가 반영되고 수행된 것이다. '응원봉 집회'는 우연이 아니며, 축적된 경험에서 비롯된 것이라 할 수 있다. 동일성의 정치에 대한 한계와 폭발, 성평등에 대한 현실 진단과 안전한 담론을 넘어서야 하는 상황이다.

---

35 광장에 모여 목소리를 냈던 집회 참가자들을 중심으로 '탄핵광장'을 이끌어온 '윤석열즉각퇴진·사회대개혁 비상행동'이 사회적 협동조합 '빠띠'와 디지털 시민발언대 '천만의 연결'에 2025년 2월 10일부터 3월 6일까지 들어온 시민 의견 651건을 분석한 결과 차별 금지와 인권 관련 내용이 31%로 가장 많았고, 민주주의 강화와 정치개혁(23%), 돌봄과 사회안전망(8%) 등으로 나타났다. 이승준, "응원봉·키세스에 정치가 응답해야 내란 종식·극우 확산 차단", 〈한겨레〉 (2025.4.16.).

2002년 '미선이 효순이' 촛불집회부터 2024년 탄핵집회까지를 돌아본다면, 주류집단의 목소리가 아닌 여성, 청년, 장애인, 성소수자, 비정규직 등 다양한 주체들이 모여 정치적 대안 마련을 요구하고 민주주의의 장으로서 광장정치를 수행해왔음을 알 수 있다. 시대가 변하면서 촛불이 핸드폰 불빛으로 그리고 응원봉으로 변화했을 뿐, 정치적 위기를 극복하고 대안 마련을 위해 아무런 대가 없이 참여하는 시민들이 많다는 것은 우리가 희망을 상상할 수 있는 기반이기도 하다. 2024년 비상계엄을 비판하고 탄핵을 요구하는 집회에서는 여성공동체를 상징하는 응원봉이 부상하였다. 아이돌 팬덤이 아니어도 응원봉을 들고 참여하는 것은 모두와 함께하겠다는 다짐을 상징하게 되었다. 민중가요와 케이팝이 공존하고, 디지털 플랫폼을 통해 도움이 필요한 현장으로 합류하는 능동적 주체로서의 역할도 수행했다.

　12.3 비상계엄 사태 이후 탄핵집회에서 우리가 확인할 수 있었던 것은 대중문화와 정치적 집합행동, 여성의 정치 실천, 여성 혐오에 대응하고 광장정치에 참여하는 정치적 주체, 안전 담론을 이야기하고 팬덤문화를 정치적 실천으로 연결하는 과정 등 다양한 의제들이 존재하는 '장'으로서의 역할을 수행해다는 것이다. 여성/청년/시민들의 관계성이 교차하는 곳으로, 차별과 혐오에 맞서는 연대로서의 광장집회, 여성의 정치세력화에 대한 논의를 시작해야 할 것이다. 탄핵 이후, 우리는 '무엇을 할 것'인지, 미래의 젠더 정치/정치세력화의 방법을 모색하기 위한 준비와 대안 마련이 필요하다. 지금까지 많은 기회가 있었지만, 매번 진영 정치에 포섭되고 리더십에 의존해왔던 여성 정치세

력화의 실패 요인과 답보상태의 진보 대중운동의 혁신,[36] 극단적 이데올로기와 젠더 갈등으로 치닫는 정치 상황을 해결하기 위한 정치적 움직임 필요한 시기가 바로 지금이다.

...
36 엄혜진, "응원봉 이전과 이후: 민주주의 경로와 여성 정치세력화의 문법", 〈'내란 이후, 저항과 연대의 문화정치' 세미나 자료집〉(2025).

흥, 신, 힘 그리고 금지와 기개
: 광장 '연행'의 수행성

박상은(카이스트대학교)

스펙터클과 선 자리

2024년 12월 3일 윤석열의 비상계엄에 국회 앞에 운집하여 저항을 시작한 이래, 여의도, 한남동, 남태령, 광화문은 시민항쟁의 광장이 되었다. 2025년 4월 4일 헌법재판소 판결로 종결된 한국 시민항쟁의 광장은 2016/17년 촛불광장과 대비할 때 세대와 문화적 활력이 전환된 장소로 이해된다. '응원봉 시위', '키세스 시위', 즉 대중적 팬덤 문화의 일상에서 지니고 있었던 응원봉이 탄핵과 사회개혁을 요구하는 시위의 도구로 전유되고, 집회 현장의 악천후를 견디기 위해 활용되던 보온 은박지가 새로운 주체를 만나 키세스 응원단으로 상징화되었다. 2030 여성의 '응원봉' 문화는 '촛불'을 대체하는 것으로 2024/25 광장의 시민들에게 승인받았다. 엄숙성과 응축된 분노, 따스함의 연대를 상징하는 시위 도구로서 '촛불'은 단단하고 빛나는, 각자의 개성과 취향을 반

▲ 〈다시 만난 세계는 우리의 손으로!: 윤석열 즉각퇴진! 사회대개혁 비상행동 소개영상〉 이미지 캡쳐, 내란청산·사회대개혁 유튜브 채널, 2025.1.28.
◀ 기사 "소중한 것을 지키려 '가장 소중한 빛' 들었다" 일러스트, 〈경향신문〉, 2024.12.14.

영하는, 일상생활과 의례 모두에 존재하는 경계적 도구로서 '응원봉'으로 대체되었다. 비상계엄 이후 초기 응원봉 광장은 사안의 엄중성과 공포 및 불안을 음악, 춤, 응원, 선결제와 집회장소 인근 화장실 앱 개발, 호혜적 나눔 등이 결합된 광장 문화로 펼쳐 나가며 형성되었다.

여의도, 남태령, 한강진, 광화문으로 이어진 광장은 응원봉과 2024/25 시위 문화를 좁은 의미의 문화적 스펙터클로 의미화할 수 없게 했다. 광장의 집회는 여론 조작과 사회적 제도 및 규범의 왜곡 속에 세력화하는 극우 집회와 정치적 반동에 맞서는 물적 조건이었고, 불평등과 혐오의 확산과 노동권과 역사 정의의 후퇴 등 전방위적으로 '윤석열들'에 대한 문제 제기를 통해[1] 사회대개혁의 목소리를 집결하고 확산하는 장이 되었다.

---

1 "윤석열적인 모든 것과의 단절하겠다는 싸움", "대통령 윤석열을 잉태한 모든 야만과 폭력과의 싸움". 구혜영, "'모든' 윤석열과의 결별", 〈경향신문〉(2024.12.25.).

이 글은 2025년 4월 4일 대통령의 파면 선고 이후 광장이 닫히기 전까지 비상행동 주최로 열렸던 토요 집회를 중심으로 '연행'(퍼포먼스 아트 performance art)이 구성되었던 양상을 살핀다. 사회운동에서 연극과 퍼포먼스 아트는 자연스럽게 결합되어왔다. 19세기 유럽과 미국의 노동운동가, 20세기 초 여성 참정권 운동가 활동과 같이 항의 행진·시위와 퍼포먼스·극예술의 경계가 모호해진 오랜 역사가 있다.[2] 한국 사회에도 5월 광주의 '시민결기대회', 1987년 6월 항쟁의 '바람맞이굿', 노동운동 문화제, 밀양과 강정에서의 의례, 퀴어퍼레이드 등 한국 사회 저항운동이 예술행동과 긴밀히 관계 맺어온 풍부한 아카이브가 있다. 저항 행동을 예술적 표현으로 본다는 것은 사회운동에서 예술적 요소가 어떻게 유동적으로 활용되는지 파악하는 것이자 저항 행동 하나가 예술적 텍스트로 기능할 수 있음을 강조하는 것이다.[3] 12.3 직후 124일 동안 서울 지역에서만 67회의 집회 시위가 열렸다.[4] 서울 광화문의, 토요일의, 비상행동 주체의 집회 시위가 이번 12.3 내란에 맞선 광장의 시위 문화와 연행 양식 전부를 설명해줄 수는 없다. 그럼에도 18차 동안 이어진 비상행동 공식 집회는 물적 공간과 온라인 담론장, 평일과 주말, 서울과 지역, 공식 집회와 분기한 작은 집회를 연결하는 구심점으로 기능했다. 시기별 급박했던 의제와 노래·언어·장

...

2   TV Reed, "Protest as Artistic Expression", edited by Kathrin Fahlenbrach, Martin Klimke, and Joachim Scharloth, Protest Cultures: A Companion, Berghahn Books, p. 78.
3   TV Reed, Ibid., p.79.
4   탄핵소추안 가결(12.14.)까지 11일간 매일 국회 앞 집회가 열렸고 매주 토요일 열린 18회차의 범시민대행진이 진행되었다. 〈보도자료 - 통계로 보는 '윤석열 파면 촉구' 비상행동 4개월 활동〉(2025.4.5.).

소성·신체성 그리고 전통과 새로운 문화적 상징물은 어떻게 결합하며 동시대에 새롭게 발발한 역사적 반동의 국면 앞에서 신체들의 만남을 매개하였는가.

주디스 버틀러는 집회의 신체성과 정치를 살핀 글에서 특정한 시공간에 배치된 형태로 사람들이 모여들 때에 '우리-인민'이 존재한다고 정의 내렸다. 시간적 연속성과 협력, 신체적인 근접성, 청각적인 범위, 결집된 발언 등 모든 요소는 집회의 근본적 차원이다.[5] 집회는 공현존의 감각을 일깨우며 그 자체로 일정 부분 신체적 직접성을 기반으로 "다중의 활력"과 시위 초기의 "가망성이 엿보이는 생명력"을 만들어낸다. 그런데 버틀러는 이 생기 자체가 중요한 것이 아니라 고조되어가는 세계의 불안정성을 직면하고 "살아볼 만한 삶의 지속 가능한 조건을 확립하는 투쟁에 합류"해나가는 것이 중요하다 강조했다.[6] 집회는 통일된 하나의 행동이 아니라 한시적·간헐적·주기적이며 '해산'이라는 명백한 한계가 있음에도 개개인의 신체가 거주 가능한 공간과 사회를, "누가 인민이며 인민이 원하는 것은 무엇인지"를 토론하고 질문하는 장으로서 가치 있다.

창의적이면서도 상호 호혜적으로 펼쳐졌던 광장 문화 그리고 콘서트 현장과 형상적 동질성을 보였던 광장의 연행은, "시민의 저항과 국회의 신속한 대응"으로 신속히 해결될 것 같았던 12.3 내란이 장기화하면서 저항의 물적 구심점으로서 계속되어야 했다. 광장의 스펙터

・・・
5 주디스 버틀러, "우리, 인민 – 집회의 자유에 관한 생각들", 『인민이란 무엇인가』(현실문화, 2014), 78쪽.
6 주디스 버틀러, 위의 글, 88쪽.

클은 만드는 '기획' 주체'들'의 발상과 행동, 참여한 몸들의 참여 속에 변형되고 새롭게 생성되었다. 대중가요·민중가요·인디음악·국악과 피켓·깃발·응원봉·수공예적 저항물은 기존의 예술적·문화정치적·세대적인 위계를 가로질러 공존했다. 2024/25 광장은 각양각색의 스펙터클을 만들었지만 내란의 상황과 우리가 살고 있는 세계의 불안정성이 내포한 엄중성만큼이나 서 있는 몸들의 자리를 초과할 수 없었다. 때로 누군가는 광장 연행 문화 형식의 진부함 혹은 체화되지 않은 감성의 이질감을 토로했다. 하지만 지금은 광장의 연행들이 "시간적 연속성과 협력"의 터 위에 몸들의 목소리와 몸짓, 온갖 언어와 음률, 오브제와 물질들의 결합으로 살아갈 만한 삶의 조건들을 어떻게 질문하였는지 톺아보며 광장 이후 삶의 재조직화와 계속 연결해야 할 때이다.

시민 항쟁의 중첩된 기억과 응원봉 광장의 새로운 '민중'

윤석열 퇴진운동을 사회개혁을 위한 행동으로 밀고 나가는 것은 우선 '윤석열즉각퇴진·사회대개혁 비상행동'으로 결집한 시민사회운동의 단호하고 시의적인 대응을 기반으로 한다. 이들은 박근혜 탄핵 촛불광장의 가치와 의미가 사회개혁으로 충분히 계승되지 못했던 역사를 경계하고 광장이 닫히면 사회개혁에 대한 집단적 의지와 토론의 공론장이 사라질 것에 대한 긴장을 놓지 않았다. 또 2030 여성으로 대표된, 날 때부터 민주화된 세상에 태어났지만 세계 각국의 전쟁과 코로나 19, 극우화, 소수자 혐오, 기후 재난과 같은 전 지구적 차원에서 드러나는 다중 위기의 징후들을 체감하고 세월호 참사, 이태원 참사, 페

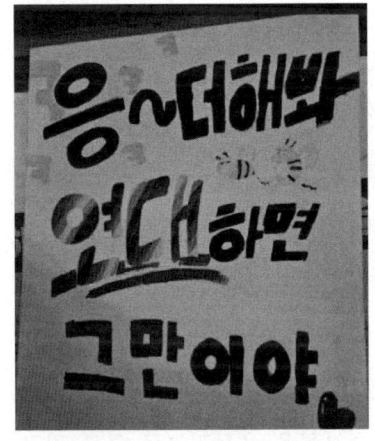

▲ 彼投(피투)쟁본부 방구석지회 깃발 이미지
◀ 세종호텔 고공농성 투쟁 현장 대자보

미니즘 리부트와 백래시, 젠더 갈등의 도구화를 목도하며 모욕과 상처를 자각한 새로운 '민중'이 있다.

천정환은 2016/17 촛불시위에서 문화적 매개를 분석하며 이전 세대의 "오랜 혁명의 도상과 동원의 아이디어"의 역사와 2008년 촛불을 비교한 바 있다. 1980년대의 '비장'과는 다른 정서로 싸움을 이어가며 혁명에 대한 상상력을 개정할 잠재력을 가지고 냉소와 무한경쟁의 시대를 바꿀 것 같았던 2008년 촛불은 '대중에 대한 공포'와 '준법정신' 속에 역할을 다하고, 2016/17 촛불항쟁으로 이어졌다. 2016/17 촛불항쟁에서는 '자유로운 개인들의 네트워크', '비폭력 평화'가 주목을 받으며 새롭게 주체화된 시민들이 등장한 바 있다.[7] 하지만 2016/17년 광장은 참여한 시민들이 민주노총과 전농의 시위 양식을 과격한 언어나 구호로 부담스러워하거나 근본적인 사회개혁이 아닌 정치권이 마

---

7 천정환, "누가 촛불을 들고 어떻게 싸웠나", 〈역사비평〉 118호(역사비평사, 2017년 봄).

련한 정치 일정으로 수렴되었다는 점에서 실패감과 무력감을 남기기도 했다.

2024/25년 응원봉 광장은 노동자·농민운동과 같은 저항운동의 전통에 대한 거부가 아닌 새로운 연결을 형성하고 있다는 점에서 2016/17년과 달라졌다. 남태령에 모인 주체들은 "농민을 착취하지 않고 배제하지 않는 세상은 장애인, 이주민, 청소년, 노동자, 세입자, 여성, 성소수자를 착취하지 않고 배제하지 않는 세상"을 그렸고, 경찰 차벽을 물리치는 정치적 효능을 경험했다. 이들은 "여성을 지우려 하고, 종북 프레임을 씌우고, 투쟁하는 소수자들을 운동권으로 구분 짓고, 동원만 하고 우리의 요구들은 또 나중으로 미루는 온갖 시도들"을 경계한다.[8] 한남동 집회는 주말 내내 한강대로 10차선을 메운 시민들에 의해 "다양한 공간에서 각기 다른 경험 속에서 살아온 다양한 사람들이 무대에 올라 자신이 왜 퇴진 투쟁에 나설 수밖에 없었는지 이야기"하는 것으로 채워졌다.[9] 이후 이들은 전태일 병원 설립을 위한 후원, 전장연 투쟁, 금속노조 거제통영고성 조선하청지회 투쟁, 세종호텔 노동자 복직투쟁, 한국 옵티칼지회 고용승계 쟁취투쟁, 동덕여대 학원민주화투쟁, 팔레스타인 평화연대, 성폭력 공익제보 교사인 지혜복 교사 복직투쟁 등에서 '응원봉 후원'과 말벌 동지, 무지개 동지의 현장 집회 참여로 끈을 이어갔다. 이처럼 광장의 새로운 시민들은 광장 초기

・・・

8 지수(민달팽이유니온 활동가), "남태령에서의 하룻밤… 우리가 퇴진 이후 갈 길을 알려주다", 〈평등으로〉 제2호(2025년 12월 28일), https://www.toequality.net/1699b52b-ca44-808f-8d8f-fe5237461819
9 "한남대로에서의 차갑고도 뜨거웠던 나흘", 〈평등으로〉 제4호(2025년 1월 11일), https://www.toequality.net/1769b52b-ca44-804e-ae1f-ee3c762a0b91

에 "민주주의가 만개할 때 오히려 묻히는 투쟁들"을 경계했던 김진숙의 목소리에[10] 응답하고 있다. 응원봉 동지·말벌 동지·무지개 동지라는 연대의 새로운 호칭은 운동권과 평범한 시민 사이에 있었던 명백한 구분선과 불온 이데올로기를 넘어서며 자본과 권력의 폭압에 저항하고 소외의 메커니즘을 고발하고자 했던 사회운동의 가치 및 실천과 새롭게 형성되고 있는 관계를 상징한다.

광장 '연행'과 정동의 흐름
: 음악·언어·몸짓·이미지·물질의 구성과 배치

윤석열즉각퇴진·사회대개혁 비상행동이 출범했고(이하 비상행동)[11] 1500여 시민사회단체가 연합하여 결성한 비상행동을 주체로 하여 12월 7일부터 토요일마다 여의도 국회 앞, 한강진 대통령 사저 앞, 광화문 월대 앞과 경복궁역 인근에서 광장이 열렸다.[12] 탄핵안 부결, 조사

---

10 "다른 목소리", 〈경향신문〉(2024.12.18.)에서 재인용. https://www.khan.co.kr/article/20241218210605

11 12월 4일 각계 대표자 및 활동가 600여 명이 광화문 광장에서 기자회견을 개최한 이래 12월 11일 전국 1500여 개 단체가 광화문 향린교회에서 발족 기자회견을 열어 활동을 개시했으며, 조직의 명칭을 '윤석열즉각퇴진·사회대개혁 비상행동'으로 정했다. 활동 목표와 사업 방향, 구성 현황 등은 "[기자회견_비상행동] 지금 비상행동은 1차 언론 브리핑" 참조(경제정의실천연합 누리집 보도자료 참조. https://ccej.or.kr/posts/LKtmBv9).

12 '촛불승리전환행동'(약칭 촛불행동) 또한 2024/25년 집회문화제를 수행하는 주체이며 안국동 사거리에서 '촛불문화제'를 개최하고 있다. 하지만 성폭력 피해자 2차 가해 사건과 반성과 사과의 부재로 2024/25 광장의 민의를 대표하는 집단이 될 수 없다는 시민사회단체의 문제 제기가 계속되었기 때문에 본 발표에서 대상으로 다루지 않는다. 2024/25 광장의 무대에서의 혐오 및 차별적 발언에 대해 어떻게 단호하게 대처하는가는 현재 광장의 중요한 전선으로 추후 연구를 통해 다루어질 필요가 있다. ""성폭력 2차 가해자와 함께 갈 수 없다."… 촛불행동 대표 비판 잇따라", 〈한겨레〉(2024.12.12.), https://www.hani.co.kr/arti/society/women/1172750.html

불응, 여당의 내란세력화와 극우세력의 조직화라는 급박한 정세의 변화에 맞서면서 스펙터클화될 수 없는 투쟁이 이어졌다. '평등하고 평화로운 집회'를 만들어가기 위해 선언이 매 집회마다 공유되었고, 사회자의 안내 아래 구호 제창, 일반 시민 및 활동가의 시민발언, 영상이나 활동가 발언을 통한 시기별 핵심 의제 정리, 문화 공연이 교차하여 진행된 후 도심을 약 1시간 30분 행진하는 것으로 집회가 마무리되었다. 토요일에 정기 광장 외에도 한강진에서 토요일 정기 집회가 아닌 비상 집회가 열리기도 했고, 광장의 군중이 남태령의 트랙터 시위로 결집하면서 기획되지 않은 광장이 열리기도 했다. 또한 '메리퇴진 크리스마스', '내란종식 대보름 한마당'과 같이 주요 절기와 어우러진 광장집회가 열리기도 했다. 이런 광장집회는 대형 집회와 소형 집회, 중앙집중적 집회와 분산형 집회 등 분기된 형태로 지속되었다. '세상을 바꾸는 네트워크' 주최로[13] 노동운동, 장애인운동, 페미·퀴어운동 등 사회정의 운동의 각 쟁점에 집중하는 '평등으로 가는 수요일' 집회가 열렸다.

주지하듯 한국 시민항쟁의 역사에서 대중의 자발성과 속도가 '동시성'으로 이동될 때[14] 광장 문화는 시민들의 물리적인 이동을 추동하고 집합 감정을 조직하는 역할을 했다. 집회·시위는 연설·토론회, 문학·음악·미술·공연 등 복합적이고 종합적인 문화예술의 작용과 여러

• • •

13 '세상을 바꾸는 네트워크'에는 차별금지법제정연대, 성소수자차별반대 무지개행동, 체제전환운동, 조직위원회, 기후정의동맹, 빈곤사회연대 등이 참여하고 있으며 새로운 미디어인 〈평등으로〉를 발간하고 있다(웹사이트: https://www.toequality.net).
14 라나지트 구하, 김택현 옮김, 『서발턴과 봉기』(박종철출판사, 2008), 217쪽.

의례와 집합행동 퍼포먼스 그리고 노래·방송 등을 통한 음향전과 시각 이미지의 창출을 통해 주체성을 구성한다. 항쟁을 추동하고 전파하는 문화적 매개물로 구술문화적인 것과 문자적인 것, 뉴미디어와 SNS 등 각종 미디어가 활용된다.[15]

사건	명칭	일시	장소	노래 공연 주체
탄핵소추안 의결	내란죄 윤석열 퇴진! 국민주권 실현! 사회대개혁! 퇴진광장을 열자! "시민촛불"	2024. 12.6. 금 오후 6시	여의도 국회 앞	-
	내란죄 윤석열 퇴진! 국민주권 실현! 사회대개혁! "범국민촛불대행진"	2024. 12.7. 토 오후 3시	여의도 국회 앞	국민건강보험노조 연합노래패, 아카펠라그룹 아카시아, 뮤지컬 배우 공연, 워킹애프터유락밴드
	내란수괴 윤석열 즉각 탄핵! "범국민촛불大행진"	2024. 12.14. 토 오후 3시	여의도 국회 앞	꽃다지, 이한철밴드, 이랑
윤석열 조사 불응 및 체포 남태령 광장 (12.21.~22.) 한강진 철야 농성 (1.3.~1.5.)	윤석열 즉각 파면·처벌! 사회대개혁! "범국민大행진"	2024. 12.21. 토 오후 3시	광화문 동십자각	브로콜리너마저, 평화의나무 합창단, 아시안체어샷, 시민과 함께하는 뮤지컬 배우들
	윤석열 즉각 파면·처벌! 사회대개혁! "4차 범시민大행진"	2024. 12.28. 토 오후 4시	광화문 동십자각	갤럭시 익스프레스, 이날치, 앰비규어스 댄스컴퍼니, 패치 워크로드, 황푸하
	윤석열 즉각 퇴진! 사회대개혁! "5차 범시민대행진"	2025. 1.4. 토 오후 4시	광화문 동십자각	최고은, 노래로물들다&세여울
	내란수괴 윤석열 체포! 구속! 긴급행동집회	2025. 1.6. 월 오후 2시	한남동 관저 앞	모허, 단편선순간들, 돈쥬
	윤석열 즉각 퇴진! 사회대개혁! "6차 범시민총궐기대회"	2025. 1.11. 토 오후 4시	광화문 동십자각	스카웨이커스, 종합예술단 봄날, 조성일
	윤석열 즉각 퇴진! 사회대개혁! "7차 범시민대행진"	2025. 1.18. 토 오후 4시	광화문 동십자각	이소선합창단, 김뚯돌, 말로, 허클베리핀, 디제이 록시

---

15 천정환, 앞의 글, 438쪽.

사건	명칭	일시	장소	노래 공연 주체
서부지검폭동 (1.19.)	윤석열 즉각 퇴진! 사회대개혁! "8차 범시민대행진 -민주주의수호 평화행진" -깃발 입장퍼레이드	2025. 1.25. 토 오후 4시	광화문 (경복궁역 4번 출구)	로클로라디오, 양반들, 예람, 요조, 최삼, 제천간디합창단
	윤석열 즉각 퇴진! 사회대개혁! "9차 범시민대행진"	2025. 2.1. 토 오후 4시	광화문 (경복궁역 4번 출구)	두번째달×오단해, 디제이 록시, 솔루션스, 아디오스오디오, 여러모로 합창단
	윤석열 즉각 퇴진! 사회대개혁! "10차 범시민대행진" '시민의 힘으로 윤석열을 파면시키자. -No윤, No쏘' '가자, 광장으로-서로를 지키고 세상을 바꾸자'	2025. 2.8. 토 오후 5시	광화문 (경복궁역 4번 출구)	시민합창단, 민중가수합창단, 9와 숫자들, 손병휘, 재주소년
	"내란종식 대보름한마당 -달하 우리 꿈 비취오시라"	2025. 2.12. 수 오후 6시 30분	경복궁 4번 출구	강아솔, 강허달림, 시민과 함께하는 뮤지컬 배우들, 극동 아시아 타이거즈, 유희스카, 호레이

 위의 표는 윤석열즉각퇴진·사회대개혁 비상행동 주최로 이루어지고 있는 범시민대행진의 진행 과정 중 10차 범시민대행진까지의 구성을 표로 정리한 것이다. 표를 통해 확인할 수 있듯이 탄핵소추안이 가결될 때까지 여의도에서 열렸던 초기광장의 이름은 '시민촛불', '범시민촛불대행진'과 같이 촛불광장을 계승한 형태로 붙여졌다. 12월 7일 국민의힘 의원들이 자리를 떠나 탄핵안 부결이 예상된 상황에서 남아 있던 시민들의 분노는 〈위플래쉬〉를 비롯해 새로운 플레이리스트와 구호가 결합된 문화적 형식으로 전환되면서 'K-팝 집회'로 명명되기도 했다. 문화집회를 기획하고 진행하는 비상행동 주체는 탄핵 부결 후 비장하고 엄숙한 현장의 분위기 속에 당일 집회 선곡으로 예정하지 않았지만 앞선 11월, 집회의 형식을 바꾸기 위한 고민 속에 마련해 두

었던 K-팝 음원을 10여 곡 틀었다고 밝혔다. 사전에 기획된 것이 아니라 "집단의 힘"으로 연출된 이 순간은 탄핵광장의 분노와 비관을 축제 분위기로 바꾸었으며 "집회에 압도적인 다수의 새로운 세력"이 출현했음을 직감하게 했다는 것이다.[16]

12.3 계엄 이전 퇴진운동에서 "압도적인 다수의 새로운 세력"은 정권의 갖은 퇴행과 이태원 참사라는 초유의 사건을 겪으며 시민사회 운동계에서는 이미 퇴진행동을 마련하고 있었다. 이때 연설과 구호 등으로 "도식화되고 정형화된 집회 문화"로는 "더 많은 대중"의 유입이 어렵다 느끼고 고민이 시작되었다. 계엄에 앞선 11월 퇴진행동에서 야구장 응원 구호와 〈다시 만난 세계〉(2007, 소녀시대), 〈삐딱하게〉(2013, 지드래곤), 〈아파트〉(2024, 로제·브루노 마스)와 같은 짧고 비트가 있으며 강렬한 음악을 기반으로 한 "밝고 신나는 집회 행진"이 기획되었다. 민주노총과 전농은 본격적인 투쟁에서 최초의 군중대오를 형성하고 희생을 감내한 전통적인 조직 대중이었음에도,[17] "민주노총 조합원"에 대한 프레임은 여러 각도에서 강고했고 일반 시민과의 거리감을 좁히기 어려웠다. "서사가 없는 집회 연설, 자기주장만 문어체로 늘어놓는" 호소력과 설득력이 없는 집회 문화를 혁신해야 하고 일반 시민 대중과 연합해야 한다는 오랜 과제를 해결할 수 있는 전환기를 맞이했다. 중장년층이 중심이 되었던 '거부권을 거부하는 비상행동' 집

...

16 초기 집회 문화의 현장을 재구성한 탄핵 범시민대행진 기획자 김지호 비상행동 행사기획팀장과의 인터뷰 참조. "탄핵대행진 기획팀장 "대행진, '기획'한 게 아닌 집단의 힘으로 '연출된' 것"", 〈민플러스〉(2024.12.31.), http://www.minplusnews.com/news/articleView.html?idxno=15686

17 천정환, 앞의 글, 452쪽.

회에서는 큰 반응이 없었던 노래가 12.3 계엄 이후 여의도 국회 앞에서 저항의 정동을 결집하는 강력한 노래로 전환된 것은 광장을 대표하는 세대가 전환되었음을 보여주는 상징이었다.[18]

관련하여 광장 저항 음악의 변화와 재배치가 여성/청년 세대로의 광장 대표성 확보 및 '전환'만이 아니라 상호 배움과 연대로 나아갔던 순간을 기록할 필요가 있다. "보수 반동의 억압"이라는 새 세대와 앞선 세대가 서로의 상징 질서와 문화적 자산을 교류하는 과정이 있었다. 음악이 주는 미적 경험 또는 이를 둘러싼 미적 담화는 세대나 종족 집단, 성별 집단, 사회적 계층 사이의 '사회적 구분'을 강화하기도 하지만 사회적 차이를 가로질러 "더 큰 공통성"을 표현하거나 가능하게 하는 잠재력도 있다.[19] 비상행동은 12.7 집회 이후 "탄핵집회 플레이리스트 신청" 링크를 통해 2만 여명의 설문을 수집했다.[20] 이때 젊은 세대들은 민중가요 집회 문화에, 기성세대들은 젊은 세대기 신호하는 케이팝을 선곡해달라는 결과를 받았다. 또 〈바위처럼〉(유인혁 작사·작곡, 꽃다지, 1993), 〈민중의 노래〉(김호철 작사·작곡, 1992)와 같은 '민중가요'를 학습하는 과정이 있었다.

〈자료 1〉 본 집회 진행 순서 사례(광화문, 2024.12.21.)

해외 연대 메세지 영상 ▶ 길을 열고 전 차선 먹는 민주노총 대열 ▶ 다시 만

• • •

18 나경희, "이 사람들이 있는데 우리가 어떻게 져", 〈시사In〉(2025.4.22.), https://www.sisain.co.kr/news/articleView.html?idxno=55454
19 데이비드 헤즈먼드핼시, 최유준 옮김, 『음악은 왜 중요할까?』(오월의봄, 2024), 250쪽.
20 "이번 주 탄핵집회 '신청곡, K-팝도 받아요'… 젊은층 참여 발맞춰", 〈한겨레〉(2024.12.9.), https://www.hani.co.kr/arti/society/society_general/1171910.html

난 세계 제창 ▶ 구호 ▶ 발언 이석훈 대학생 ▶ 발언 민유진 중증장애인 모임 ▶ 발언 윤서련 파주 민통선 접경지역 주민 ▶ 영상메세지 ▶ 민주노총 금속노조 한국옵티컬 하이테크 고공농성 노동자 ▶ 공연 ▶ 평화의나무합창단 〈상록수〉, 〈그날이 오면〉 ▶ 발언 유현아 서울 은평구 주민 ▶ 발언 전진하 보건의료단체연합 정책국장 ▶ 발언 차송현 서강대 인권실천모임 노고지리 활동가 ▶ 발언 박해원 연극 뮤지컬 취미인 대학생 ▶ 기조영상 상영 ▶ 공연 ▶ 브로콜리너마저 멘트 〈졸업〉, 〈탄핵열차〉, 〈유자차〉 ▶ 발언 하원오 전국농민회총연맹 의장/전봉준투쟁단 총대장 ▶ 발언 강솔지 변호사 민주사회를위한변호사모임/공익인권변호사모임 희망을 만드는 법 ▶ 발언 김현정 국회의원 더불어민주당 대외협력위원장 ▶ 발언 신장식 조국혁신당 국회의원 ▶ 발언 홍희진 청년진보당 대표 ▶ 발언 노서영 기본소득당 최고위원 ▶ 발언 한창민 사회진보당 대표 ▶ 구호 ▶ 공연 ▶ 아시안체어샷 〈동양반칙왕〉, 〈사랑이 모여서〉 ▶ 발언 허준영 수능마친 고3학생 ▶ 발언 딸의 어머니 ▶ 발언 퀴어시민 ▶ 발언 20대 청년 ▶ 공연 ▶ 시민과함께하는뮤지컬배우 〈민중의 노래〉, 〈새가 날아든다〉 ▶ 행진 시작![21]

〈자료 2〉 시민발언 중

"서민경제 되살리고 붕어빵값 돌려내라!"

"서울시장 퀴어에게 시청광장 돌려내라!"

"길바닥에 동댕이친 노동삼권 돌려내라!"

"여성살인 이제그만 여성인권 불러내라!"

...

[21] 〈윤석열 즉각 파면·처벌! 사회대개혁! "범국민大행진"〉, 윤석열즉각퇴진·사회대개혁 비상행동 유튜브 채널, 2024.12.21.

"모두 불러드리지 못해 죄송합니다."
"장애인, 청소년, 노인, 동덕여대, 이태원 참사 희생자분들.
우리는 너무나 많은 것을 빼앗겼습니다."
"윤석열을 탄핵하고 민주주의 돌려내라!"
["8차 범시민대행진" 시민 황보현 발언, 2025.1.25.]

"생명과도 같은 사랑하는 아들을 더 이상 볼 수 없다는 것. 그것은 심장이 갈기갈기 찢겨나가는 고통이며 매일매일이 피눈물로 얼룩진 절망의 시간입니다. 참사 발생 827일. 분노하며 투쟁할 수밖에 없는 것은 생명과 안전을 지켜야 할 국가가 (…) 행정의 윗선에서 직무 유기를 하며 반성은커녕 무책임으로 너덜너덜한 자기변명을 할 때 피가 거꾸로 치솟는 분노를 느낍니다. 책임의 소재 밝히고 안전사회로 나아갈 수 있습니다. 10.29 이태원참사. 죄지은 자가 고개를 뻣뻣이 들고 다니며 악행을 저지르는 죄를 걸고 용서할 수 없습니다. 159명의 아름답고 찬란한 역사가 한순간에 사라졌습니다. 우리의 삶이 장례식장이 되었습니다. 우리는 159명의 별들과 절대 작별하지 않습니다. 진실은 결코 숨길 수 없으며 정의는 반드시 승리한다는 진리입니다. 사랑하는 별들의 소중하고 아름다운 삶이. 그들이 꿈꾸었던 아름답고 가치 있는 미래. 사랑하는 별가족과 지혜로운 민주시민의 삶 속에서 열매 맺기를 간절히 소원합니다. 우리는 이 지난한 싸움을 결코 멈추지 않을 것이며(후략)."
["9차 범시민대행진" 이태원 유가족 임현주 발언, 2025.2.1.]

"지난 12월 3일 이후 여러분의 투쟁은 대단했다. 주저하거나 당황하지 않고 마치 어떻게 행동해야 하는지, 리허설을 해본 것처럼 보였다. 그동안 길

> 고 힘든 투쟁을 거듭해왔기 때문에 가능했다고 생각한다. 여러분의 투쟁에 진심으로 존경을 표한다."
> ["10차 범시민대행진" 일본인 히시야마 나오코 발언, 2025.2.8.]

위의 〈자료 1〉의 본 집회 진행 순서는 탄핵 가결 이후 여의도에서 광화문으로 위치를 바꾸어 이루어진 첫 집회(2024.12.21.)의 구성 순서이고 〈자료 2〉는 시민발언의 일부를 채록한 것이다. 본 집회는 노래 제창 및 사회자의 개회 발언 이후 시민 및 비상행동 활동가 및 시민사회단체 활동가의 발언과 영상, 공연이 교차하여 구성된다. 비상행동 활동가 및 민변의 발언(영상)은 엄중한 정치적 상황에 대해 시기별로 정확한 정보를 제시하는 언론의 역할을 수행한다. 시민사회단체 활동가의 발언은 '윤석열들'에 대한 교육을 이끄는 것으로 볼 수 있는데, 이 상황이 비단 정치권력의 문제가 아닌 사회의 모순된 구조와 관련된 것임을 이해할 수 있게 한다. 시민발언은 각자의 직업·젠더·정체성·지역·세대·상황·취향·발언 참가 의도·광장에서의 역사적 경험 등 개별성을 기반으로 이번 사태의 실감을 전달하고 다시 만들 세계의 상을 제시한다.

발언과 음악이 교차되고 중첩될 때 음악은 어떤 기능을 하는가. 음악 미디어학자 데이비드 헤즈먼드핼시는 음악이 사실을 확립하거나 설명의 진실도를 확인하거나 신념 체계를 표현하는 데 글과 말에 비해 능숙하거나 적합하지 않다고 말했다.[22] 오히려 음악은 다른 의사소통

---

22 데이비드 헤즈먼드핼시, 앞의 책, 255쪽.

형식들과 결합될 때 어떤 가치와 애착에 대한 정동을 강화하거나 도전하는 데 강력한 효과를 발휘한다. 주요한 음악적 경험은 말보다 행위, 움직임, 연주, 춤에 의존하며 우리는 음악을 통해 강렬한 "주관적인 사회적 존재감"을 확인한다.[23] 즉 음악은 주관적인 감정의 복합체를 끌어내면서도 공연자와 청취자들 사이의 긴밀한 연대를 만든다. 아울러 음악은 한 사회의 담론 체계에서 진실성이나 설명의 중요성과 관계되는 '숙의적 공공성'보다 상호의존성과 상호의무를 느끼게 하고 참여를 고무하는 '사교적 공공성'에 더 적합한 형식이라 강조했다.[24] 활동가의 '언어'가 사건의 진행 과정과 사실관계를, 시민'발언'이 정체성과 신념 체제 및 광장에서 꿈꾸는 미래의 진실을 핍진하게 전달한다면 퍼포머의 '음악'은 비언어적이고 신체적이며 정동적인 방식으로 집단적 번영을 꿈꾸게 하는 요소였다.

〈자료 3〉 퍼포머의 발언 및 노래 가사 중

"내가 맞다고 옳다고 생각하는 만큼 크게 목소리 내주세요.

내가 소리를 내면 세상은 변한다는 것."

[락밴드 워킹애프터유 발언, 2024.12.7.]

〈윤석열 심판가〉

[〈노정권 심판가〉 개사/ 예술공동체 마루, 2024.12.11.]

• • •

23 위의 책, 250-251쪽.
24 위의 책, 257쪽.

"페미니스트가 요구한다 윤석열은 물러나라"(합창단 피켓) "저는 8년 전 탄핵 집회에서 무대에 올라 노래하는 가수와 그 노래를 따라 부르는 시민들을 보고 아 나도 모두 함께 따라 부를 수 있는 노래를 만들고 싶다고 생각하고 방금 들으신 늑대가 나타났다는 곡을 만들게 되었습니다. 그리고 8년 뒤 이렇게 윤석열 탄핵집회 무대에 올라서 노래를 부르게 되었는데요. 이것은 좋은 일인지 아직 잘 모르겠습니다만. 2022년 부마민주항쟁기념식에서 이 곡을 부산시민들과 함께 무대를 하려고 했던 것이 윤석열 정부에 의해 검열되는 사건을 겪었습니다."
["범국민촛불대행진", 이랑&페미당당, 불꽃페미액션, 한국여성의전화 반성폭력운동 활동가 합창단, 합창단 피켓과 이랑 발언, 2024.12.14.]

"좀더 뾰족하게 싸워요. 좀더 예민하게 세상을 봐요"
[시민합창단&율동단, 〈세상에 지지 말아요〉, 2025.2.8.]

"그동안 이 노래를 우리나라 구석구석에서 불렀는데요. 이 자리에서 부르는 게 가장 가슴 벅찰 것 같습니다. 여기가 광화문이잖아요. 가장 가까운 산이 인왕산, 그쵸. 어린이들도 함께 왔어요. 이 노래 함께 부르려고요." "저 산맥은 말도 없이 오 천년을 살았네. 모진 바람을 다 이기고 이 터를 지켜왔네.""이 강산을 휘돌아 광화문에 접어드니. 아름다운 이 강산은 동방의 하얀 나라." "자유와 평화를 우리 모두의 손으로 역사의 숨소리 그 날은 오리라"
["10차 범시민대행진" 재주소년 발언과 〈터〉, 2025.2.8.]

"어둠 속 불을 밝혀라. 국민의 함성으로. 모두 함께 노를 저어라.

> "희망의 나라로", 어기야 디영차", "함께 부는 이 바람이 새 시대를 알리니/
> 정의의 깃발 아래 모두 손잡고 가자"
> [유희스카 〈뱃놀이〉 노래 가사 바꿔 부르기, 2025.2.12.]
>
> "불을 켜요. 먼저 불을 밝혀요. 어둠 속에 혼자서 있진 마요. 처량해 보여.
> 우리 단 둘이 함께 견뎌. 수많은 밤. 아침만을 기다려왔어."
> "살아 있어야 또 행복해" "그럼 살 길은 또 생겨"
> [시민과함께하는뮤지컬배우들 〈빛(뮤지컬 넥스트 투 노멀)〉, 2025.2.12.]

한국 시민항쟁의 역사에서 노래는 광장의 도덕 감정을 추동하고 공백의 유희를 충족시키는 주요한 도구로 활용되어왔다. 운동 속 문화는 결코 "순전한 운동의 창작물"이 아니라 주류·지배 문화를 차용·변형·재배치·패러디함으로써 형성된다.[25] 집회의 무대 준비와 프로그램, 시민발언, 행진을 총괄하는 비상행동 행사기획팀에서 작업한 서정민 갑이 전해주었듯, "정치적 분란에 휘말리게 될까" 음악인들이 참여를 꺼리기도 했던 이번 광장에서도 노래와 퍼포먼스는 광장의 열기를 배가했다. 인디음악·재즈·국악·뮤지컬·민중가요 등 광장이 아니었다면 같은 공간에서 마주하기 어려웠던 음악인이 광장의 무대에 올랐다. 인지도가 있는 음악인과 인디밴드(시민과 함께하는 뮤지컬 배우들, 이날치, 브로콜리너마저, 하림 등), 동시대 민중가요의 지향을 가지고 활동하는 음악인(단편선 순간들, 양반들, 이랑 등), 오랜 기간 투쟁 현장에서 활동해

* * *

25 TV Reed, *Op.cit.*, p.89.

온 민중가수(꽃다지, 세여울 등), 재즈 및 월드뮤직 음악인(말로, 패치워크 로드 등) 그리고 시민 합창단 등 220여 개 공연에서 1,100명의 예술인이 참여했다.[26] 집회의 음악 공연화와 다양한 음악인의 참여는 2000년대 이후의 촛불집회와 공유되지만, 거대한 역사적 퇴행과 불안정화된 삶의 조건들 앞에서 새로운 광장 주체가 유입된 상황에서, 음악 양식·기예의 층위·계열에서 인디·락·포크·재즈·민중가요·국악·풍물·합창·뮤지컬 등 다양성과 역량이 고려되었다. 취향공동체 혹은 특정 장르에 환원적으로 적용되던 음악의 의미는 새로운 수행적 조건 위에 새롭게 구축된다.

집회 무대에서는 대중과 소통할 수 있는 라이브퍼포먼스 역량이 요구되고, 솔로 싱어송라이터보다 밴드가, 민중가수의 헌신과 기동력이 더 강하게 요청된다.[27] 무대에는 연행자의 자조·고백·선언, 노래 가사 바꿔부르기(노가바)의 언어유희, 락 음악의 샤우팅, 재즈의 그루브, 인디밴드와 포크송의 선율, 합창은 웃음·기개·여유·서정성·숭고로 관중의 정동적 흐름을 견인한다. 내란 광장/야외공연/대형무대/겨울이라는 사회적 조건과 공연적 조건에 요청되는 조건들 속에 무대그림의 총체성이 기획되고 광장 시민의 감각이 구성된 것이다. 노래의 장르와 음률에 따라 집합 감정이 만들어지는 방식은 상이하다. 시민과함께하는뮤지컬배우들은 8년 전의 광화문 광장에서 결성되어 활동한 바 있

...

26 〈보도자료 - 통계로 보는 '윤석열 파면 촉구' 비상행동 4개월 활동〉(2025.4.5.).
27 서정민갑, "[서정민갑의 수요뮤직] 집회를 함께 준비하며 윤석열즉각퇴진·사회대개혁 비상행동에서 행사기획을 하며 든 생각들", 〈민중의소리〉(2025.1.22.), https://vop.co.kr/A00001666680.html

는데, 합창의 사운드스케이프와 무대 퍼포먼스, 강력한 팬층과 인지도에 있어서 광장집회의 공연을 대표하는 공연 주체였다. 뮤지컬 〈판〉의 넘버 〈새가 날아든다〉는 탄핵 정국 및 내란 주체를 풍자하고, 뮤지컬 〈레미제라블〉의 넘버 〈민중의 노래〉는 사태에 대한 도덕 감정을 엄숙하고 장엄한 방식으로 추동하며, 뮤지컬 〈넥스트 투 노멀〉의 넘버 〈빛〉은 광장 시민들을 위로하고 내성하는 시간을 마련했다.

한국 사회의 시민항쟁 역사에서 '문화'는 극, 노래, 미술과 같은 개별적인 예술 행위에 국한된 것이 아니라 시민들의 수공예적이고 아마추어로서의 창작과 개입이 총체적으로 결합한 실천이었다. 함께 부르는 노래(민중가요와 K-팝), 시민발언, 구호 제창("파면 파면 윤석열 파면", "윤석열은 퇴진하라", "국민의힘 해체하라", "될 때까지 모이자"), 다양한 음성 및 몸짓 반응들("맞습니다", "우", 목을 손으로 긋기, 응원봉 및 피켓 흔들기, 깃발 들기, 깃발 흔들기), 음식 및 굿즈 나누기(세월호 부스, 이태원 부스, 각종 사회운동단체와 정당 부스, 비건푸드트럭)가 광장 연행의 총체적인 실천을 구성했다.

또 항쟁의 시간을 통해 장소의 경계가 새롭게 구획되고 광장의 환경적 조건 또한 저항 행위에 응축된다. 거리극 연행의 현장성은 관객/무대 사이의 거리와 강한 집중도를 요구하는 실내극장의 연행과 달리 다양한 외적 요소들을 상호작용의 맥락으로 흡수하며 형성된다. 비단 무대 위의 연행자와 발언자뿐 아니라 날씨와 습도, 구조물 등 주변의 환경과 결합하며 중층적으로 의미가 형성된다. 장소 특정적 공연의 경우와 같이 기존에는 의미가 부여되지 않았던 공간에 의미를 부여하기도 하고, 본래의 의미와 용법을 전도하거나 새로움을 덧붙이는 과정이

윤석열 즉각퇴진·사회대개혁 범시민대행진 깃발 이미지 포스터

특유의 미감을 형성한다.

사회의 퇴행에 대한 분노와 두려움, 내란의 장기화에 의한 피로, 새로운 사회적 연대를 발견하는 쾌감은 집회의 정동을 구성했다. 집회 양식과 정동의 흐름의 상관관계는 사회적이고 구조적인 요인에 의해 발생한 '분노'의 작동 방식에 대한 감정사회학의 논의를 참조할 수 있다. 집합행위, 집단적 저항행위, 사회운동에서 참여한 행위자의 구성 역학과 정동을 살피는 연구는 이를 개인의 무분별한 감정의 폭력적 표출과 집단적 흥분과 전염에 따라 행하는 '일탈적인 것'으로 보는 초기 이론과 조직·전략·전술에 초점을 맞추어 "잘 통합된 조직의 합리적 성원"의 활동으로 보았던 합리성 이론을 비판하며 형성되었다. 감정은 사회적으로 구성되는 것이고, 하나의 사회를 결속하는 힘이자 갈등을 동원하는 힘, 즉 "연대의 접착체"이자 "갈등을 동원하는 힘"으로 정치의 중요한 자원이다.[28] '감정작업'을 통해 감정은 내사될 수도 있고 외사될 수도 있다. 사회적 요인에서 추동된 분노 감정이 내사되면

28　김형남, "집합행위와 감정 – 집합적 분노는 언제 왜 폭력적으로 표출되는가", 〈정신문화연구〉 제41권 2호(2017), 166쪽.

좌절감과 개인적 불안 행동을, 외사되면 적대감과 공격 행동이나 테러로 드러난다. 문화적인 형태로 발언, 음악, 행진 등 음향전과 시각 이미지의 조직과 배치는 개별적 차원의 분노를 높은 차원의 가치로 승화하며 집합행위를 가능하게 하는 '감정에너지'로서 도덕 감정으로 전환한다. 국회·한남동·남태령·광화문을 점거한 시민의 신체를 통과했던 노래·물건·깃발·부스·장소의 물성은 감정을 집합행위로 전환시킨 문화적 매개였다.

광장 이후 ― "이것저것 규탄한다! 이리저리 보장하라!"[29]

라마트하 구하가 인도 농민 봉기를 분석하며 언급한바, 한 시대의 민중은 착취와 억압의 공통적 원천으로서 거대한 사회적 부정 앞에서 지역주의를 넘어, 결사하는 방법을 배우기 전에 바라에 나서게 된다.[30] "보수 반동의 억압"은 분리주의를 넘어 같은 운명을 공유하게 한다. 남태령과 광화문에서 새로운 세대는 권위주의 정권이 회귀할 수도 있다는 두려움을 폭력적 통치성에 맞서본 앞선 세대의 경험에 의지해 맞서고자 했고, 앞선 세대는 이 시대의 변화한 착취와 억압의 지형도를 학습하며 새로운 세대가 엄숙함을 뛰어넘어 펼쳐가는 긍지와 기개를 이해하고자 했다. 응원봉과 집회 선곡의 결합이 거리를 클럽과 콘서트장으로 만드는 효과를 만들어냈을 수 있지만, 그 내용에서는 신

---

29 한국여성민우회 주최 "시민공론장: 페미니스트가 만들어갈 광장 이후의 세계 - 우리는 윤석열이 불태우지 못한 마녀, 빨갱이, 페미다"(종각역 공간 '누구나', 2025.2.22. 토)의 피켓 문구 중.
30 라마트하 구하, 앞의 책, 271쪽.

중하며 '반체제 저항'의 의미가 심화되었다. 광장 이후의 사회대개혁의 의제가(민주주의, 민생경제, 한반도 평화, 기후정의, 생명안전, 공공돌봄, 공공의료, 언론 정상화, 식량주권, 교육평등, 노동자권리 강화와 여성, 장애인, 이주민, 성소수자 차별 철폐) 구호화되어 함께 외쳐졌다. 응원봉 광장은 시민사회단체가 각 전선에서 구축해온 의제들이 수많은 시민발언에 되새긴 자생적 깨달음의 구체적인 언어들 그리고 집회의 문화적 형식과 마주치며 만들어진 상호작용 속에 이전과 다른 방식으로 축조되고 있다.

다시 버틀러로 돌아가 보면, '우리-인민'을 형성하는 집회는 근본적으로 간헐적이고 한시적이다. 순간과 사라짐의 형식으로서 광장이 해산된 자리, 광장의 기억과 감각은 "고조되어가는 세계의 불안정성"에 어떻게 지속적으로 민감하게 반응하고 다음의 크고 작은 광장들을 만들어 나가는 데 기여할 수 있을까. 주지하듯, 이번 집회 문화에서 시민대행진은 퀴어퍼레이드, 기후정의행진을 비롯해 다양한 분야의 시민사회운동에서 저항 행동을 전사로 한다. 이런 점에서 추후 시민항쟁의 집회문화사에서 큰 광장과 작은 광장이 연결되고, 광장 전과 광장 후가 미적이고 가치적인 차원에서 어떻게 연결되고 단절되는가를 성찰하는 작업이 필요해 보인다. 작은 광장들의 목소리가 어떻게 서로 교차하며 중첩될 수 있는지가, 광장에 출현했던 목소리들의 자성을 일상과 사회 속에 어떻게 실현할 것인지가 이번 광장 이후의 시간을 결정할 것이기 때문이다.

응원봉, 여성, 남태령, 무지개조선소, 옵티칼뚜벅이의 광장은 광장 이후의 일상에 가닿을 수 있을까. 광장의 시간이 아직 끝나지 않았던 시점에 비상행동, 민주노총, 전농에 집시법 위반 조사가 들어왔고 지혜복 교사 투쟁에 연대한 시민들이 연행되었다. 항쟁의 한가운데에서도 구태의연했던 치안의 통치를 유지하는 것은 얼마나 자연스러운 것인가를 드러낸다. 분명한 것은 2016/17 광장의 실패 그리고 광장 이후의 퇴행들은 실패로 유폐되지 않았고, '말벌 동지', '무지개 동지', 무지개로 된 민주노조 머리띠와 같이 상징화된 2024/25 광장의 변화로 연결·심화되었다는 점이다. 그렇기에 광장이 닫히는 것과 광장 이후의 퇴행적 시간에 대한 두려움이 아닌, 2024/25 응원봉 광장 문화에서 기록되고 기억될 내용들을 발굴하고 거듭 이야기할 필요가 있다.

내란의 시간을 넘어 전복된 세계를 꿈꾸며
: 윤석열 퇴진 운동 국면에서의 예술운동의 한계와 과제

하장호(문화연대)

세상의 어떤 이들은 일생 한 번도 경험하기 어려운 대통령 탄핵이란 역사적 사건을 동시대의 한국인들은 불과 8년 만에 다시 경험하게 되었다. 더군다나 두 번째 대통령 탄핵은 사실상의 친위 쿠데타, 내란 시도의 실패와 맞물려 있다는 점에서 박근혜 탄핵 국면과는 전혀 다른 정세적 지반 위에 서 있다. 박근혜 탄핵의 경우 국가권력의 사유화와 민주주의의 형해화가 도화선이 되어 집단적인 시민적 저항에 의해 지배체제의 균열이 발생한 사건이라고 한다면, 윤석열의 탄핵은 민주주의에 대한 직접적인 공격과 도전이 우연적 사건과 제도화된 저항을 통해 저지된 일종의 내전 상태에서의 불완전한 승리에 가깝다. 두 개의 국면 모두 헌법재판소의 탄핵 심판을 통해 대통령이 파면되면서 일단락되는 것으로 보이나 8년 전 탄핵을 통해 기대되었던 미래와 현 시기 윤석열 파면 이후 바라보고 있는 미래는 전혀 다른 풍경으로 다가온다. 물론 각자의 경험에 따라 바라보던 지점은 다를 수도 있으나 적어도 광장의 시간을 통해 민주주의를 고민했던 많은 이에게 8년 전 경험은 대통령 탄핵이라는 다시 오지 않을 역사적 경험이 청산과 재건을 거쳐 새로운 미래로 나아가는 가능성의 길을 열어줄 것이라 기대하였다. 잘못된 권력을 제도적 장치를 통해 단죄할 수 있다는 경험은 우리 제도에 대한 상당한 신뢰와 믿음을 만들어냈고, 이는 제도적 장치를 더욱더 적극적으로 활용하고자 하는 시민사회의 전략으로 이어지기도 하였다.

그러나 이 시기 한국 사회의 변화를 둘러싼 다양한 움직임은 최종적으로 실패로 귀결되고 윤석열 정부의 등장과 12.3 내란으로 이어지는 비극적 결말로 이어졌다. 박근혜 정부의 적폐 청산을 상징하며 문재인 정부의 핵심적 인물로 떠올랐던 검찰총장이 짧은 정치적 경험에도 불구하고 불과 몇 년 만에 보수 정치 세력의 새로운 정치적 상징으로 등장하는 과정은 극적이면서도 기이한 블랙코미디처럼 비쳤다, 윤석열이 만들어내는 블랙코미디는 정치를 풍자하며 균열을 만들고 새로운 정치를 재구성하는 방식이 아니라 정치 혐오를 일상화하며 비합리적 정치 행위로부터 시민을 탈각시킴으로써 지배구조를 공고하게 하는 방식으로 작동하였다. 혹자들은 윤석열이 상식적으로 이해할 수 없는 12월 3일의 계엄선포라는 자충수를 두지 않았더라도 내부의 부정부패와 한계로 인해 스스로 무너졌을 것이라 이야기한다. 하지만 불과 수개월 전까지 이어져온 탈정치화의 흐름과 시민사회와 정치권의 무기력한 대응을 비춰봤을 때 그러한 낙관은 현재의 불안한 승리가 품고 있는 문제를 왜곡하는 결과로 이어질 가능성이 크다. 윤석열 정권의 등장과 비상계엄 선포를 통한 친위 쿠데타 시도는 명백히 박근혜 정권의 탄핵 이후 바로잡지 못한 한국 사회의 문제가 8년여간 곪고 문드러져 터져 나온 결과물이다. 결국 현 시기보다 근본적인 한국 사회의 변화를 위한 운동으로 이 시간이 이어지지 않는다면 역사는 되풀이될 수도 있다.

이 글은 예술행동을 둘러싼 다양한 이론과 경험, 역사와 성과를 분석하여 그럴듯한 비전을 만들어내기 위한 글은 아니다. 다만 두 번의 탄핵과 두 번의 예술행동의 과정을 반성적으로 성찰해보고 되풀이될지 모르는 잘못을 막기 위해 우리가 함께 지나온 궤적을 돌아보기 위한 글이라는 점을 살펴주시길 바란다.

한국 사회 예술행동의 궤적

윤석열 탄핵 운동의 과정에서 펼쳐진 예술행동을 살펴보기 이전에 우리는 하나의 질문에 대한 답을 찾아야 한다. 과연 '예술행동'이란 무엇이냐는 질문이다. 오랜 시간 문화운동의 궤적을 쫓아온 이들과 연구자 그리고 예술행동의 과정에서 특별한 세례를 받아온 예술가들에게는 이런 질문이 불필요한 질문처럼 느껴질 수도 있다. 그러나 이번 윤석열 탄핵 국면에서 펼쳐진 다양한 실천 과정을 돌아보면 현 시기 한국 사회에서 예술행동이란 명제가 어떤 의미로 해석되고 있는지, 예술행동을 통해 재설정하고자 했던 문화운동의 전략이 여전히 유효한 것인지 생각해보지 않을 수 없다. 예술행동을 무엇이라 정의하는 것이 중요한 건 아니지만 적어도 예술인의 낭만적 실천을 예술행동의 외피로 치장해선 안 될 것이다. 예술과 예술가를 성역화하고 예술가의 실천이 그 자체로 특별하고 의미 있는 것인 양 말하는 것은 예술의 권위에 기대 현실을 왜곡하는 결과로 이어질 수 있다.

한국 사회에서 꾸준히 예술행동의 틈을 넓혀온 이원재는 예술행동이 "물질화된 근대적 예술 구조로부터 자발적으로 벗어나 사회적 사건을 예술로 현장화하고, 현장화된 예술을 다시 사회적 사건과 공간으로 연결, 확장함으로써 예술을 둘러싼 사회적 소통의 중심에 물질화, 상품화된 예술 작품이 아니라 참여, 과정을 중요시하는 행위나 태도(정신성) 그 자체를 위치시켜 예술에 대한 자본주의의 가치체계를 재전유"[1]하는 과정이라 말한다. 1980년대를 풍미했던 민중문화 운동이 장르라는 물질성의 한계와 프로파간다로서의 예술이라는 도그마에 갇혀 1990년대 이후 새로운 미학적 실천을 만들어내지 못하게 되면서 예술이라는 자장을 넘어서는 현실의 관계와 맥락 속에서 새로운 예술적 실천의 요구가 생겨난 것이다. 예술행동에서 예술은 단순히 사회적 문제를 재현(representation)하는 것이 아니라 재현의 과정을 비틀고 해체하여 다시금 맥락화함으로써 사회적 문제에 직접적으로 개입하고 변형하는 역할을 수행하게 되며 이 과정에서 예술가는 새로운 주체성을 획득하게 된다.

예술과 예술행동에 대한 이러한 본질적 사유에 기초해 시도된 예술행동의 다양한 실험 중 그 출발점에 서 있는 사건은 2004년의 '오아시스 프로젝트'라 할 수 있다. '오아시스 프로젝트'는 예총의 각종 비리로 인해 건설 도중 방치되어 있던 목동 예술인회관을 예술인, 활동

...

[1] 이원재, "예술의 사회적개입과 예술행동의 흐름", 문화연대, 『문화민주의를 위한 예술행동 가이드북』(2013), 65쪽.

가 등이 주도하여 점거(Squat)한 예술행동이다. '오아시스 프로젝트'는 "시민에게 문화를, 예술가에게 작업실을"이란 구호 아래 점거 과정 동안 공연, 전시, 워크숍 등 다양한 실천을 수행하였다. 이는 도시공간을 둘러싼 욕망과 차별의 구조를 드러내고 비트는 과정이었으며 예술과 사회운동의 경계를 넘어서는 새로운 실천의 가능성을 제시해주었다.

오아시스 프로젝트와 같은 초기 예술행동의 경험은 이후 평택 미군기지 이전 문제를 둘러싼 대추리 싸움, 용산참사 이후 국가 폭력에 저항하는 현장 투쟁, 한진중공업 싸움과 연대한 희망버스 운동, 콜트콜텍 해고 노동자들과의 연대 투쟁 등으로 이어졌고 '예술행동'은 더 이상 낯선 단어가 아닌 예술가의 사회 참여를 상징하는 말로 새로운 지위를 획득하였다. 그리고 2016년 말 문화예술계 블랙리스트 사태를 도화선으로 시작된 '박근혜 퇴진 예술행동'은 광범위한 시민사회와 예술행동이 연결되어 거대한 사회적 변화를 추동해내는 전환점이 되었다.

2016년 10월, 설마 했던 문화예술계 블랙리스트가 실체하며 이를 바탕으로 광범위한 검열과 지원 배제가 실행되었다는 사실이 세상에 드러나면서 문화예술계 내에서는 분노와 함께 박근혜 정부에 대한 강력한 저항의 흐름이 형성되었다. 문화예술계에서는 '예술행동위원회'를 결성하고 11월 4일 '박근혜 퇴진 문화예술인 시국선언' 기자회견 이후 광화문 광장에서의 노숙 농성을 시작하였다. 다소 즉자적인 분노와 함께 시작된 예술행동이었지만 곧 '광화문 캠핑촌'이란 방식으로 광장을 전유하는 기획이 시도되었고 작은 1인용 미니 텐트로 시작된 캠핑촌 기획은 거대한 저항의 진지로 변화하였다. 광화문 광장은 저항을 위한 예술 창작의 공간이면서, 예술가와 시민의 놀이터이기도 하고, 진지한 성찰과 토론의 장으로 변화하였다. 문화예술계 블랙리스트 사태로 시작된 광화문 캠핑촌의 기획은 곧 박근혜 국정농단 사건과 함께 확산하기 시작한 박근혜 퇴진운동과 결합되었고 예술가의 공간은 시민의 해방구로 확장되었다. 그리고 광장을 가득 채운 예술행동의 실험은 '블랙텐트'라는 이름의 극장을 광화문 광장에 소환함으로써 그 정점을 찍었다. 단순히 현상을 비틀고 그 틈을 벌리는 데 그치지 않고 새로운 대안적 상상을 물리적 실체로서 광장에 소환해낸 '블랙텐트' 프로젝트는 광화문 캠핑촌이 상징하는 예술행동의 의미를 극한으로 끌어올리는 실험이었다. 이 밖에도 광화문 광장을 임시적 거점 혹은 단순한 사건의 무대가 아닌 일상화된 저항의 공간으로 재구성하기 위한 다양한 토론과 광장 신문의 발행, 다양한 주체들이 벌이는 수많은 예술적 일상의 연속은 광화문 캠핑촌이라는 예술행동의 기획안에서 새로운 의미를 획득하였다.

약 4개월여 간의 광화문 캠핑촌 실험이 끝난 뒤 이 활동에 대한 평가 과정을 통해 새로운 예술 주체의 형성이 이뤄지지 못한 부분이나 사회 미학적 관점에서 기존의 예술 언어를 넘어서는 새로운 시도들이 부족했다는 점에 대해 비판적 의견이 모이기도 했다. 그러나 '광화문 캠핑촌'으로 상징되는 박근혜 퇴진 국면에서의 예술행동은 예술행동의 주류화와 문화예술 단체 중심의 연대 질서를 넘어서는 관계성의 경험을 남겼다는 점에서 한국 사회 문화운동의 중요한 전환점을 만들어냈다.

윤석열 퇴진을 위한 예술행동의 경과와 한계

윤석열 탄핵 국면에서 예술인들의 조직적 대응은 '윤석열 퇴진 예술행동'이란 틀에서 이뤄졌다. '윤석열 퇴진 예술행동'은 11월에 한국민예총이 윤석열 탄핵운동을 추진하며 제안된 조직으로 12월 7일 시국선언을 준비 중이었다. 그런데 조직 구성 논의가 본격화되기 전인 12월 3일에 윤석열에 의해 비상계엄이 선포되고 범시민사회를 중심으로 한 윤석열 탄핵운동이 빠르게 조직화되면서 문화예술계 안에서의 공동 대응에 대한 필요성이 제기되었다. 그래서 새로운 연대 플랫폼을 만들기보다는 '윤석열 퇴진 예술행동'의 확장과 재편을 통해 공동 대응 단위를 구성하기로 하고 한국민예총 외에 문화연대, 영화산업위기극복 영화인연대,[2] 한국작가회의, 블랙리스트 이후 등이 참여하면서 활동을 본격화하였다.

'윤석열 퇴진 예술행동'은 윤석열 탄핵을 요구하는 현장 예술인들의 목소리를 모아내는 시국선언과 기자회견 조직, 예술인의 직접 참여를 통한 예술행동 기획, 사회대개혁 의제 발굴과 제안을 중심으로 활동을 진행하였다. 12월 6일 윤석열 탄핵을 촉구하는 문화예술계 5,000여 개 단체 및 예술인이 참여한 1차 시국선언을 시작으로, 12월 14일 2차 시국선언, 12월 16일 한국예술종합학교 폐쇄 등 내란 동조 관련 유인촌 문체부 장관 수사 의뢰와 기자회견, 2025년 1월 8일 윤석

---

2 영화산업위기극복 영화인연대는 2024년 7월, 윤석열 정부의 퇴행적 영화 정책에 공동 대응하기 위하여 영화계 한국영화제작가협회, 한국영화감독조합, 한국독립영화협회 등 16개 단체가 참여하여 발족한 영화계 연대체로 스크린쿼터 반대운동 이후 가장 폭넓은 영화계 조직이 참여한 연대 운동 단위이다.

열 체포 요구 기자회견, 2월 20일 내란수괴 윤석열 파면 요구 헌재 앞 기자회견, 3월 12일 광문 앞 윤석열 즉각 파면을 위한 긴급 집단 단식 농성 돌입과 기자회견, 3월 19일 윤석열 파면 촉구 문화예술인 기자회견 등 윤석열 탄핵을 위해 문화예술 현장의 목소리를 모아내는 작업을 집중적으로 수행하였다.

예술인의 참여 기획과 예술행동 조직 차원에서는 여의도 국회 앞을 중심으로 탄핵안 의결을 요구하는 시민들의 집회가 집중적으로 열리던 시기인 12월 7일과 14일 행진을 중심으로 한 제한적인 형태의 예술행동이 진행되었고 12월 14일 탄핵안 국회 가결 이후 본격적인 예술행동 기획 논의가 진행되며 12월 31일과 1월 1일의 1박 2일 한남동 대통령 관저 앞 〈윤석열 없는 해맞이〉 예술행동이 준비되었으나 갑작스러운 제주항공 참사로 인해 취소되었다.

해가 넘어가고 윤석열 체포가 이뤄진 후 '윤석열퇴진 예술행동'은 현 국면에서 내란 옹호 세력이자 한국 사회의 극우 보수화의 정치적 토양이 되어버린 '국민의힘'에 대한 문제 제기가 필요하다는 점에 주목하고 예술행동 차원에서의 기획을 추진하기로 하였다. 1월 24일 국민의힘 당사 앞에서 1박 2일로 열린 '국민의힘 해체쇼'는 공개 모집 방식을 통해 예술인의 직접 참여를 적극적으로 모색하고 국민의힘 건물을 이용한 미디어 파사드 작업을 통해 국민의힘 해제를 시각화하는 작업을 시도하였다. 또한 공연 프로그램 종료 이후 심야에 진행된 대화 프로그램 등을 통해 늦은 시간까지 남아서 자리를 지킨 시민과 예술인들의 이야기를 모아내는 작업을 진행하였다.

윤석열 체포 이후 극우세력에 의한 서부지방법원 습격 사태 등 사회적 갈등이 물리적 충돌로 이어지는 경향이 확산하면서 '윤석열퇴진 예술행동' 내에서는 극우세력의 확산과 민주주의의 퇴행에 대한 예술인의 목소리가 필요하다는 고민과 함께 거리에서의 물리적 충돌이 예상되는 상황에서 공간을 점유하는 예술행동의 기획이 어떠한 형태로 이뤄질 수 있을지에 대한 현실적인 고민에 부딪히기도 하였다. 그러나 3월 7일 윤석열에 대한 구속 취소가 이뤄지고 2월 말 3월 초로 예상되었던 헌법재판소의 탄핵 선고가 늦어지면서 정국은 빠르게 요동치기 시작했고, 3월 11일 비상행동과 야당 등 윤석열 탄핵을 촉구하는 제 단체들이 광화문 광장 농성에 돌입함에 따라 '윤석열퇴진 예술행동'도 새로운 형태의 활동이 요구되었다.

'윤석열퇴진 예술행동'은 3월 12일 집단 단식과 함께 광화문 농성장에 본격적으로 합류하였다. 박근혜 탄핵 당시 광화문 캠핑촌은 광화문 광장 이순신 동상 주변 공간을 확보하고 진행된 바 있으나 윤석열 퇴진 국면의 농성은 광장이 아닌 광화문 앞 월대 주변의 인도를 따라 농성장이 형성되면서 2016년 겨울 풍경과는 전혀 다른 공간을 만들어냈다. 2016년의 광화문 캠핑촌은 농성장이란 공간을 통해 새로운 의미화의 과정을 거쳐 예술행동으로 진입하는 경로와 관계를 만들어냈으나 2025년의 광화문 농성장은 농성장 자체가 하나의 이미지로 고정되어 탄핵 투쟁을 상징하는 기표로서만 그 의미를 갖게 되었다. 물론 농성 기간 중 문화예술 단체가 두 개의 부스를 운영하는 과정에서 농성장을 활성화하기 위한 개별 프로그램 운영이나 매일 열리는 본집회 전 한 시간 정도를 '문화 난장'이란 이름으로 버스킹 무대를 운영하기도 하였으나 이를 예술행동의 맥락에서 해석하는 건 한계가 있다.

말 그대로 농성장을 '지키는' 시간이 한 달여간 이어지고 헌법재판소에서 윤석열에 대한 파면 결정이 이뤄지는 4월 4일 이후 광화문 농성장은 극우세력의 위협으로 인한 안전 문제 등으로 빠르게 철거가 이뤄졌다. 파면 결정이 나기 전 2주간 '윤석열퇴진 예술행동'은 늦어지는 헌법재판소의 판결과 극우세력의 준동으로 인한 극심한 사회적 갈등 속에서 새로운 예술행동을 기획하기보다는 기존의 참여 동력을 유지하고 주말 집회 전 전국예술인대회를 개최하는 등 전체 운동 대오의 흐름에 조응하는 기획에 집중하였다.

윤석열 파면 이후 '윤석열퇴진 예술행동'은 4개월여간 달려오며 소진된 각 단위조직들을 정비하며 향후 활동을 모색하고 있다. 여전히 윤석열의 비상계엄으로부터 시작한 내란 사태가 제대로 된 조사도, 책임자의 단죄도 이뤄지지 않은 상황에서 여전히 이 운동의 시계를 멈출 수 없다는 참여 주체 간의 공감대는 존재하나 대선 국면으로 돌입하며 향후 어떠한 운동이 가능할지, 윤석열 탄핵 국면에서 '윤석열퇴진 예술행동'의 활동은 과연 어떠했는지 평가도 아직은 이뤄지지 않은 상황이다.

하지만 예술행동의 맥락에서 '윤석열퇴진 예술행동'을 중심으로 한 윤석열 탄핵 국면에서의 대응은 몇 가지 분명한 아쉬움을 남기고 있다.

첫째, '윤석열퇴진 예술행동'이란 조직적 기획에도 불구하고 사실상 예술행동의 실체가 부재했다는 점이다. 물론 관계성의 맥락에서 예술행동을 예술가의 자기 실천 과정으로 넓게 해석한다면 이야기는 다를 수 있다. 하지만 예술행동을 앞서 살펴본 바와 같이 예술과 사회가 새로운 긴장 관계를 획득하고 예술가가 새로운 자기 정체성을 재구성해가는 과정이라고 생각한다면 윤석열 탄핵 국면에서의 '윤석열퇴진 예술행동'의 활동은 정세적 조건에 대응하는 단체 간의 연대를 통한 예술 자원의 동원을 위한 활동이란 측면에서 예술행동과는 거리가 멀다고 할 수 있다. 그럼에도 예술행동을 전면화한 조직화 전략은 이미 예술계 안에서 예술행동이란 개념이 얼마나 수사적 용어로 활용되고 있는가를 단적으로 보여준다.

둘째, 예술행동을 위한 공간의 부재 혹은 장소성의 문제이다. 여기서 말하는 공간은 단지 물리적 공간만을 의미하는 것은 아니다. 물론 예술행동의 결과가 보이고, 관계성이 구현되는 장소로서의 공간은 구체화된 실체로서 중요한 의미를 갖지만 그만큼 중요한 것은 예술행동을 위한 해체와 재조립 그리고 새로운 정체성이 구축되는 경계로서의 공간적 사고가 필요하다는 점이다. 2016년의 광화문 캠핑촌은 이러한 예술행동을 위한 구체적인 공간적 거점으로서 광장을 점유하였다는 점이 다양한 실험을 가능케 하였고, 이와 동시에 광장이 만들어내는 제한 없는 자유와 자율성의 심상은 도전적 실험을 가능케 하는 힘이 되었다. 반면 윤석열 탄핵 국면에서는 '국민의힘 해체쇼'를 준비하는 과정에서 윤석열이란 괴물을 만들어낸 한국의 극우 보수 정치의 물리적 토대로서 국민의힘을 주목하고 국민의힘 당사 앞이라는 공간을 점유하고 이를 해체한다는 기획을 통해 예술행동의 가능성을 모색해보고자 하였으나 일회적인 기획에 머물렀고, 3월 이후에는 광화문 앞 농성이 시작되며 물리적 공간의 점유는 이뤄졌으나 앞서 지적한 바와 같이 농성 공간을 상징적 기표로서만 활용하면서 예술행동의 확장으로 나아가지는 못하였다.

마지막으로 예술행동 주체의 문제를 이야기하지 않을 수 없다. 다양한 예술행동의 경험 속에서 예술가는 조직화되지 않으나 개별적으로 존재하지 않고 끊임없이 연결되고 소통하며 일종의 공통 감각을 만들어내는 주체이다. 평택 대추리에 예술가 마을을 만들었던 이들이 그러했으며, 희망버스에 올라타고 한진중공업 타워크레인 아래 거대한 소금꽃을 그려낸 이들이 그러했고, 광화문 블랙텐트에서 예술 검열을 비웃고 표현의 자유를 노래했던 이들이 그러했다. 예술행동의 중요한 국면에서 이러한 예술인들이야말로 경계를 넘어 새로운 미학적 성취를 보여줬고 예술행동을 문화운동, 사회운동의 최전선으로 끌어올리는 데 중요한 역할을 하였다. 반면 윤석열 탄핵 과정에 참여한 예술가 대부분은 조직화된 주체이자 동원된 주체였으며, 위로부터 기획된 자리를 메우는 역할을 주로 요구받았다. '윤석열퇴진 예술행동'의 활동 속에서뿐만 아니라 비상행동으로 대표되는 전체 운동의 과정에서도 예술가는 기능적 주체로 호명되었으며 조직 운동의 일부로 전체 운동에 종속되는 대상에 가까웠다. 예술가가 예술가일 필요가 없는 이와 같은 상황은 윤석열 파면으로 이어진 운동의 성과에도 불구하고 문화운동 전체에서는 위기적 징후라 할 수 있다.

물론 이와 같은 아쉬움과 문제들은 예술행동과 문화운동의 내적 요인에서 기인한 측면도 있으나 윤석열 탄핵 국면이 갖는 특수한 상황 때문이기도 하다. 계엄이라고 하는 실체화된 거대한 국가 폭력 앞에서 다수의 시민이 느낀 근원적 공포는 예술가라고 예외는 아니었으며 예술행동을 기획하고 실천하기 이전에 광장의 시민들을 쫓아가고 그 속에 함께하는 것만으로도 버거움을 토로하는 이들도 많았다. 박근혜 탄핵 과정이 잘못된 것을 바로잡아 문제를 해결하는 과정이라고 한다면 윤석열 탄핵 과정은 실체적인 위협을 제거하여 스스로의 안전을 도모해야 하는 과정이었다. 어떤 이들엔 분명 이 시간이 가치 있는 실험을 위해 도전할 수 있는 기회가 아니라 어떻게든 빠르게 해결하여 치워버리고 싶은 시간일 수 있다. 그런 절실함으로 광장의 시간을 쫓아온 이들에겐 이런 논의조차 사치로 보일지도 모른다. 하지만 그저 옆으로 치워놓은 짐은 결코 사라지지 않는다. 윤석열 파면이란 하나의 종착점에 도착한 지금, 이제 이 짐을 어떻게 메고 나아갈지 선택하지 않으면 안 된다.

예술행동의 복원과 문화운동의 전환

불법적인 계엄선포로 한국 민주주의의 근간을 뒤흔들고 시민들의 생명마저 위협했던 윤석열은 대통령 자리에서 파면되어 역사의 단죄를 기다리고 있지만, 여전히 내일로 이어지는 길은 뿌연 안개로 뒤덮여 있다. 윤석열 탄핵 국면에서 확인된 한국 사회의 극우 보수화 흐름은 한국에서의 민주주의가 얼마나 취약한 토대 위에 서 있는가를 확인케 하였다. 사법과 정치, 행정, 언론 등의 영역에서 능력주의에 기반하여 한국 사회를 지배해온 엘리트 집단의 위선과 욕망은 제2, 제3의 윤석열을 예비하고 있고 이를 견제할 수 있는 사회적 장치는 부재한 상황이다. 기후위기 등을 비롯한 사회문제는 '인류'라는 종의 위기마저 위협하는 상황에 도달했으나 우리는 이 근원적 삶의 위기에 관심 가질 만큼의 여유도 없이 당장 눈앞의 하루를 걱정해야 하는 처지에 놓여 있다. 윤석열이란 장애물을 치우고 보니 앞에는 더 높은 장애물이 우리를 기다리고 있는 형국이다.

윤석열 탄핵 투쟁을 이끌어간 '윤석열즉각퇴진·사회대개혁 비상행동'[3]은 윤석열 퇴진이란 눈앞의 과제를 해결하는 데 그치는 게 아니라 한국 사회의 근본적 변화를 통해 한국 사회의 민주주의 토대를 새롭게 구축하고자 탄핵 국면에서도 사회대개혁을 위한 의제 도출 과정을 밟아왔다. 그리고 이 과정에 참여한 문화예술인들은 예술 표현의 자유 보장을 위한 제도적 장치로 블랙리스트 특별법 제정, 예술인의 노동 권리 보장과 사회안전망 적용, 지역문화 정책 확장을 통한 시민 문화권의 확대를 사회개혁을 위한 과제로 제시하였다. 하지만 의제 제안 이후 비상행동 내부에서의 논의 과정이나 야 8당과 함께 진행한 정책 공론화 과정을 지켜본 바로는 문화와 예술 분야의 과제에 대한 논의는 부차적이고 덜 중요한 것으로 다뤄지는 모양새다. 적어도 현 국면에서 제안된 과제들은 윤석열이란 거악을 탄생시킨 한국 사회의 근본적 전환에 대한 고민이 담겨 있는 내용이나 문화예술계 밖으로는 그 목소리가 제대로 닿지 않는 것처럼 보인다.

사실 이는 어제오늘의 일은 아니다. 사회적 실천으로서 예술행동이 등장하고, 문화정책이 문화운동의 영역으로 들어온 이래 예술과 문화는 끊임없이 사회적 개입을 통해 세상을 변화시키는 데 관심을 가져왔다. 하지만 예술과 문화의 자장 밖에서는 끊임없이 예술은 수월성이란 기준선 위에서 대상화되고 문화는 사회 서비스적 관점에서 공급과

• • •

3 윤석열 파면 이후 '내란청산·사회대개혁 비상행동'으로 이름을 변경하였다.

향유의 프레임 안에서 맴돌았다. 아니 문화예술계 안에서도 이러한 시각이 주류적 시각이었고 공공의 자원을 확보하는 것이 최고의 정책이라 여겨지기도 하였다. 캐롤 웨이스(Carol Weiss)가 말했듯 정책이 특정한 지식과 가치를 조합해 사회문제에 개입하려는 시도이며 지식과 행위의 연결이 핵심이라고 본다면 예술행동과 문화정책은 예술과 문화의 사회적 개입을 위한 두 개의 창이라 할 수 있다. 물론 이 두 개의 창을 함께 활용해야 한다는 것이 새로운 문제 설정은 아니다. 그간 한국에서의 문화운동은 이 두 개의 창을 유효 적절하게 활용하는 데 초점을 맞춰왔다. 그러나 이 활동 전략을 좀 더 구체적이고 지속 가능한 실천 방법으로 정식화하고, 윤석열 탄핵 국면에서의 예술행동의 한계를 넘어서 문화운동의 새로운 방향 설정을 위한 방법으로 제시하기 위해서는 다음의 몇 가지 구체적인 실천을 준비해야 한다.

첫 번째, 문화운동의 사회적 공감과 기반 확대를 위한 새로운 관계의 연결 구조를 만들어야 한다. 예술행동은 늘 현장의 이슈, 사람들과 밀착하여 예술적 실천을 모색해왔으나 좀 더 일상적이고 감각적인 연결망을 구축할 필요가 있다. 특히 지역을 기반으로 사회문제를 삶의 중심으로 끌어올리는 일상화된 연대를 확장하고, 당사자 개인들의 서사를 발굴하여 운동의 영역을 확장해야 한다.

두 번째, 예술행동과 문화정책을 연결하는 선순환 구조를 만들어야 한다. 예술행동과 문화정책이 분리되어 독립적인 영역을 구축한 채 나란히 달리고 있는 것은 아니나 각각의 주체가 연결되고 소통하며 활동을 통해 발견한 인사이트를 어떤 방식으로 공유할지에 대해서는 아직은 그 구체적인 형태가 잡히지 않은 상황이다. 박근혜 탄핵 이후 문재인 정부와 박원순 서울 시정하에서 사회 참여 예술을 제도적 지원 트랙 안에 담아내면서 예술행동을 정책 안으로 넣는 것이 시도된 바 있으나 제도화된 예술행동 한계가 명확한 만큼 새로운 선순환 구조를 상상해야 한다. 특히 연구자, 활동가, 기획자, 예술인의 네트워킹을 통해 예술행동과 문화정책이 상호 침투하는 협력의 구조가 마련되어야 한다.

세 번째, 예술행동의 확장을 위한 다양한 기술적 시도가 확산되어야 한다. 최근의 기술 변화는 예술 창작 환경에서도 많은 변화를 불러오고 있다. 개별적 예술행동과 실험 과정은 예술가 개개인이 어떠한 예술 도구와 기술을 활용할지 스스로 선택할 문제지만 적어도 예술행동의 결과를 공유하고 확산하는 과정, 예술행동의 새로운 방식과 툴을 개발하는 과정에서는 기술 변화의 결과를 적극적으로 활용해야 한다. 또한 커뮤니티나 지역 기반의 예술행동 과정에 시민이 직접 참여하는 경우 미디어 툴을 활용한 이미지 작업과 콘텐츠 개발 작업, AI 툴을 활용한 극작이나 구성 작업, 줌을 활용한 인터렉티브 작업 등은 예술 활동의 기능적 장벽을 넘어서 예술행동의 외연을 확장할 수 있는 기회가 될 것이다.

마지막으로 예술행동의 새로운 협업 구조의 재구축을 모색해야 한다. 2010년대 중반까지만 해도 프로젝트 형태의 예술행동 그룹이나 콜렉티브 작업을 통해 예술행동의 협업이 활발히 이뤄졌다. 노동 현장을 비롯해 용산참사 현장, 밀양 송전탑 투쟁 등에 결합하여 작업한 파견미술팀이나 도시공간에 대한 실험을 중심으로 한 루트 프로젝트, 광화문 캠핑촌을 통해 등장했던 블랙텐트 등이 이러한 협업의 중요한 사례들이라 할 수 있다. 그러나 2010년대 후반을 기점으로 이러한 협업의 흐름이 주춤하면서 사회운동의 중요한 국면에서 결합하는 예술행동 주체들도 줄어들고 있다. 이는 단순히 예술행동 주체의 양적 감소만을 의미하는 것이 아니라 예술행동의 결과가 축적되며 만들어온 사회 미학적 가치가 점차 붕괴하는 결과로 이어질 수 있다. 지금까지의 협업 구조가 운동 주체의 기획이나 예술행동에 참여하는 예술가 개개인의 관심과 자발적 참여를 통해 만들어져왔다면 이제는 커뮤니티나 지역을 기반으로 좀 더 느슨하고 유동적이지만 일상적인 연결을 통해 새로운 협업의 구조와 방법을 찾아볼 필요가 있다.

예술행동, 혹은 예술을 통한 운동의 새로운 전환을 꿈꾸며

대통령 탄핵과 같은 거대한 정치적 소용돌이 속에서 과연 예술행동은 어떤 모습으로 시민들을 만날 수 있을까? 이번 윤석열 탄핵 과정에 몸을 담고 달려오면서 왜 2025년의 예술행동은 2016년처럼 기획되지 못할까 고민하며 내내 안절부절못했다. 생각해보면 2016년의 광장은 세월호 연장전이란 예술행동의 경험을 거쳐 세월호 분향소라는 물리적 공간을 딛고 광화문 캠핑촌으로 이어지고, 박근혜 탄핵이라는 거대한 물줄기와 만났다는 점에서 새로운 예술행동으로 진입하기 위한 경로적 설계가 가능했다. 반면 2024년 12월 3일에 비상계엄은 아무런 준비 없이 고도의 정치적 판단과 물리적 힘을 요구하는 내전과도 같은 상황이 이어지며 '우리가 무엇을 할 것인가'가 중요한 상황이 아니라 '저들이 무엇을 하고 있는가'에 더 집중하게 되는 시간을 보내야만 했다. 적극적 개입이 아니라 적절한 대응이 더 주요한 전술적 판단의 근거가 되었고 시야를 좁히고 앞만 보고 달리는 경주마처럼 4개월의 시간이 쏜살같이 흘러갔다. 그리고 다시 출발점에 섰다.

지난 몇 개월의 시간은 예술행동의 현재성을 되돌아보는 시간이었다. 예술행동의 행위자와 사회문제가 상호 연결되고 특별한 긴장 관계를 만들어내며 이를 통해 문화운동의 새로운 전기를 만들어온 이전의 경험이 여전히 유효한 결과들을 만들어낼 수 있는지 되돌아볼 시간이다. 한국 사회에서 예술행동은 기존의 낡은 문화운동의 틀을 넘어서는 혁신적이고 도전적 실험으로 의미를 획득해왔는데 어느새 주류화한 운동의 형식으로 호명되고 있는 것은 아닌지, 아니면 그 의미와 가치가 왜곡되어 캐쥬얼한 운동의 형태로 소비되고 있는 것은 아닌지 생각해봐야 한다. 조직화되고 계획되며 전략적인 예술행동이 가능한 것인가, 혹은 전체 사회운동에 조응하는 예술행동이란 가능한 것인가라는 질문이 문화운동의 새로운 전환을 모색하는 이들 앞에 놓여 있다. 예술행동에서 말하는 가치의 전유(appropriation)는 권력화한 구조와 체제를 재구성하고자 하는 주체의 성찰과 도전을 통해서 작동한다고 할 수 있다. 그리고 이는 주류화 한 운동의 질서를 뛰어넘어 탈주하고자 하는 예술가의 실천을 통해서만이 이뤄질 수 있다. 윤석열 퇴진운동 국면에서 보았듯 운동의 틈새를 벌리고 비껴가고자 하는 실천 없이는 예술행동의 의미화는 한계를 가질 수밖에 없다.

새로운 정부가 들어서고도 내란 종식을 위한 지난한 과정은 아마도 사람들의 가슴을 졸이며 길게 이어질 것이다. 내란 주동자들과 공범들의 궤변은 다시 한번 우리 가슴을 후벼 파며 깊은 상처를 남길 것이다. 국제 정세와 맞물리며 한국 사회는 급격히 보수화의 길로 들어설 가능성이 높아 보이며, 망가질 대로 망가진 정치와 사법, 행정의 국가 시스템은 민주주의를 끊임없이 위협할 것이다. 이 예고된 혼란의 틈바구니에서 많은 시민이 길을 잃고 헤맬지도 모른다. 하지만 그 곁에는 늘 그러했듯 예술이 있을 것이다. 예술행동의 도전은 길을 만들어내진 못할지라도 길을 밝히는 불빛으로 존재할 것이다. 주류화한 운동으로서 예술행동이 한계를 보일지라도 예술이 서 있는 자리가 언제나 삶의 주변부이듯 예술행동의 의미는 사라지지 않는다. 거대한 광장의 무대로부터 내려온 예술행동이 시민들의 일상의 시간 속으로 녹아든다면 예술행동은 그 빛나는 모습으로 새로운 삶의 지평을 보여줄 것이다. 예술행동의 시계는 아직 멈추지 않았다.

발 없는 새
: 사회운동 세력화의 가능성과 불가능성

홍명교(플랫폼c)

발 없는 새

지금 시기 좌파의 상태를 시각화할 때 가장 먼저 떠오르는 이미지는 왕가위 감독의 영화 〈아비정전〉(1990년)에 언급된 '발 없는 새'다. 영화 속에서 '발 없는 새'는 땅에 내려앉아 쉬지 못하고 바람에 떠밀리듯 살아온 당대 홍콩 디아스포라의 운명을 암시한다. 희곡이나 영화, 소설 등에서 이따금 등장하는 이 은유는 안정된 삶의 기반 없이 끊임없이 날아다니며 방황하고, 바람 속에서만 쉴 수 있으며, 오직 죽음에 이르러서야 땅에 내려앉는 주체를 묘사할 때 활용된다. 지나치게 비애적으로 보일지도 모르겠지만, 지금 좌파의 주체적 조건은 '발 없는 새'와 닮았다.[1]

- - -

1 이 은유는 결코 상황을 비관하기 위해서 떠올린 것은 아니다. 지금 시기 사회운동의 전망을 되짚고 정확한 낙관의 길을 찾기 위한 것이다. 엔조 트라베르소(Enzo Traverso)는 '우울'의 기술이란 "비관주의를 조직하는 데 있다"라고 말한 바 있다. 과거로부터 교훈을 끌어내고, 적 앞에 굴복하지 않고, 패배를 인정하는 것. 우리가 지금 '전망'에 대해 이야기하고, 이 다음에 할 수 있는 일이 무엇인지 살펴보려면 사회운동의 패배가 무엇을 가리키는지 좀 더 정확하게 이야기할 필요가 있다.

새에게는 생존과 재생산의 기반인 '둥지'가 필요하다. 지금의 사회운동 좌파는 기반이 매우 취약하고, 실은 어디로 날아가야 할지도 불명확하다. 노동조합은 양적으로 성장했으나 1세대 조합원들의 정년이 다가온 시점에서 2세대 현장 활동가 네트워크가 충분히 형성되어 있지 않고, 그 때문에 조합주의적 활동에 충실한 관료들의 정서가 민주노조운동을 강화해야 한다는 목적의식을 지닌 현장 활동가들의 그것보다 지배적이다.[2] 활동가 재생산의 주요한 창구 역할을 했던 학생운동은 10여 년 전부터 위기 상태에 있었다. '노동자·민중의 정치세력화'라는 정치적 비전을 향해 달려온 진보정당운동은 누구나 인정하듯 명멸하며 존재감을 상실했다. 즉, 관용적으로 보더라도 2010년대 중반까지 사회운동 좌파를 지탱하던 힘이 과거의 것이라면, 지금은 과거의 것이 저물어가는데 새것은 아직 나타나지 않았다. 즉, 2025년 현재의 뉴노멀은 "낡은 것은 가고 새것은 아직 오지 않은 사실에 위기가 존재"하고, "이러한 공백 상태에서 아주 다양한 병적인 증상이 출현한다"라는 안토니오 그람시의 구절을 떠올리게 한다.

이와 같은 조건에서 사회운동 좌파가 능동적으로 자신의 존재감을 드러낼 수 있는 공간은 오직 바람이 세차게 부는 투쟁의 공간이다. 이를테면 지금의 광장이나 장기투쟁 사업장 노동자들의 농성 현장처럼 말이다. 광장 투쟁이 활발하게 펼쳐지는 시기에는 새로운 사람들이 유입되고 투쟁의 열기 역시 고조되기 때문에 정세에 대한 자신감을 얻기 마련이다. 하지만 광장 투쟁의 시효가 만료되면 냉정한 평가의 시

---

2 자세한 내용은 홍명교, "자본의 노동 분할 전략, 사회운동으로 넘자", 〈사회운동 장소로서의 노동 윤석열 정부의 노동 정책 반대를 넘어' 쟁점토론회 자료집〉, 2023년 5월 15일 참고.

간이 찾아온다. 2002년 겨울은 '신자유주의 좌파'[3] 노무현 정부를 탄생시켰고, 2008년 여름 이후엔 반MB 전선의 함정에 빠졌으며, 2016년 겨울 이후엔 문재인 정권을 탄생시켰으나 오히려 이는 진보정당들의 더 큰 위기로 귀결됐다.

어떤 투쟁을 거쳐 그 투쟁에 참여한 이들의 가시적인 조직화로 이어지고, 질적 조직화의 과정과 정치적으로 세력화할 기제가 희미한 조건에서는 사회운동 좌파의 물질적인 조건이 어떻게 변화했는지 정확하게 판단이 되지 않는 상태에 놓이게 된다. 좌파가 갖고 있는 것과 갖지 못한 것이 무엇인지 이해해야 계속해서 새로운 과제를 도출하면서 성장할 수 있지만, 지금 우리는 이런 진단이 제대로 되지 않는 난맥상에 빠져 있다. 가령 비상계엄 이후 사회운동 좌파는, 마치 '발 없는 새'가 바람 속에서만 쉴 수 있듯, 대중 시위가 연일 벌어지는 상황 속에서 자신의 정치·이념을 드러낼 공간을 확보할 수 있었다. 하지만 이 기회가 닫히면 공간의 제약을 받게 될 것이다. 따라서 지금 사회운동 세력화의 가능성 혹은 불가능성을 점친다는 것은 이 광장의 성취를 어떻게 견인하느냐에 달려 있다.

광장에 선 사회운동의 스펙트럼

사회운동 세력화의 가능성을 점치기 위해 지금 시기 사회운동이 어떤 조건에 놓여 있는지 살펴보자. 지금 광장의 주체들은 폭넓은 스펙트럼

...

[3] 2006년 3월 23일, 고 노무현 대통령은 '국민과의 대화'에서 "참여정부는 좌파 신자유주의"라고 발언했다.

을 보인다. 여기서는 위성화된 진보세력, 친민주당 재야세력, 독자적 정치세력화를 갈망하는 사회운동세력, 이제 막 운동에 참여하면서 광장의 의미를 확장하고 있는 여성·성소수자 등 네 경향으로 분류하고자 한다(물론 이보다 더 세분화하는 것도 가능하다). 이는 과거의 NL-PD 분류나 위상학적인 좌파-우파 분류가 현실에서 정확한 설명력을 갖지 못하고, 경우에 따라서는 아무 입장도 취하지 않음으로써 관료화된 현상을 유지하는 활동가 집단의 행동 양식을 제대로 설명해주지 못하기 때문이다. 오히려 우리는 지금의 광장과 전후 맥락을 갖는 국면들의 다양한 목소리들을 바탕으로 주체적 조건을 이해할 필요가 있다.

2010년대 진보정당운동이 갖가지 정치적 풍파를 경험한 후, 복수의 진보정당들로 분열된 각 당은 적극적으로 주류화·제도화하려는 전략을 펼쳤다. 통합진보당 사태와 소위 'RO 사건' 이후 자유주의적인 정치그룹(국민참여당)과 통합해 체제내화의 길을 택한 노선이 선거법 개혁을 위한 상층부 협상 전략에 집중해 원내 의석수를 늘리고자 했다면, 국가보안법으로 인해 정당 해산이라는 위기를 겪은 자민통 그룹은 활동가들을 대중조직에 산개·배치하는 것 말고는 회생의 길을 찾을 수 없었기에 아래로부터의 재조직화에 집중할 수밖에 없었다.

양상은 조금씩 다르지만 결과적으로 이는 다른 결과로 이어졌다. 선거법 개정이 위성정당 꼼수라는 화살로 되돌아와 전자에게 결정적인 위기를 안겨다주었다면, 정파에 종속된 대중조직의 동원에 집중하던 후자는 22대 총선에서 적극적으로 민주당 위성화의 길을 택함으로써 원내 재진입에 성공했다. 10년 전의 파국적 사태를 떠올릴 때 이는 예기치 못한 역전이지만, 그리 놀랄 일만도 아니다. 체제내화된 (심지어 노골적으로 위성화된) 진보정당 노선의 맞이가 바뀌었을 뿐이다. 이 역전의 과정에서 생존의 기예를 발휘해 원내 1석 정당으로 남은 두 소그룹 역시 마찬가지다. 기본소득당은 사회주의를 표방하던 정치그룹에서 신자유주의 정당의 위성정당으로 놀랄 만한 전환을 보였고, 사회민주당은 정의당 내에서 매우 솔직하게도 진보정당운동의 독자성 전략에 반발하고 위성화을 제기하면서 이 틈에 들어갈 수 있었다.

재야에는 '친민주당'이라는 말 이외에는 달리 형용하기 어려운 재야원로 집단도 있다. 이들의 전선은 여전히 민주-반민주에 그어져 있는데, 언제나 불평등의 문제나 시장화, 반인권, 성폭력 등 문제들은 '나중에 하자'는 말로 밀어낸다. 광장을 기준으로 보면, 촛불행동과 비상시국회의, 그 밖에 이 쟁점들에 암묵적으로 동조하는 경향이 바로 그 주인공이다. 이들은 "이제 민주화 원로들은 당신들의 마지막 과업이 '윤석열 검찰독재 종식'이라고 결심했다"면서 끊임없이 과거의 전선을 소환해 자본과 노동 사이에 놓인 전선, 가부장제와 여성·성소수자 사이에 놓인 전선, 시장화와 공공성 강화 사이에 놓인 전선을 한사코 모른 척하거나 거부한다. 동시대의 쟁점들로부터 한참 뒤떨어져 있는 이들을 언제까지 '원로'로 추켜세워주며 대오의 선두에 서도록 두어야 할까? 어찌 됐든 이들 역시 지금 광장의 일부이고 주요한 행위자다. 촛불행동 김민웅 대표를 윤석열즉각퇴진·사회대개혁 비상행동 공동대표로 세우는 안이 거부됐지만,[4] 최근엔 다가오는 조기 대선에서 비상행동이 하나의 후보를 지지해야 한다는 식의 의견을 제기하고 있

---

4 "윤석열 퇴진과 사회대전환 투쟁, 어디로 어떻게 가야 하나?", 〈플랫폼c〉(2024.12.12.).

기도 하다. 위성화 노선보다 더 적극적으로 민주당으로의 동조를 선동한다는 점에서 민주당의 친위부대라고 해도 과언이 아니다.

사회운동 좌파의 독자세력화를 지향하는 사회운동세력은 노동운동·사회운동 내에서 좌파의 독자성을 지키고 재세력화함으로써 위기의 시대에 '운동답게' 대응해야 한다고 여기는 다양한 활동가 집단과 단체 및 원외 군소 정당들을 포괄한다.[5] 이 네트워크는 매우 느슨하며 보수 양당체제를 넘어 자본의 착취와 혐오, 차별, 불평등에 맞선 사회운동을 강화해야 한다는 것 말고는 당장 대선 이후 어떤 공동의 비전을 약속하고 있지도 않았다. 퇴진 투쟁 시기 함께할 수 있는 것들을 중심으로 길을 찾고 있을 뿐이란 점에서 한계를 안고 있었다.

한편, 시민사회운동 전반은 위의 경향들 모두에 포함되지 않은 채 소극적인 태도에 머물러 있다. 위성화 노선이나 적극적인 동조화에 대해 거리를 두면서도, 어떤 특별한 전략적 노선을 채택하는 것에 대해서는 머뭇거린다. 국회와의 협력 속에서 사업을 펼쳐야 하는 개별 활동가나 단체의 처지에 근거한다면 합리적인 선택처럼 보일 수 있지만, 우회 경로를 포함해 현상을 변화시키는 어떤 시도도 피한다는 점에서 한계적이다. 이런 침묵과 동조 속에서 민주당과의 연합정치나 민주당과의 대선 공동 대응 등을 주장하는 인사들이 이 경향을 좌지우지하고, 때로는 시민단체들의 네트워크 내에서 갈등과 잡음을 내기도 한다.

어떤 경향이든 다수의 활동가들은 일종의 집단적인 우울증에 빠

---

5 필자는 이들 중 일부로서 2024년부터 체제전환운동포럼과 체제전환운동 정치대회 등을 통해 체제전환운동 조직위원회를 구성하는 노력에 함께해왔으며, 최근 국면에서는 '윤석열 퇴진! 세상을 바꾸는 네트워크'에 함께하고 있다.

져 있는 것 같기도 하다. 실제 1월 초중순이 지나서 극우세력이 대중적으로 결집하는 모습을 확인한 이래 적지 않은 활동가들은 모종의 우울감을 이야기한다. 그 우울의 정체를 자세히 탐색해보지는 못했지만 패턴화된 정세 변화의 추이나 현 정세의 불안정성, 어쩌면 다가올지도 모를 극우파의 더 큰 세력화, 이를 뒤바꿀 사회운동의 취약성 등이 주된 원인이다. 활동가들의 이런 심리상태를 특수화할 필요는 없다. 활동가들 역시 한국 사회의 객관적 상황에서 자유롭지 않고 다른 요인들에 의해 영향받기 때문에, 주변의 조건을 되짚어볼 필요가 있다. 이를 위해 사회운동의 위기를 둘러싼 최근 논의들을 되짚어보고, 그것이 지금의 우리에게 시사하는 바가 무엇인지 고찰해보고자 한다.

사회운동 위기 담론의 단편들

2000년대 이래 사회운동의 위기에 관한 많은 담론들이 있었고, 사회운동은 이런 담론들 속에서 전진하거나 후퇴했다. 사회운동 세력화의 새로운 가능성을 되짚어보려면 이런 위기 담론들에 대해 살펴보는 것이 필요하다.

패권주의인가 분열주의인가

2006년 말 민주노동당 내부의 정파 간 갈등이 분열 직전의 상황까지 치달았을 때 적지 않은 사람들은 정파 패권주의를 비판했고, 그만큼 많은 수의 사람들은 분열주의를 비판했다. 다수파의 패권주의가 강력하게 존재한다는 것은 사실이었지만, 원인이 이것 한 가지만은 아니었다. 정치3법 개정 이후 지역조직들의 약화,[6] 원내 의원들과 중앙당 간 소통의 단절, 당내 리더십의 위기, 이념·노선상의 차이(가령 탈당파는 자주파의 '종북주의'를 문제삼았다) 등 다양한 문제가 있었고, 이것이 몇몇 사건에 의해 폭발했을 뿐이다. 냉정하게 진단하면 리더십이나 당내 민주적 의사결정 구조에 균열이 커졌기 때문에 '종북주의'가 훨씬 첨예한 문제로 가시화된 것이지, '종북주의'[7] 그 자체 때문에 다른 문제들이 커진 것은 아니었다. 이처럼 갈등이 폭발한 데에는 민중운동 진영 전반의 '정치세력화' 과제가 민주노동당에게 외주화되면서 현장에서의 질적 조직화 노력이 부차시됐다는 점이 있었다. 기층 노동자들의 정치적 인식이 끊임없이 갱신되지 않은 채 어떤 상징적인 인물들에게 대리되기만 하면, 주체와 대변자의 쌍방향 관계는 위기를 맞게 된다. 한데 2000년대 후반 민주노동당 분열 와중에는 활동가 집단과 민주노총 내 조합원 간 시차가 현저하게 벌어져 있었다. 활동가들이 여러 입장 간의 대립으로 갈등이 폭발하고 대규모 탈당 러시를 감행하는 순간조차 다수의 민주노총 조합원들은 왜 그런 일이 벌어지는지 이해하지 못했다. 만약 대중조직의 기층 구성원들이 활동가들의 견해를

---

6 시민사회운동 일각이 제기한 정치개혁 입법 캠페인의 결과, 정당법·선거부정방지법·정치자금법 등 이른바 정치관계법 개정이 이뤄졌고, 이는 결과적으로 지구당 폐지, 정치인들이 대중과 접촉할 수 있는 공간의 상실, 법인·단체의 정치자금 기부 금지로 이어졌다. 결과적으로 이는 보수 양당의 부패 척별이 아니라, 진보정당인 민주노동당에게 가장 큰 타격을 주는 결과로 이어졌다.
7 '종북주의' 용어는 사회운동 내에서만 그리 공개적이지 않은 논쟁 방식으로 사용되다가 2006년 민주노동당 내에서 발생한 '일심회 사건'을 계기로 두드러지게 사용됐다. 사회운동 좌파는 이북 정권에 대해 비판적 거리를 두고 때로 비판해야 마땅하지만, 당시 논쟁에서 '종북' 낙인이 한국 사회에서 사회운동 전반에 미칠 악효과에 대해선 세심하게 고려되지 않았다. 이는 운동 내 갈등을 심화시켰고, 때때로 연대해야 할 가능성을 저해했다. 보수언론들은 '종북' 프레임을 통해 사회운동을 공격하고, 이는 대중들이 사회운동에 부정적 인식을 갖도록 만들었다. 동시에 좌파가 이북 정권의 권위주의나 군사주의를 정확하게 비판할 기회마저 차단했다.

이해하고, 오히려 아래로부터 위로 생산적인 분열을 요구했더라면 긍정적인 효과로 이어졌을지도 모른다. 하지만 그런 일은 벌어지지 않았다. 물론 민주노동당은 애초 정파연합당으로서의 성격이 강했기 때문에 2004년 원내 진출로 공통의 목표가 부재해진 이후에는 정파 간 갈등이 격화될 가능성이 높았다고 볼 수 있다. 즉, 정파 갈등은 분당의 전제 조건이었을 뿐, 함께 공유하는 목표가 약화되면 연합정당의 분열은 불가피했을 것이다. 아쉽게도 이 분열은 위로부터 아래로, 지나치게 파국적으로 벌어졌다.

사회운동과의 거리두기

다음 국면은 2012년 통합진보당이 경선 과정에서의 문제로 분열하고 이듬해 여름 '이석기 내란 선동 사건'으로 해산된 이후에 불거졌다. 당시 진보정의당의 핵심 인사들은 "헌법 내 진보"를 이야기하면서 "운동권 정당에서 탈피해야 한다"라는 주장을 크게 부각시켰고, 이는 진보정당을 지지해온 시민들에게 폭넓게 전파됐다. 이는 연이은 부정적 이슈를 극복하고 체제의 이단아 이미지를 벗어나려는 것이었으나, 실천적으로는 사회운동과 멀어지는 효과를 낳았다. 당 안팎의 모든 시선이 의회 내부로 쏠렸고, 기층 풀뿌리의 활동력을 강화하는 노력은 부차화됐다. '6411버스'라는 이름으로 진보정당이 만나야 할 조직되지 않은 노동자들을 호명했지만, 이런 노동자들을 만나기 위한 노력조차 사회운동 속에서, 조직노동과의 협력 속에서 이뤄져야 한다는 점이 간과됐다. 그 대신 명망가들을 영입하거나 민주당과의 협상을 통해 선거구를 조정하는 선거공학적 논의만 과열됐다. 이런 한계가 가장 나쁜 방식으로 드러난 것이 바로 2019년 조국 사태 당시 조국 전 장관 임명에 대한 입장과 선거법 개정 논의를 거래하는 듯한 제스처를 취할 때였다. 조국 전 장관이 '검찰 개혁'을 전면에 내세웠기에 타락한 검찰의 정치적 표적이 된 것과 무관하게, 그가 자녀 입시 과정에서 저지른 편법과 사모펀드 투자 등 사안들은 합법-비합법 여부를 떠나 청년들의 역린을 건드리는 것이었다. 논란 초기 정의당은 모호하게나마 비판적인 입장[8]을 제시했다가 민주당이 준연동형 비례대표제 선거법 개정안을 통과시킨 후 "여러 우려에도 불구하고 사법개혁의 대의 차원에서 대통령의 임명권을 존중하겠다"[9]라며 입장을 바꿨다. 이는 좌우 양쪽으로부터 '민주당 2중대'라는 비판에 직면케 했고, 2016년 박근혜 퇴진 촛불 이후 민주당 엘리트들이 보여온 '내로남불'적 태도에 도매금으로 평가받게 했다. 역설적으로 이는 사회운동과 정의당 간의 연결을 더욱 느슨하게 만들었고 진보정당의 자리를 스스로 축소시키고 말았다. 2022년 대선 패배 직후 심상정 전 대표는 "조국 사태 국면에서의 오판으로 진보 정치의 도덕성에 큰 상처를 남겼다"라며 "명백한 정치적 오류였다"[10]라고 인정했지만 이미 때는 늦어버렸다.

・・・

8   손덕호, "심상정 "조국에 2030은 상실감, 4050은 박탈감, 6070은 진보 혐오 표출"", 〈조선일보〉 (2019.8.22.).
9   설승은, "정의, '데스노트'에 조국 안넣기로… "대통령 임명권 존중"(종합)", 〈연합뉴스〉 (2019.9.7.).
10 정윤주, "반성문 쓴 심상정 "조국사태 오판 회한 남아…沈 리더십' 소진"", 〈연합뉴스〉 (2022.7.12.).

청년 담론

저임금과 비정규직 노동에 시달리는 당시 20~30대의 경제적 상황을 상징적으로 드러내기 위해 제시된 '88만원세대론'[11]은 세대 간 소득 불균형과 외환위기 이후 노동권의 약화에 따라 당대 청년세대가 겪는 고통을 사회구조적인 문제로 인식시키기 위한 시도였다고 볼 수 있다. 동명의 책이 베스트셀러로 등극하면서 이 용어는 '20대'를 상징하는 말로 널리 사용됐고, 정치권과 언론에서도 자주 인용될 만큼 지배적인 담론이 됐다. 이 책은 호기롭게 "20대여, 토플책을 덮고 바리케이드를 치고 짱돌을 들어라"라고 지시했지만, 덩달아 세대 내의 불평등을 간과하고 노동자 계급 내 갈등만 부추길 수 있다는 비판을 받기도 했다. 저자들조차 "세대 내부의 양극화 문제를 소홀히 취급했다"(박권일)거나 "세상에 준 기여보다 부정적 폐해가 더 많다"(우석훈)라고 냉정하게 평가했다. 그러나 저자들의 혹독한 자기 평가는 책의 흥행만큼 알려지진 않았다. 대신 이 책이 그어놓은 전선과 유사한 형태의 전선들이 사회운동 안팎에서 그어졌다. 진보정당 역시 그중 하나인데, 수년 동안 청년 정치인들은 젊은 정치인들을 육성하기 위해서는 총선이나 지방선거 대응을 위한 당내 경선의 룰을 변경해 청년들에게 일정한 T.O.를 주어야 한다고 적극적으로 주장했다. 정의당은 언제나 이런 식의 사회 담론에 가장 많은 영향을 받았기 때문에 이 문제에 대해서도 그렇게 했다. 하지만 돌아오는 결과가 그리 아름답진 않았던 것 같다. 청년 주체의 재생산은 그 운동 또는 조직이 새로운 세대 주체가 스스로를 단

• • •
11 이는 2007년 당시 비정규직 평균임금 119만 원에 20대의 평균 소득 비율 74%를 곱해 산출한 금액이다.

련하고 성장할 수 있는 토대를 제공하고, 다양하고 풍부한 정치적 경험 속에서 기성세대를 대체할 수 있도록 조직하고 지원하는 것을 핵심으로 해야 한다. 하지만 정의당은 그런 구조를 제대로 갖추지도 못한 상황에서 당면 선거에서 청년의 이미지만 활용하고자 했고, 그들이 얼마나 정치적으로 성장할 수 있는 기회를 제공받았는가에 대해서는 무관심했다.

노동시장 이중구조론

사회학자 이철승은 "세대론은 위계에 대한 저항"[12]이라며 노동운동 위기 담론에 대해서도 세대론을 적극 차용하고, 미디어를 활용해 이를 센세이셔널한 방식으로 제기했다. 한국 사회의 불평등 문제를 세대론적 관점으로 분석한 저서 『불평등의 세대』(2019)에서 그는 연공제가 한국 위계구조의 중요한 틀이라고 주장했다. 또, 2004년부터 2015년 사이 한국 노동시장 구조가 급격하게 변동했다고 보면서, 이 시기 대기업들이 '다국적 기업'으로 성장하면서 고임금 노동자들에 대한 지불능력이 극적으로 상승했고, 유연화 기제가 일반화되었으며, 동시에 노동운동이 후퇴 또는 쇠퇴했다고 분석했다.[13] 그에 따르면 2004~2015년 사이의 일정한 변화 속에서 대기업 비정규직과 중소기업 비정규직이 10여 년간 각 노동시장 계층 내에서 내부자를 위한 경제위기시의 안전판으로 기능했으며, 고용과 임금상의 차별을 감내해왔을 가능성

---

12 정용인, "'386세대 장기독점'이 비난 받는 이유 - 이철승 서강대 교수 인터뷰", 〈경향신문〉 (2019.3.23.).
13 이철승, "결합노동시장지위와 임금불평등의 확대(2004~2015년)", 〈경제와 사회〉(2017).

을 보여준다. 이는 조직된 비정규직을 버텨주던 노조의 버팀목 역할이 2008~2009년을 거치며 무너졌다는 방증이고, 이러한 추락은 동일한 규모 기업 정규직들의 임금이 금융위기에도 순탄하게 상승하는 것과 극적으로 대비된다. 다시 말해, 금융위기 시기 정규직이 일정 정도 노동시간을 축소하고 임금 상승을 자제하면서 비정규직의 이해를 함께 고려했다면, 비정규직 임금 추락의 정도는 이토록 급격하지 않았을 것이고, 대기업 정규직의 꾸준한 임금 상승이 중하층과 격차가 증대한 원인이며 노동운동의 위기를 낳은 핵심 요인이라는 게 노동시장 이중구조론들의 주장이었다. 이것은 노동운동 내에 일정한 영향을 미쳤고, 불안정 노동의 문제를 사회운동의 주체적 관점에서 분석하기보다는 도덕주의적이고 감정적으로 접근하던 86세대 활동가 일부는 자기 세대에 대한 과도한 규정을 바탕으로 이 주장을 무비판적으로 받아들였다.[14]

이러한 노동시장 이중구조론은 오늘날 불안정 노동의 양산을 야기한 자본의 책임을 겨누지 않고, 대신 조직노동을 공격하는 것으로 귀결된다. 또, 노동정치 역학과 내부의 차이, 민주노총 내의 임금 투쟁 원칙에 대한 논쟁사를 전혀 고려하지 않는다. 또, 실질임금이 인상되는 동역학에서 노동조합의 임금 인상 투쟁보다 자본의 분할관리 전략이

...

14 "1997년 IMF 외환위기 이후 이중노동시장이 고착되고, 산별노조와 산별교섭을 통한 노동조건 격차 축소라는 기획이 실패하면서, '민주노총은 곧 귀족노조'라는 등식이 사회적 통념의 지위에 오르게 된다. 사회적 통념의 지위에 올랐다는 것은, 조사와 논증 없이 주장해도 크게 문제가 되지 않는다는 것을 의미한다. 학문적 장과 정치적 장에서도 이 통념은 유지되고 있어서, 2016~17년 촛불집회에서 촛불과 노동의 괴리감을 강조하거나, 노동조합이 불평등 완화가 아니라 불평등 강화에 기여한다는 논의가 별 논증 없이 글과 말로 발화되고 있다." 장진범, "노동조합은 사회연대와 민주주의를 강화한다… 왜냐면 ΞᎾ3", 〈플랫폼C〉(2023.11.9.).

관철되는 힘이 훨씬 강력하다는 점 역시 애써 간과한다. 그렇기에 이는 노동조합 혹은 노동정치 무용론, 대(對)자본 양보론으로 연결된다.

일반적으로 노동조합에 가입된 노동자들은 노조라는 제도를 통해 집단적으로 단결해 노동조건을 개선할 힘을 갖기 때문에 무노조 사업장 노동자들보다 평균적으로 더 높은 임금을 받는다. 이를 근거로 적지 않은 논자들은 무노조 비조합원 노동자의 저임금을 (노조 가입의 장벽을 높이는 제도나 사측이 아니라) 장벽을 뚫고 노동조건을 개선하려는 노동조합 탓으로 돌린다. 한데 최근의 연구들(황선웅, 2017)[15]에 따르면 노동조합이 비조합원 평균임금에 대해서도 유의한 영향을 미친다는 점을 이해할 수 있다. 가령 특정 지역 내 노조 조직률이 10%포인트 상승하면 같은 지역 비조합원 평균임금은 4.94% 증가한다. 이러한 효과는 여성, 청년, 저학력, 비정규직, 서비스업, 중소기업 노동자 등에 폭넓게 파급된다. 반대로 노조 조직률이 큰 폭으로 하락한 지역들에서는 조합원과 비조합원 간의 임금 격차(불평등)가 확대되는 경향을 보인다. 따라서 기업 규모에 따른 임금 격차의 확대를 결과론적으로만 해석해 '노조 때문'이라고 주장하는 것은 실제 현실과 다른 '왜곡'이다. 이를 기업 규모 수준으로 좁혀 분석한 유경준·강창희(2014)[16]에 따르면, 100인 이상 중·대규모 사업장에서는 노동조합이 임금을 높이는 역할을 하지만, 30인 미만 기업에서는 노조 조직 여부가 임금에 유의미한

...

15 황선웅, "노동조합이 비조합원 임금에 미치는 영향: 지역 수준 분석", 〈산업노동연구〉(한국산업노동학회, 2017).
16 유경준·강창희, "직업훈련의 임금효과 분석: 경제활동 인구조사를 중심으로", 〈韓國開發硏究〉 제32권 제2호(통권 제107호)(한국개발연구원, 2010).

영향을 미치지 않는다. 즉, 노조 조직률의 상승을 높이려는 모든 운동적 시도(노조할 권리)는 노동자계급 내 평등을 회복하는 것과 무관하지 않으며, 노조 바깥의 노동자들의 노동 조건에도 긍정적 영향을 미친다. 김철식(2024)[17]은 노동시장 이중구조 개념에 대해 "오늘날 노동시장 모순을 노동시장 내 노동자 간의 관계 문제로 축소한다"라고 본다. 그에 따르면 한국 노동시장은 "직접적 고용과 정규직 고용이 축소되었을 뿐 아니라, 단지 비정규직이나 중소하청기업 노동자로 환원할 수 없을 정도로 다양한 노동 형태가 등장하여 고용 형식이 모호"해졌다. 한데 '이중구조'란 개념은 "무수한 분할과 비가시적 노자관계 영역의 확장"으로 이어지는 현상을 제대로 설명하지 못한다. 노동의 분할과 노동자-자본가 관계의 비가시화 속에 기업들은 노동에 대한 통제는 확장하고, 책임은 축소·회피할 수 있게 만든다. 하지만 진짜 문제는 노동자 전체를 불안정화해 분할 통치하는 기업, 불안정화를 뒷받침하는 제도의 문제에 있다.

이 밖에도 사회운동의 위기를 둘러싼 담론들이 곳곳에 산재하고, 이는 때로 기존의 지배엘리트 세력에 의해 사회운동 좌파를 공격하는 이데올로기적 무기로 활용된다. 이를 혁신된 논의를 바탕으로 적재적소에 논파하고, 사회운동 내에서 공유하지 않으면 언제든 쉽게 공격받고 위축되기 쉽다. 2025년 현재 사회운동이 갈기갈기 흩어진 채로 정치적 구심을 재형성하지 못하는 것에는 여러 이유가 있지만, 위기 담론을 제대로 극복하지 못한 채 지속되어온 탓도 크다. 이를 돌파하려

- - -

17 김철식, "노동시장 이중구조 담론 비판", 전국불안정노동철폐연대 부설 노동권연구소(2024.2.).

면, 역사적으로 누적된 쟁점들을 되짚고, 이를 더욱 폭넓게 해설할 수 있는 시도가 필요하다.

좁은 길

사회운동 세력화를 가능케 하는 좁은 길은 있을까? 더 나은 세계를 만들어갈 정치를 복원하는 것, 사회운동이 마주한 부정의와 폭력의 구조를 변화시키는 일은 오직 사회운동 스스로 세력이 되어가는 만큼 가능하다.

앞서 말했듯, 좌파는 자신의 패배[18]를 냉정하게 인정하는 것에서부터 시작해야 한다. 2010년대 중반부터 2023년 사이 지속되던 민주노총 조합원 수의 급격한 증가세는 한풀 꺾였고, 조합원들의 질적 조직화는 여전히 미미하다. 비상계엄 이후 열린 퇴진 투쟁 광장에서 민주노총과 금속노조 등 노동운동에 대한 시민들의 지지는 여느 때보다 높았지만 실제 노동운동이 보여준 조직적 역량은 명성만큼 크지 못하다. 현장에서는 조합원들이 움직이지 않는다는 보고가 넘쳐흘렀고, 광장에 나선 것은 대부분 기층 간부와 상근활동가들이었다. 현장 조직력을 높이기 위한 다양한 시도들이 있었지만, 또렷한 성과를 보이진 못했다. 20~30대 여성들이 크게 부각된 것에 반해 조직노동의 힘이 왜 이리 부족했는지 면밀한 검토가 필요하다. 또, 불안정 노동자를 조직하기 위한 끈질긴 시도들에도 불구하고 여전히 민주노총의 표상은 불안

• • •
18 신자유주의가 초래한 경제적 불안정, 불평등, 경쟁 심화 자본의 공격을 방어하지 못했고, 이로 인해 사회운동과 공동체의 토대가 상당 부분 무너졌다는 사실.

정 노동으로 대표되지는 않는다. 위성정당 노선을 거부한 진보정당들의 조직력 역시 매우 취약해졌으며, 몇 년 사이 기후정의를 위한 가시적인 대중시위의 성과에도 불구하고 또렷한 성과를 만들고 있지도 못하다. 노조를 비롯한 사회운동 전반은 풀뿌리 조직화라는 과제를 안고 있고, 극우 준동이 위태롭게 이뤄지는 공간에는 학생운동의 오랜 침체가 놓여 있다.

이런 시대에 좌파는 기존의 정치문법에서 벗어나 사회운동 전반을 포괄하는 전선을 새롭게 제시해야 한다. 노동권을 지키는 운동과 도시빈민 운동, 돌봄의 가치를 재평가하고 공공성 확대를 위해 싸우는 운동, 권위주의와 인종주의 억압에 맞선 운동 등을 긴밀히 연결해야 한다. 파국적인 기후위기를 낳은 체제를 바꾸는 생태사회주의의 전망을 제시하고, 좌파적 그린뉴딜과 탈성장 담론의 한계를 넘어서는 비전을 정립함으로써, 정책 대안과 대중적 실천이 병행돼야 한다. 인공지능 자동화 기술의 발전이 노동권을 위협하는 착취 이데올로기로 활용되는 상황에서 불평등을 막을 수단은 강력한 재분배 정책뿐이라는 점을 폭로해야 한다.[19]

이를 위해, 위로부터의 정치세력화와 결별하고 아래로부터의 정치세력화라는 반복적으로 환기되지만 체화되어 있지 않은 행동 테제를 사회운동의 필연적 과제로 수용해야 한다. 대중과의 잃어버린 마주침을 보다 많이 기획하면서, 비개혁주의적인 개혁들의 축적을 통해 체

• • •

19 1995~2013년 노동생산성의 평균 증가율과 임금의 평균 증가율 간 격차가 벌어지는 현상을, '인격화된' 인공지능이 그저 노동자들의 일자리를 빼앗아가는 게 아니라, 관리직과 전문경영인의 임금으로 돌아가는 몫이 커지고 있다는 것을 방증한다.

제 전환을 위한 운동 주체가 형성되고 성장할 조건을 조성함으로써 사회운동 정치의 실력과 토대를 키워야 한다. 골목과 일터, 학교, 혹은 온라인 공간에서 다양한 활동들이 누적되면 이를 밑거름 삼아 아래로부터의 정치연합 구축을 위한 네트워크를 더 단단하게 만들 수 있을 것이다. 동네에서 기후위기 의제에 맞서 행동하고, 일터에서 노동자들이 정치에 대해 토론하고 캠페인도 하는 분위기를 다시 만들어야 한다. 개별 조직이나 정당들이 제각각 따로 떨어져 혁신의 계기를 만들 가능성은 매우 낮지만, 사회운동 속에서 사회운동과 함께 정치연합을 구성하고, 이를 통해 구심력을 강화해야 한다. 그리고 무엇보다 이런 전반의 과정은 좀 더 긴밀한 미디어 전략과 함께 이뤄져야 한다. 사회운동 세력화의 새로운 계기는 상기한 지향과 이를 초과하는 다양하고 끈질긴 실천을 통해서만 가시화될 것이다. 이때 아래로부터의 정치연합이 진보정당들의 협의체여선 안 되며, 당 형태일 필요도 없다. 기득권 세력에 수렴되지 않고 독자성을 견지하는 사회운동이 가치와 이념을 중심으로 조직하는 과정은 그 자체로 대중운동 과정이다. 복수의 정당 구조를 유지하더라도 연합과 교류, 협력의 경험이 선행되어야 새로운 좌파정치의 토대도 단단하게 다질 수 있다.

선거 시기가 다가올 때마다 사회운동 일각에서는 갑작스레 선거용 연합정당이나 민주당 우산 아래에서 일단 살고 보자는 식의 다양한 전술들이 제기된다. 법 개정이나 정치적 합의를 통해 모종의 연합정당 혹은 위성정당을 구성하자는 주장도 심심치 않게 등장한다. 하지만 일련의 노력이 특별한 상승곡선을 만들어주지 않는다는 점은 앞선 경험들을 통해 충분히 알 수 있다. 오히려 상층 논의를 전제로 한 형식 논의는 또 다른 갈등을 낳을 공산이 크고, 그 실패는 더 큰 좌절을 가져올 수밖에 없다. 실제 각 조직의 구성원들은 한국 사회의 지배이데올로기와 동떨어져 있지 않기 때문에 충분히 공유되지 않은 합의는 실제 수용될 수도 없다. 과거의 갈등을 대중적으로 대면하고 치유·애도하는 과정이 없으면, 다시 비례 순번이나 조직 갈등 등을 둘러싸고 파국적 상황이 발생할 수밖에 없다. 정확하게 좁은 길을 찾아낸다는 것은 숙련된 자의 절묘한 기예를 필요로 한다.

난파한 이들의 낙관주의

"우리는 더 이상 구경꾼이 아니라 '이미 배에 올라 타 있으며', 우리를 둘러싼 재앙을 피할 수도 또 멀찍이 떨어져 안전한 관측소에서 지켜볼 수도 없다. … 우리는 난파한 당사자다. 우리는 익사를 피하고, 침몰한 배를 다시 조립해야 한다. 다시 말해 패배를 피할 수 없거나 또는 외부로부터 묘사하거나 분석할 수 없다. 좌파적 우울이 난파 이후 남은 것이다."

— 엔조 트라베르소

라즈미그 쾨셰양(Razmig Keucheyan)은 1970년대 후반 사회운동의 쇠퇴와 더불어 일어난 당대 비판사상가들의 반응을 전향자·비관주의자·저항가·혁신가·전문가·지도자 등 여섯 가지로 나눈 바 있다. 이때 전향자는 1970년대 후반 정치적 상황이 급변하자 다른 세계의 가능 조건을 더는 묻지 않는 사람들, 비판 사상이나 실천 자체를 기각하

사람들을 가리킨다. 버릇처럼 "철없던 시절에나 마르크스를 읽지"라고 떠들거나, 사회주의와 사회민주주의를 부러 대당시켜 전자는 실패작, 후자는 '성공사례'로 잘못 포장하는 것도 이런 범주에 속할 것이다. 하지만 현실 사회주의의 역사적 패배를 냉정하게 인식한다면, 이런 단순 도식에 근거해 사회주의와 사회민주주의를 설명하진 않을 것이다. 다른 한편, 사회변혁을 불가능하거나 위험한 것으로 여기게 된 이들은 비관주의적이다. 이들은 때로 전향자가 되기도 하지만, 쾨셰양은 비관주의가 오늘날 좌파의 일반적 특징이라고 말한다. 일찍이 프레드릭 제임슨(Fredric Jameson)이 "자본주의의 종말을 상상하는 것보다 세상의 종말을 상상하는 게 더 쉽다"[20]라고 말했던 것을 굳이 떠올리지 않더라도 말이다.

이미 23년 전 패리 앤더슨(Perry Anderson)은 "오늘날 현실적인 좌파가 생각할 수 있는 유일한 출발점은 역사적 패배를 명료하게 인정하는 것"이라고 말했는데, 이를 단순히 '비관주의적'이라 규정하는 것에 그쳐선 안 될 것이다. 실제 역사에서 투쟁하는 민중은 (승리하기보다는) 빈번하게 패배하지만, 그 패배를 항상 독으로 여기지는 않는다. 역사적(존재론적) 좌파는 그 패배들 속에서 성찰하고 더 큰 단결과 질적 도약을 꾀한다. 앤더슨은 "패배를 명료하게 인정"해야 한다고 했지만, 동시에 '출발'을 이야기했다는 점을 떠올리고, 계속해서 이를 공유하는 것은 중요하다. 그래야 사회운동 세력화를 불가능하게 하는 집단 우울증에 빠지지 않고, 미지의 경로를 새롭게 탐색할 수 있기 때문이다.

• • •

20   마크 피셔, 박진철 옮김, 『자본주의 리얼리즘』(리시올, 2018).

현대인의 정신건강 위기는 현대 자본주의 체제에서 살아가는 사람들이 앓고 있는 집단적인 증상이다. 사람들은 모두 이 세상이 잘못됐다는 것을 알고 있다. 하지만 동시에 바꿀 수 없다고 여기고, 우울한 쾌락을 추구하는 것 말고는 다른 어떤 것도 쫓기 어렵다. 이때 포퓰리스트들의 낙관주의 화술은 손에 잡히지 않는 행복을 기대하게 만들면서도, 동시에 진정한 의미의 '행복한 미래'를 방해한다. 그렇기에 이 낙관들은 평범한 사람들에게 잔혹한 미래를 안겨준다. 포스트 신자유주의 체제의 위기가 n개의 방식으로 폭발하는 지금, '행복한 삶'이라는 환상은 더 이상 실효성이 없고, 누구도 그 말을 믿지 않는다. 그러나 동시에 이 말은 사회구성원 일부 집단을 적대화해 가상의 적을 만듦으로써 강력한 애착의 대상이 되기도 한다. 그것이 삶의 질을 떨어뜨리고 주체를 마모시킴에도 불구하고, 그 환상에 대한 애착이 평범한 일상의 지속을 가능하게 하는 토대가 되기 때문에, 그때까지 품고 있던 애착을 버리기란 쉽지 않다.[21] 이런 거짓된 약속이 반복되는 가운데 사회 전반을 모종의 환멸과 냉소가 가득 채우고 있고, 평범한 사람들의 사회적 관계는 단절되고 있다. 그 여백에 극우주의 선동이 스며드는 것은 너무 자연스러운 일이다.

이러한 조건은 사회운동 좌파에게도 마찬가지다. 우리는 모두 이 체제가 잘못됐다는 걸 알고 있지만, '어쩌면 이 체제를 바꿀 수 없는 게 아닐까', '좌파가 품었던 오랜 꿈은 이대로 명멸하는 게 아닐까' 하는 생각 때문에 우울해한다. 이 우울이 현실에 대한 비판으로 전환되

21　로렌 벌렌트(Lauren Berlant), "잔혹한 낙관주의", 『정동 이론: 몸과 문화·윤리·정치의 마주침에서 생겨나는 것들에 대한 연구』(갈무리, 2015).

지 못할 때 우리는 비관주의에 빠지고, 이는 우울증으로 굳어진다. 사회운동 세력화는 이 고리를 끊어냄으로써 시작할 수 있다.

    좌파는 '민주화 세력'의 서사와 절연하고, 대신 신자유주의 구조조정에 의해 우리의 삶이 파괴되는 것을 저지하지 못했다는 패배의 기억을 대중과 함께 나눠야 한다. 나아가 우리가 살고 있는 사회(체제)를 끊임없이 비판적으로 인식하고 폭로하고, 더 나은 미래에 대한 유토피아적인 비전을 포기하지 않고 다양한 감각으로 제시할 수 있어야 한다. 이런 과정을 통해서만 좌파를 위한 새로운 서사의 토대가 만들어질 수 있고, 그것만이 사회운동 세력화를 가능케 할 기반이 될 것이다.

2부
K-극우 읽기

전광훈과 K-극우의 재구성 **김진호**
어떤 위기인가, 무엇을 해야 하는가? **채효정**

전광훈과 K-극우의 재구성

김진호 (제3시대그리스도교연구소)

21세기 극우주의의 출현

글로벌가치사슬(global value chain)이 전례 없이 조밀하게 구축된 21세기 '첫 십여 년' 동안 자본의 역동성은 비약적으로 증대되었다. 그러나 토마 피케티(Thomas Piketty)에 따르면 '21세기 자본주의'는 '19세기 자본주의'처럼 '세습자본주의'(patrimonial capitalism)적 성격이 강화되고 있는 추세다.[1] 세습된 부의 증가가 생산과 노동을 통한 부의 증가보다 훨씬 크기 때문이다. 즉 21세기에는 점점 더 '불평등'이 심화되었다.

그럼에도 이 '첫 십여 년'에는 불평등의 위기가 어느 정도 관리되고 있었다. '더 많은' 사람들은 자본의 역동성이 주는 기대에 부풀어

---

[1] 토마 피케티, 장경덕 옮김, 『21세기 자본』(글항아리, 2014) 참조.

있었고, 자기계발에 열렬히 매진했다. 그러나 '2012년, 그 어간'을 분기점으로 불안과 절망이 빠르게 확산되었다. 자기계발 담론의 자리를 힐링 담론이 빠르게 대체하기 시작했다. 그러나 좌절과 불안으로 인한 신경증적 증후는 힐링 프로그램으로 충분히 관리되지 못했다.[2] 오히려 이 무렵 혐오범죄의 비율이 급증했다. 또한 혐오를 정치화하는 극우주의 정치세력이 약진하였다.[3]

왜 하필 '2012년, 그 어간'인가. 그 무렵에는 '난민의 급증' 현상이 두드러졌다.[4] 특히 아프간, 소말리아, 이라크, 시리아 등에서 발생한 전쟁으로 난민이 엄청나게 증가했다. 이들이 유럽을 향해 밀려들었다. 바로 그 어간 유럽에서는 이슬람계 난민에 대한 혐오주의가 빠르게 확산되었고, 혐오범죄율이 급증했다. 나아가 극우주의 정치도 강력한 영향력을 발휘하기 시작했다. 이 유럽발 혐오주의 현상이 온·오프라인 미디어를 통해 전 세계를 휘젓고 다녔다.[5] 그 어간 미국에서는 '(유색인) 이민자 혐오'가 위험수위를 넘었다.[6] 그 해에 일본에선 혐한·혐중

...

[2] 국내 언론들의 기사를 검색해보면, '힐링 담론'은 2010년 갑자기 대두하였고, 2012년에 절정에 이른 뒤 빠르게 시들어갔다. 그러나 힐링 산업은 2010년대 이후 빠르게 확장되는 추세다. 김진호, "힐링 담론'이 지나간 뒤 골목길에서. 회상과 전망", 〈기독교세계〉(2014.3.-4.).
[3] 배병인, "유럽 민주주의의 퇴조와 극우 포퓰리즘 정당의 약진 - 1990년대 중반 이후 유럽연합 회원국 의회 선거 결과를 중심으로", 〈국제·지역연구〉 26(4)(2017 겨울) 참조.
[4] 유엔난민기구(UNHCR)의 보고서에 의하면 2013년 이후 난민은 급증하기 시작했고, 그 가속 추세는 멈추지 않고 있다(https://www.unhcr.org/news/press/2022/6/62a9d2b04/unhcr-global-displacement-hits-record-capping-decade-long-rising-trend. html).
[5] 윤민우·김은영, "유럽지역의 최근 극우극단주의 동향과 사회정치적 요인들", 〈한국치안행정논집〉 17(2)(2020) 참조.
[6] 윤민우·김은영, "서구 국가의 극우극단주의-미국의 사례 연구", 〈한국치안행정논집〉 16(3)(2019) 참조.

의 정서를 부추기며 집권한 아베 신조의 시대가 도래했다.[7] 한국에서도 제19대 총선(2012)에서 새누리당이 국회 과반 의석을 차지하여 박근혜 권위주의 체제가 성립하는 전조증상을 보였다. 그해에 시민사회와 비판적 학계에선 '극우주의'를 다루는 논의들이 속속 제기되었다.

여기서 우리는 최근 전 지구적인 극우주의의 발흥과 21세기 자본주의가 초래한 양극화 위기가 깊은 연관성이 있다는 추정을 할 수 있다. 또 당면한 정치·사회·문화적 상황이 극우주의적 혐오의 표현양식을 구체화하는 데 깊은 영향을 미치고 있음도 추론할 수 있다.

그러나 계층적 양극화만은 아닌…

아르놀트 하우저(Arnold Hauser)는 20세기 전후 '짝퉁' 귀족예술인 통속예술이 새롭게 부상한 매스미디어와 만나 대중예술로 승화되면서 소비자라는 새롭게 주체화된 대중이 탄생했음을 이야기한다. 한데 21세기 세계화는 '짝퉁' 프리미엄(fake premium) 상품을 '대중적' 프리미엄(popular premium) 상품으로 변모시켰다. 그것은 21세기형의 '새로운 소비자 대중 주체의 탄생'을 가능하게 했다.

여기서 주목할 것은 소비자인 대중은 무엇보다도 '욕망하는 주체'라는 사실이다. 그이는 거시적으로 글로벌하게 욕망하는 자이고, 미시적으로 신체 구석구석까지, 심지어 무의식까지 욕망하는 자다. 이렇게

...

[7] 불과 1년에 불과했던 제1기 아베 총리대신 시대(2006~2007)는 아베의 극우정치가 일본정치를 주도하지 못했으나, 8년간 계속된 제2기(2012~2020)는 강력한 극우정치로 일관할 수 있었다. 또 그를 승계한 기시다 후미오 내각(2021~2024)도, 비록 그는 아베와는 다른 기조의 계파 수장이었지만, 다수파 수장인 아베의 영향권 아래 있었다.

욕망하는 존재는 끝없이 '고립화'되며 끝없이 '연결'되어 있다. 21세기형 대중은 그러했다.

이 대중은 전례 없이 확장되고 세밀해진 '욕망의 인플레이션'을 체감하며 산다. 한데 이런 욕망은 결코 충족될 수 없다. 해서 이 새로운 대중은 '욕망하는 주체'인 동시에 '절망하는 주체'다. 하여 대중은 분열증에 걸려 있다. 끝없이 욕망을 향해 질주하면서도, 실패한 욕망으로 인한 절망을 어떤 식으로든 관리해야 한다. 발터 벤야민(Walter Benjamin)은 그 시대 자본주의적 질서에 편입되었으면서도 '배회하는 자'로 남아야 하는 분열증적 신경증세의 대중을 발견했다. 한나 아렌트(Hannah Arendt)는 분열증적 대중이 왜 파시즘에 열광했는지를 동시대 정치·사회·문화 현실을 분석하면서 비판적으로 조명하고자 했다.[8]

21세기의 대중도 욕망과 절망 사이에서 분열증을 앓고 있고, 그런 대중의 일부가 극우주의적 행동을 하고 있다. 그들은 민주주의적이고 공화주의적인 합의를 신뢰하지 않으며, 그 배후에 거대한 음모가 도사리고 있다고 믿는다. 하여 그런 음모론적 진실을 은폐하는 세력과 은폐의 배후에 있는 존재를 향한 망상적 증오에 사로잡힌다. 그리고 이러한 증오는 종종 물리적인 응징 행위로 이어진다. 때로는 개별적 테러로, 때로는 응징의 제도를 구축하려는 정치적 행동으로 말이다.[9]

그러니까 21세기 대중의 극우주의 현상은 양극화로 인한 경제적 절망 계층의 증오 행위로 국한하여 설명하는 것으로는 충분하지 않다.

• • •

8 김진호, "한국의 작은 독재자들 - 정치종교와 문화종교 개념으로 살펴보는 대중의 출현", 『우리 안의 파시즘 2.0』(휴머니스트, 2020), 153쪽.
9 김만권, "'탈진실' 시대의 정치와 논쟁적 민주주의 모델", 〈철학〉 147(2021.05) 참조.

욕망을 향해 질주하면서도, 매 순간 좌절된 욕망으로 인한 절망을 체감하는 대중, 그런 분열된 존재의 주체화 과정에서 극우주의에 몰입하게 되기도 하는 것이다.

21세기 'K-극우', 20세기와는 같거나 다른

한국 사회에서 극우주의는 대한민국 건국의 한 주역이었다.[10] 그러한 국가를 건설하고자 했던 세력은 혐오와 응징의 정치를 구사했다. 한데 독재에 반대하는 민의 저항으로 극우주의적 정권은 역사의 무대에서 퇴출되었다. 하지만 실현되지 못한 체제에 대한 극우적 열망은 '1948년 체제'라는 이름의 이데올로기적 개념으로 잔존한다.

적잖은 이들은 현재까지도 이 이데올로기적 개념을 중심으로 보수 대연합을 구축하려는 열망을 품고 있다. 특히 개신교 다수파 사이에서는 그런 열망이 하나의 문화적 유전자처럼 신앙 속에 강한 기조로 잔류하고 있다. 하지만 1970~80년대 성장지상주의가 물결칠 때는 증오에 기반을 둔 극우주의 신앙보다는 축복에 기반을 둔 은사주의 신앙의 강세가 돋보였고, 1990년대 민주화의 열망이 물결칠 때는 화해와 공존의 담론이 확산되면서 증오의 정치는 퇴물로 간주되었다. 그런 시대정신이 한창이던 1989년 극우주의적 개신교의 토대를 만든 한경직이 중심이 된 한국기독교총연합(이하 '한기총')이 창립했다. 그런데 한기총이 개신교 보수 대연합의 주역으로 부상한 것은 그로부터 십여

...

10 김진호, "한국 극우의 인종화 프로젝트와 그리스도교 국가론 - 이승만과 한경직을 중심으로", 기사연책시리즈 1, 『'우리'라는 신화의 폭력 - 한국의 인종주의와 그리스도교』(동연, 2025) 참조.

년이 지난 2003년 이후였다. 노무현 정부가 출범한 지 불과 5일 후에 '3.1절 구국집회'가 서울시청 앞 광장에서 열렸다. 주최 측 추산 30만 명이 운집했다. 그리고 이를 기점으로 두 번의 대선 실패로 지리멸렬했던 보수 대연합이 재구축되었다. 하여 한국의 21세기는 시작부터 민주화의 열망과 극우주의의 열망이 충돌하는 격전의 시간이었다.

이후 십 년 남짓 한기총의 시대는 계속되었다. 이 기구의 영향력으로 극우주의는 보수 대연합의 중심이 되거나 가장 강력한 세력의 하나가 되었다. 여기서 주지할 것은 이 시기 한기총, 그러니까 '전성시대 한기총'은 개신교의 대형 교회 혹은 거대 교단이 주축이 된 극우주의적 교회연합 기구였다.

공교롭게도 한기총의 위상이 결정적으로 꺾이기 시작한 해는 2012년이었다. 그해 많은 개신교 교단들의 탈퇴 러시가 줄을 이었고, 그에 대립하는 교회연합 기구인 한국교회연합이 창립했다. 이후 몇 개의 연합 기구가 새로 만들어졌다가 사라졌고, 2017년 거의 모든 보수파 개신교 교단들이 가입한 한국교회총연합이 창립되면서 교회연합 경합의 시대는 일단락되었다.

이들 보수파 교회연합 기구들의 창립 명분에는 이념적 논점이 부각되지 않았다. 하지만 한기총을 제외한 다른 보수파 기구들은 중도보수의 정치적 색깔을 보이고 있다는 점에서 그리고 정치적 갈등에 적극 참여하지 않고 있다는 점에서, 극우주의에 대한 부담 내지는 거부감이 한기총 시대를 마감하는 데 일정한 역할을 했던 것으로 보인다.

한편 한기총이 극우주의적 개신교 시대를 활짝 열고 있을 때 이와는 색깔이 다르다고 주장하는 또 다른 극우주의가 대두했다. 그들은 스스로를 '뉴라이트'(new-right)라고 불렀다. 이 명칭에 따르면 한기총 등은 '올드라이트'(old-right)가 된다. 말인즉슨 이른바 '뉴라이트'는 21세기형 극우주의를 주장한다는 것이다. 사실 다른 점이 있기는 하다.

뉴라이트는 일본 극우에 대해 매우 친화적이다. 어쩌면 조직적 연결망을 갖고 있을 수도 있다. 혹은 일본 극우파가 통일교와 연계되어 있다는 점에서 그들 중 적어도 일부는 통일교와 연계되었을 수도 있다. 아무튼 한국의 뉴라이트도, 일본 극우도, 통일교도 동아시아의 냉전적 안보동맹을 추구한다는 점에서 유사성이 있다.

뉴라이트의 또 다른 특징은, 개신교 교단 혹은 교회와의 연관성보다는, 학계와 종교계 그리고 정치계의 극우 성향 엘리트 사이에서 수정주의 노선으로 확산된 측면이 강하다는 점이다. 해서 한기총이 대규모 대중 활동으로 주목을 받았다면, 뉴라이트는 강좌와 강연, 저술, 칼럼 등을 통해서 계몽주의적으로 대중과 조우해왔다. 해서 정통파 보수주의가 서민층과 좀 더 친화적인 극우주의 운동이라면, 뉴라이트는 지식인 운동의 성격을 띤다. 그러나 양자 사이에는 차이보다는 유사한 것이 더 많다. 그것은 뉴라이트를 표방하는 이들이, 이름의 강한 차별성에 걸맞은 새로운 극우의 담론을 만들어내지 못했다는 것을 뜻한다.

전광훈과 메타교회(meta-church) 현상 그리고 K-극우의 재구성

한데 전광훈은, 아니 전광훈 현상은 좀 다르다. 그가 처음 주목받기 시작한 것은 외환위기가 절정이던 1990년대 말이다. 그때까지는 이념적 색깔이 그를 상징하는 주요 표상(core representation)은 아니었다. 그는 이른바 '재테크 목회'라는 새로운 장르의 목회 테크닉을 통해 외환위기로 절체절명의 위기를 맞고 있던 중소형교회 목회자들에게 상당한 영향을 미쳤다. 게다가 그는 탁월한 조직가였다. 그런 그가 한기총이 주도한 2003년의 시국집회에 참여했고, 당연히 조직가로서의 역량이 빛을 발했다. 중요한 것은 바로 이 시기를 기점으로 그는 극우 이념의 전사로 스스로를 주체화시켰다는 점이다.

그가 능력을 보여준 또 한 번의 사례는 이명박 대통령 만들기 운동이었다. 당시 개신교는 전대미문의 보수 대연합을 구축했다. 극우가 중심이 된 연합은 아니었지만, 극우도 강력한 지분을 갖는 선거연합이었다. 이때 전광훈은 더 이상 떠오르는 교회 지도자가 아니었다.

하지만 그의 능력에도 불구하고 개신교 주류파 사이에서 그는 변방의 천민 영웅에 불과했다. 교단 배경도, 가문도, 학력도 '듣보잡'에 불과한 자가, 연고주의가 가장 강력하게 작동하는 영역의 하나인 개신교에서 추앙받는 자가 되는 건 결코 쉬운 일이 아니다. 그가 대표회장으로 선출된 2019년의 한기총은 이미 존재감이 없는 기구에 불과했다. 그런 그가 2020년 어간 극우의 영웅이 되었다. 교회가 아니라 '아스팔트 위'에서 말이다.

여기서 21세기 한국 개신교의 전개에 관한 간략한 소개가 필요하다. 1990년대 중반 이후 개신교의 사회적 위상은 회복할 수 없을 정도로 추락했다. 이것은 선교가 더 이상 녹록지 않은 상황이 되었다는 것을 의미했다. 한데 그 무렵 개신교 내에서 급성장하여 거대교회(메가처치 & 기가처치) 반열에 들어선 교회들이 속출했다. 이런 현상은 1980

년대를 전후로 한 시기에도 있었다. 나는 이를 '선발대형교회'(이하 '선발')와 '후발대형교회'(이하 '후발') 현상으로 명명한 바 있다.[11] '선발' 현상이 전국의 대도시에서 일어난 것이라면, '후발'은 압도적으로 강남권(강남, 강동, 분당)에 집중된 현상이다. 그리고 '선발'이 시골에서 도시로 이주한 '새 신자의 대대적인 유입'의 결과라면, '후발'은 강남권으로 이주한 '신자들의 수평 이동'의 결과였다. 하나 더, '선발'의 경우 가난한 저학력층의 신자화 현상이 두드러졌다면, '후발'은 고학력의 자산가층 중심의 현상이라고 할 수 있다.

특히 '후발'이 성장의 불꽃을 활활 태운 시기는 21세기 처음 십여 년 동안이었다. 그리고 이들 교회에는 수만 명의 신자가 모였고, 다른 지역보다 신자들의 귀속 의식이 매우 높다. 그런데 이들 교회의 주된 이념 성향은 '극우 보수'가 아니라 '글로벌 보수' 경향에 더 경도되어 있었다. 이에 성장이 지체되거나 신자 이탈에 시달리던 '선발'과 중소형교회에선 '후발' 따라 하기 붐이 일었다. 하지만 대부분 실패했다. 그리고 이 좌절감 위에서 '선발'과 중소형교회 목회자들은 교단 정치에 적극 참여했고, 그 시기에 많은 이들이 한기총의 극우주의에 경도되었다. 한기총의 전성시대는 이렇게 실현된 것이다.

그런데 이명박-박근혜 정부의 실패와 함께 극우의 사회적이고 종교적인 구심력은 급격히 와해되었다. 같은 시기 유럽과 미국, 일본에서 민주주의가 후퇴하고 있었는데, 한국에선 최소한 절차적 민주주의가 약진했다. 그것은 극우의 실패가 초래한 반대급부적 현상과도 맞물

...

11 김진호, 『대형교회와 웰빙보수주의 - 새로운 우파의 탄생』(오월의봄, 2020)의 〈책머리〉 참조.

린다. 보수 대연합은 붕괴되었고, 심지어 박근혜 탄핵과 더불어 보수라는 것 자체가 '적폐'의 원흉으로 간주되었다.

전광훈의 메타교회 현상은 바로 이 시기에 등장한다. 앨런 허쉬(Alan Hirsch) 등 탈근대론적 교회의 관점에서 메타교회를 논한 이들은 이상론적 관점에서 특성을 이야기한다.[12] 하지만 그들의 기대와는 달리 탈근대적 특성을 갖춘 새로운 교회 유형의 한 사례를 나는 그로테스크한 전광훈 현상에서 본 것이다.

그가 담임하는 교회는 매우 시끄러운 공동체이지만 전광훈 현상을 상징하기엔 평범하다. 하지만 그의 아스팔트 집회는 교회이면서도 교회 같지 않은 새로운 양식의 교회다. 열린 공간인 광장이 예배당을 대체했고(탈교회), 그가 쏟아놓는 종교적 발언은 수없이 이단 시비가 붙었다. 그만큼 '탈교리'이기 때문이다. 또 '특임전도사'라는 명칭에서 보듯 성직의 분리주의적 특권성도 해체되었다(탈성직). 사람들은 그를 목사라고 부르면서도 끊임없이 목사임을 의심한다. 요컨대 그의 집회는 매우 파격적인 탈근대 혹은 전근대적 메타성을 갖는 교회였다. 물론 그 메타성의 중심에는 극우주의가 있다.

수십 명에 불과했던 집회였는데 점점 많은 이가 몰려들었다. 많은 극우적 명망가가 그를 지지했고, 자신의 교회에서 목사의 모호한 태도에 불만을 품은 극우 성향의 신자들 다수도 전광훈의 집회에 참여하거나 기부금을 냈다. 심지어 그 집회에는 타 종교인과 비종교인들도 모

• • •

[12] 마이클 프로스트·앨런 허쉬, 지성근 옮김, 『새로운 교회가 온다 - 문화 속에 역동하는 21세기 선교적 교회를 위한 상상력』(IVP, 2023) 참조. 이 책을 포함해서 다른 저작들에서 앨런 허쉬는 메타교회를 '탈건물', '탈성직', '탈교리'의 관점에서 해석한다.

였다.

종교와 세속을 가르는 근대적 이분법도 그의 집회에선 여지없이 해체되었다. 윤리와 비윤리도, 준법과 불법, 탈법의 경계도 해체되었다. 그는 공론으로 자리 잡은 많은 것을 불신의 영역으로 내몰았고, 아무리 보아도 '빌런' 같은 이미지의 통치자, 그의 독재자다운 민주주의 파괴적 언행에 깊은 신뢰를 표했다.

해서 그는 다수 대중의 지지를 받는 인물일 수 없다. 하지만 탈진실 담론의 신봉자들에게는 매우 매력적이다. 또 이념적 극우주의자들은 그가 일으키는 소란스러운 극우적 퍼포먼스에 열광했다. 하여 그는 더 이상 소통되지 않는 담론의 장에서 서로 다른 극우를 결속시켰다. 열광과 흥분은 그가 일으킨 결속의 비결이다. 그리고 전광훈 현상과 함께 K-극우는 변모 중이다.

온라인 극우, 광장과 접속하다

또다시 2012년, 그 어간으로 가보자. 그때 '악동적 극우'가 온라인을 무대로 등장했다. '일베'가 그 현상을 대표한다. 개신교에도 '미디어 선교' 바람이 불었다. 시민사회에서 가짜뉴스 공급자로 낙인찍힌 미디어 활동가들이 조직적으로 활동하는 단체들이 속속 출현했다. 하지만 얼마 후 그 단체들의 활동은 미미해졌고, 새로운 활동이 개신교 내에서 유행했다. 그것은 '플랫폼 선교'라고 불렸다. 플랫폼은 조직적으로 양성된 활동가들의 공간이 아니다. 여기에 들어온 이들은 각자 하나의

독립적 개체로서 담론 생산자로 활동한다.[13]

박권일은 그 무렵 온라인 미디어 기반의 극우활동가들에 대한 비판적 분석을 제시했다. 미국에서 '대안 우파'(alternative right)라는 명칭이 이런 극우 운동을 대표하는 용어로 사용되기 시작한 때가 바로 그 어간이다. 박권일은 이들이 미디어 공간에서 극우적 공격성을 표출하는 직접적 동기를 '주목 경쟁'(attention struggle)이라고 표현했다.[14] 더 주목받기 위해 자극적인 공격성을 표출한다는 것이다. 그들에게 이데올로기는 '가짜 진실'에 불과했다. 그러니까 이데올로기가 아니라 주목 경쟁이 극우 활동의 구체성을 만들어낸다는 얘기다.

그런데 온라인 미디어는 주목 경쟁의 승자에게 일종의 성공 보수를 주는 매체 환경을 갖고 있다. 즉 극우주의적 미디어 활동가들은 주목 경쟁을 통해 혐오경제의 수혜자가 된다는 것이다. 물론 온라인 미디어가 혐오경제와 특별히 친화적인 것은 아니다. 가령 팬덤 현상[15]은 이와는 다른 효과를 만들곤 한다. 팬덤은 기본적으로 혐오가 아니라 '사랑'을 기반으로 한다. 그들이 추앙하는 스타는 공론장에서 '착한 언행'을 과시한다. 그리고 그이를 추앙하는 팬들은 그에 못지않게 착함을 과시적으로 실천한다. 자신들이 추앙하는 스타를 더 착하게 포장하기 위함이다. 나는 이것을 '사회적 착함'(social goodness)이라고 명

• • •

13 김진호, "언택트 시대 한국개신교(5): 언택트 시대, 교회 밖으로 나간 미디어전사들", 〈가톨릭평론〉(2022 여름) 참고.
14 박권일, "공백을 들여다보는 어떤 방식 - 넷우익이라는 '보편 증상'", 이택광 외, 『지금 여기의 극우주의』(자음과모음, 2014) 참고.
15 '팬덤 현상'과 새로운 종교성에 대하여는 이호은, "BTS로 신학하기 06: 팬인가, 제자인가', 〈가톨릭평론〉(2020.11.-12.) 참고.

명한 바 있다. 온라인 플랫폼은 그런 '사회적 착함'이 대중에게 환호를 받을 때도 일종의 성공보수를 준다. 그것은 일종의 '호혜경제'다. 요컨대 혐오경제와 호혜경제가 마치 흑백요리사의 경합처럼 미디어 공론장에서 경쟁을 벌이는 시대가 21세기다.

2025년, 팬덤 대중과 온라인 극우 대중의 일부가 정치적 주체로 부상했다. 팬덤 대중은 이미 스타 홍보 활동을 적극 펴왔기에 사회성이 잘 발달되어 있다. 또 설득적이고 대화적이다. 반면 온라인 극우 대중은 사회성이 약하다. 또 그들의 주목 경쟁은 설득력보다는 자극적인 퍼포먼스와 친화적이다. 해서 그들은 오프라인과 접속하기 위해 전광훈 현상이 작동하는 광장의 플랫폼 속으로 결집했다. 2025년 전광훈은 광장에서 극우를 재활성화하는 구심체였다.

그리고 광장으로 나온 온라인 극우 행동가들은 매우 창의적으로 정치성을 표현했다. 너무나 그들답게 전례 없이 자극적인 퍼포먼스였다. 법원에 대한 테러가 그것이다. 여기까지는 좋았다. 그들은 이제까지 겪어보지 못한 짜릿한 쾌감을 체험했을 것이다. 또 사회 전체, 아니 전 세계로부터 주목을 받았다.

팬덤 대중이 정치적 주체로 변모하면서 벌인 행동은, 너무나 그들스럽게, 노동자와 농민과 장애인과 연결되는 공조의 확장성이 돋보였다. 이때 이들의 '사회적 착함'은 순기능이 빛을 발했다. 반면 온라인 극우 활동가들의 '사회적으로 위악'(social wickedness)적 행동은 그들을 고립시켰다. 또 그들에게는 자신이 상상한 것 이상으로 엄밀한 책임이 부가될 것으로 보인다. 이렇게 2025년에 K-극우는 일단 실패했다. 그만큼 민주주의는 기회를 얻었고, 극우주의는 기회를 상실했다.

물론 이것이 전부는 아니다. 정치적 주체가 된 이들은 온라인뿐 아니라 오프라인 공간에서도 더 많이 정치적 행동을 펼 것이다. K-극우는 고립되었지만, 그들끼리는 좀 더 긴밀해졌다. 또 그들의 테러리즘은 계속될 가능성이 크다. 유럽과 미국에서 극우 범죄가 급증한 것처럼. 어쩌면 이것은 상상하기 싫은 결과를 초래할 수도 있다. 정치학자 찰머스 존슨(Chalmers Johnson)에 따르면, 국가 혹은 제국이 테러리즘에 대한 체계적 응징에만 집착할 때 오히려 '역풍'(blowback)이 불어 더욱 파괴적인 테러리즘의 악순환 현상을 야기할 수 있다.[16]

해서 시민사회는 테러리즘에 어떻게 대응해야 하는지에 대해 숙고하지 않을 수 없다. 테러리즘의 효과가 사회를 더 폭력적으로 만들 수 있기 때문이다. 광기에 휩싸인 대중을, 그 행위만이 아니라, 그 소리를, 그 속에 숨겨져 있는 소리의 마음을 진지하게 해석해야 하는 상황에 직면하게 된 것이다.

• • •
16 찰머스 존슨, 이원태·김상우 옮김, 『블로우백』(삼인, 2003) 참조.

어떤 위기인가, 무엇을 해야 하는가
: 12.3 비상계엄 사태에 대한 진단과 전망[1]

"자본주의와 파시즘 위기를 민중의 민주주의로 넘어서자"

채효정 (체제전환 연구모임)

지금 무슨 일이 일어나고 있는가

12월 3일, 윤석열 대통령의 기습적인 비상계엄 선포와 친위쿠데타 이후 전개되고 있는 내란의 지속 사태는 한국 사회의 정치적 위기를 전면화하는 계기가 되었다. 그러나 우리는 지금까지 이 사태가 왜 일어났고 어떤 정치적 의미를 지니는지, 무엇보다 앞으로 어떤 시간의 도래를 예고하는지에 대한 논의는 제대로 못 하고 있다. 공론장에서 의견들이 조금씩 나오고 있지만 논의는 주로 제도정치적 차원에 집중되었다. 사태의 긴박성과 정치에 대한 과잉 몰입 때문에 오히려 연결된 다른 위기들과 중요한 사건들은 잘 보이지 않는다. 윤석열 대통령을 비롯해서 내란 주범들이 체포 구속되면 사태가 어느 정도 진정될 것이

---

[1] 이 글은 2025년 1월 23일, 체제전환운동조직위원회가 주최한 포럼 〈자본의 위기와 극우세력의 준동, 광장의 민주주의는 어디로 가는가〉에서 발표한 내용을 수정, 보완한 것이다.

라 생각했던 예측과 달리 극우대중운동의 결집과 반발은 더 강력해졌다. 내란이 내전 상황으로까지 번지는 사태에 이르자, 심각한 경제위기, 고물가, 산업재해, 기후 재난, 팔레스타인과 우크라이나 전쟁의 확산 위기를 비롯해 최악의 항공 재난이라 할 제주항공 여객기 참사까지 중요한 사건들조차, 마치 너무 밝은 조명 탓에 무대 주변이 잘 보이지 않는 것처럼, 비상계엄령이 돌발한 무대 뒤로 가려지고 있다. 사태 초기에 위기가 심상치 않음을 직감한 민중들이 광장으로 나왔고, 이 광장 대중의 힘이 그야말로 '몸으로' 계엄을 저지하고 우파의 반동을 막아내며 체포와 구속까지 압박하여 이끌어냈다. 그러나 구속 이후에도 사태는 진정되지 않고 오히려 더욱더 어떻게 전개될지 모르는 늪으로 빠져들고 있는 것만 같다. 그 속에서 모두가 위기의 심각성을 감각적으로는 느끼지만 아직 위기의 근본적 성격을 해명하지 못한 탓에, 그것이 어떤 위기인지, 지금 우리가 어떤 시간을 관통하고 있는지, 그 시간이 어디를 향해가는지, 무엇을 해야 할 것인지에 대한 전체적인 상을 잡지 못하고 혼란스러워하고 있다. 언론은 라이브쇼처럼 탄핵 찬성 반대 시위를 보도하고, 사건의 의도와 얼개를 유추하는 데 온통 초점을 맞춘다. 개별 사건들을 둘러싸고 매일 터져 나오는 뉴스와 중대 사건을 가십으로 만드는 호사가들의 평론을 넘어서, 우리는 이것이 누구에 닥쳐오는 어떤 위기인가에 대해 좀 더 총체적이고 근본적인 설명과 해석을 시도해야 한다.

그에 앞서 경계하고 거부해야 할 관점들을 먼저 살펴보고자 한다. 첫째, 지금 12.3 내란 사태를 바라보는 지배적 관점 중에서 특히 우려되는 것은 이 사건을 윤석열이라는 한 개인의 망상과 망동으로 정의하는 것이다. 애초에 대통령이 되어선 안 될 한 인격 파탄자에게서 비롯된 것이라면 심리와 성격 내면의 심층에서 원인을 찾아야 한다. 하지만 우리는 다음에 올 어떤 대통령 후보에게도 그와 같은 내면의 원인을 외적 발생 전에 유추해낼 수 없다. 미치광이, 알코올중독, 망상장애, 주술 심취, 콤플렉스, 극우 유튜브 중독과 알고리즘이 만들어낸 부정선거에 대한 맹신 등이 쿠데타를 감행한 동인에 대한 이성적이고 정치적인 설명이 될 수 있을까? 그렇게 접근할 때 우리는 진짜 원인에 다가갈 수 없고, 규명해야 할 것을 규명하지 못하게 된다. 그러면 우리는 윤석열이라는 인물과 행위를 통해 드러난 정치적 위기의 역사적 조건과 정치경제적 원인을 포착하지 못할 것이고, 그 원인과 조건이 해소되지 않고 그대로 남아 있는 한, 윤석열을 감옥에 보내더라도 다음 윤석열들은 그 구조 속에서 계속 나타날 것이다. 선과 악, 빛과 어둠, 불의와 정의의 단순 구도로는 현 사태의 복잡한 국면을 정확히 진단할 수 없다. 윤석열을 지지하는 극우 지지자들을 악마화하는 것도 마찬가지로 단순화의 위험이 있다. 내란범을 사회에서 영구 격리시키고 극우 세력을 색출하여 감옥에 보내면 사회는 안전해질 것인가. '빌런'을 제거함으로써 모두가 평화를 되찾는다는 해피엔딩은 영화나 드라마에서만 가능하다. 문제를 이해하거나 해결하려는 관점이 아닌 문제를 없애는 '제거'의 관점, 사회 혼란 세력에 대한 '박멸'의 논리는 훗날 노동조합과 좌파, 반체제적 사회운동 세력을 향해서 돌아올 수도 있다. 우리가 물어야 할 것은 '누가 극우인가'가 아니라 '누가 극우가 되는가'이며, '그들이 어디에 있는가'가 아니라 '그들이 왜 그렇게 되었는가'이다. 어떤 사회가 괴물을 만드는가.

둘째, 그래서 사람이 아니라 제도를 바꿔야 한다고 말하는 이들도 있다. 멀쩡한 사람도 독재자로 만드는 것이 '제왕적 대통령제'니 대통령제를 바꾸자고 한다. 대통령제를 아무리 뜯어고치고, 대통령제가 아니라 내각제로 바꾼다고 해도 지금 일어나고 있는 정치의 위기는 그런 차원에서 해결될 수 있는 성질의 것이 아니다. 왜 그런지에 대해서 뒤에서 더 자세히 살펴보겠지만, 이러한 주장은 단적으로 한 가지 사례만으로도 간단히 기각된다. 지금 지난 세기 민주주의의 모범국가요, 민주정치의 표본처럼 말해졌던 서구의 선진국들, 대부분 내각제를 택하고 있는 나라들에서 정치 위기가 한국보다 훨씬 심각한 양상으로 전개되고 있다는 점이다. 극우세력의 부상은 훨씬 더 빨리 나타났고, 많은 유럽 국가에서 극우정당들은 제1당이 되거나 집권연합에 참여하고 있다. 시민에 대한 공권력의 폭력성도 심각한 수준으로 증대되고 있고, 또 다른 양상으로 지역에 따라 공권력의 철수가 이뤄지고 치안 부재에 놓인 곳도 상당하다. 유럽이나 미국 주요 도시들에서 나타나고 있는 '치안 붕괴' 사태를 보면 한국이 차라리 안전하게 느껴질 정도다. 그런 일이 일어나는 이유를 지금 우리는 제도의 한계로부터가 아니라 정치경제적 토대와 구조 변동 및 그와 연동된 사회적 권력관계의 변동에서 먼저 찾아야 한다. 비상계엄령 선포와 친위쿠데타라는, '민주공화국'에서 상상도 할 수 없는 일이 일어났고, 과거 같으면 도저히 일어날 수 없는 일들이 다른 '민주 국가'들에서도 빈발하고 있다면, 그 이유를 하나의 우발적 사태에만 국한하여 규명하려 해서는 안 될 것이다. 이 글은 그 까닭을—각 단계의 자본주의 체제 변동에 조응하는 정치체제의 변동이란 측면에서—현재의 정치경제적 조건 속에서 묻고자 한다.

　셋째, 다음 문제는 쿠데타와 내란 사태에 맞선 시민들의 저항 행동이 '극우 대 반극우'의 구도로 규정되면서 '독재 대 반독재', '반민주 대 민주'라는 낡은 구도가 다시 재현되는 것이다. 이 역시 사태에 대한 올바른 인식과 대응에 걸림돌이 된다. 비상계엄령과 쿠데타는 민주주의에 대한 파괴임은 분명하다. 많은 시민이 비상계엄 선포를 민주주의에 대한 도전이자 위기로 즉각 인식했고, 행동에 나섰다. 그러나 '민주주의의 위기'라고 이야기할 때 그 '민주주의'란 무엇인가. 누구의, 어떤 민주주의의 위기를 말하는 것인가. 민주주의 위기는 기득권 질서의 위기이기도 하다. 지금 야당 정치인들은 한입으로 민주주의 수호를 말하지만 찬찬히 뜯어보면 그 실제 의미는 법률 준수, 헌정질서 수호, 계약·규칙·합의에 대한 준수와 이행, 절차적 정당성 등의 의미이다. 즉 기득권 세력에게 민주주의 위기란 곧 헌정질서의 위기이며 법치의 위기이고, 합의된 규칙과 규범, 제도 준수의 의무에 대한 파기다. 정확히 말하면 그것은 민주주의의 위기가 아니라 '통치의 위기'라 해야 할 것이다. 헌정질서를 지키고 법을 지키는 것, 규칙을 준수하는 것을 곧 민주주의라고 할 수 있는가. 광장에서 사람들이 외치는 '민주주의'가 국회의원들이나 법관들이 강조하는 그 헌정질서, 즉 '통치질서'나 '지배체제'의 수호와 같은 의미는 결코 아닐 것이다. 민주당도 국민의힘도 모두 '자유민주주의의 위기'를 말한다. 지금 무너졌다는 민주주의가 우리가 되찾아야 할 민주주의인가. 우리는 민중에게 닥친 민주주의 위기와 지배계급에게 닥친 통치 위기를 구별해야 한다. 이것을 분별하지 못할 때 부자의 민주주의와 빈자의 민주주의는 구분되지 않고, 자본이

원하는 민주주의와 노동자가 원하는 민주주의도 구분되지 않는다. 민중의 권력을 억제하고 자본의 사회 관리를 위한 제도적 수단으로서 민주주의 정치 질서의 위기와 형식적 민주주의마저 파괴하며, 새로운 민주주의를 요구하고 발명할 수 있는 민중의 힘을 제압하고 무력화하는, 민중에게 닥친 민주주의 위기를 구분해야 한다. 그렇지 않으면 민중의 위기는 자본의 통치 위기에 흡수되고 만다.

 넷째, 마지막으로 이 사태를 정상과 비정상, 질서와 무질서, 안전과 불안전이라는 대립항 속에서 바라보는 관점도 경계해야 한다. 여기에는 당연히 전자에 의해 후자를 종식시켜야 한다는 전제가 깔려 있다. 민주당이 탄핵 가결 직후, 조속한 질서 회복을 위해 국정 안정 협의체를 만들자고 국민의힘에 제안한 것은 비정상의 정상화라는 관점에 입각한 것이다. 내란세력과의 국정협의체가 그들이 말하는 정상성의 회복이라면, 그 정상 상태란 결국 기존의 양당 지배체제와 다름없다. 물론 많은 시민들도 현재의 무질서와 혼란이 수습되고 다시 사회가 질서를 되찾고 개인들도 일상의 안정을 누리기를 바란다. 그러나 우리는 그 정상성이 구체제에 의해 회복되는 것도, 구질서를 강화하는 방식으로 질서가 복구되는 것도 원하지 않으며, 안전이 경찰력에 의해 수립되는 것도 원하지 않는다. 그것은 우리가 막아내야 하는 정상성, 질서, 안전이다. 지금 사회운동은 극우세력의 무차별적 폭력도 저지해야 하지만 그것을 빌미로 필시 강화될 국가의 물리적·사법적 폭력도 저지해야 한다. 사회질서 붕괴를 수습하는 과정이 그 붕괴를 야기한 질서로 되돌아가는 것이 되지 않으려면 그 '사회의 질서'란 것이 어떤 질서일 것인지에 대해서부터 이야기해야 한다. 그때 우리는 '질서 회복'이 아니라 무너진 사회질서가 무엇인지에 대해서, 더 궁극적으로 사회의 질서를 조직하는 '자본의 질서'에 대해 근본적인 문제 제기를 할 수 있을 것이다.

신자유주의 질서는 혼자라는 고립감과 경쟁에서 낙오될지 모른다는 불안과 공포에 의해 지탱되어온 질서였다. 대중의 불안과 공포를 포획하고 탐식하며 우파 포퓰리즘과 극우 정치가 성장했다. 그러나 그렇게 포획되지 않겠다는 사람들이 광장에 나오고 있고, 어떤 위력을 가진 존재나 집단의 보호가 없어도 우리가 스스로 불안하지 않은 조건을 만들 수 있다는 것을 확인하고 배워가고 있기도 하다. 그런 경험과 학습을 통해 사람들은 이 불안을 '독재'를 통해서 해소할 수 없듯이, '시장의 질서'를 통해서도 해소할 수 없음을 알게 된다. 그런 점에서 남태령투쟁은 불안을 안전으로 바꿀 수 있는 힘이 우리에게 있다는 것을, 그 방법을 우리가 알고 있다는 것을 확인하게 해준 작지만 소중한 하나의 가능성이었다. 그 가능성은 좌절될 수도 있고, 세상을 바꾸는 현실성으로 전환될 수도 있다. 탄핵 절차가 시작되고 지배체제가 안정을 되찾으면 거리의 불복종 시민들과 민주주의자들은 '혼란, 무질서, 사회불안 세력'으로 다시 정의될 것이다. 탄핵이 마무리되면 다시 대의민주주의의 질서와 규칙이 강요될 것이다. 그렇게 되지 않으려면, 즉 탄핵이 구질서 회복으로 귀결되지 않기 위해서는, 탄핵 이후의 과정을 새로운 민주주의를 만드는 과정으로서 광장에서부터 어떻게 만들어 나갈 수 있을 것인지 지금부터 고민하고 찾아나가야 한다.

많은 사람이 지금 "21세기에 계엄령이 웬 말이냐"라고 말한다. 그리고 비상계엄 시도를 시대착오적인 망상으로 치부한다. 그러나 비상계엄을 '시대착오적인 것'으로 해석하는 한 우리는 그것의 '시대적 배경'을 읽어낼 수 없을 것이다. 지금 펼쳐지는 사건은 시대와 맞지 않는 과거의 부활이 아니라 '21세기 자본주의의 시대정신'을 단적으로 보여주는 한 사건이다. 이 글은 후기 자본주의 축적 위기 속에서 점점 더 빈번하게 나타나는 비상 정치와 국가 폭력성의 증대, 파시즘의 역사적 조건 속에서 이번 사건을 해석할 것을 제안한다. 그 속에서 우리는 이 사태를 자본주의와 민주주의, 자유시장과 민주정치라는—환상에 불과했던—모순된 결합체의 최종적이고 총체적인 파산 위기로 바라볼 수 있을 것이고, "내란의 주체가 누구인가?"라는 물음에 정확하게 답할 수 있을 것이며, 무엇과 싸워야 하는지, 투쟁의 목표와 방향을 정확히 알 수 있을 것이다.

이것은 어떤 위기인가 — 자본주의가 만든 민주주의 위기

우리가 '민주주의 위기'라고 부르는 것은 어떤 민주주의의 위기인가

계엄이 민주주의를 다시 불러낸 것은 분명하다. 비상계엄령은 잊고 있던 민주주의의 소중함을 다시 일깨웠다. 그것이 1987년에 수립한 제한적인 자유민주주의 체제라고 하는 것이라 해도, 법에 새겨놓은 그 부르주아 민주주의적 합의조차도 이제 언제든지 기각되고 파기될 수 있다는 것을 12.3 비상계엄 사태는 각인시켜주었다. 민주주의는 위기에 처할 때마다 다시 생명력을 얻을 수 있다는 희망도 생겨난다. '자본주의가 돌아올 때마다 사회주의도 함께 돌아온다'는 말처럼, 민주주의도 독재가 돌아올 때마다 다시 돌아온다고 말할 수도 있겠다. 정확히 말하자면 '민주주의들'이 돌아온다고 해야 할 것이다. 광장이 열리고 있고, 그 광장에서 새로운 연대의 전선을 만들어내려는 자생적 움직임들이 나타나고 있는 지금도—그것이 무엇인지 아직 모른다 해도—'민주주의의 시간'이 도래하는 순간이라는 것은 분명하다. 엊그제까지 '주체가 없다', '민중이 없다' 탄식하며 민주주의의 가능성을 회의하던 사람들도, 그 '사라졌다던 민중'이 새로운 얼굴로 나타나는 것을 보고 있다.

그런데 한편 민주주의는 언제부턴가 지루한 말이 되어버렸고, 지금도 옛날만큼은 가슴이 뛰지 않는 말이기도 하다. 1980년대까지 한국 사회 운동의 목표는 비교적 단일했고 선명했다. 1987년 민주화 투쟁까지 한결같이 그 목표는 '군부독재 타도하고 민주주의 쟁취하자'였다. 그러나 윤석열 퇴진 운동에는 '윤석열 탄핵하고—' 다음이 보이지 않았다. '박근혜 탄핵하고—' 그 다음이 비어 있었던 것처럼. 그래서 계엄 사태 이전에는 친민주당과 진보당을 중심으로 윤석열정권퇴진운동본부(윤퇴본)에서 주도했던 퇴진 운동이 광범위한 대중운동으로 전개되지 못했고, 정권교체 목표 이상의 새로운 민주주의 투쟁으로 나아가는 운동의 성격과 전망도 갖지 못했다. 계엄 이후에 전국 1700여 개 사회단체가 결합한 비상행동(윤석열즉각퇴진·사회대개혁 비상행동)의 퇴진 운동에는 퇴진을 넘어 사회개혁으로 나아가고자 하는 지향을 담으려는 시도가 나타나고 있지만, 지금도 민주당의 목표는 정권 탈환이고, 비상행동 내 주류의 방점도 사회대개혁과 체제 전환보다는 정권교체로 귀결될 내란 저지 세력의 승리에 찍혀 있다. 자본의 목표는 시장을 위해 작동해야 하는 법질서와 정치체제의 정상적 작동일 것이다. 체제전환운동 세력들은 내란 사태에 맞서 비상행동을 통한 공동 대응에 적극 참여하면서도, 새로운 세계를 갈망하는 시민들의 목소리가 정권교체로 끝나지 않도록, 비상행동 내부에서 '윤석열즉각퇴진·사회대개혁 비상행동'이란 이름을 가까스로 만들어내고 퇴진 이후 사회운동의 방향을 제시하고 '도로 민주당'이 되지 않도록 하기 위해 애쓰고 있다. 탄핵을 넘어 우리가 새롭게 만날 세상에 대한 상과 투쟁의 목표를 정식화하는 데 어려움을 겪고 있다. 체제전환운동은 그나마 "윤석열 탄핵하고 평등 세상으로", "윤석열 탄핵하고 세상을 바꾸자" 등 탄핵 너머의 목표를 제시하고자 노력하고 있지만, 여전히 모호하고 추상적이며, 요구를 결집하는 선명한 대안을 제시하지 못한다.

수많은 요구가 수많은 깃발 속에서 펄럭이고, 집회마다 체제에 대한 근본적 불만과 불안을 드러내는 발언들이 쏟아지지만, 그 요구들을 모아 다음 단계로 나아갈 '방향'과 운동의 '좌표'는 아직 잘 보이지 않는다. 민주주의를 외치지만 과연 '민주주의'가 다음 사회로 가는 좌표로서 중심에 놓이고 있는지도 잘 모르겠다. 사회변혁에 대한 민중의 열망과 새로운 역동성이 감지되고 있지만, 그 속에서도, 목표는 좀처럼 '윤석열 퇴진' 이상으로 만들어지지 않는다. 많은 사람이 광장의 민주주의를 강조하지만, 그 광장에서조차 '민주주의'라는 단어는 과거처럼 체제를 무너뜨리는 힘을 발휘하지 못하는 것을 우리는 문제적으로 볼 필요가 있다.[2]

---

2 어떤 면에서는 지금 광장의 중심 개념은 '연대'인 것 같다. 특히 남태령 연대투쟁을 경과하며 '연대, 용기, 사랑'은 저항의 힘을 만들어나가는 거리의 깃발에 선명히 새겨지고 있다. 더 수평적인 관계를 추구하는 이 변화는 '희생, 헌신, 전위' 같은 투쟁의 수직적 위계와 분명히 대비되는 중요한 변화다. '연대'가 1980년대의 민주주의만큼 뜨거운 감정을 불러일으키는 것은 독재보다 고립이 더 무서운 시대를 반영하는 거라고 해석할 수도 있을 것이다.

지금 우리가 마주한 만들어가야 할 '민주주의 시간'은 '어떤 민주주의'를 말하는 것인가. 많은 이가 민주주의의 회복이나 수호를 말하지만, 그때의 민주주의란 무엇인가. 각자가 말하는 민주주의는 과연 같다고 할 수 있는 것인가. 아마 1987년 '독재타도 민주쟁취' 구호를 외쳤던 사람들의 그 민주주의도 각자가 품은 뜻은 달랐을 것이다. 직선제로 상징되는 자유민주주의 체제는 하나의 타협안이었다. 이후로 한국 사회 민주주의론은 그 '87체제'의 민주주의를 좀처럼 넘어서지 못했고, 지금까지도 자유민주주의의 틀에 갇혀 서구 대의민주주의를 넘어선 다른 민주주의를 좀처럼 상상하기 어렵다. 1987년 민주화 및 냉전 종식과 함께 곧바로 밀어닥친 신자유주의의 공세 속에서, '대안은 없다'는 슬로건이 경제뿐만 아니라 정치에 대해서도 대안을 상상하지 못하도록 정치적 상상력을 봉쇄했기 때문이다. 한국에서 민주화 이후의 민주주의는 독재에 맞서 싸우는 저항하는 민주주의에서 체제관리적 민주주의로 바뀌었으며, 결국 진부해졌다.

민주주의란 말이 진부한 말이 되고 만 또 다른 이유는, 냉전 종식 후 민주주의의 반대말이라고 생각되었던 대항 개념들—독재, 파시즘, 전체주의, 사회주의, 공산주의 등—이 사라지거나 힘을 잃었기 때문이다. 민주주의의 반대편에 있었던 대항 개념들을 대표하는 현실의 정부나 국가, 단체가 무너지거나 힘을 잃게 될 때마다 자본주의 국가의 체제 정당화를 위해 동원했던 이념적 수단으로서의 민주주의 가치와 효용도 하락했다. 1970년대 이후로 신자유주의는 서구 자본주의의 전후 합의의 산물인 자유민주주의적 질서를 과감하게 공격하고 해체해나갔고, 특히 냉전 종식 이후에는 효용이 다한 민주주의를 다양한 방식으로 무력화했다. 세계화와 금융자본주의는 국민국가(주권국가)를 기본 단위로 하는 일국적 대의민주주의의 기반을 허물어뜨렸다. 국가의 주권과 자본의 통치는 분리되었고, 인민주권은 시민참여로 대체되었다. 민주주의는 이해관계자들 간의 조정과 합의, 시장다원주의, 선택 합리성, 거버넌스와 같은 개념을 통해 신자유주의적으로 재개념화되었고, 전반적으로 사회 갈등에 대한 조절과 관리의 수단으로 의미가 변화했다. 훨씬 더 정교하게, 효과적으로 '통제되는 민주주의'로 재구성된 것이다.

1990년대 이후 태어난 이들에게는 신자유주의가 자본주의의 기본값이고, 비정규직 불안정 노동이 노동의 표준모델이었으며, 거버넌스가 곧 참여이고, 규칙과 절차의 준수가 곧 민주주의인 것처럼 여겨졌다. 선거에 출마해서 표를 얻고 정부와 의회에서 몫을 차지하고 자릿수에 따라 이익이 분배되는 정치, 투표와 선호, 득표와 이익이 교환되는 시장주의적 정치 모델이 민주주의와 혼동되었다. 민주당을 위시하여 '민주화 세력'이라 불리는 자유주의 세력이 '민주'라는 용어를 전유, 참칭, 왜곡하면서 민주주의의 의미를 변질시킨 것도 민주주의 진부화에 기여했다.

그러나 다른 한편으로 세계화 이후 2000년대부터 전 세계적으로 신자유주의적 수탈의 파괴적 결과가 나타나면서 세계 곳곳에서 수많은 민중 투쟁이 분출했고, 이는 반신자유주의·반자본주의·반제국주의적 성격을 띠었으며, '저항하는 민주주의' 운동으로 나타났다. 1980년대 한국 민주화 투쟁이 반독재 투쟁이었을 뿐만 아니라, 독재를 지원하는 미국을 분명히 인식하는 가운데 반제국주의 운동의 성격을 함께 가졌던 것처럼, 이 시기 주변부 국가들에서 민주주의 투쟁이나 환경주의 운동은 반자본주의와 반식민주의, 나아가 반신자유주의적 성격을 띨 수밖에 없었다. 한국에서 민주주의 투쟁이 반자본, 반신자유주의 운동과 분리되었던 가장 큰 이유는 한국에서 87체제(자유민주주의)를 수립한 민주화 세력이 곧바로 97체제(신자유주의)의 추동자로 전환되었다는 사실이며, 이것이 1990년대 이후 민주주의 이행과 반신자유주의 운동 사이의 분절을 낳은 중요한 원인이었다. 이와 비교해서, 미국의 지원을 받은 군부 쿠데타로 사회주의 정부를 무너뜨리고 독재 정권을 수립했던 칠레에서는 신자유주의 세력이 곧 독재 세력이었고, 반신자유주의 운동은 민주화 운동과 분리될 수 없었다. 반면 한국에서는 '반독재 민주화 운동'을 했던 '민주화 세력'이 신자유주의를 추동했고, 이들은 집권 후에는 역대 보수 정권 못지않은 친미, 친자본 정권이 되었다. 한국의 민주화는 제도적 민주화로 종결되었고, '민주정부'는 반신자유주의 노동운동과 농민운동, 사회운동을 탄압했다. 한국 민주주의는 민주화를 통한 신자유주의화라는 모순적인 과제와, '민주적 자본주의'의 가능성을 입증한 성공적 모델이 되었다.

　이런 과정을 통해 민주화 이후 한국의 민주주의는 오히려 독재하의 민주주의 상상력보다 훨씬 더 억압된 '반공주의적 자유민주주의'와 '시장주의적 자유민주주의'라는 두 형태로 대립하는 보수 양당의 자유민주주의 주장으로 대표되기에 이르렀다. 이 속에서 민주주의는 계속 '독재 대 민주주의, 전체주의 대 민주주의, 공산주의 대 민주주의'와 같은 대항 구도로 재현되었고, '과두정 대 민주정', '귀족정(엘리트 지배) 대 민주정(민중 지배)', '사유화 대 민주화'는 물론이고, 여기서 더 나아가 '신자유주의 대 민주주의', '자본주의 대 민주주의' 같은 자본주의에 대한 대항 개념으로서의 민주주의는 거의 상상할 수가 없게 되었다.[3] 그런데 '비상계엄' 사태가 민주주의에 대한 근본 질문을 다시 불러내온 것이다.

그리하여 12.3 쿠데타가 촉발한 민주주의 위기는 두 가지 층위에서 다시 구성된다. 하나는 '민주주의'를 통해 지배해온 지배계급의 위기이고, 다른 하나는 제한적인 민주적 권리마저 박탈당할 위험에 놓인 피지배 인민대중의 위기이다. 즉 민주주의의 위기라고 할 때 한편에서 말하자면 그것은 자유민주주의 체제의 위기이고, 다른 편에서 보자면 그 자유민주주의(부르주아 민주주의)가 억압한 진짜 민주주의(민중의 민주주의)의 위기이다.

자본주의 위기와 민주주의 위기

이렇게 부딪치는 민주주의들은 결국 자본주의와 민주주의 사이의 근본적 모순을 드러낸다. 민주주의를 정치의 제도나 방법이 아니라 '권력'의 문제로 바라본다면, 첫째, 권력의 주체와 둘째, 권력의 구성 방식에서 민주주의와 자본주의는 양립할 수 없는 것이다. 첫째, 민주주의는 민중의 지배를 의미하지만 자본주의는 돈이 지배하는 사회, 소수의 자본가와 부유층이 지배하는 사회다. 둘째, 민주주의의 수평적 권

...

3 정치와 경제를 분리하고, 그 속에서 자본주의는 경제체제로, 민주주의를 정치체제로만 바라보는 편향 또한 경제체제와 정치체제의 관계, 자본주의와 민주주의의 관계를 제대로 해명하는 것을 방해하는 요소였다. 자본을 권력으로, 권력을 자본으로 호환하는 많은 연구가 생산되었음에도 양자 간의 관계에서 자본-권력 체제의 성격을 도출하려는 시도는 저조했다. 특히 1990년대 이후 정치경제학과 비판 이론의 쇠퇴는 이와 같은 경향을 더욱더 부추겼다.

력 구조는 자본주의의 수직적 위계적 권력 구조와 양립할 수 없다. 자본주의 지배체제는 기업에서나 국가에서나 기본적으로 과두 지배다. 독점은 독재의 경제적 용어이고, 카르텔과 신디케이트는 과두정의 경제적 번역어다. 제국주의도 민주주의와 양립할 수 없다. 거대 기업-거대 정부 연합에 의한 글로벌 자본주의의 지배체제는 제일 상층부의 금융 엘리트 집단에서부터 최말단의 식민지 하층 노동자에 이르기까지 촘촘하게 위계적으로 서열화된 체제로, 전체 세계에 대한 소수의 지배를 보여주는 위계적인 과두체제다. '경제체제는 자본주의, 정치체제는 민주주의'라는 모순적 결합물은 존재할 수 없는 것으로, 이것은 경제와 정치를 분리하는, 즉 자본과 권력을 분리하는 사상과 이론들에 의해 유포되어온 환상이다. 그동안 서구의 자유민주주의 이데올로기는 자본주의 경제와 민주주의 정치의 결합을 가장 이상적인 것으로 선전해왔다. '더 잘사는 나라가 더 민주적'이라는 정치근대화론 같은 정치이론이 대표적인 사례다. 경제 발전이 정치 발전을 추동한다는 발전주의, 파이를 먼저 키워야 분배도 평등도 민주주의도 따라온다는 저 유명한 '파이주의'도 모두 자본주의 성장을 민주주의의 조건으로 전제하는 이론들이다. 이런 이론들은 민주주의를 하고 싶으면 먼저 경제 성장부터 하라고 우리를 압박했다. 미국은 자본주의를 민주주의라는 보자기에 싸서 수출했다. '민주주의 전파'는 제국주의 침략을 정당화하는 연막이었다. 한국에서도 그동안 민주주의 담론은 자본주의와 민주주의의 관계를 제대로 고찰하지 못했다. 금융권력이 주권국가를 무릎꿇리는 상황에 이르자 신자유주의가 민주주의를 마비시킨다는 비판이 나오기는 하지만, 그것은 주로 신자유주의가 파괴한 자유민주주의적 합의들에 집중된다.

민주주의는 그것을 누릴 경제적·문화적 수준에 이른 국민들에게 주어져야 좋은 정치제도가 될 수 있고, 그렇지 못할 때는 우민 정치, 폭민 정치로 떨어지게 된다는 생각은 한국에서도 일반론이 되었다. 개발 독재라도 우선 경제를 성장시킨 후에라야 민주주의가 올 것이라는 기이한 논리가 탄생했다. 이것은 민주주의를 원래 의미와 정반대로 부유한 교양 시민들의 정치로 왜곡 변형한 전형적인 '부르주아 민주주의'의 관점이었다. 자본주의와 민주주의의 선택적 친화성은 어디까지나 이 부르주아 민주주의와의 관계에서 성립할 수 있을 뿐이다. 그러나 자본주의와 민주주의 사이의 모순은 이 부르주아 민주주의마저도 수시로 위기에 처하게 한다. 자본은 위기에 처할 때면 민주주의로 위장했던 것을 다 벗어던지고 노골적인 폭력 통치에 의존하거나 민중에 대한 전쟁을 감행하기도 한다. 파시즘이 도래하는 시기가 바로 그런 시기다. 과거에 유행하던 비유를 빌려 말하자면, 부르주아 민주주의가 자본주의의 치부를 가리는 나뭇잎에 불과하다면, 파시즘은 그 나뭇잎마저 떼고 벌거벗은 자본주의라 할 수 있을 것이다.

낸시 프레이저(Nancy Fraser)는 서구 민주주의의 위기를 세 가지 국면으로 설명한 바 있다.[4] ① 분배 정치의 위기(1945년 체제), ② 인정 정치의 위기(68혁명 이후), ③ 대의 정치의 위기(1990년대 세계화 이후 통치와 주권의 어긋남)가 그것이다. 서구의 '민주적 자본주의'는 분배를 통한 정의나 인정을 통한 정의를 수립하는 것에 모두 실패했다. 1960년

---

[4] 낸시 프레이저, 김원식 옮김, 『지구화 시대의 정의 - 정치적 공간에 대한 새로운 상상』(그린비, 2010).

대 후반부터 서구 자본주의의 축적 위기가 본격화되면서 전후 고도성장기 동안 작동할 수 있었던 분배를 통한 사회 관리가 더 이상 가능하지 않게 되었다. 반면 노동계급의 분배에 대한 요구는 점점 커졌고 이 분배 질서─전후의 계급 타협─에서 소외된 사람들의 권리 요구도 점점 커졌다. 68혁명은 서구 자본주의와 자유민주주의 질서에 대한 근본적 의문을 던지며 시작된 사회 혁명이었지만, 인정 정치로의 전환과 신자유주의적 반격으로 진화되었다. 계급 정치에서 소외되었던 비-주체들의 권리 요구를 수용한 인정 정치는 노동계급의 불인정과 교환되었고 계급 전선의 상실 속에서 1990년대에 이르면 혼란스러운 정체성 정치로 귀결되었다. 가장 큰 정치적 위기는 주권과 대의에서 나타난 위기이다.

 자본의 권력이 일국의 정책을 좌지우지할 수 있을 정도로 막강해지면서, 자본의 세계적 통치와 국민국가 내부의 영토 주권 사이에 불균형이 심화되었고, 일국적 차원에서 민주주의가 아무리 잘 작동하더라도 자본이 인민에 의해 승인된 국가의 주권적 결정을 쉽게 무력화할 수 있게 되었다. 이는 시민의 참정권이 정부와 의회를 견제하거나 압박할 수 있는 권력으로 작용하지 못하고, 전통적인 정당-지지자, 정부-유권자 관계가 더 이상 성립하지 못한다는 뜻이다. 지금 정부는 유권자보다 채권자에, 시민의 요구보다 투자자들의 압박에 더 민감하게 반응한다. 계급정당과 이념정당이 해체된 이후의 대의민주주의는 사실상 대표의 절차적 정당성을 확보하는 장치에 불과하고, 일종의 민주주의 극장을 유지하는 극장정치와 같은 기능을 한다.

 지금 발생하는 것은 '대의 민주주의의 위기'가 아니라 '대의의 근원적 불가능성'이다. 즉, 이것은 대의민주주의의 제도들을 손보는 것으로는 해결될 수 없는 성격의 위기라는 것이다. 자본으로부터 '상대적 자율성'을 갖는 정부(니코스 풀란차스)도, '자본의 집행위원회'인 정부(랄프 밀리반드)도, 어떤 설명도 더 이상 유효하지 않다. 국가 내부에서의 국가-자본 관계로는 지금의 자본권력과 국가권력의 '융복합적' 관계를 설명할 수 없게 되었다. 설명할 수 없다는 것이 가장 큰 위기다. 우리가 마주한 것은 사회를 설명하는 지배적 법칙들이 무너진 세계다.[5] 과거 자본주의와 시장경제를 설명했던 이론과 법칙들은 다 파산하고 있는 중이다. 정치이론도 마찬가지다. 베스트팔렌 협약, 브레튼우즈 협약, 얄타 협약 등 국민국가를 중심으로 20세기 세계질서를 수립하고자 했던 대표적인 국제 협약들이 모조리 흔들리고 약화되고 있는 지금, 그런 체제들과의 연관 속에서 만들어졌던 서구 민주주의론이 이전과 같은 권위를 가질 수도 없고, 현실에서 적용력을 가질 리도 만무하다. 이미 많은 사람이 말했듯이 이것은 낡은 것은 사라졌는데 새것은 아직 오지 않은 '궐위기'의 전형적인 증상이다. 그 사이에 '가상적인 것'이 지배한다. 정치처럼 보이는 정치, 질서처럼 보이는 질서, 민주주의처럼 보이는 민주주의가. 이 가상적인 것에 대한 불신과 폭로는 혁명적인 방식으로 분출될 수도 있고 반동적인 방식으로 분출될 수도 있다.

 질서들의 붕괴는 사회에 대한 '예측 불가능성'과 '통제 불가능성'을 동시에 증대시키며, 점증하는 무질서와 무법화의 경향으로 귀결된

• • •
5 오늘날 기업 경영자도 정부 관료도 스스로를 전체 살림살이는커녕 자기 관할 영역을 관리하는 협소한 '오이코노미코스-관리자'의 위치에도 놓지 않는다. 주어진 자리에서 이익을 최대한 챙기기를 바랄 뿐.

다. 예측과 통제의 불가능성과 무질서는 체제에 대한 불안, 불만, 불신을 야기한다. 이것들은 우리 시대를 표현하는 핵심 단어다. 여기에 더하여 무슨 일이 일어나는지 이해할 수 없고 설명할 수 없는 '이해 불가능성'은 혼란을 더욱 가중한다. 산업자본주의 시대에 구축되었던 자본과 노동의 관계는 와해되었고, 자본과 자본의 관계, 자본과 국가의 관계, 국가와 국민의 관계에서도 중대한 변형이 일어나고 있다.[6] 공통된 경향은 법, 질서, 법칙, 체계의 붕괴, 즉 무질서로의 경향이다. 현재의 정치적 무질서는 자본의 무질서에서 흘러나와 사회 곳곳을 잠식하고 있는 체제 붕괴의 한 단면이다.[7]

그런데 이 위기는 누가 만든 것인가. 낸시 프레이저는 "자본주의의 모든 형태가 정치적 위기를 초래하는 모순을 장착하고 있다"라고 말한다. 이 모순은 "자본주의 시스템의 DNA 안에 새겨져" 있는 것이며, "오늘날 우리가 겪고 있는 민주주의의 위기는 예외 상태가 아니라 이 모순이 자본주의의 금융화된 현 국면에서 취하는 형태다."[8] "공적 권력은 자본 축적이 지속될 수 있게 하는 조건"이지만, "자본의 무한한 축적 충동은 자신이 의존하는 그 공적 권력을 오랜 시간에 걸쳐 불

...

6 이를테면 산업자본에 대한 금융자본의 우위, 국가에 대한 자본의 우위, 국가가 국민을 대표하지 않는다는 것.
7 2024년 프랑스 총선에서 마크롱이 국민연합을 저지하기 위해 신인민전선과 연합하고도 1당이 된 신인민전선이 아니라 공화당과 연정을 구성한 것이나, 한국에서 양당체제를 완화하고 소수정당의 대표성을 보장하기 위해 연동형비례대표제를 도입하고도 입법 당사자들이 제일 먼저 약속을 깨고 입법 취지와 정반대로 위성정당을 만들고 양당체제를 더 강화하였던 것 등은 '약속과 합의, 규칙을 위반하는 정치'가 점점 일반화되고 있는 사례이다. 이것은 정치의 기본 전제이자 시장의 전제이기도 한 신뢰/신용을 허물어뜨리는 자기 발밑을 파헤치는 행위로, 이런 과정은 체계를 유지하기 위한 질서를 허물어뜨리면서 무질서를 광범위하게 확산한다. 이런 무질서의 경향을 일반적 경향으로 설명할 수 있다면, 여기에 제도의 미비보다 더 근본적인 문제가 있는 것이다.
8 낸시 프레이저, 장석준 옮김, 『좌파의 길 - 식인 자본주의에 반대한다』(서해문집, 2023), 224쪽.

안정하게 하는 경향"이 있는데, 바로 이 모순이 현재 민주주의의 위기를 촉발한다는 것이다.[9] 자본주의는 자신이 의존하고 있는 환경과 조건들을 꿀꺽 먹어 치움으로써 결국 축적을 가능케 할 수 있는 모든 조건을 상실하게 되는데, 이러한 식인자본주의의 양상은 자본주의가 (자본주의 경제를 위해 필수적인) 정치를 파괴해버리는 것에서도 그대로 나타난다. "공적 권력은 재산권을 보장하고, 계약 내용을 실행하게 만들며, 분쟁을 심판하고, 반란을 진압하며, 질서를 유지하고, 이견을 관리하며, 자본에게 혈액을 공급하는 화폐 체제를 지탱하고, 위기를 방지하거나 관리하려고 노력한다." 그런 이유로 공적 기구와 권력 체계는 반드시 지켜져야 하지만, 공적 합의 체계로서 작동했던 민주주의가 자본주의에 의해 도살당한 결과로 정치적 위기가 초래된 것이다. 그런 점에서 민주주의의 도살자들은 트럼프나 보우소나로, 윤석열 같은 인격화된 주체로 현현하기도 하지만, 민주주의를 살해하는 진짜 주범은 자본주의다. 웬디 브라운(Wendy Brown)에 따르면, '민주주의 살해하기'의 수행자는 비합리적이고 비이성적인 독재자가 아니라 '새로운 세계 합리성'으로 등장한 신자유주의다.[10] 윤석열과 내란 사태는 민주주의를 위기에 빠트린 원인이 아니라 민주주의 위기의 결과이다. 그런 점에서 민주주의를 위기에 빠트린 신자유주의와 싸우지 않고서는 민주주의 탈환은 불가능하고, 신자유주의 세력의 손으로 민주주의를 살리는 일은 더더욱 불가능하다.

∴

9 낸시 프레이저, 앞의 책, 226-227쪽.
10 웬디 브라운, 배충효·방진이 옮김, 『민주주의 살해하기 - 당연한 말들 뒤에 숨은 보수주의자의 은밀한 공격』(내인생의책, 2017).

미완의 민주주의 완성의 서사를 이제는 넘어서자
— 자유민주주의의 회복이나 완성은 가능하지도 바람직하지도 않다

우리가 지금 목격하고 있는 민주주의 위기는 뉴딜 체제(미국), 45년 체제(유럽), 또는 87체제(한국)라고 불리는 자유민주주의적 합의에 따른 질서와 규칙의 전면적·총체적 붕괴이다. 문제는 그것을 다시 회복하는 것이 우리의 과제가 되어야 하는가이다. 이것은 '87체제'(6공화국)를 보완하는 민주공화국을 수립하는 것이 과연 자유민주주의 질서 또는 '민주적 자본주의', '인간적 자본주의' 이상으로 나아가려는 목표를 품을 수 있는가에 대한 질문이기도 하다.

전후 자유주의적 자본주의의 질서 합의를 파기한 것은 또 다른 '새로운 자유주의'의 이념이었던 신자유주의였다. 한국에서 87체제의 약속 이행은 97체제에 의해 중단되었고, 이것은 IMF 구제금융이라는 비상사태를 통해 수립되었다. 1990년대 한국 사회운동은 민주주의의 이행과 신자유주의의 저지라는 이중 과제를 동시에 지니고 있었다. '민주화 세력'이 신자유주의를 추동함으로써 이 과제는 착종되고 저지되었다. 자신들이 적극 도입한 신자유주의이건만 신자유주의적 약탈성을 보면서 온건 자유주의자들은 늘 전후 자본주의 황금기를 그리워하고, 과거의 안정된 정치체제로서 자유민주주의(또는 사회민주주의) 국가를 표본으로 삼는 경향이 있다. 귀족과 평민이 서로 타협하여 다스리는—실제로는 귀족이 평민을 대변하는— '혼합정'으로 정의된 민주공화국은 늘 부르주아 민주주의 공화국의 이상(환상)이었다. 절반의 민주주의라도 지금 같은 잔혹한 자본주의보다는 더 낫지 않은가? 그렇게 물을 수도 있을 것이다. 그렇다면 우리는 그때의 그 자본주의와 조응했던 민주주의가 지금도 가능한 것인지, 더 중요하게는 그것이 '바람직한지' 먼저 물어야 한다.

보통 지금 우리가 '민주주의'라고 부르는 것은 (보편적인 이념이 아니라) 1945년 이후 서구에서 발명된 것으로, 특정한 자본주의적 토대와 역사적 조건 속에서 탄생한 것이다. 1945년 이전 서구 사회에서 정치적 이념의 지형은 크게 '보수주의, 자유주의, 사회주의'로 구분되었고, 민주주의는 (자유주의와도 결합하고 사회주의와도 결합했지만) 독자적인 이념으로서 정치 기반을 갖고 있지 않았다.[11] 더욱 근본적인 사상적 대결 구도는 '자본주의 대 사회주의'였다. 그런 민주주의가 전후에 서구 자본주의 국가들이 지지하는 중요한 이데올로기로 등장하게 된 배경은 파시즘과 공산주의 때문이다. 오늘날 널리 알려진 민주주의의 대항 개념들은 이를 잘 설명해준다. 민주주의를 '반독재, 반파시즘, 반전체주의, 반공산주의'라고 하는 안티테제로 설명할 때, 그것이 어떤 것으로부터의 공포에서 나온 것인지 쉽게 알 수 있다. 한편에서 그것은 독재와 전체주의에 대한 공포지만, 다른 한편으론 대중과 혁명에 대한 공포이다. '폭민'을 '양민'으로 관리하고 혁명을 제도 안에서 관리할 필요성, 즉 인민 권력이 실제도 도래하는 것에 대한 예방과 저지의 목표, 공산주의라는 반대 진영에 대한 공격과 체제 우월성의 프로파간다 수단으로 전후 서구의 지배 엘리트는 민주주의라는 사상을 적극 수용했던 것이다.

• • •

11 지배 엘리트들에게 민주주의는 어중이떠중이 민중들이 몰려와 질서를 어지럽히고 맘대로 떠드는 혼돈의 정치이며, 천박하고 불온하며 불안한 사상에 불과했다. 후쿠자와 유키치(福澤諭吉, 1835-1901)가 데모크라시(democracy)를 '하극상'으로 번역했던 것은 엘리트들에게 민주주의라는 말에서 느끼는 어감을 정확히 반영한 번역일 것이다.

하지만 이 민주주의라는 사상 속에는 지배체제를 위협할 수 있는 잠재적 위험성이 내재하고 있고―"인민에게 권력을!"― 그 또한 제거해야 했으므로, 국민·시민·주권과 같은 권리를 통해 정치 참여의 자격을 제한하고, 대의제·의회제도·선거를 통한 권력 교체와 같은 제도기술적 장치로 실질적으로는 엘리트 정치가 되도록 만들었다. 정부, 정당, 기업 연구소나 연구재단 등을 통해 부르주아적으로 각색된 자본주의적 민주주의론을 만들고 지원하였으며, 이런 민주주의론을 제3세계로 수출하기도 했다. 그리하여 '민중이 지배하는' 정치인 민주주의는 '민중을 통제할 수 있는' 민주적 관리 정치로 변형되었고, 이렇게 해서 수립된 서구의 자유민주주의는 '민중이 마음대로 날뛰지 못하도록', 즉 민중이 주체적으로 자신의 민주주의 역량을 발휘하지 못하도록 하기 위한 '민주주의의 보호복'과 같은 역할을 했다. 또 한편으로 민주주의는 자본주의의 파괴적 충동을 억제하기 위한 수단이기도 했다. 방임 자유주의하에서 멋대로 풀려나온 이윤 축적의 파괴력이 무제한적으로 치닫지 못하도록, 그래서 1, 2차 세계 대전과 같은 대규모 전쟁(내전)과 파시즘이라는 전체주의, 공산주의 혁명에까지 이르게 하지 못하도록 국가를 통해 위기를 관리하고 계획적이고 질서 있는 자본의 축적을 해나가기 위한 전략이기도 했다. '자유민주주의'란 그와 같은 질서자유주의와 관리자본주의라는 사회적 합의와 계급 타협의 표현에 다름 아니며, 그 타협은 어떤 특수한 토대와 조건에서 가능했던 것이었다.

그 조건은 과잉생산 과잉축적과 자본의 파국적 국면(대공황)이 '전쟁'을 통해 폭력적으로 해소되었던 것, 이후 서구 자본주의가 다시 평평해진 시장에서 전후 복구 경제를 통해 일시적으로 '성장'을 회복할 수 있었던 것, 이 전후 성장기 동안 임금 인상과 분배 정치가 가능했던 것이다. 또한 이 시기에 자본은 '여성'이라는 내부 식민지로 재생산 비용을 전가하고 '제3세계'라는 외부 식민지에서 자원을 조달하고 시장을 확장해나갈 수 있었으며, 자연에 대한 수탈을 무제한적으로 할 수 있었다. 하지만 이런 조건들이 고갈되었거나 더 이상 전과 같이 작동하지 않게 되었을 때 자본은 곧바로 타협을 철회되고 사회계약을 파기해나갔다. 지금은 그때는 없었던 위기들까지 가중된 상황이다. 이윤율은 계속 하락하고, 축적 위기는 자본주의 역사상 그 어느 때보다 심각하다. 기후·생태 위기, 금융·부채 위기, 핵·전쟁 위기, 돌봄 위기로부터의 압력도 점점 증대한다. 이런 상황에서 '타협적 질서자유주의' 시대로의 회귀를, 그것도 그것이 가능했던 조건이 모두 없어진 가운데서 가능하다고 생각하는 것은 반동적이며 퇴행적인 노스탤지어에 지나지 않는다. 무엇보다 과거에도 그것은 착취와 수탈의 이익을 향유할 수 있는 극히 일부의 사람들에게만 다소 '좋은 자본주의 체제'였을 뿐이다. 수탈의 대상인 자연, 여성, 식민지에서 그것은 그때도 가혹한 불평등 체제였다.

국가를 중심으로 한 권력의 형세도 변화하였다. 전후 자유민주주의/사회민주주의 체제는 한편으로는 혁명의 여진이 남긴 노동계급의 힘이 일국 내에서 정치세력화하며 작동하였기에 가능할 수 있었다. 그 힘들이 분쇄되거나 누그러졌을 때, 자본에 대한 대항력과 협상력은 약화되고 노동권을 비롯해서 정치적 권리들도 차례로 박탈당한다. 2008년 금융위기를 기점으로 2010부터 전 세계적으로 혁명의 파도가 다시 거세게 일어났지만, 전후 자본주의와 달리 신자유주의 자본주의는 타협적 분배 전략을 취하지 않았다. 오히려 더 강력한 긴축과 탄압으로 대응하였고, 인민을 비참하게 만듦으로써 저항을 무력화하는 방법을 택했다. 사회계약 안으로 통합하여 관리하는 대신 사회계약 바깥으로 밀어내는 전략으로 전환한 것이다.

한 마디로 "전후 구체제의 안정성은 생활 수준의 꾸준한 상승을 보장하는 사회계약에 의존했다. … 그것(계약)의 적법성은 '공정성'에 대한 광범위한 인식에 뿌리를 두고 있었다. 다음 세대는 지난 세대보다 더 번영할 것으로 기대할 수 있었다."[12] 지금은 이러한 기대와 신뢰가 완전히 무너졌다. 2008년 이후에는 금융자본주의가 부채경제를 통해 약속했던 유보된 미래 수익에 대한 약속도 더 이상 신뢰할 수 없는 것이 되었다. 이러한 과정은 한국 자본주의 역사에서도 유사하게 전개되었다. 압축적 근대화와 압축적 고도성장기를 거쳐, 압축적 세계화와 신자유주의화에 이르기까지, 훨씬 더 압축적인 방식으로—더 압축적이란 것은 더 폭력적이었다는, 폭력적일 것을 의미하기도 한다— 수행되었다는 점에서 다른 유럽 국가들과 차이가 있을 뿐이다.

위기의 진짜 주범은 누구인가
— 후기 자본주의의 축적 위기와 새로운 국가-자본 동맹 체제

'반란이 일어날지도 모른다는 전제하에 선수 치는 체제'의 도래
정부와 기업, 국가와 사회를 믿고 사회적 합의와 그에 기반한 규칙 질

---
12 존 홀러웨이, 조정환 옮김, 『폭풍 다음에 불』(갈무리, 2024), 362쪽.

서 규범들이 이행될 것을 기대하던 사회에서 더는 그것을 기대할 수 없게 되었을 때, 더는 현재를 참을 만한 미래의 소득이 보장되지 않고, 생활 수준은 점점 떨어지고 삶이 더 비참해질 것으로 예측될 때, 미래가 봉쇄되고 정치의 약속이 부도나기 시작할 때 어떤 일이 발생하는가? 그럴 때 반란이 일어난다.

라스무센은 지금 우리가 직면하고 있는 것이 "반란이 일어날지도 모른다는 전제하에 선수치는 체제"[13]의 도래라고 말한다. 전후 사회국가(복지국가)는 일국적 차원에서 사회를 관리하는 중재 수단을 갖고 있었고, 계급 갈등을 무감각하게 하거나 조정할 수 있었다. 그러나 지금은 상황이 다르다. 라스무센에 따르면, "(국가는) 위험한 계급들에 대한 더 강력한 통제로 어쩔 수 없이 되돌아가고 있다."[14]

점점 더 많은 사람이 악화된 경제를 견디고 있지만 이제 지배계급은 대안을 제시하지도 미래를 약속하지도 않는다. 대신 재난 문자를 보내듯이 파국을 끊임없이 경고하며, '폭력적 통치의 불가피성'을 예고하기까지 한다. "자본주의 자체와 자본주의로부터 혜택을 받은 사람들의 부를 위해 쇠스랑이 튀어나오는 것은 단지 시간 문제일 뿐이다."[15] 예방 혁명의 기술은 유화책 대신 점점 더 폭력적 수단에 의존한다. 피에르 다르도 등에 따르면, 더 적은 수의 관리계급이 더 많은 인민의 반란 위험을 관리하고 예방하기 위해 동원되는 신자유주의 통치

* * *

13 미켈 볼트 라스무센, 김시환 옮김, 『후기 자본주의 파시즘』(한울아카데미, 2025), 73쪽.
14 라스무센, 앞의 책, 68쪽.
15 파이낸셜타임즈 편집부, 2020.12.3., 홀러웨이, 『폭풍 다음에 불』에서 재인용.

전략이 '내전, 대중혐오, 법치'이다.[16] 내전은 시민들이 서로 싸우게 만들어서 자본과 국가 엘리트들이 안전하도록 만드는 수단이고, 대중 혐오는 분노하는 힘이 분노의 대상을 향하지 못하게 하고 민중이 자신과 같은 사람들을 증오하고 그렇게 해서 스스로를 혐오하게 만드는 기술이며, 법치는 사법주의적 처벌을 통해 무력이 아닌 법에 의한 공포를 조장하고, 정의를 법리의 문제로 치환시키며, 정치를 '법적 절차'의 처리 과정에 집어넣어 소거시키고, 공법을 무력화하고 만인에 대한 만인의 민사소송 전쟁으로 사회의 에너지를 소진시키는 기술이다.

윤석열의 비상계엄은 '반란이 일어날 것을 전제하고 선수 치는' 후기 신자유주의의 위기관리 전략이 어떤 식으로 작동하는지 보여준다. 비상사태의 선포를 통해서 비상사태는 수립되었다. 내전 상황을 촉발하고 이에 대한 저항이나 사회 혼란이 야기되면 질서를 수립하고 사회를 보호하기 위해서란 명목으로 무자비한 폭력 진압을 자행하는 것, 그것은 1970년대 영국에서 대처 정부가 사용했던 방식이기도 하다. 스튜어트 홀(Stuart Hall)은 『위기관리: 노상강도, 국가, 법과 질서』에서 이 시기 영국에서 단순한 노상강도 사건에서 비롯된 치안 강화에 대한 요구가 어떻게 '사회 혼란 세력'에 대한 강력 진압으로 확대되었는지 보여준다. 사회 혼란 세력의 범주에는 축구장에서 난동을 부리는 훌리건과 노동자와 연대하는 학생시위대가 동급으로 '폭도'로 취급되고, 노상강도, 약물중독자, 술 취한 사람, 시위 참여자가 같은 층위에서 소동을 일으키는 '잡범'으로 다루어졌다. 국가가 국민을 대상으로

...

16 피에르 다르도·크리스티앙 라발·피에르 소베트르·오 게강, 정기헌 옮김, 『내전, 대중혐오, 법치 - 신자유주의는 어떻게 지배하는가』(원더박스, 2024) 참고.

벌이는 내부 전쟁은 '마약과의 전쟁, 범죄와의 전쟁, 테러와의 전쟁, 쓰레기와의 전쟁, 비만과의 전쟁, 질병과의 전쟁' 등 여러 형태로 확장되었고, 사회악에 대한 '소탕'이나 '박멸'이 정당화되고 점점 일상화되었다. 윤석열 정권이 건설노조를 탄압하면서 사용했던 '건폭'이란 용어는 영국에서 노동자 시위를 폭력범죄 소탕 작전과 중첩해 범죄화했던 전략과 동일한 전략이다. 윤석열 지지자들의 법원 난입 사건 이후, 극우세력의 탄핵 찬성 집회와 민주시민들의 탄핵 반대 집회를 동일한 범주에 놓고 '불법 시위'에 대한 강력 진압과 엄벌주의를 똑같이 강조하는 것 역시 법질서 위반자에 대한 무차별적 폭력 대응을 강화하는 결과를 불러올 것이다.

비상사태의 정치는 보수 정부에서만 국한되지 않았다. 2001년 9.11 테러 이후 조지 부시는 '테러와의 전쟁'을 선포하였고, 같은 해 10월 미국판 테러방지법이라 불리는 '애국자법'(Patriot Act)[17]이 발효되었다. 애국자법은 2015년 폐지되고 '미국 자유법'으로 대체되었지만, 법안 만료 이후 버락 오바마 정권에서도 '국방수권법'(NDAA)으로 법 형식을 바꿔 사실상 존속되었다. 팬데믹 비상사태는 많은 나라들에서 과도하게 시민권을 제약하는 수단으로 이용되었고, 팬데믹이 종료된 이후에도 제대로 철회되지 않거나 법제화되었다. 비상사태를 선포하

...

17 애국자법의 공식 명칭은 '테러리즘 저지, 방지에 필요한 적절한 수단을 통해 더욱 강력하고 단결된 미국을 만들기 위한 2001년 법'이다. 9.11 테러 직후 10월 26일에 발효된 법안으로, 하원 발의 이틀 만에 상하원을 통과하고 다음날 조지 W. 부시 대통령이 서명하여 초고속으로 발효되었다. 이 법에 의해서 '적절한 수단'이란 매우 포괄적 규정에 따라 법원 영장이 없이도 무차별적 도감청이 가능하게 되었다. 애국자법이 자유법으로 대체되면서 개인의 정보 통신 기록물은 법원 영장을 발부받아 수집할 수 있도록 규제했지만, 오바마 정부에서 통과된 NDAA에는 테러 의심자와 거동 수상자를 기소나 재판, 고발 절차 없이 무기한 구속할 수 있는 내용이 포함되었다.

고, 예외적으로 허용되었던 조치를 비상사태 이후 철회하는 것이 아니라 오히려 법으로 입법하는 방식은 이제 하나의 관행이 되고 있다. 기업 구조조정에 따른 정리해고의 인정이나 비정규직법 등 IMF 비상사태에서 수립된 예외적 조치들이 법으로 만들어지면서 예외적인 것이 정상적인 것으로 되었던 과정도 비슷한 사례라 할 것이다.[18]

라스무센에 따르면, "신자유주의는 정치계급이 노동계급을 진정시켰던 제도적 중재들을 삭감하도록 강요하였고, 그 결과 노동계급은 빠르게 위험한 계급이 되어가며, 이런 전개는 필연적으로 국가의 독재적 측면 증강시킨다."[19] "그런 점에서 조지 플로이드 시위에 대한 트럼프의 반응은 결코 하나의 일탈이 아니라, 반대로 이미 지속적인 어떤 전개의 연속선상에 있는 것이다."[20] 윤석열의 비상계엄 선포 역시 그

· · ·

18 덴마크에서는 자유주의 우파 정부가 아프가니스탄과 이라크 침공에 참여함으로써 이전의 외교정책 전통을 깨트렸다. 또 일련의 반테러법을 시행하여 공공기관의 감시 권한과 개인 데이터에 대한 접근 권한을 급격하게 늘렸을 뿐 아니라 범죄의 개념을 확대했다. 이후 정부가 바뀌어도 같은 길을 계속 밟았고, 2019년 사회민주당 정부는 테러 혐의가 있는 시민의 시민권을 박탈하기로 결정했다. 프랑스에서 마크롱 정부는 2020년 11월 경찰봉과 최루탄을 사용하여 파리 동부의 난민 캠프를 철거했다. 이후 경찰관의 행위를 촬영할 권리를 제한하는 경찰 촬영 제한 법안을 발의했는데, 그 이유는 "경찰이 충분히 보호되지 못하고 있다"라는 것이었다. 이 법안은 노란 조끼 운동에 대한 잔혹한 탄압 후에 나왔다. 한국에서 쌍용차 파업에 대한 폭력 진압 이후 시위 과정에서 발생한 경찰 피해에 대한 보상이 법적으로 정당화되었다. 중무장 경찰, 경찰의 군대화, 인도주의적 개입이나 대민 지원이라는 명목으로 치안에 군대를 투입 하는 등, 경찰과 군대의 경계가 흐릿해지고 있으며, 위기의 결과인 고조된 사회적 긴장을 관리하기 위해 점점 더 폭력적이고 치명적인 방법을 사용한다.

19 라스무센, 앞의 책, 68쪽.

20 2020년 오클라호마에서 조지 플로이드가 백인 경찰의 체포 과정에서 8분 이상 목 졸림을 당해 살해당하는 사건이 일어났다. 이 사건으로 'BLM(Black Lives Matter) 운동'이 미국 전역에서 일어났으며, 미니애폴리스에서는 경찰서가 불타기도 했다. 트럼프 대통령은 사과하기는커녕 '반란법'을 발동하고 연방군을 도심에 배치하려고 하였다. 연방군은 동원되지 않았지만 대신 중무장 경찰이 장갑차를 끌고 시위대 앞에 나타났다. 트럼프는 "내가 다시 돌아온다면 다시는 결코 물러서지 않겠다"라고 공언하였다. 이후 여론조사에서 바이든이 앞선다는 예측이 나오자 트럼프는 부정선거 의혹을 제기하였고, 선거 결과에 불복하며 극우 지지자들의 국회의사당 난입 사태에 이르렀다.

러하다. 그것은 예외적인 일탈이 아니라 건폭몰이, 외국인노동자 단속과 추방, 전쟁 도발과 같은 일들의 연속선상에서 발생한 사건이다. 그것이 의미하는 것은 이러한 경향이 지속되는 한 윤석열이 아니라 다른 누군가에 의해서도, 국민의힘이 아니라 민주당에 의해서도, 비상계엄령이 아니라 다른 방식에 의해서도 발생할 수 있다는 것이다.

파시즘을 불러오는 신자유주의

축적이 자본의 이성이라면, 그 자본의 합리성은 '파시즘'의 조건이기도 하다. 1959년 아도르노는 '과거 청산이란 무엇을 의미하는가?'라는 강연에서 파시즘이 다시 도래할 가능성이 있는지에 대해 답한 적이 있다. 그 당시는 파시즘의 부활 조짐이란 것은 가시적으로 전혀 보이지 않았고, 대다수 사람이 파시즘은 과거의 역사에서 끝난 것이라고 생각하고 있을 때였지만, 아도르노는 다음과 같이 말했다. "파시즘의 사회적 전제 조건들이 이전과 마찬가지로 유지되고 있다는 사실에서 … 극우주의의 잠재성이 설명될 수 있다."[21] 아도르노에 따르면 그 '전제 조건'이란 "자본의 집적 경향"이다. 파시즘이 경제와 맺는 관계는 구조화되어 있다. 오늘날 우리가 가장 놓치고 있는 것은 바로 이 경제로부터 도출되는 파시즘의 구조화된 측면이다. 자본의 집적 경향을 다른 측면에서 보자면 "자신이 전적으로 부르주아라는 자의식을 지니고 있고 또 자신의 계급적 특권과 사회적 지위를 유지함과 동시에 가급적

---

21 테오도어 W. 아도르노, 이경진 옮김, 『신극우주의의 양상』(문학과지성사, 2020), 9쪽.

강화하려는 여러 계층들이 영구적으로 하락할 가능성"[22]이 증대하는 것이다.

자본의 축적 경향은 집적과 독점으로 나아갈 수밖에 없다. 이것은 자본과 노동의 관계뿐만 아니라 자본과 자본의 관계에서도 중요한 변화를 야기하는데, 그것은 치열한 계급 내부의 투쟁과 그 결과로서의 승자의 독점과 나머지 한계자본과 패배한 계급분파의 탈락이다. '약육강식'이라는 '시장 합리성'에 의해 계급 내부의 경쟁이 정리된다. 이와 같은 계급 내부 분파의 투쟁은 자본가들 사이에서뿐만 아니라 중간 계급 내부에서도 치열하게 나타나는데 특히 경제 하강기에, 즉 축적 위기가 임계에 도달했을 때 가장 격렬한 양상으로 나타나며, 때때로 그것은 전통적인 계급투쟁과 다른 방식으로, 적대가 내부를 향하는 계급전쟁의 모습으로 외화된다. 아도르노에 따르면 그런 시기에 사람들은 "계급 하락의 책임을 그 원인이 되는 장치에 묻는 대신 자신들이 한때 지위를 누렸던 체제를 비판하는 사람들에게 책임을 전가"하기 시작한다. 가부장제를 비판했던 페미니스트, 성장체제를 비판했던 환경운동가, 자본주의를 비판했던 노동운동과 사회주의자들에게 화살이 돌려지는 것이다. 또 한편, 계급 내부의 경쟁이 치열해지면 계급 하방에 대한 공포가 상승에 대한 열망보다 더 큰 정동으로 작용한다. 인정투쟁이 거꾸로 나타나는 셈인데, 지위나 인정의 취득보다 박탈이 경쟁의 중심에 위치한다. 대통령 공약이었던 공공부문 비정규직 노동자 정규직화를 반대하고 나섰던 인천국제공항 정규직 노동자들의 '인국공' 사

---

22 아도르노, 앞의 책, 10쪽.

태, 조국 입시 비리에 대한 상위권 대학 학생들의 거센 반발, 돌봄 노동에 대한 교사 집단의 보육과 학습의 구별 짓기는 대표적인 계급 내부 투쟁의 사례이다. 사회적 약자들이 자신의 몫을 가로챘다고 생각하는 다른 약자들에게 책임을 전가하는 것은 여성 혐오, 노인 혐오, 소수자 혐오, 이민자 혐오, 외국인 혐오에서 공통적으로 나타나는 논리다 ("저들이 나의 세금과 복지와 소득을 훔쳐간다"). 우파 포퓰리즘은 그 불만들을 접수해서 자기 권력을 위한 지지에 동원함으로써 극우세력의 성장을 돕는다. 윤석열의 계엄령에는 이와 같은 극우적 사고의 문법이 그대로 드러나 있다. 그동안 계급 양극화와 불평등 심화에 대한 연구는 많이 제출되었지만 이제 이러한 계급 변동이 파시즘이나 극우정치 부상 같은 정치적 위기와 어떻게 연결되는지에 대해 좀 더 면밀하게 분석해야 할 필요가 있다.

재난과 위기의 강도와 빈도가 점점 커지는 가운데, 그 위기의 원인에 대해 제대로 진단하고 대응하지 않을 때, 위기의 현상을 빨리 제거하고 불안정한 사회를 안정화하고 질서를 회복하여 다시 정상화해야 한다는 열망은 점점 커진다. 신자유주의가 만든 불안정하고 무질서한 세계에 대한 반대급부들이 반신자유주의적 요구들로 터져 나오기 시작했지만 그 대중적 요구를 전도시켜 수용하며 폭력적 통치로 전환하는 계기로 삼는 현상을 파울로 제르바우도(Paulo Gerbaudo)는 경고한 바 있다.[23] 신자유주의의 대표 슬로건이었던 '개방, 모험, 자유'는 처음엔 착시를 일으키면서 환영받기도 했지만, 지난 30년 동안 시장개

---

23 파울로 제르바우도, 남상백 옮김, 『거대한 반격 - 포퓰리즘과 팬데믹 이후의 정치』(다른백년, 2022).

방과 투기경제, 자유무역으로 야기된 불안정성과 유동성의 실체가 드러난 이후 매력을 상실했다. 사람들은 다시 불안과 위험, 무질서로부터의 '보호, 안전, 통제'를 요구하고 있는데, 이 목소리는 내외부의 불안 요인들로부터 사회를 보호하고 안전하게 지키며, 그를 위해 자유를 일정하게 박탈하더라도 강력한 통제력을 행사하는 '강한 국가'를 다시 불러오고 있다는 것이다. 신자유주의의 실패에 따른 반발은 우파와 좌파 양쪽에서 모두 강력하게 나타나는데, 국가를 향한 '보호, 안전, 통제'의 요구도 그러하다. 따라서 강한 국가에 대한 요구도 혼재되어 나타나는데, 좌파적 요구가 파괴적이고 약탈적인 자본으로부터 민중의 삶을 보호하라는 요구라면, 우파는 거꾸로 민중의 위험으로부터 가진 자들의 생명과 재산을 보호하라는 요구를 '강한 국가'에 새겨놓는다. 안전 사회, 보호 국가, 통제 국가에 대한 요청은 파시즘의 가장 큰 특징, 즉 사회를 유기체적 '전체사회'로 구성하는 것, 공동체를 면역체로 전환시키는 것과 연결된다. 역사 속에서 신자유주의의 출현은 파시즘과 공산주의, 사회국가에 대한 시장자유주의자들의 철저한 거부 속에서 이전의 자유주의를 수정하려는 운동으로 시작되었고, 그러하기에 신자유주의와 파시즘, 신자유주의와 전체주의라는 결합이 그 사상적 기원이나 외형적 특징으로 볼 때는 얼핏 모순된 결합으로서 보이지만, 지금 이것들은 '권위주의적 신자유주의' 또는 '신자유주의적 파시즘'과 같은 새로운 결합 형식으로 나타나고 있다.

 1930년대 '새로운 자유주의'는 파시즘과 사회주의라는 극단의 사상을 전체주의로서 모두 배격하였고, 1970년대에 부활한 신자유주의는 '작은 정부'를 부르짖었지만, 2000년대 이후부터 후기 신자유주의는 권위주의적이고 개입주의적인 강한 정부—경찰국가와 전쟁기계—를 요구한다. 사상적 측면에서는 파시즘과 상극에 있는 것 같지만 현실에서 신자유주의는 파시즘과 점점 더 '선택적 친화성'을 보인다. 신자유주의 경제 이론의 토대가 시장전체주의에 기반하고 있으니 사실 이상한 일도 아니다. '권위주의적 신자유주의'는 권위주의적 국가에 의해 지탱되는 신자유주의다. 따라서 미켈 볼트 라스무센(Mikkel Bolt Rasmussen)은 "후기 자본주의 파시즘은 국가사회주의(national-socialist)라기보다는 '법과 질서'를 시장경제와 통합한 국가자유주의(national liberal)인 것이다"라고 말하기도 한다. 국가주의와 자유주의의 결합이라니, 말도 안 되는 것 같지만 현대 자본의 축적 위기는 그런 정치적 결합을 가능하게 한다. 그것은 자유시장을 지키기 위한 강력한 국가개입주의적 통치다. 이것은 서구 자본주의 국가들에서 처음 나타난 현상도 아니다. 서구의 복지국가-사회국가 모델은 '계획경제(개입주의)를 통한 성장(자유시장)'이라는 개입주의적 자유주의 모델이었다.

그런 점에서, 그동안 서구의 자본주의와 자유민주주의는 파시즘의 뇌관을 한 번도 제거하지 않았다. 2차 대전이 끝난 후 최소한 서구 사회에서는 파시즘에 대한 청산이 잘 이루어졌고, 민주주의와 법치주의가 정착되었다고 생각한 것은 일종의 '착시'였다. 기후정의운동은 1970년대 이후 서구 선진 국가 내부에서의 환경 개선에 환경주의적 착시가 있다고 비판한다. 북반구가 생태적으로 회복되던 시기에 남반구에서는 생태적 파괴가 시작되었다. 위험하고 더러운 산업을 외부로 이전시켰기 때문이다. 이와 같은 환경주의적 착시는 민주주의적 착시와 유사하다. 서구 자본주의 국가들에서 '민주주의'(자유민주주의)와 평화 체제로의 이행은 다른 지역으로 독재, 전체주의, 내전을 이전하는 것과 동시에 이루어졌다. 안에서는 민주주의를 옹호하면서 밖에서는 독재를 용인하고 전쟁을 방조하거나 지원하였다. 내부의 케인즈주의는 외부의 식민주의를 용인했다. 그것을 승인하는 주체는 '정부'였지만 그 목적은 자본을 돕기 위해서였다. 칠레에서는 군부쿠데타를 지원하여 민주주의 정부를 무너뜨렸고, 베네수엘라와 볼리비아에서 반혁명을 지원하였다. 유럽 국가들도 마찬가지로 국가 이익을 내세우며 다른 나라의 민주주의를 파괴하는 데 적극적으로 가담했다. 국가 안에서는 반전 평화의 정당임을 내세우는 독일 녹색당은 나라 밖에서는 우크라이나와 이스라엘을 지지한다. 그 '평화 지역'에서 냉전이 끝나고 데탕트가 도래한 시점인 1990년대 이후부터 오히려 관용주의적 문화를 가진 민주사회가 막을 내리고 사회 갈등과 충돌이 격화되며 극우가 다시 정치세력화하였다. 그 배경은, 전쟁과 폭력을 외부화했던 결과가 다시 진원지로 돌아오는 과정이라고 할 수 있을 것이다. 아무리 오염산업과 폐기물을 외부로 이전해놓았어도, 그것이 야기한 기후생태 위기가 결국 발원지인 자본주의의 중심지도 위협하고 있는 것처럼, 무책임하게 자연으로 외부화했던 성장의 부산물들이 팬데믹으로 돌아온 것과 똑같이, 지금 서구 정치 한복판에서 무섭게 자라나고 있는 극우와 파시즘 또한 '문명국가' 내부의 민주주의가 국가 외부에서 발생시킨 반민주주의, 또는 강제로 이식된 식민주의적 민주주의의 결과다. 테러와 난민이라는 자신들이 만든 '위험' 앞에서 과거 유럽이 내세웠던 보편 가치들—인권, 자유, 평등, 연대, 관용 등—은 모두 내던져지고, 유럽이 '후진성'으로 정의했던 '폭력 정치'의 양상으로 선진 국가들 내부로 돌아오고 있는 것이다.

1987년 이후 한국의 민주주의도 군부 권력을 해체하는 데 노력한 것에 비해 자본 권력 해체에는 그만큼 노력을 기울이지 않았고, 민주화 이후 자본 권력은 오히려 더 막강해져갔다. 자유가 억압되었던 나라에 '자유화'를 외치며 들어온 신자유주의는 겉으로는 독재와 반대되는 것처럼 보였지만 독재정권의 반공주의와 유사성을 가지고 있었다. 『반공 자유주의』에서 김동춘은 신자유주의가 "국가 내외부의 반(反)시장(조직노동과 사회주의)세력을 '적'으로 규정한다는 점에서, 과거의 반공주의와 상당한 공통기반을 갖고 있다"는 점을 지적한다.[24] 반공주의의 추동 세력은 군부와 극우만이 아니었다. 4.19 혁명 이후 '부정축재자 처벌'에 대응하는 과정에서 기업들은 반공주의 이데올로기를 적극 활용하며 공동 대응하였고, 이것이 전경련의 전신인 한국경제인협의회의 시작이었다.[25] 한국의 기업가들이 자신에 대한 비판을 '반자본주의=공산주의'라고 맞받아치는 일은 여기서부터 시작되었고, 5.16 군사쿠데타 직후 군부가 재벌을 부정축재자로 처리하려 할 때도, '경제위기'와 '북한의 위협'을 내세우며 제동을 걸었다. 이후 풀려난 열세 명의 기업가가 주축이 되어 한국경제인협회가 만들어졌고, 이후 1968년에 전국경제인연합회(전경련)로 이름을 바꾸었다. 이 단체의 목표는 부정축재자 처벌이나 정부의 헌납 요구 등에 따른 불이익을 공동으로 방

...

24 김동춘 지음, 『반공 자유주의 - 우리를 병들게 하는 낙인』(필요한책, 2021), 71-72쪽.
25 "한국의 기업들은 4.19 혁명 이후 부정축재자 처벌에 대한 여론이 비등하자 1961년 1월 1일 한국경제협의회를 창립했고, 첫 사업으로 '부정축재자처리법'에 공동 대응했다. 이들은 부정축재의 처리는 북한 '괴뢰'에 이익을 주는 것이라고 주장했다"(김동춘, 위의 책, 92쪽).

어하고 대기업의 이해관계를 대변하며, 정부의 경제정책에 개입하는 것이었다. 이후 전경련을 중심으로 한 한국 자본가 동맹은 독재정권에 협력하며 재벌 중심의 산업화 정책을 주도하였다. 박근혜 탄핵 당시 전경련 해체가 강력히 요구되었으나 삼성의 탈퇴 선에서 마무리되었고 최근 전경련은 다시 한국경제인협회로 이름을 바꾸었다. '정경유착'은 1980년대까지 민주주의를 해치는 중요한 원인으로 지목되었지만, 신자유주의가 도입한 '능력주의 정치'는 국가 경영에서도 '유능한 CEO'를 요구하였고, 각종 거버넌스 기구와 로비 창구, 때로는 전문가 영입 등의 형태로 공직 독점을 통해 기업의 정치 개입을 정당화하였다. 한국에서 자본-국가 동맹은 어떤 정권에서나 강고하였다. 신자유주의적 노무관리에서 악명 높은 성과경쟁과 '저성과자 색출'은 '반동분자 색출'보다 더 무서운 것이 되었다. 생산성에 방해가 되는 저성과자, 무능력자를 도태시키고 일터와 사회의 모든 곳에 '적자생존'의 원칙을 강요하는 기업 논리는 그 자체가 사회우생학을 전파하는 파시즘의 사상적 온상이다.

신자유주의는 반공자유주의를 해체할 수 없고, 자유민주주의는 신자유주의를 해체할 수 없다. 그렇다고 신자유주의 체제가, 우리가 자본주의의 대안이라며 처음 등장할 때처럼 자신만만한 상황도 아니다. 2008년 금융위기 이후 신자유주의 헤게모니는 완전히 상실되었고, 무능력과 부도덕함이 폭로되었으며, 대중은 이제 신자유주의의 거짓말에 속지 않는다. 대신 대안이나 미래가 보이지 않는 상황에서 반공주의도 자유주의도 모두 미래가 아니라 '과거로의 회귀'에 집착한다. 사회가 이렇게 어지럽지 않고, 갑자기 건물이 무너지거나 폭동이 일어나지 않고, 아침에 출근했다 저녁에 퇴근하고 월말이면 월급이 들어오는 삶, 최소한 일 년 후, 한 달 후를 예측하며 살아갈 수 있는 '지극히 평범한 일상'을, 과거의 '질서가 잡혀 있던 사회'의 모습으로 희구하는 것이다. 사실 그렇게 평화로운 세상은 30년 전에도, 50년 전에도 존재하지 않았지만, 현실에 대한 거부감이 '최악인 지금보다는' 나았던 순간으로 과거를 미화하며 회상하도록 만드는 것이다. 그리하여 존재하지도 않았던 가상의 공동체를 과거에서 불러내 미래의 목표로 만들어내는데, 라스무센은 후기 자본주의 파시즘의 특징 중 하나가 바로 그 가상의 공동체를 향한 전체주의적 집념이라고 설명한다. 그 '국가'에 대한 환상의 한쪽에 '자유대한민국'(국민의힘)이 있다면 다른 쪽에 '민주공화국'(민주당)이 있다. 물론 우리는 이 둘이 완전히 똑같다고 말해서는 안 될 것이다. 그렇게 말하는 순간 우리는 윤소영 류의 오류에 빠지게 된다. 중요한 것은 전선을 교란하지 않는 것이다. 저렇게 회고된 미래로서의 두 공화국 중에서 어느 하나를 선택하는 것이 아니라 그와 완전히 결별하는 우리가 바라고 살고 싶은 새로운 공화국을, 또는 더 나아가 일국적 공화국을 넘어서는 정치공동체를 상상하고 발명해야 한다. '자유시장과 자유민주주의'라는 '헌정질서'에 갇혀 있는 한, 우리는 새로운 나라, 다른 세상으로 발을 내디딜 수 없다.

위기의 책임을 누구에게 물어야 하는가

12.3 내란 사태를 계기로 드러난 한국 사회 정치 위기, 특히 국민의힘의 극우화와 그것을 견인해내고 있는 극우대중운동의 성장이라는 현상을 파시즘으로 볼 것인가 아닌가에 대해 논쟁이 있을 수 있지만, 파

시즘이냐 아니냐는 20세기 파시즘과의 형태적 비교—강력한 국가 통합적 지도자, 공포정치, 비밀경찰, 사회의 군사화, 인종주의 등—만으로 판별할 수는 없는 문제라고 생각한다. 중요한 것은 경제와 결부된 파시즘의 '전제 조건'이고, 더 중요한 것은 파시즘의 지지 기반이다. 그 전제 조건은 넘치도록 충족되었으며, 기득권을 잃고 경쟁에서 낙오하는 이들은 점점 늘어나고 있다. 강력한 지도자가 나타나서 사회를 정화하고, 질서를 수립하기를 바라는 사람들도 점점 많아진다. 경제 상황이 악화되고 재난이 일상화되면서 먹고 사는 것을 해결해주고 보호와 안전을 제공해줄 보육 국가에 대한 인민 대중의 호소가 커지고, 여기에 부응하는 포퓰리즘 정치가 더 기승을 부릴 것이다. 신자유주의가 민주당에 의해서도 국민의힘에 의해서도 추동되었던 것처럼, 파시즘도 두 당이 (다른 방식으로) 함께 강화할 수 있다.

우려되는 것은 모처럼 거리의 민주주의, 민중의 민주주의가 가시화되기 시작한 순간에 극우대중운동이 예상보다 훨씬 더 큰 반대의 힘으로 분출되고 있는 점이다. 그리하여 지금 거리와 광장에는 앞서 살펴본 신자유주의 통치 양식인 '내전, 대중 혐오, 법치'가 봇물 터지듯 터져 나오고 있다. 저 신자유주의 통치 양식은 파시즘의 통치 양식과 그대로 내통한다. 파시즘이라는 사상의 가장 위험한 부분은 정치를 생물학으로 환원하는 것이다. 그것은 사회를 정치공동체가 아니라 하나의 유기체적 집단으로 상정하고, 전체의 몸에 위해가 되는 것은 제거하거나 치료해야 한다는 생각이다. 그 생각이 장애인과 동성애자를 격리와 치유의 대상으로 삼았던 논리이며, 이것은 이주민에 대해, 빈자에 대해, 비인간에 대해 계속 동일한 논리로 확장되고, 사회주의자, 페미니스트 운동, 노동조합 운동, 반체제적 환경운동에도 적용된다. 이것은 위기 상황이 극단적으로 심각해질 때, 즉 사회 전체의 존립을 위태롭게 할 정도로 어떤 세력이 우리 전체의 생명에 위협을 가한다고 인정될 때, 어떤 비상한 조치도 허용할 수 있도록 한다. 이것은 그동안 동물 감염병에 대해서 전체를 위험에 빠트릴 수 있다는 이유로 '예방적 살처분'을 허용했던 논리와도 같은데, 정치의 생물학적 환원이란 그 논리를 인간과 사회에 대해서도 동일하게 적용할 수 있다는 뜻이다. IMF 비상사태 당시 허용되었던 구조조정과 정리해고도—'해고는 살인이다'는 말을 만들어냈던 것만큼— 한국 자본주의를 살리기 위한, 예방적 살처분과 다를 바 없는 예방적 집단해고의 성격을 갖고 있었다. 감염병 위험의 책임을 병든 동물들이 아니라 공장식 축산을 비롯한 자본주의 식품산업 시스템과 기업에 물어야 하듯이, 사회 속에서 발현하고 있는 위험도 그것을 드러내는 개체가 아니라 그것을 야기한 체제와 구조에 대해서 물어야 한다. 함께 고통당하는 생명으로서 연대할 때 인간과 동물의 적대를 생명과 자본의 싸움으로 전환시켜낼 수 있듯이, 우리가 놓여 있는 같은 고통의 자리를 바라보며 그 불평등의 자리에서 평등한 관계를 만들어나는 것만이 민중이 서로를 증오하게 만드는 '데모포비아'를 자본에 대한 분노로 전환시켜낼 수 있다. 그리하여 가장 위험한 곳을 가장 안전하게 만들 때 우리 모두가 함께 안전해질 수 있다. 이것이 남태령이라는 상징을 통해 배울 수 있었던 중요한 감각이기도 하다. 계속 커지는 위기 속에서 시시각각 위험이 도래하는 지금, 그 감각을 다른 공간, 다른 장소와 주체들로 더 확장해나가는 것이 무엇보다 중요하다.

극우대중운동에서만 배제와 색출, 격리와 박멸의 문법이 발호하는 것은 아니다. 극우세력의 법원 침입과 난동 사태를 지켜본 시민들은 이것을 또 다른 내란으로 규정하고, 폭도와 폭동을 제압할 강력한 정부와 경찰을 요구한다. 민주당 지지자들은 다음 정부가 강압적인 방식을 동원해서라도 '내란의 싹'을 모조리 잘라내고 극우세력(반대세력)을 '박멸'해줄 것을 기대하고 있다. 다음 정권은 그 기대에 부응할지도 모른다. 그러나 그것은 '박멸 대상'으로부터 더 큰 반발을 불러올 것이다. 사회 혼란 세력을 발본색원하라는 요구는 아마도 극우세력보다 노동조합과 좌파 등 다른 집단을 향하게 될 가능성이 더 크다. 당연히 법원 폭동 사태의 주범들은 처벌받아야 하고, 극우 선동에 대한 관용은 법적으로도 사회적으로도 없어야 한다. 그러나 그 판결과 집행을 보편적 정의와 평등의 이름으로 하는 것과 반대파에 대한 사적 처단과 박멸의 용어로 쓰는 것은 전혀 다른 일이다. '박멸'이란 용어는 나치가 유대인 절멸에 사용했던 말이다. 실제로 나치는 사회를 좀먹는 해충을 박멸하듯이, '살충제'를 사용해서 사람을 죽였다. 나치즘과 자본주의는 별개인가? 한국 기업들이 독재 정권에 부역한 것과 마찬가지로, 나치 시대의 독일 기업들은 나치에 적극 협력하였고, 학살을 용인한 대가로 전쟁 기간 동안 막대한 수익을 올릴 수 있었다.

현재의 정치 위기가 자본주의 체제 유지를 위해 반드시 필요한 정치체제를 다 파괴하고 무력화해버린 식인 자본주의의 결과라면, 우리는 정치를 잡아 먹어치우고 있는 경제 그리고 그 주체인 자본 권력에 대항하지 않고서는 이 정치 위기를 극복할 수 없다. 그렇다면 지금 필요한 민주주의, 우리가 탈환해야 할 민주주의 개념은 '자본주의와 싸우는 민주주의'이며, 민주주의 투쟁의 구도는 더 이상 독재 대 반독재, 반민주 대 민주 세력이 아니라 '자본 대 민중'의 투쟁을 표현하는 '자본주의 대 민주주의'여야 할 것이다. 그러나 위기의 주범으로서 자본에 대한 이야기는 어디서도 보이지 않는다. 박근혜 탄핵 국면에서는 이재용이 국정농단 주범으로서 국가와 자본의 협력 관계를 가시화했다면, 윤석열 탄핵 국면에서는 대통령이 발 벗고 나서서 반도체 특별법 등으로 충실히 이해관계를 대변하고 있음에도 자본이 처음부터 등장하지 않았다. 내란 주범을 구체적인 내란 행위 가담자에 한정하기 때문이다. 그 덕분에 위기의 핵심 주범인 자본은 정치적 혼란기에 경제까지 무너지지 않도록 나라를 지키고 살리는 구원자로 둔갑했다. 지속적으로 정책에 개입하고 국정운영의 공동 파트너 역할을 해왔음에도, 지금 자본가들은 내란 사태 책임에서 완전히 빠져 오히려 정치적 공황 상태를 이용하면서 잇속을 챙기고 있다. 탄핵이 가결되자마자 최태원 대한상공회의소 회장은 곧바로 기업 대표들과 함께 우원식 국회의장을 만나 조속한 수습과 탄핵 절차 중에도 기업에 피해가 가지 않도록 부탁하고 여야합의 법안에 대한 우선 처리를 주문했다. 탄핵 절차와 체포에 관심이 집중된 동안 기업들이 요구하는 법안은 제동이 걸리지 않고 무사통과되었고, 농업4법은 남태령투쟁이 만들어낸 여론의 지지에도 불구하고 부결되었다.

그동안 신자유주의에 대한 연구는 많이 생산되었지만 주로 자본과 노동의 변동이라는 측면에서 다루어졌다. 정치의 사유화와 정치의 신자유주의화가 어떻게 진행되었는지, 이를 통해 민주주의의 가치와 어떻게 파쇄되었는지에 대해서는 잘 주목하지 않았다. 정치학자들은 정치만 보고 경제학자들은 경제만 보면서 자본주의 축적 양식의 변화가 정치에서 통치 양식의 변동과 어떤 관계에 있는지에 대해서 제대로 포착해내지 못했던 것이다. 그럴 때 우리는 20세기 자본주의와 정치체제의 관계와 21세기 자본주의와 정치체제 사이의 유사성과 차별성을 제대로 분별할 수 없게 되고, 21세기 파시즘의 도래를 알리는 징후를 놓치게 되거나 잘못 대응하게 된다. 또한 정치적 위기를 초래한 원인을 자본주의 체제의 문제로부터 연역해내지 못하고, 계속 전체 자본주의 체제의 근본적 변혁을 시도하지 않고 정치제도의 부분적 개선과 변화만을 시도하게 된다. 내각제와 대통령제 사이의 논쟁, 6공화국에서 7공화국으로의 헌법 개정 논의가 바로 그러한 대표적인 사례이다. 선거제도 개혁을 통해 다당제가 보장되면 과연 '도로 민주당'이 되지 않을 수 있을까. 다당제적 구조와 일반화된 선거연합과 연정 구성을 통해, 극우정당들이 부상한 유럽의 많은 나라들과 달리 한국의 양당 체제는 극우정당의 정치세력화를 어렵게 만든 조건으로도 작용했다. 소수정당에 불리한 선거제도와 양당 체제는 좌파정당의 원내 진출도 억압하지만 극우정당의 원내 진출도 억압했던 것이다. 사회적 권력 구조와 계급동맹을 고려하지 않은 채 다당제가 진보정당에만 유리하게 작동하리라 보는 것은 현재 시점에서는 너무 순진한 예상이다. 우리는 양당 구도하에서 보수정당이 점점 극우화하는 현상을 포착해야 한다. 정치 지형 전반이 급속히 우경화되고 있지만, '극우정당'이라는 정치세력으로 가시화되지 않음으로써 극우에 가까운 정당이 계속 '보수정당'을 참칭하고, 보수정당이 '진보'로 보이는 게 더 큰 문제인 것이다. 미국의 공화당과 한국의 국민의힘에서 보듯이, 양당 체제가 강고할 때는 기존 정당에서 트럼프나 윤석열 같은 극우정치인이 나타난다. 유럽처럼 다당제하의 연합정치를 통해 극우가 성장하는 것과 미국처럼 스펙트럼이 넓은 정당 내에서 극우가 세력을 확장해가는 것과 어느 쪽이 더 낫다고 말할 수 있을까. 중요한 것은 진보정당에 어느 쪽이 더 유리하게 작동할 수 있을지 저울질하는 제도론적 정치공학이 아니라, 극우의 세력화에 대한 대항세력화, 즉 사회운동의 대항력을 어떻게 만들 것인가이다.

무엇보다 이제 자유주의적 합의에 토대한 민주적 통제력이 전혀 힘을 발휘할 수 없게 된 시기다. 신자유주의도 좌표를 상실하고 보호무역, 강한 정부, 사회 통제 등을 주장하며 자신이 내세웠던 자유의 이념에 반하는 반신자유주의적인 전향을 나타내고 있다. 2008년 금융위기 이후 신자유주의적 대안이 헤게모니를 상실하고, 방향도 목표도 없고, 머리도 없는 자본주의의 무질서가 확산되는 가운데, 소외된 하층 노동계급과 몰락하는 중간계급을 포획하는 우파 포퓰리즘이 먹히면서 극우세력이 100년 전과 같은 수준으로, 아니 어쩌면 그보다 더 강력하게 정치세력화하고 있는 지금, 비상계엄 사태를 통해 표출된 정치적 위기를 20세기 자유민주주의에 대한 위협으로 규정하는 것은 너무나 단순하고 낭만적인 해석이 아닐 수 없다. 다시 한번 강조하지만 비상계엄 사태는 자유민주주의 체제의 붕괴에 따른 결과이지 그 반대가 아니다. 작금의 자본주의 위기는 자본에 반하는 민주주의뿐만 아니라 '어떤 민주주의도' 허용할 수 없는 상태를 향해 간다. 어떤 정부가 오더라도, 자유시장과 자유민주주의라는 (우리가 헌정질서라고 부르는) 자본주의 질서를 유지하려면 통치 권력은 역설적으로 시민들에게 남아 있는 자유민주주의적 권리조차 최대한 박탈할 수밖에 없다. 그것은 어떤 정치지도자의 덕성이나 선의, 제도의 좋고 나쁨에 달린 문제가 아니다. 제도가 무용하다는 말이 아니다. 우리가 지금 제도를 도입해야 한다면, 공정한 선거제도 같은 것이나 노동자 보호 조치 같은 법률적 보완의 차원을 넘어서 더 근본적으로 '제헌적 관점에서' 자본의 권력을 무력화하고, 도래하는 파시즘을 저지하며, 노동자 민중의 권력을 더 크게 만들 수 있는 제도, 민중의 통치를 확보할 수 있는 제도를 고안하고 수립해내야 한다는 것이다. 예를 들어 차별금지법 제정은 극우 세력의 준동과 야만적 자본주의 '안에서' 사회적 약자를 보호하고 인간 존엄을 지킬 수 있는 최소한의 안전장치다. 하지만 동시에 자유주의적 인정 정치로 포획되었던 과거 정체성 운동의 사례와 같이 될 가능성도 있다. 불평등 철폐, 차별 철폐 운동이 개별 불평등 의제에 각각 대응하는 것을 넘어 보편적 운동으로 확장되고, 자본주의 '안에서', 자본주의를 '넘어서려는' 운동의 목표와 방향을 가질 때, 과거 정체성 운동의 오류를 반복하지 않을 수 있을 것이다.

이처럼 하나의 정치체제가 그에 조응하는 특정한 경제체제와 함께 구성된다는 관점에서 본다면, 자본주의는 고정되어 있는 하나의 단일한 체제가 아니라 '수많은 자본주의' 또는 '자본주의의 국면들'로 '역사적 자본주의'로 구성될 수 있을 것이다. 그때 우리는 20세기 후반부터 전개되어온 자본주의의 위기 속에서 민주주의 위기를 재해석해낼 수 있다. 전후 고도성장기 서구 자본주의 국가들에서 자본주의는 민주주의와 '선택적 친화성'을 보여주었다. 그러나 호황기가 끝나고 성장 위기가 시작되면서 등장한 신자유주의는 자유민주주의 체제에서 승인된 민주주의적 제도와 권리들을 회수하고 파괴하면서 이전에 수립한 사회계약들을 무력화했다. 금융 지배적 축적이 중심이 된 신자유주의적 금융자본주의에서 자유시장과 민주주의 관계는 더 양립할 수 없는 것이 되었다. 이제 금융자본이 지배하는 신자유주의적 자유시장은 "… 뼈만 앙상하게 남은 형식적이고 엘리트주의적인 민주주의와도 양립할 수 없다."[26] 그렇다면, 이제 우리는 무엇을 해야 하는가.

무엇을 할 것인가 — 저항과 돌봄, 저지하며 전환하기

자본주의는 근본적으로 철저한 위계적 지배체제이며, 차등과 차별은 소수가 다수를 지배하기 위한 필수 원리다. 자본주의가 민주주의와 결합했던 것은 특수한 역사적 상황과 조건이 그것을 필요로 했기 때문이다. 하지만 그렇다고 민주주의가 자본의 타협과 허용에 의해서만 가능했던 것은 아니다. 지금 제도화된 민주주의는 모두 강력한 노동운동과 사회운동, 민주주의 투쟁을 통해 자본주의 질서에 반하여 쟁취해낸 것이기도 하다. 사회운동이 강력할 때 자본은 민주적 권리와 평등에 대한 민중의 요구를 어떤 형식으로든 수용할 수밖에 없다. 최대한 전체 삶의 영역으로 번지지 못하도록 민주주의를 정치 영역에 제한된 주제로 한정하고, 투표권 같은 축소된 참정권으로 가둬두려 했음에도 불구하고, 독재가 출현하는 곳에서는 어디서든—그곳이 회사든, 정당이든, 학교든, 시민단체든—민주주의에 대한 요구는 분출되어 나왔고, 죽은 민주

---

26 밥 제솝, 지주형 옮김, 『국가론 - 국가의 형성에서 미래의 추세까지』(여문책, 2024), 386쪽.

주의라도 다시 생동하는 현실로 되살아났다. 지금도 마찬가지다. 도래하는 파시즘은 다시 도래하는 민주주의를 요구한다. 도래하는 민주주의는 이전 시대와는 다른 새로운 민주주의로 나타날 것이다. 이 새로운 민주주의의 가능성을 지금 우리는 조금씩 발견하고 있기도 하다.

신자유주의 시대의 주된 정동은 '불안'이었고, 불안에 기반한 소비와 경쟁을 통해 지배해왔다면, 이제 이 불안을 더 이상 개인의 자본이나 능력, 국가의 치안에 의탁하여 해소하는 것이 아니라 우리가 스스로 만들어낸 연대와 돌봄을 통해 서로를 지킬 수 있다는 인식과 경험들이 생겨나고 있다. 남태령의 연대도 그런 경험의 순간으로 해석할 수 있을 것이다. 우리의 불안은 기존의 제도와 질서가 멈췄기 때문에 발생하는 것이 아니며, 따라서 질서가 돌아올 때 해소되는 것이 아니라, 우리가 서로를 지키고 돌볼 때 해소될 수 있다는 것을 짧은 시간에서도 충분히 확인할 수 있었다. 그런 경험은 질서와 규칙이 얼마든지 새롭게 만들어질 수 있고, 그것을 만들어내는 힘이 우리에게 있음을 확인시켜준다. 그 광장이 우발적으로 열린 공간이었고, 이제 우리는 그런 광장들을 일터와 삶터 곳곳에서 의식적으로, 의지적으로 만들어내야 한다.

비상사태를 계기로 광장에서 터져 나오는 목소리에는 다양한 주체들의 분노와 삶의 경험이 다층적으로 담겨 있다. 물론 유감스럽게도 그 속에는 듣기에 끔찍한 극우의 목소리도 있다. 언론은 이것을 '2030 여성'과 '2030 남성'의 대립구도로 만들어간다. 그러나 '2030 여성 대 2030 남성'이라는 납작한 구도 속에서는 우리는 같은 자본주의 사회 속에서 탄생한 존재들이 어떻게 정치적으로 다르게 주체화되는가를 사고할 수 없다. 그들은 각자 무엇인가에 눌려서 거리로 나왔다. 양극단에 있는 것 같지만 그 눌린 지점에는 어떤 '공통적인 것'이 있을 수도 있다고 생각한다. 극우화하는 청년들은 왜 '부정선거'에 그토록 자극받고 '중국'을 왜 그렇게 미워하는 것일까. '도둑질을 멈춰라'라고 쓰여 있는 우파 집회의 피켓은 그 원인을 유추해볼 수 있는 단서를 제공한다. 표를 도둑맞았다는 것에 대한 분노는 '무엇인가를 빼앗긴 자들의 분노'를—왜곡된 방식이지만—표현하고 있다. 투표는 그동안 도둑질당한 수많은 목록 중의 하나일 것이다. 아무렇지도 않게 가지고 누렸던 것을 빼앗긴 것에 대한 분노—이것이 경제하강기에 계급 하방과 지위 하락에 대한 공포의 핵심이자 파시즘 대중운동의 동력임은 앞서 설명한 바 있다—에 대해 우파 포퓰리즘은 그것이 개인의 탓이 아니라, 중국에 뺏긴 것, 여성에게 뺏긴 것, 이주노동자에게 뺏긴 것, 비정규직에게 뺏긴 것이라고 주장한다. 물론 그것은 전혀 사실이 아니며 도둑은 따로 있다. 저들은 진짜 도둑이 아니기 때문에 빼앗긴 것을 그들로부터 되찾아올 수 없다. 그들의 박탈감에는 추격당한 자의 박탈감에서 온 착시가 있다. 나의 권리와 지위는 점점 낮아지는데 상대의 권리와 지위는 점점 높아지는 것으로 보일 때, '그들의 권리 신장=나의 권리 하락'으로 여겨진다. 나의 몫을 빼앗아가는 (것처럼 보이는) 이들을 분노와 증오의 대상으로 삼는다. 그런 식으로 박탈당한 분노를 표현하는 것은 분명 잘못된 것이다. 그러나 우리는 그 박탈이 상상에서 나오지는 않았다는 점도 놓쳐서는 안 된다. 실제로 그들은—러스트벨트의 노동계급이나 영국 탄광지대의 광부들, 독일 동독지역의 주민들에게 일어났던 일처럼— 직장을, 수입을, 존엄과 인정을 박탈당했고, 가치가 떨어졌으며, 미래는 봉쇄되었다. 지금보다 더 나빠질 미래를 앞에 두고 불안에 떨고 있을지도 모른다. 필요한 것은 '너희는 악이고, 우리는 선이다', '너희는 저열하게 가도, 우리는 고상하게 간다'와 같은 말이 아니라 누가 우리를 이렇게 비참한 상태로 몰아가고 있는지, 진짜 도둑의 정체를 정확히 알려주는 것이다. 차별과 혐오는 어떤 사회나 있다고 말할 수 있지만, 신자유주의는 그것을 통치의 수단으로 삼았다. 아사드 하이더(Asad Haider)는 그것을 착취에 대한 '심리적 보상'으로 설명한다. 착취당한 이들이 다른 이들을 '착취할 수 있는 권리'를 허용해줌으로써 자신들이 당한 착취—저임금, 신분 차별—에 대한 불만을 상쇄할 수 있는 우월감을 마치 '심리적 임금'처럼 준다는 것이다. 하이더는 미국의 인종주의 역사에서 노동계급 안에서 피부색에 따른 신분 차별을 만들어 (다양한 색이 공존하는) 노동계급의 단결과 저항을 와해시키려는 농장주와 자본가들의 전략이 있었음을 보여준다. 백인 노동계급의 불만을 인종적 우월감에 기반한 특권의식으로 전환시켜 노동계급의 계급의식과 인간성을 파괴했던 것이다. 지금 한국 사회에서 나타나는 인종주의적 선동, 약자를 향한 차별과 혐오에도 그와 같은 방식으로 국내 노동자와 이주노동자, 남성 노동자와 여성 노동자, 정규직 노동자와 비정규직 노동자, 비장애인 노동자와 장애인 노동자를 가르는 자본의 분리 통치 전략이 작동하고 있다. 그 속에서 사람들은 괴물이 되어간다. 그 괴물들을 '박멸'의 관점에서 바라보는 것은 결국 문제를 만든 시스템을 유지하면서 문제가 발현된 개체들을 없애는 방식으로 처리하는 것과 다를 바 없고, 그것은 파시즘의 또 다른 얼굴이다.

그러나 존엄과 권리를 빼앗겼지만 그것을 되찾기 위해 다른 식으로 행동하는 이들이 있다. 그들 역시 박탈당한 존재로서 광장에서 자신의 모습을 드러냈지만 자신의 억압당한 목소리로 모두의 목소리를 대변하고, 타자의 해방에서 자신의 해방을 구하는 모습을 보였다. 이들은 박탈당한 이들이 전혀 다른 방식으로 다른 세계와 만나고 그 만남을 통해 각성하고 실천할 수 있음을 보여준다. 우리는 그 길을 찾아내고 넓혀가야 한다. 남태령을 향해 달려왔던 사람들은 조직된 대중이 아니었다. 오래전부터 차별당하고 박탈당한 존재들은 수많은 모멸의 기억을 갖고 지금 모멸당하는 존재들에게 공명하며 현장으로 달려왔다. 박탈당한 이들의 연대는 '지워진 얼굴'을 서로 비춰주며 세상 속으로 드러냈다. 박탈당한 자들의 연대, 지워진 존재들의 동맹은 여성 청년들만 가능한 일일까. 극우대중운동은 늘 민주주의에서 폭민주의의 위험을 찾아내며 민주주의 불가능성을 말했던 사람들에게 '증거'가 되고 있지만, 그것을 이겨낼 수 있는 힘도 연대하는 민중의 민주주의에서만 나올 수 있음을 수많은 연대투쟁의 현장을 통해 우리는 보여주어야 한다. 그리고 그것을 통해서 스스로의 확신과 서로에 대한 신뢰를 만들어갈 수 있을 것이다.

또한 새로운 민주주의 운동은 풀뿌리에서부터 저항 운동과 돌봄 운동을 함께 펼쳐나가야 한다. 위기 속에서 고통받는 이들이 극우세력이 아니라 노동조합과 사회운동, 지역공동체와 민중공론장에서 안전한 연대망을 발견하고 연결될 수 있도록 하는 운동이 필요하다. 어떻게 하면 소외된 청년과 불우한 노인들이 신천지나 교회가 아니라 노동조합과 진보정당, 사회운동 단체를 찾도록 할 수 있을까. 고민하자. 켄

로치가 영화 〈나의 올드 오크〉를 통해 호소하고 갈구했던 박탈당한 사람들의 연대를 포기하지 않고 끈질기게 시도하는 수밖에 없다. 고향을 빼앗긴 난민들과 일자리를 빼앗긴 노동자들이 함께 체제로부터 추방된 자로서 연대할 수 있었듯이, 부채를 짊어진 농민과 청년도, 월급과 미래를 빼앗긴 여성과 남성도, 법외 지대에 놓인 무권리 노동자와 이주노동자도 우리를 비참에 빠트리는 공통의 적을 함께 인식한다면 얼마든지 연대할 수 있을 것이다. 연대와 돌봄의 거점이 가장 끈질긴 저항의 거점이 될 수 있을 것이다.

그러기 위해서 우리는 위기를 초래하고 심화하는 근본 원인들을 제대로 인식하고 그것에 맞서 싸워나가야 한다. 그러려면 지금 우리가 겪고 있는 이 사태와 관통하고 있는 시간의 성격을 정확히 설명하고 사태 인식의 공동 기반을 만들어야 한다. 그러기 위해서는 지금 한국에서 일어나고 있는 비상계엄 사태 이후의 시간을 도래하는 역사의 한 계기로서, '역사와 구조 속에서' 바라보고 해석하는 일이 무엇보다 중요하다.

"사회 구성원들이 자신들이 겪는 긴급한 문제들이 기성 질서에도 불구하고 발생하는 것이 아니라 정확히 그 기성 질서 때문에 발생하는 것이며, 따라서 이 질서 안에서는 해결할 수 없다고 직감해야만 그때에야 위기라 할 수 있는 것이다. 임계치에 도달한 대중이 집단행동을 통해 기성 질서를 변혁할 수 있고, 또 그래야만 한다고 결의할 때에만 객관적인 곤경은 주체를 통해 발설된다. 그때에야, 오로지 그때에야, 우리는 결단을 요구하는 비상한 역사적 갈림길이라는 좀 더 거대한 의미에서 위기를 말할 수 있게 된다."²⁷ 우리는 지금 그 '비상한 역사적 갈림길'에 서 있다고 생각한다. 그럴수록 '단기주의적' 해결에 집착하거나 매몰되지 않고, 장기 전망을 가지고 그것을 향한 전략을 하나씩 놓아가는 것이 필요하다. 반자본주의, 반파시즘, 반제국주의 그리고 전쟁 반대를 분명한 목표로 수립해야 한다. 그런 목표를 가지고 광장의 민주주의를 더 현실적인 것으로 만들고 확장해나가야 한다. 20세기 대공황은 전쟁을 통해 해소될 수 있었다. 지금 자본의 축적 위기와 경제공황도 그 외 다른 자본의 출구는 보이지 않는다. 그런데 '자본주의 철폐'나 '반파시즘', '전쟁 반대'는 한국 사회에서 여전히 동의를 얻기가 쉽지 않다. 그 또한 반공자유주의가 낳은 상상력의 한계일 것이다. 그래서 더욱더 그 상상력의 봉쇄 지점을 돌파해내야만 한다. 진보정치부터 경제성장과 국가안보의 강력한 자장에서 벗어나야 한다. 또한 민주주의를 자본주의 문제와 별개의 것으로 바라보고 분리시켜서는 안될 것이다.

이매뉴엘 월러스틴(Immanuel Wallerstein)은 과거에 자본주의의 미래를 예측하면서 포스트 자본주의가 현 체제의 기본 특징—즉 위계질서와 착취, 양극화, 불평등, 가부장제 같은 특징—을 그대로 지니는 체제로 갈 수도 있고, 더 민주적이고 평등한 체제로 전환될 수도 있는 두 가지 가능성을 모두 가지고 있다고 말한 적이 있다.²⁸ 월러스틴은 전자를 '다보스 정신'으로, 후자를 '뽀르뚜 알레그리 정신'으로 명명했는

...

27 낸시 프레이저, 앞의 책, 246쪽.
28 이매뉴얼 월러스틴, 성백용 옮김, 『자본주의는 미래가 있는가』(창비, 2013).

데, 이는 각각 다시 두 가지 입장으로 나눠진다. 다보스 정신은 강압적 전략으로 체제를 유지하려는 입장과 아무것도 바뀌지 않도록 모든 것을 바꾸려 하는 혁신주의적 전략[29]으로 나뉜다. 국민의힘이 전자의 입장이라면, 민주당은 후자라 할 수 있겠다. 민중 진영도 자본 내부처럼 분열되어 있기는 마찬가지다. 뽀르뚜 알레그리 정신에도 자신들이 건설하려고 하는 세계상을 그것을 성취해나가는 현실의 운동에서부터 반영하고자 하는 수평주의적 그룹이 있고, 평등을 목표로 하면서도 정치세력화를 위한 과정에서는 수직적 조직을 수용하는 그룹이 있다. 내각제나 개헌 논의는 후자로 가게 될 공산이 크다.

그래서 구체적 전략을 바로 내놓기 전에 역사와 구조 속에서 좀 더 넓은 지평과 길게 내다보는 전망 속에서 정세에 대한 분석과 판단이 선행되어야 하고, 그래야 지금 우리가 하는 작고 구체적인 저항과 행동들이 전체적인 지도 위에서 어떤 의미를 갖는지 알고 행동할 수 있게 된다. 항해도를 가지고 항해할 때 망망대해에서도 길을 보면서 나아갈 수 있고, 작업 지도를 가지고 작업을 할 때 부분을 만들면서도 전체가 어떻게 연결되는지 상을 가지고 작업을 할 수 있게 된다. 각자가 그 상을 공유할 때 비로소 동원된 대상이 아니라 역사를 같이 만들어가는 주체가 된다. 그렇기에 부분을 연결하여 공동의 상을 만들어내는 작업들이 무엇보다 중요하다. 이 글은 구체적인 대안 제시보다는

...

[29] 제도를 바꾸고, 정책을 바꾸고, 슬로건을 바꾸고, 끊임없이 바꾸지만 결국 체제를 바꾸지는 않는, 체제를 바꾸지 않기 위해 모든 것을 바꾸는 전략이라고 하겠다. 책에서 월러스틴은 '녹색자본주의'가 대표적으로 그런 예라고 들고 있는데, 주류 기후운동이 에너지를 바꿔서 체제를 유지하는 전략이라는 점, 트럼프의 파리협정 탈퇴를 비판하고 있지만 결국 다보스 체제의 일원이라는 점을 폭로한다. 그런 점에서 사회운동의 힘에 의해 추동되고 뒷받침되지 않는 개헌 절차 또한 '아무것도 바뀌지 않도록 모든 것을 바꾸는 전략'으로 포섭될 가능성이 농후하다.

사태를 진단하는 것에 더 초점을 맞추었다. 현재 계엄사태를 둘러싼 논의의 방향을 바꾸고 실천적 대안에 대한 논의를 시작하는 데 도움이 되기를 바란다.

다만 지금까지의 주장은 한 가지 한계를 가지는데, 그것은 서구 민주주의 정치의 궤적과 그에 대한 분석을 주로 참고하여 한국의 민주주의 위기를 설명하고자 했다는 점이다. 한국 사회가 이미 세계시장에서 중심부 자본주의에 위치하고 있고, 지배계급 또한 미국 주도의 세계질서 재편 전략 속에서 위기의 출구를 모색하고자 한다는 점 그리고 지금의 정치가 이념적으로나 제도적 차원에서나 대부분 서구에서 이식된 것이라는 점에서 서구 자본주의 국가들에서 나타나고 있는 정치적 퇴행은 중요한 함의를 지니며, 현 상황의 원인을 진단하고 미래를 예측하는 데 분명 도움을 준다. 그러나 서구 자본주의와 대의정치의 궤적을 살펴보는 것은 우리의 이념과 제도가 상당 부분 그것에 기반하고 있다는 그 점에서만 의미가 있다. 그것을 돌파하려 할 때는 다른 곳을 보아야 한다. 어쩌면 어디로 가야 하는가에 있어서는, 제3세계에서 나타났던 수많은 저항과 다양한 민주주의 실험과 도전들이 더 중요한 좌표가 될 수 있을 것이다. 그동안 신자유주의 세계화로 가장 극심한 고통을 받은 지역에서 변혁 운동도 가장 가열차게 나타났다. 그리고 일부 지역에서는 혁명이 일정한 성공을 거두기도 했다. 베네수엘라의 볼리바르 혁명, 멕시코의 사파티스타, 남아공에서 광산노동자들의 개량적 노동운동을 넘어서는 변혁운동, 브라질에서의 무토지 농민운동, 중국에서 탄압받는 사회주의 운동과 농민공 노동운동, 칠레에서 반신자유주의 투쟁 등등. 그뿐만 아니라 여러 지역에서 나타나고 있는 코뮌주의, 커먼즈 운동들이 실패와 성공을 거듭하면서 계속 자본주의 질서에 균열을 내고 도전을 만들어가고 있다. 한국의 민주주의 운동은 종종 제3세계 민주주의 운동의 모범이자 교본처럼 여겨지곤 한다. 하지만 이제 한국 민주주의 운동은 서구의 자유민주주의 모델이 아니라 과거의 한국 민중의 투쟁을 보면서 투쟁하고 있는 다른 지역의 민중주의적 민주주의 운동으로부터 배워야 한다. 그와 같은 민주주의의 힘은 이 땅에서도 사라지지 않고 남아 있을 것이다. 그것을 통해 다시 '세상을 바꾸는' 새로운 민주주의 운동의 길을 내어보자. 국민의 힘은 극우화의 경향을 쉽게 바꿀 수 없을 것이다. 민주당은 자본의 위기와 극우의 준동을 막아낼 수 없을 것이다. 우리가 서로를 지켜내는 저항과 돌봄, 더 많은 평등과 더 많은 민중의 민주주의만이 파시즘과 극우세력의 준동을 막아내고 자본의 위기를 넘어 다른 세상으로의 길을 낼 수 있다.

3부

광장의 목소리 듣기
: 시민발언

일상의 파괴에 저항하는 헌정구성적 정치 　김현준
난 누구, 여긴 어디? 광장에 선 사람들이 답하다 　김성일
새로운 민주주의를 향한 애도와 사랑의 연대 　정원옥
보수의 심장은 늙어 죽을 것이다 　최준영
미래(를 위해 현재를 바꾸는)세대 　이윤서

일상의 파괴에 저항하는 헌정구성적 정치
: 내란반대 집회가 여는 민주주의의 성찰과 희망

김현준 (〈문화/과학〉, 서교인문사회연구실)

들어가며

내란반대(탄핵찬성) 집회 참여자들은 우리 사회에 어떤 마음으로 어떤 이야기를 들려주고 싶었을까? 그들이 느낀 감정은 어떤 것이었을까? 분노였을까? 아니면 불안과 공포, 좌절이었을까? 그들은 자신들의 이야기 속에 어떤 바람이나 소망을 담고자 했을까? 이들의 이야기 속에서 내란은 무엇이며 우리의 민주주의는 어떤 것일까?

당연히 계엄 및 내란에 대한 비판 그리고 이것의 원인 제공자인 윤석열 대통령 및 정부, 정치인에 대한 비판이 주요한 축을 형성한다. 그리고 그에 못지않게 (이 역시도 논리적으로 당연히 나올 수밖에 없는 주제인) 민주주의 수호와 시민들의 권리 옹호, 사회적 부조리의 증언이 많은 비중을 차지한다. 특기할 만한 점은 또 있다. 소수자와 연대에 관한 발화도 매우 높은 비중을 차지했다. 물론 이 모든 주제가 유기적으로 연결된 것이라는 점은 두말할 필요가 없다.

우리는 12.3 계엄으로 발생한 광장 집회의 현상과 민주주의에 대한 시민들의 생각을 드러내고 해석하기 위해 공개된 내란반대(탄핵찬성) 집회의 유튜브 영상을 수집하고 시민발언들(345명)을 전사했다.[1] 나는 여기에 개방코딩 및 축코딩, 주제별 빈도와 비중, 담론/서사분석, 의미연결망 분석 등을 시행하고 시각화했다.[2]

시민발언의 주제들: 통계적 빈도

먼저 전체 주제의 비중을 발화된 단어 빈도에 기반해 상대적 비율로 시각화했다. 단, 인사말과 구호, 단순 감탄사 등의 불용어는 제거해 전체 비율에 반영하지 않았다. 아래 그래프를 보면 대체로 주제들이 고르게 분포한다는 점을 알 수 있다. 윤석열 탄핵 요구와 계엄 사태, 정치세력 비판 등이 모두 유사 주제로 묶일 수 있다고 본다면 40% 가까이가 현사태에 대한 직접적인 언급이라고 할 수 있다. 하지만 나머지 주제가 60%라는 점에서 우리는 집회 참여자들과 발언 주제의 다양성을

---

1 상세 내용은 〈책을 펴내며〉를 참조하라.
2 연구자의 개방코딩과 축코딩을 바탕으로 담론서사분석을 수행해 가설을 세웠으며, 텍스트마이닝, 빈도분석, 축코딩에 생성형 AI 도구(ChatGPT, Gemini 2.5 Flash, Claude Opus 4, Sonnet 4)와 Voyant의 도움을 받아 가설을 AI모델별로 비교, 확인하고 이를 AI를 이용해 다시 종합 정리했다. 담론분석 결과를 빈도분석과 결합하여 서사의 시간축 변화를 재구성하는데 Claude를 사용했으며 이 결과를 다시 Gemini와 ChatGPT를 사용하여 코딩한 뒤에 의미연결망 분석에 통합시켰다. 의미연결망 기초분석에는 Voyant와 Gephi를 사용했고 이 결과값을 Gemini와 ChatGPT를 통해 재코딩한 뒤에 서사분석과 결합한 의미연결망 및 종합적 결과에 대한 최종적인 시각화는 Claude Opus 4, Sonnet 4를 사용했다.

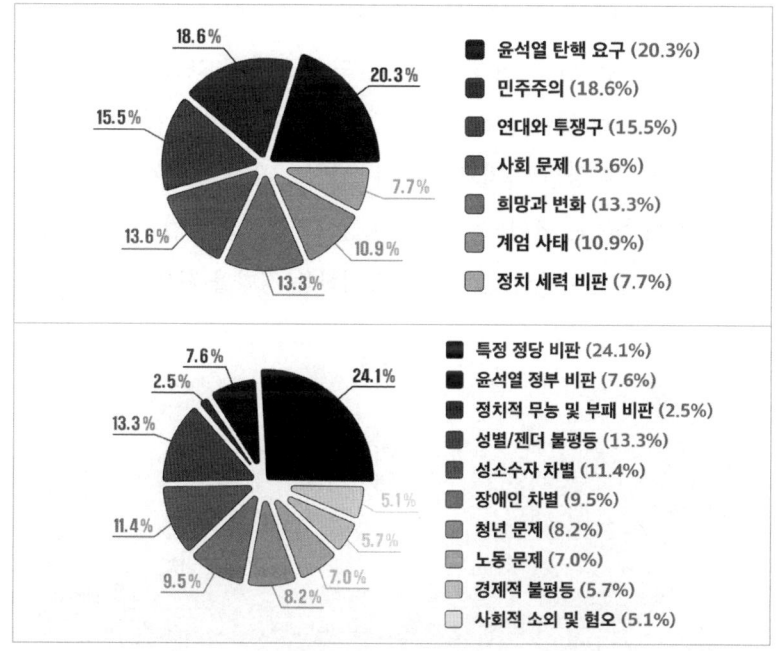

엿볼 수 있다.[3] 이러한 다양성은 뒤에서 밝힐 서사분석에서 드러난다.

다음은 언급된 주제들 중에서 직접적인 계엄 사태와 관련된 비판 범주와 사회문제 범주만을 구분하여 비중을 다시 표현해보았다. 직접적인 사태 비판보다 차별과 불평등을 비롯한 다양한 인권과 사회문제

• • •

3 고른 분포와 다양성이 내란반대 집회 참여자들의 구별된 특징이라는 점은 내란옹호 집회 참여자들 발화와의 대조에서 드러난다. 이 글에서 본격적인 분석을 하지는 않지만 내란옹호(탄핵반대) 집회(유튜브)에서는 (윤석열) 영웅서사, 승리서사, '하나님', '진리', '기도', '믿음'과 같은 기독교 언어가 지배적이다. '자유민주주의', '공산당', '좌파', '우파'와 같은 정치 용어는 물론이고, 부정선거 음모론 빈도수가 압도적이다. 내란반대(탄핵찬성) 집회에서도 좌우 이데올로기적 이항대립이 존재하지만 좌우파 개념 사용 빈도가 낮으며 상대방을 우파로 명시하는 경우가 드문 반면, 내란옹호 집회의 경우에는 이 개념 사용 빈도가 높고 상대방을 좌파(반국가 세력, 간첩)로 명시화하며, 자신들을 우파로 정체화(낙인)하는 발화와 이데올로기 대립 자체를 발화의 주제로 삼는다는 점에서 차이가 있다. 즉 후자의 경우 과잉 이념화되어 있다고 볼 수 있다. 또 후자의 경우 참여자의 다양성이 부족하고 서사가 단순하며 언어의 극단적 화법이 두드러진다.

에 대한 발언 비중이 상대적으로 더 높다는 것을 알 수 있다.

아래 그림은 단순 언급된 단어들의 빈도수를 '워드 버블'(word bubble)로 표현한 것이다. 사태의 직접적 중심인 윤석열, 내란, 계엄, 쿠데타만큼이나 다양한 가치와 정체성 그리고 '우리'와 같이 연대나 민주주의를 함축하는 단어와 '연대', '투쟁', '민주주의', '법'과 같이 직접적인 민주주의 용어들의 큰 비중을 차지하는 경향을 확인할 수 있다.

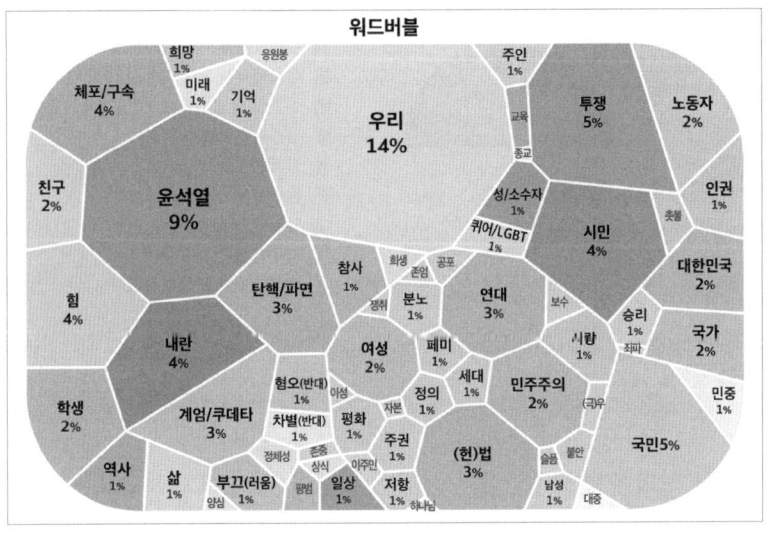

시민발언의 의미연결망

아래 의미연결망은 개방 코딩과 축 코딩 결과를 기반으로 주요 행위자와 주제 클러스터(노드)를 추출하고 빈도 분석 결과를 가중치로 반영하여 구성한 것이다.

주요 행위자, 사건, 추상적 가치 간의 관계 중심 의미연결망[4]

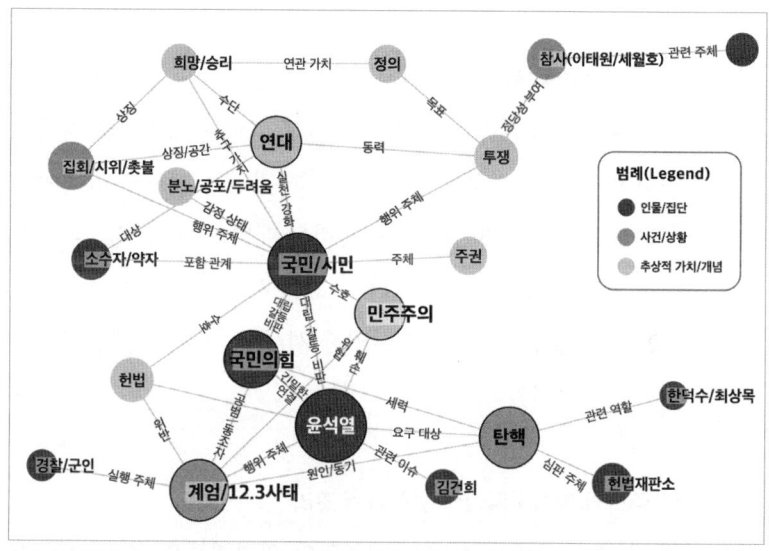

국민/시민은 민주주의와 헌법이라는 가치를 놓고 대립한다. 주요 행위자는 계엄의 주체인 윤석열과 공범인 국민의힘 그리고 민주주의와 헌법을 수호하는 국민/시민이며 소수자와 약자는 국민/시민에 포함된 관계이자 연대해야 할 주요 행위자로 나타난다. 사회적 재난참사(이태원, 세월호)는 국가 책임의 부재와 투쟁에 정당성을 부여하는 사건이며 유가족은 그러한 부재와 정당성을 부여하는 상징이다.

---

4 보다 상세한 연결망 애니메이션은 웹에서 확인할 수 있다. https://sociology.tistory.com/53, https://sociology.tistory.com/55

시민발언의 서사적 특징들: 담론/서사 분석

개별 스토리와 정체성에서 연대의 서사로

사회적 고통과 연계된 자신의 생애사와 일상 그리고 정체성을 적극적으로 드러내고 정치적 현실과 연결한다. 즉 개인적 서사를 공적이고 정치적인 연대로 확장한다. 전개되는 논리는 개별 집단(정체성)의 문제에서 구조적 연결성 강조로 변화한다. 개인적 서사는 광장(추상적, 형식적 민주주의)의 '아말감'이 되었고 이러한 서사적 형식은 광장 민주주의라는 장르로 정착되었다.

계엄 - 민주주의의 위기 - 일상의 위협과 부조리

12.3 계엄 및 내란 사태가 불러온 민주주의 위기의식은 크게 서너 가지로 정리해볼 수 있다. 헌정질서 및 법치주의 파괴, 공권력의 부조리, 시민의 일상적/헌법적 권리 침해이다. 특히 시민들은 계엄을 민주주의와 일상적 삶에 대한 위협이나 위기의 현상으로 인식했다. 그런데 계엄이란 민주주의의 위기 자체이기도 하지만 이 위기를 드러내는 증상에 가깝다. 이 민주주의의 위기란 시민들이 일상에서 경험하는 불평등, 차별, 폭력 등의 부조리들과 긴밀하게 연결되는 것으로 나타난다. 그리고 민주주의 위기의식으로부터 민주주의적 비전을 승화한다.

계엄 - 국가폭력 - 일상적 폭력의 성찰

시민들은 과거 민주화 운동과의 연속성을 증언한다. 직접적인 계기는 과거 군사반란을 위시한 국가폭력의 재현이라고 할 수 있다. 12.3 계엄령과 계엄군의 폭력적 광경(스펙터클)은 과거 군사반란, 독재정권의 계엄령 및 국가폭력(시위, 최루탄, 비명)이라는 역사적 경험과 외상을 재현했다. 이 광경은 마치 전혀 다른 시공간이 연결되는 웜홀처럼 (반)민주적 체험과 현재의 (반)민주적 체험을 만나게 했다. 이 광경을 당시 미디어를 통해 간접적으로 경험한 시민들은 전율하는 어떤 감정 속에서 국회로, 집회 현장으로 달려 나갔다고 고백한다. 집회에 참여한 시민들은 미디어와 계엄군에 맞선 물리적 체험 그리고 시민들의 증언을 통해 현재 민주주의의 위기 국면을 과거의 역사가 아니라 생생한 현실로 느끼게 되었다. 또한 집회 시위 현장과 무대는 과거와 현재를 잇는 시공간으로서 의미화되었다. 계엄은 단지 정치적 목적을 위한 권력자의 초법적 명령이 아니라, 과거와 현재를 이어주는 외상적 사건이자 과거 민주화의 '현재적' 기억이라고 할 수 있다. 즉 계엄에 대한 체험에서 시민들의 즉각적 반응은 일차적으로는 공포와 불안이었지만, 곧이어 침해당한 민주주의와 시민권에 대한 염려 그리고 공동체에 대한 염려와 연민의 정서가 발현한다. 이후에 다시 살펴보겠지만 이는 민주주의에 대한 인식론적 성찰뿐만 아니라 죄책감이나 부끄러움, 염치와 같은 감정적 반성으로 발전되었으며, 궁극적으로 연대와 돌봄의 의지로 나타난다.

이 국가폭력의 외상적 체험은 집회에서 다른 종류의 국가폭력과의 비교 및 대조로 나타난다. 그것은 노동자 및 장애인, 소수자에게 가하는 국가와 사회적 폭력(차별)의 질적 강도를 성찰적으로 인식하는 것이었다. 계엄군에 의한 압도적인 비대칭적 폭력을 직간접적으로 체험한 시민들은 다른 비대칭적 폭력 상황을 떠올렸고 선택적 공권력 행사의 사례들을 비판했다. 시민들은 계엄군의 폭력에 매몰되기보다는 폭력의 의미를 성찰하고 확장하여 전체 사회의 다양한 국가폭력과 차별적 양상들에 주목했다.[5] 집회의 무대는 국가나 정치권력에 대한 또 다른 대항폭력의 선동이 아니라 이 폭력들의 성찰과 증언의 장으로 사용되었다.

수직적(역사적) 기억의 수평적(동시대적) 통합

광장은 일상의 공유뿐만 아니라, 역사적 기억과 심지어 외상을 공유하는 장이기도 하다. 역사적 사건들에 관한 기억을 길어 올려 개별 정체성이나 세대적·성별적 경험을 통합한다. 통시적 기억을 공시적으로 만드는 셈이다. 세대별 특수한 경험일 수 있는 국가폭력(민주화운동과 노동탄압)과 사회적 재난참사(세월호, 용산, 제주항공 등)의 경험 그리고 구체적 투쟁(남태령, 동덕여대 등) 경험의 상기와 공유를 통해 공감을 이끌어내고 이를 통해 개인이나 세대들을 연결하여 민주주의 현재 세대를 구성해나간다.

나아가 광장은 팔레스타인 국제 연대를 제안할 수 있을 정도로 민주주의라는 동시대적 문제틀과 폭력에 대한 감수성이라는 공시성의 확장을 보여준다.

내란이란 무엇인가: 일상의 파괴

참여자들은 개인의 안전과 일상의 보존을 민주주의의 주요한 가치로 인식한다. 계엄과 내란은 이를 파괴한 사건으로서 의미화된다. 인식론적인 차원에서는 계엄령-공포와 불안-일상 파괴-민주주의 파괴와 내

---

5 내란반대 집회 참가자들은 국가폭력에 대한 감수성을 발전시켰다. 반면에 내란옹호 집회 참가자들은 국가폭력을 정당화했다.

란이 인과관계로 연결된다.

민주주의의 위기, 즉 '내란'은 일상의 파괴와 동일시된다. 계엄과 탄핵 심판 정국은 일상을 파괴하고 불안을 발생시켰다. 즉 시민들에게 계엄과 탄핵 국면은 단지 정치적 사건이 아니라 일상 붕괴와 그로 인한 불안으로 경험되는 것이다. 일상 붕괴와 불안이 지속되는 한 계엄은 현재 진행형인 셈이다. 이러한 불안의 지속이 시민들에게는 내란인 것이다.

심지어 자영업의 위기는 삶을 파괴하고 불안하게 한다는 점에서 집회 현장에서 증언되고 계엄 사태 및 민주주의 위기와 연결되어 진술된다. 다시 말해 민주주의 위기를 구성하는 여러 하위의 위기 사례들이 있다기보다는 우리의 일상을 파괴하고 불안을 양성하는 하나하나의 사건들이 그 자체로 민주주의의 위기를 보여주고 증명하기에 충분한 것들이다.

일상 위기의 민주적 승화와 정체성들의 헌정구성적 정치

집회 현장에서 시민들은 기후, 문화예술, 복지, 청소년 등 저마다 각자의 삶의 처지 속에서 경험되는 삶의 위기 징후들을 민주사회의 보편적 위기 자체로 증언함으로써 추상적인 민주주의 가치와 연대를 구체적인 삶들 속에 기입해낸다. 발언자들은 자신의 정체성을 적극적으로 드러내는 특징을 보였으며, 이를 통해 집회 참여자 구성의 다양성과 포용성을 확인할 수 있다. 그런데 이러한 다양한 시민의 참여는 단지 다양성을 확인하는 수준에서 끝나는 것이 아니라 민주적 가치와 연대를 창출하는 요인이자 동력이 되는 것을 확인할 수 있다.

참여자들은 각자의 '정체성 정치'(identity politics)를 하는 것이 아니라, 각자의 자리가 성찰과 연대의 조건이 되는 '정체성들의 구성적 정치'(constitutive politics of identities)를 수행한다.[6] 이는 '정체성들의 헌정구성적 정치'(constitutional politics of identities)라고 부를 만하다. 집회는 그 시일이 지날수록 자신의 개인사를 통해 복합적 정체성(교차성)을 명시적으로 드러내는 발언자가 증가하는 것을 볼 수 있다. 그리고 공감을 위한 수사적 전략과 연대 범주도 확장되는 양상을 보인다. 자연스럽게 동질 집단 호소에서 이질적 집단 간 연대 강조가 나타나고 다양한 집단들을 호명하며 사회적 약자 범주가 확장되어 전면적 다중 연대를 구축하는 시도가 증가했다.

이때 광장은 각자의 정체성 안에 갇힌 정치에 머무르지 않고 각자의 정체성을 기반으로 열린 정체성의 헌정질서를 구축하는 운동이 된다. 민주주의의 위기는 각자의 일상적 삶에서 경험되고 이에 대한 비판적 성찰이나 서사는 민주사회와 헌정적 가치를 구성하는 요인으로 작용한다. 가령 한 시민은 노동현장에서 탄핵찬성 노동자에 대한 불이익을 증언한다. 이 노동자에게 민주주의의 위기 또는 내란은 경제

• • •

6   나는 이 대목에서 '정체성 정치'에 대한 아이리스 영과 버틀러의 이론에 영감을 받아 이 광장의 문화정치를 '정체성들의 헌정 구성적 정치'로 재개념화했다. 아이리스의 영은 동일성 논리를 비판하면서도 억압받는 집단들이 자신들의 경험과 목소리라는 고유의 정체성을 기반으로 정치적 주체로 등장하는 '차이의 정치'를 '정체성 정치'의 핵심적 구성으로 이해한다. 이것은 집단적 행위자가 고유의 집단적 차이를 인정함으로써 구조적 부정의(지배와 억압)을 드러내는 방식으로 행동하는 정치를 의미한다. 한편 버틀러는 정체성 정치의 배타성과 지배권력의 전략적 전유라는 위험성을 지적하긴 했지만, 취약한 몸들의 수행적 연대가 기존의 정체성 범주와 경계를 교란하고 차이를 포용할 수 있음을 드러냄으로써 정체성(들)의 역동적 재구성을 포착한다. 즉 이들 모두 정체성 정치가 단지 폐쇄적 동일시만을 낳는 것이 아니라, 오히려 광장에서 공연 또는 수행되는 정체성이 광장의 다양하고도 때론 이질적인 정체성들을 협상해 내어 새로운 관계형식인 집단(정체성의 감각)과 질서를 구축하는 수행적 조건이 된다는 점을 읽어냈다는 데에 의의가 있다고 볼 수 있는 것이다(아이리스 매리언 영, 김도균·조국 역, 『차이의 정치와 정의』(모티브북; 2017); 주디스 버틀러, 김응산 역, 『연대하는 신체들과 거리의 정치』(창비, 2020)).

적 착취만이 아니라 노동현장에서 헌정질서의 명시적 표명(표현의 자유)을 탄압하는 방식으로 경험된다. 노동현장의 부조리는 단지 노동자와 사용자 간의 생산관계의 모순상에서만 나타나는 것이 아니라, 헌정질서와 같은 민주적 가치에 대한 신념을 제약하는 방식으로 경험된다. 이 노동-정치의 복합적 부조리는 광장에서 증언되고 고발된다. 이러한 일상의 개별적인 반민주적 부조리의 경험이 새로운 민주사회에서 고려해야 할 공통의 문제로서 제기되는 것이다. 또 어느 성소수자는 이 외에도 다양한 주제들이 광장에서 일상과 민주주의 위기로서 증언된다. 기후 위기, 문화예술 탄압, 민영화, 복지예산 삭감, 청소년 안전망 파괴, 재난 참사 등이 언급된다.

결국 우리가 지켜야 할 민주공화국의 가치는 단지 계엄 사건과 탄핵 찬성의 정치적 입장에서 구성되는 것이 아니라, 개별적 일상의 증언과 고발에 대한 공감으로부터 구성된다고 말할 수 있다.

정서적 서사의 흐름과 담론의 확장
: 부정적 감정을 극복하는 연대의 감정

개별 시민발언 시간 내의 서사적 감정 변화

각각의 시민발언에서는 다음과 같은 감정적 흐름의 일반적 경향을 보인다. '위기', '불안', '분노'와 같은 용어가 발언 초반 1/4 지점에서 73% 더 자주 나타난다. 발언 중간 부분에서는 '과연', '혹시', '어쩌면'과 같이 불확실성과 의문을 표현하는 용어가 초반 부분에 비해 58% 증가한다. 이는 모호한 감정과 성찰적인 감정 상태를 포함하여 더 복

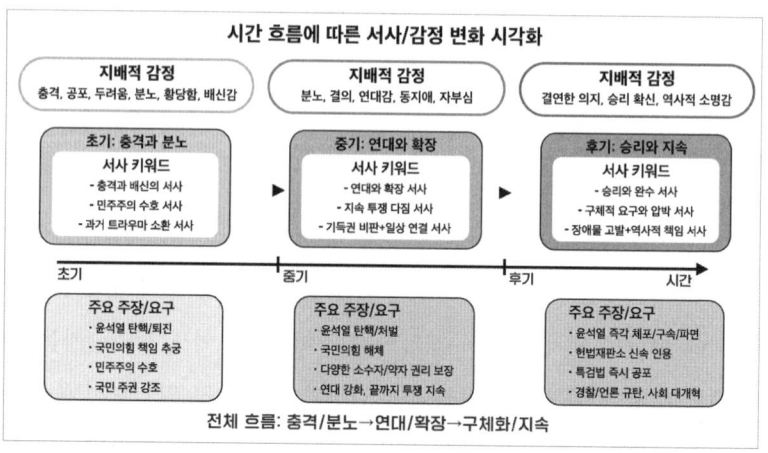

잡한 감정 표현으로의 전환을 시사한다. 결론 부분은 긍정적인 감정적 표식(희망, 연대, 결의)으로의 상당한 변화를 보여주며, '희망', '연대', '함께'와 같은 용어가 초반 부분에 비해 후반 1/4 지점에서 81% 더 자주 나타난다. 개인의 고통을 집단적 희망과 행동으로 바꾸는 수사적 전략이 서사적/감정적 흐름으로 전개된다고 볼 수 있다.

집회 기간 동안의 감정적 서사의 변화와 담론의 구조적 확장

우리가 조사한 기간은 한 달 여(2024.12.7.~2025.1.11.)로 매우 짧은 편이었지만 대체로 집회 초기 국면에서는 충격과 공포, 분노와 배신감 표현이 많았던 반면, 후기로 갈수록 초기의 부정적 감정 표현은 점차 줄어들면서 결의와 승리의 확신, 연대 의식의 표현이 증가하는 경향을 보였다. 이는 투쟁 지속의 결의가 부정적 감정을 극복하도록 하고 연대감이 확장하는 경향으로 해석할 수 있다.

12월 발언들에서는 주로 민주주의의 '수호'가 강조되었지만, 1월

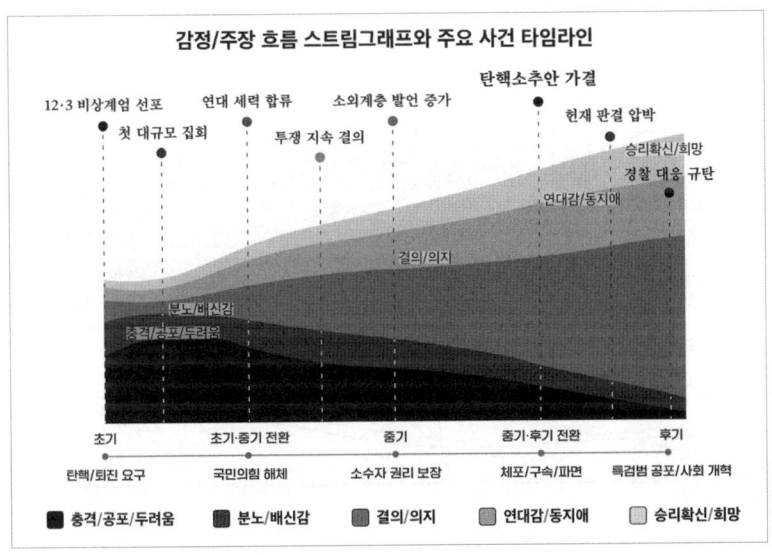

발언들에서는 민주주의의 '확장' 및 '심화'와 같은 용어를 점점 더 많이 사용하여 방어적 프레이밍에서 변혁적 프레이밍으로의 변화를 시사하고 있다. 담론 구성 역시 초기 단일 담론, 즉 '윤석열-탄핵' 구조에서 다양한 사회문제를 언급하는 등 다변화된 담론 구조로 발전한다. 정체성 용어도 증가한다. 1월은 12월에 비해 정체성 관련 언술들이 67% 증가했으며, '페미니스트', '퀴어', '트랜스젠더'와 같은 용어가 더 자주 등장했다.

내란반대 집회는 단순히 계엄 반대와 대통령 파면만을 주장하는 무대가 아니라 내란 세력에 대한 공동 저항과 대안적 사회구성 의제를 제기하는 무대로 확장되고 있다. 즉 참여자들에게 탄핵은 민주주의의 종착점이 아닌 변화의 출발점이다. 윤석열 체포와 탄핵 인용(파면)에서 사회대개혁으로 요구로 확장되는 모습을 보여준다.

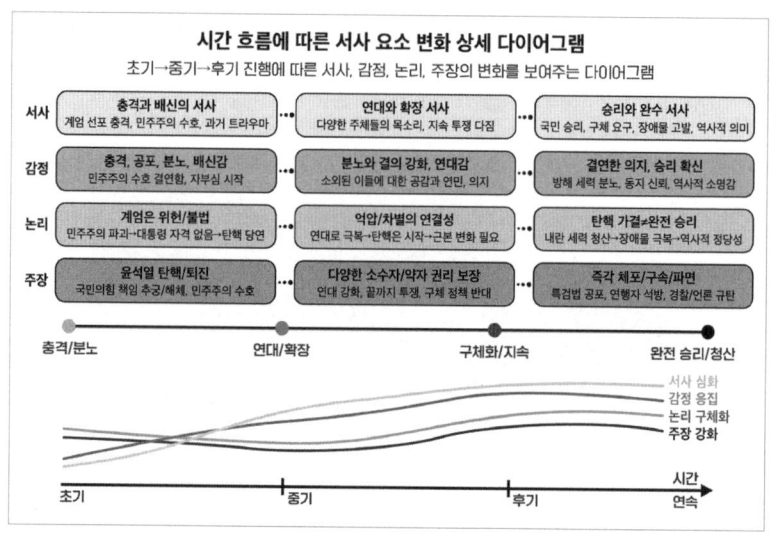

참여자들의 발언은 대개 절차적 민주주의(법치주의) 회복 요구에서 출발하지만 그 함의는 단순하지 않다. 시민들은 탄핵과 내란 진압을 형식적 제도와 절차적 정당성 확보에 국한되는 것으로 이해하지 않는다. 광장의 시민들은 다양성과 평등, 인권이 보장되는 포괄적 사회 비전을 민주주의로 이해한다.

참여자들의 민주주의란 생명, 안전, 평화, 일상을 보장하고 직접 연대로 일구는 일상생활 민주주의라고 할 수 있다. 또한 회고적 감정에서 미래지향적인 유대감으로의 발전이 보인다. 분노, 슬픔, 공포, 불안과 같은 부정적 감정에서 시작해 희망, 연대, 사랑, 감사, 기쁨, 환대, 응원 등의 긍정적 감정으로 전환되는 서사 흐름도 보인다.

세대나 집단별 감정 표현의 차이도 있다. 청소년층은 미래에 대한 걱정과 희망이 공존한다. 청년층은 일상과 직업적 안정에 대한 불안의 감정이 두드러진다. 중장년층은 역사적 경험에 기반한 두려움과 결의를 보이는 경향이 있다. 장애인이나 소수자는 배제와 포용에 대한 양가적 감정이 드러나는 편이다.

분석 결과 종합

위의 분석 결과들을 종합하면 다음과 같은 서사들이 시민발언의 핵심적 주제라는 것을 알 수 있다.
1) **일상과 연동된 민주주의의 위기:** 12.3 비상계엄은 윤석열 정권의 민주주의 파괴 시도이자 명백한 내란 행위로 규정되며, 이는 국민의 다양한 삶과 일상과 주권을 빼앗는 행위로서 이야기된다.
2) **민주주의를 수호하는 시민의 저항과 연대:** 계엄 사태에 맞서 시민들이 자발적으로 국회와 광장으로 모여 저항했으며, 다양한 배경의 사람들이 연대와 희생, 돌봄을 통해 민주주의를 수호하고 사회를 갱신하려는 의지와 방법들에 관해 이야기하고 있다.
3) **민주주의의 확장, 소수자 목소리와 정체성의 확장:** 그동안 억압받았던 여성, 장애인, 성소수자, 노동자, 농민 등 다양한 주체가 자신의 경험을 증언하며, 연대를 통해 더 평등하고 안전한 사회를 만들고자 하는 희망적 감정과 서사가 나타난다.
4) **민주주의에 대한 성찰:** 과거의 폭력과 민주주의 기억을 현재의 사태와 연결하며, 개인적 폭력 경험을 구조적 국가 폭력과 연결한다. 세월호, 이태원 참사, 과거 민주화 운동 등 역사적 사건을 환기하면서 사회적 부조리와 차별, 국가의 책임 부재가 반복되고 있음을

증언하며 현재 투쟁의 정당성과 시급성, 국가의 책임을 강조하는 서사가 반복된다.

5) **내란 진압과 민주주의 회복:** 윤석열 대통령과 국민의힘 등 내란 관련자들에 대한 탄핵, 파면, 체포, 구속 등 법적·정치적 책임을 묻고 정의를 바로 세우고 민주주의를 회복해야 한다는 강력한 요구가 제시된다.

집회 참여자들은 탄핵 파면이 단순한 정치적 사건이 아니라 민주주의와 사회의 실질적 변화의 출발점으로 인식하며 포괄적이고 포용적인 민주주의를 지향한다. 집회에서 드러난 '민주주의의 위기와 회복을 위한 시민적 저항'이라는 중심 주제는 단순한 정치적 투쟁이 아니라 한국 사회의 구조적·경제적 불평등 해소, 다양한 정체성의 인정과 존중 그리고 새로운 공동체성 구축이라는 복합적이고 다층적인 문제에 긴밀하게 연결되어 있다. 즉 참여자들의 발언은 민주주의의 위기 상황에서 형식적 민주주의를 넘어 실질적이고 포용적인 민주주의를 향한 열망과 실천을 보여주며, 이는 한국 민주주의의 새로운 지평을 열어가는 과정으로 해석할 수 있다.

맺으며

일상의 삶과 민주주의(광장집회)는 역설적 관계에 있다. 현실적으로 일상은 광장에서 유지되기 어렵고 광장의 삶은 일상을 허용하기 어렵다. 부조리한 일상이라 할지라도 형식적 민주주의가 작동하고 있었다면 사람들은 광장에 나오지 않았을지 모른다. 하지만 계엄과 내란은 형식적 민주주의의 일상적 작동은커녕 이 민주주의가 언제든지 위태로워질 수 있다는 진실을 드러냈고 그것이 보통의 삶을 파괴한다는 진실도 드러냈다. 사람들은 부조리한 현실과 지배체제에 대한 깊은 회의감을 느꼈다. 위기감과 회의가 모든 사태와 정서를 지배할 수도 있었겠지만, 사람들은 애써 힘을 내어 광장에 모였고 서로를 응원하며 돌보았다.

　공포와 불안이 지배적 감정이 될 수 있는 국면에서도 이 아포리아를 뚫고 나오는 서사와 존재들이 있다. 때론 진부하지만 때론 평온하기도 한 일상의 삶과 형식적이고 추상적인 민주주의를 연결해주는 이야기를 가진 사람들이 있다. 일상과 제도, 삶의 성찰과 체제 비판을 잇는 민주주의는 사람들의 용기로 가능해진다. 일상에서는 드러내지조차 못하는 삶의 이야기와 정체성을 드러내고 모두를 위한 민주주의의 감정과 유대를 위한 자원으로 기꺼이 내어놓는 용기. 계엄은 '정상적'인—그것이 불완전한 민주사회의 은폐된 효과라 할지라도— 평범한 일상을 깨뜨림으로써 우리 사회 민주주의 체제를 의심하게 만들었다. 계엄과 내란으로 인해 불안해진 일상을 그대로 붙잡고 살 수도 있었을 것이다. 그러나 사람들은 자신의 일상을 희생하고 서로를 지키며 사회를 복원하기 위해 광장에 나왔다. 그것이 일상을 다시 회복하는 일임을 알기 때문일 것이다. 모두가 기대했던 것은 어쩌면 민주주의를 의심할 필요가 없는 평범한 일상의 세상일지 모른다. 평범한 일상이 사실은 부조리 없는 좋은 삶들로 연결되어 존재한다는 사실. 이것을 말하고 꿈꾸는 일이 결코 쉬운 일이 아니라는 것을 광장의 사람들은 말과 행동으로 보여주었다.

> # 난 누구, 여긴 어디?
> 광장에 선 사람들이 답하다
>
> 김성일(경희대학교)

유희적 밈에서 생존권적 각성으로

'난 누구, 여긴 어디?'는 인터넷에서 회자했던 유행어다. 세파에 떠밀려 부초처럼 살아가는 생활, 뜻하지 않은 상황에 직면하며 느낀 당혹감, 문득 정신 차리고 각성한 현실 자각 타임(현타)을 지칭하는 이 말은 또 다른 인터넷 유행어 '웃픈'(웃기지만 슬픈) 삶을 유희적으로 그려내면서 삽시간에 퍼져 나갔다. 일상의 자잘한 모순과 틈새를 유희적으로 표현했던 이 용어가 현 시기 생존권적 각성으로 다가왔다. 이 변화의 기폭제는 윤석열이 기습적으로 발표한 12.3 비상계엄령이다. 본디 계엄은 법률의 효력이 정지된 예외 상태의 정치적 시공간을 만든다. 이러한 정치적 시공간에서는 외부의 적이 아니라 국내의 혼란을 진압하고 질서를 유지할 목적으로 군의 물리력이 행사된다.[1] 이에 계엄은 사회를 향한 국가의 선전 포고로서, 계엄군은 사법권과 행정권을 장악해 사회를 통치한다. 문제는 기존 법률로 제어할 수 없는 혼란 상태(비상사태)를 바로 잡을 군대의 물리력이 때때로 "로고스 없는 순수 폭력"[2]이 되어 자의적으로 행사된다는 점이다. '로고스'가 없다는 것은 폭력의 행사가 사회적 합의 없이 지배 권력의 입맛에 맞게 마음대로 행사됨을 뜻한다.

이러한 폭력이 5.16 쿠데타와 비상계엄(1961), 유신과 비상계엄(1972), 10.26 사태와 비상계엄(1979), 5.18 광주민중항쟁과 비상계엄(1980)에서 목격됐기에, '난 누구, 여긴 어디?'는 생존과 직결될 수밖에 없다. 이로부터 12.3 비상계엄에서 느껴진 최초의 감정은 구속과 죽음에 대한 공포이다.[3] 또한 대통령 한 사람의 독단적 결정으로 계엄이 선포될 수 있다는 충격[4]과 함께, '87년 체제' 이후 구축됐다고 생각한 민주주의가 여전히 불안정하다는 우려를 느꼈다. 아울러 대통령이 극우 유튜버의 가짜뉴스에 휘둘려 부정선거라는 망령에 씌어 계엄을 선포함으로써 대한민국을 삼류 쿠데타 국가로 전락시켰다는 수치감[5]도 느껴졌다.

무엇보다도 12.3 비상계엄은 헌법과 계엄법이 규정한 계엄 선포 조건에 전혀 부합하지 않는다는 점에서 민주적 헌정체제를 전면 부인

• • •
1 최성용, "여순에서 남태령까지, 손가락총의 폭력을 넘어", 〈문화/과학〉 121(2025), 172쪽.
2 조르주 아감벤, 김항 옮김, 『예외상태』(새물결, 2009), 82쪽.
3 최성용, 앞의 글, 176쪽.
4 황경하, "광장을 넘어, 현장으로", 〈황해문화〉 126(2025), 210쪽.
5 박재현, "소외된 존재가 없는 생명평화의 정토를 꿈꾼다", 〈황해문화〉 126(2025), 175쪽.

한 처사이다. 윤석열 대통령이 주장한 계엄 선포의 사유로 든 '국민 계몽'은 어디에도 해당하지 않는다.[6] 둘째, 12.3 비상계엄은 전제군주를 꿈꾸며 반공 독재체제를 구축하려는 친위 쿠데타이다. '친위 쿠데타'란 특정 정권이 헌법에 규정된 한계를 넘어 권력을 강화하거나 연장하려는 독단적 정치 행태를 말한다. 셋째, 12.3 비상계엄은 일시적인 정치적 일탈이 아니라 지배 블록이 권력 강화를 위해 국가 조직을 체계적으로 동원·활용한 범죄이다. 이에 영구집권을 꿈꾸는 반민주 세력이 치밀하게 계획해 국권을 침탈한 명백한 내란 행위로 볼 수 있다.[7] 넷째, 12.3 비상계엄은 세계적으로 극우 정치가 부상하고 신권 위주의 정권이 성립되는 추세의 일환[8]이다. 즉, 2010년대 이후 세계 각지에서 벌어진 민주주의 후퇴의 가속화 속에서 그동안 세력을 키운 한국의 극우세력이 하나의 정치세력으로 입지를 굳히려는 정치적 기획이다.[9] 다섯째, 12.3 비상계엄은 의심을 신념으로 전이하는 유튜브 알고리즘이 만든 반동정치이다. 알고리즘에 의한 유튜브 가짜뉴스의 반복적 재현은 알고리즘의 외부를 차단함으로써 거짓을 사실로 만드는 주술적 효과를 발휘한다.[10]

  비상계엄령 발포(2024.12.3.)로부터 헌재의 탄핵 판결(2025.4.4.)에 이르는 과정에서 나타난 다음의 세 가지 분기점은 12.3 비상계엄의 특징을 압축적으로 보여준다. 첫 번째 분기점은 비상계엄령 발표 자체

---

6 이재승, "내란죄: 12월 3일 쿠데타의 밤", 〈문화/과학〉 121(2025), 72쪽.
7 김용태, "어둠 속에서 빛처럼", 〈황해문화〉 126(2025), 183쪽.
8 권창규, "무지개 색깔 동지들의 기억 투쟁", 〈문화/과학〉 121(2025), 134쪽.
9 정성조, "퀴어 민주주의를 위하여", 〈문화/과학〉 121(2025), 150쪽.
10 이동연, ""광기의 지상권": 윤석열 통치권력 체제의 정신분석", 〈문화/과학〉 121(2025), 104쪽.

가 초래한 파장이다. 국정농단에서 촉발된 박근혜 탄핵 이슈가 직권 남용과 뇌물 수수에 집중됐다면, 윤석열 탄핵 이슈는 헌법 위반과 헌정 문란에 있는 만큼 문제의 심각성이 매우 크다. 두 번째 분기점은 국민의힘을 비롯한 극우세력의 대응이다. 박근혜 탄핵 때 여당의 상당수는 탄핵에 찬성했고 헌재의 탄핵 인용 결정을 수용했다. 그러나 윤석열 탄핵에서 보인 국민의힘의 주요 인사들과 극우세력은 탄핵소추의 핵심 사안인 비상계엄령 선포의 위법성 자체를 인정하지 않고 있으며, 오히려 헌재를 비롯한 사법부의 권위에 도전하고 있다. 세 번째 분기점은 비상계엄령 발표 직후 국회로 모여 계엄군과 대치하며 계엄령의 철회를 이끌고, 연대와 환대의 정치로 경찰의 차벽을 뚫고 남태령을 넘은 시민들의 적극적인 저항이다.

위 세 가지 분기점을 경유하며 나타난 극우세력의 가시적 세력화와 민주세력의 저항 문화의 변화는 한국 정치의 지형도를 크게 바꿀 것으로 보인다. 이 글은 세 번째 분기점인 시민들의 탄핵 집회에 주목하면서, 그동안 '촛불집회'로 지칭된 사회운동 양식에 어떤 변화가 생겼는지 집회 참여자의 시민발언으로 살펴보려 한다. 일명 '응원봉집회'로 불린 이번 탄핵 집회의 가장 눈에 띄는 점은 노동자와 농민으로 대표된 기층민중과 장애인과 퀴어 같은 사회적 소수자가 시민과 접속됐다는 사실이다. 이는 6월 항쟁부터 박근혜 탄핵 촛불집회에 이르는 일련의 사회운동에서 드러난 참여 주체 간 비대칭 문제의 해소에 물꼬를 텄다는 점에서 운동사적으로 매우 중요하다. '참여 주체 간 비대칭'은 운동 이슈의 집중 혹은 대의를 위해 특정 주체의 문제와 쟁점을 '나중에' 다뤄도

된다는 식의 배제와 위계화를 뜻한다.[11] 이 글은 그 증거를 탄핵 집회 참여자의 시민발언에서 찾으면서 그 의미를 분석하고자 한다.

언어(말)는 그 자체로 사람, 사물, 세계에 관한 인식 체계에 깊이 관여하면서 정치적으로 지배 혹은 저항의 정동과 이데올로기를 형성한다.[12] 이로부터 집회 참여자의 시민발언은 소속과 나이, 성별을 밝히는 것을 넘어 참여 이유와 필요성은 물론, 바람과 전망까지 제시하며 실천의 다각적 서사를 구성한다. 이를 '집합적 정체성의 사회적 구성'(social construction of collective identity)이라 부르는데, 이를 통해 참여자는 자신의 동조자들과의 연대성을 발견하고 자신과 반대자들을 구별할 근거를 찾게 된다.[13] 이로부터 이 글은 비상계엄령 담화문과 포고령, 윤석열, 극우 유튜브, 극우 행동주의자들의 발언에서 '통치를 위한 계엄의 언어'를 살펴보고자 한다. 더불어 '난 누구?'와 '여긴 어디?'를 나눈 뒤에 '저항을 위한 광장의 언어'를 다음과 같이 알아볼 것이다. '난 누구?'는 사회운동 참여가 자신과 사회 발전에 가치 있는 일이라고 생각하게 만든 동기화의 요인을 말한다. 시민발언은 사회적으로 구성된 지위의 격자 속에 배치된 개인들이 어떻게 사회운동의 적극적 참여자가 됐는지를 잘 보여준다. '여긴 어디?'는 광장정치로 펼쳐진 탄핵 집회의 전개를 효과적으로 이끌 전략적 자원을 지시한다. 이때 시민발언을 통해 드러난 상황 정의와 실천 방식, 대안에 관한 인식은 탄핵 집회의 원활한 전개에 중요한 자원이 된다.

...

11 진태원, "권두언: 세 번의 놀람, 세 개의 질문, 세 가지 과제", 〈황해문화〉 126(2025), 8쪽.
12 이라영, 『말을 부수는 말』(한겨레출판, 2023), 8쪽.
13 임희섭, 『집합행동과 사회운동의 이론』(고려대학교출판부, 1999), 127쪽.

통치를 위한 계엄의 언어

천공, 건진, 미륵과의 무속 공동체, 개국공신 친윤계 정치인, 충암파 비상계엄 라인, 가짜뉴스를 생산한 극우 유튜브 연합은 윤석열 통치 권력의 근간은 이룬다.[14] 이로부터 윤석열 통치 권력은 주술에서 권력으로, 권력에서 파국으로 치닫게 됐다. 즉, 사법 권력에서 통치 권력으로 재생산되는 모든 과정에 주술 공모의 혐의가 끊이지 않았고, 검찰 권력과 가짜뉴스를 동원해 절대 권력을 행사하려는 요령으로 비상계엄이라는 반헌법적 행위를 저지르다[15] 탄핵되었다. 이러한 맥락 속에서 만들어진 통치를 위한 계엄의 언어는 비상계엄 담화문과 포고령, 윤석열의 자기변호, 극우 유튜브, 극우 행동주의자의 발언을 통해 다음과 같이 살펴볼 수 있다.

첫째, 비상계엄 담화문과 포고령은 정치적 반대자뿐 아니라 국민을 적으로 돌리는 대국민 선전포고이다. 12.3 비상계엄은 계엄법의 이름으로 국민 기본권의 폐지, 제한 없는 국가폭력, 전체주의적 사상 통제를 실현하려 한 초법적 조치이기에, 반국가 세력, 체제전복 세력, 종북 공산주의·공산 전체주의 세력의 처단과 척결이 담화문의 기본 골격을 이룬다.[16] 더불어 계엄사령부의 포고령 제1호에 나온 주요 내용, 즉 국회와 지방의회, 정당의 활동과 정치적 결사·집회·시위 등 일체의

---

14 같은 글, 100쪽.
15 이동연, 앞의 글, 97쪽.
16 신진욱, "12.3 비상계엄 국면에 나타난 네 가지 폭력의 키워드에 대한 사회학적 고찰", 〈문화/과학〉 121(2025), 57쪽.

정치활동 금지(1항), 모든 언론과 출판은 계엄사의 통제를 받아야 하고 파업·태업·집회 행위의 금지(3, 4항) 등은 군대에 무제한의 폭력과 사상 통제 권한을 부여한 전체주의적 발상이다.[17]

둘째, 12.3 비상계엄과 관련해 윤석열이 발언한 말들은 주술·망상의 언어이자 국민을 비인간화하고 타자화하는 증오의 표현들이다. 윤석열의 권력이 현실화하는 모든 과정에 주술이 개입됐는데, 그의 손에 왕(王) 자를 새기게 하고, 권력의 집을 이동시키며, 계엄의 시간을 점지했다. 이 과정에서 윤석열은 자신의 신체 안에 주술의 암호를 각인하고 가짜를 진짜로 믿는 망상의 언어를 의식 안에 주입했다.[18] 자신이 박해받고 있다는 망상은 위 과정에서 생겨났는데, 비상계엄 담화문과 대국민 담화, 헌재 변론 과정에서 일관되게 나타났다. 가령, 국회의 입법 폭주, 무차별 탄핵 발의, 예산 삭감에 따른 국정 마비로 대통령의 통치에 심각한 위해를 입었다는 것이다. 이로부터 부정선거와 국회 활동을 끊임없이 의심하는 가운데 삼권분립이 자신을 공격하는 패악질이라 단정하고 비상계엄을 고도의 통치 행위로 간주했다.[19] 한편, 반국가 세력이라는 언어에 담긴 국민의 비인간화와 타자화는 증오의 정동을 극대화하면서 군대의 물리력 행사에 정당성을 부여하도록 이끈다. 이로부터 노상원 전 정보사령관의 수첩에서 발견된 정치적 반대자를 상대로 메모한 '수거', '처리', '처분' 등의 용어는 그 자체로 공포를 자아낸다.

• • •

17 같은 글, 58쪽.
18 이동연, 앞의 글, 96쪽.
19 같은 글, 107쪽.

셋째, 극우 유튜브는 윤석열의 정치적 정체성 결핍을 메우는 대리-자아의 이데올로기 생산 공장이다.[20] 주지하듯, 윤석열은 정치검사이지만 정치인은 아니다. 이에 사람을 대하고 세계를 인식하는 방식이 검사라는 조직문화에서 만들어졌지만, 정치사회와 시민사회의 다양한 이해관계를 조정·관리하는 정치적 훈련은 전무하다. 이러한 결핍을 극우 유튜브의 가짜뉴스가 채웠는데, 윤석열은 정치의 불안 심리를 해소하고 통치의 정당성을 확보하는 자원으로 활용·의존하는 과정에서 가짜뉴스를 진실로 믿는 편집증적 확증 편향에 빠졌다. 이로부터 윤석열은 5.18 광주민중항쟁 북한 개입설, 이재명 대표 피습 조작설, 이태원 참사 불순세력 개입설, 총선 부정선거설, 탄핵 집회 중국 개입설 등을 사실로 믿으면서 12.3 비상계엄을 구국의 결단으로 확신했다.[21]

넷째, 극우 행동주의자들이 자신의 과격 행동을 정당화하기 위해 주장한 말은 민주주의를 위협한다. 서부지법 폭동(1.19.)에서 극우 행동주의자들은 국회와 사법부, 헌법재판소, 선거관리위원회 등 헌법기관을 모두 부정하면서 '저항권'과 '혁명'을 외쳤다. 기존 법률의 효력을 부정하며 법 바깥에서 새로운 체제의 정통성을 수립하려는 이들의 말과 행동은 현 공화국의 상식과의 양립을 불가능하게 만든다.[22] 극우 행동주의자들은 12.3 비상계엄이 기존 헌정 체제를 뒤흔들며 만들어낸 정치적 틈새를 편향적 발언과 행동으로 더욱 벌리려 하고 있다. 가령 한남동 집회의 '키세스' 시위자를 담은 사진을 극우세력의 모습처럼

...

20 같은 글, 102쪽.
21 같은 글, 102-103쪽.
22 최성용, 앞의 글, 187쪽.

조작하고, 2030 청년이라는 표상을 자신들의 것으로 가져오려고 청년들을 앞에 내세운다.[23]

저항을 위한 광장의 언어

난 누구?

'난 누구?'라는 질문은 사회운동 참여가 자신을 비롯해 사회 전체의 발전에 가치 있는 일이라고 인식하게 만드는 동기화의 요인을 말한다. 주지하듯, 사회적 불만이나 사회 변화에 대한 열망이 바로 사회운동으로 이어지지 않는다. 사회운동의 성패는 성공 가능성과 시의적절성에 관한 전략적 판단이 요구된다는 점에서 참여에 따른 보상과 비용을 종합적으로 검토해야 한다.[24] 이에 운동조직이 사회운동에 필요한 인적·물적 자원을 얼마나 동원할 수 있느냐와 함께 사회운동에 참여한 본인의 행위에 대해 어떻게 의미를 부여하는가가 중요하다. 탄핵 집회에서 진행된 시민발언은 사회적으로 위치 지어진 개인들이 의미의 구성을 통해 어떻게 사회운동의 적극적 참여자가 됐는지를 밝힐 중요한 대상이 된다. 시민발언에서 잠재적 지지자를 적극적 참여자로 동기화한 요인은 자기소개, 개인적 이력, 자의식을 통해 다음과 같이 살펴볼 수 있다.

---

23 같은 글, 188쪽.
24 Berk, Richard, "A Gaming Approach to Crowd Behavior", *American Sociological Review* (39). 1974, ~358-359.

[표 1] 자기소개를 통한 사회운동 참여의 동기화 요인

발언자	발언 장소	주요 발언 내용
1	서울 남태령	여러분, 투쟁으로 인사드리겠습니다. 투쟁! 저는 페미니스트이자 오픈리 퀴어, 25살 국어국문학과 조○○입니다.
2	서울 경복궁	사랑하는 시민 여러분, 반갑습니다. 사회민주당 대표 국회의원 한○○입니다.
3	서울 남태령	안녕하세요. 경기도에서 온 22살 만화를 그리고 있는 대학생입니다.
4	서울 남태령	자기소개하기 전에 사과부터 드려야 할 거 같습니다. 저는 박근혜가 세운 대학을 졸업해서 박정희가 세운 연구원에서 일하고 있는 대학원생입니다.
5	서울 경복궁	반갑습니다. 수능 끝나고 수시 추합 결과 확인하고 나온 고3 학생 허○○입니다.
6	서울 남태령	여러분, 저는 어제 경복궁 시위에 참여하고 밤새 유튜브를 보면서 이곳에 아무 일이 없길 바라며 첫차를 타고 온 사람입니다.
7	서울 남태령	안녕하세요. 경기도 부천에서 온 TRPG를 취미로 하는 시민입니다.
8	서울 경복궁	저는 12.3 불법 계엄 사태를 계기로 조직된 중증 장애인 모임에서 대표로 발언하게 된 민○○입니다.
9	서울 남태령	하남에서 첫 차 타고 온 성공회대학교 중어중국학과 17번 한○○입니다. 저는 여성입니다, 20대입니다. 경상남도 출신이고 노동자이기도 하고 대학생이기도 합니다. 또 장애인입니다. 아마 성소수자일 수도 있습니다.
10	서울 남태령	저는 경기 남부에서 온 20대 여성입니다. 그리고 저는 따뜻한 방에 누워 있는 걸 좋아하는 평범한 소시민이고요. 무엇보다 엄청나게 겁이 많습니다. 또 무대 공포증이 좀 있습니다.

자기소개가 사회운동 참여의 동기화 요인인 이유는 공론장에서 자신을 드러내는 행위에 대해 두려움과 부끄러움, 주저함이 없음을 스스로에게 그리고 청중에게 각인시키기 때문이다. 이에 자기소개는 시민발언의 요식행위가 아닌, 본인 행동에 대해 정당함을 부여하고 타인에게 공표하는 중요한 의례가 된다. 실로 탄핵 집회에서 나온 자기소개는 다양하게 이뤄졌다. 거주지, 나이, 직업, 소속을 밝히는 것(2, 8 발언자)이 일반적이지만, 성적 지향을 밝힌 것(1, 3, 5, 9 발언자)은 이례적이다. 이성애가 '정상인'으로 확고히 규정된 한국 사회에서 자신의 성

정체성을 청중 앞에서 밝힌다는 것은 개인적 결단을 넘어 정체성 투쟁을 적극적으로 수행하고 있음을 보여준다. 즉, 한편으로 퀴어를 반국가 세력으로 규정하며 민주주의 자체를 부정하려는 극우 개신교와 이에 동조해온 정치권을 향한 투쟁을, 다른 한편으로 민주주의를 회복하고자 외치는 동료 시민들을 향한 외침이다.[25] 한편, 본인의 취향(7 응답자), 성격(10 발언자), 독특한 지위(4 발언자), 참여 동기(6 발언자)를 자기소개의 소재로 삼은 사람도 있었다.

[표 2] 개인적 이력을 통한 사회운동 참여의 동기화 요인

발언자	발언 장소	주요 발언 내용
6	서울 남태령	1980년 5월 18일, 제 아버지는 광주에 계셨습니다. 당시 아버지는 학생이셨고 시위에 참여했다가 계엄군에 끌려가셨습니다. 저 스스로 당시의 이야기를 찾아보면서 계엄이 얼마나 무서운지, 고립된 사람들이 얼마나 힘들고 어려운 생활을 하고 있는지 알게 되었습니다.
11	서울 남대령	제가 이런 자리에서 시민으로서 발언하는 것은 이번이 인생 두 번째인 거 같습니다. 처음이자 마지막이었던 것은 제가 고등학교 1학년 때 광주의 학생으로서 5·18 민주광장에서 열린 청소년 집회 때였습니다.
12	서울 경복궁	한국에서 퀴어로 살면서 경험하는 무관심과 혐오를 인내하고 긍정적인 에너지로 바꾸려고 노력합니다.
13	서울 경복궁	제가 나간 첫 시위는 초등학생 때 광화문이었습니다. 거의 10년 만에 다시 시위하기 위해 광화문으로 돌아왔습니다. 2주 전엔 가장 보고 싶었던 연극을 취소하고 저번 주에는 기말고사가 이틀 남았음에도 불구하고 그리고 오늘은 종강하고 처음으로 맞는 주말인데도 목소리를 내기 위해 나왔습니다.
14	서울 경복궁	저는 옥탑방에 살고 있습니다. 코딱지만큼 작은 방에 외풍이 들이치는데 윤석열이 난방비를 올려서 난방을 제대로 틀지 못하고 있습니다.
15	서울 경복궁	제가 처음으로 혼자 광장에 나온 것은 세월호 참사 1주기 때였습니다. 당시 애타는 마음에 차벽에 국화꽃을 붙였던 시민들을 기억합니다. 저는 그날 광장에서 국가가 지킨다는 안전은 우리의 안전이 아니라 정권의 안전임을 깨달았습니다.

• • •

25 정성조, 앞의 글, 162쪽.

16	서울 안국역	지난 12월 19일 충주에 있는 공군전투비행단에서 군용 트럭이 가로수를 들이받아 적재함에 탔던 병사들이 다치고 죽는 사건이 있었습니다. 지붕도 없고 제대로 된 안전띠도 없는 좁은 트럭 적재함에 10여 명의 아들들을 태우고 가다가 일어난 안타까운 사고입니다.
17	서울 남태령	급식실로 일하러 갈 때 주변 사람들이 암 걸린다, 골병든다, 젊은 애가 왜 이런 일을 하냐고 걱정합니다. 저는 이 일을 누구보다도 자랑스럽게 생각합니다. 매일 땀 흘려 일하면서도 이 일이 얼마나 책임감이 강해야 하는지 매번 느낍니다.
18	서울 남태령	저는 사실 자퇴생입니다. 수능도 안 쳤습니다. 대학 안 갈 겁니다. 자격증으로 취업하려고 합니다. 어찌 보면 저는 사회의 이단아입니다.

개인적 이력이 사회운동 참여의 동기화 요인인 이유는 본인의 과거 행적이 어느 정도의 상관관계에 놓여 있기 때문이다. 원인 없는 결과가 없듯이, 사회운동 참여를 이끈 요인 중 하나는 개인이 겪은 과거의 경험들이다. 특정 사건에 가족이 연루(6, 16 발언자)되거나, 사회운동 참여 경험이 있는 상황(11, 13, 15 발언자) 외에도 소수자로 사는 삶(12 발언자), 생활상의 곤란(14 발언자), 직업적 특수성(17 발언자), 진로와 인생관(18 발언자) 등이 탄핵 집회 참여를 이끈 요인으로 작용했다. 집합행동의 참여자는 자신의 이력을 현재의 사회운동 참여와 연계함으로써 개인적 삶의 서사를 완성한다. 기든스는 자아 정체성의 토대를 존재론적 안전에서 찾았는데, '세상은 살 만한 곳'이라는 인식은 세파를 이겨낼 자신감을 심어주면서 자아의 연속성에 대한 믿음을 강화한다.[26] 그런 의미에서 사회운동 참여를 매개로 과거의 삶과 현재의 삶을 연결해 본인의 생애사를 연속적으로 구성하는 일은 삶의 안정적(지속적) 서사가 불가능한 신자유주의 시대를 견디고 극복하게 해주는 중요한 활동이 된다.

...

26 김성일, "대학생의 소비자주의 정체성 발현 양태와 교양교육이 나가야 할 방향", 〈교양학연구〉 11(2/2024), 164쪽.

[표 3] 자의식을 통한 사회운동 참여의 동기화 요인

발언자	발언 장소	주요 발언 내용
1	서울 남태령	우리는 역사에서 한 번도 실패한 적이 없다고 생각합니다. 당장 실패한 것처럼 보이는 것들이어도 결국에는 흔적을 남기고 그 흔적이 다음 세대로 이어져 결국에는 변화를 불러옵니다.
2	서울 경복궁	우리는 지금 시민혁명을 만들어가고 있습니다. 모든 시민혁명의 주인공이 청년 학생들이라고 이야기하고 있습니다. 청년의 심장은 우리 사회를 바꾸는 역사의 엔진이기 때문입니다.
11	서울 남태령	법률상에서 사람이란 권리와 의무의 주체인 인격자를 말합니다. 우리는 사람이 되기 위해 이 자리에 모였습니다.
19	서울 남태령	우리 모두는 민주주의를 지키기 위해 이곳에 왔습니다. 우리는 더 이상 총부리가 두렵지 않습니다. 우리는 만들어야 합니다.
20	서울 경복궁	나라가 어두울 때 자기가 가진 가장 빛나는 것을 들고 광장에 모여주신 국민 여러분. 너무나도 아름답고 사랑합니다.
21	서울 남태령	우리는 할 수 있습니다. 국가의 주인은 국민이고 우리가 이 사실을 알기 때문입니다. 우리는 절대 후퇴하지 않고 앞으로만 걷는 사람들입니다.
22	서울 경복궁	우리는 우리의 일상을, 소중한 이들의 삶을, 우리가 살아가는 세상을 지키기 위해 집회에 나왔습니다. 이제야 비로소 응원봉으로 우리의 존재가 밝혀진 것으로 생각하는데요
23	서울 남대령	나 빼고 케이팝 콘서트(탄핵 집회) 하는 거 참을 수 없고, 역사의 한 페이지를 가만히 보고만 있을 수 없어서 연단까지 올라왔습니다.
24	서울 경복궁	우리는 특정 이념 때문에 모인 것이 아닙니다. 소소한 하루를 즐겁게 즐기기 위해서, 가족과 따뜻하고 맛있는 밥 한 끼 먹기 위해서 이 자리에 모였습니다.
25	서울 경복궁	국민에게 총부리를 겨눈 내란세력을 몰아내기 위해, 농민과 노동자, 민중을 탄압하고 여성, 장애인, 이주민, 소수자를 차별하는 썩은 세상을 갈아엎기 위해 농민들이 다시 일어섰습니다.
26	부산 서면	제가 봉사를 다니는 아이들도 이야기합니다. "언제 탄핵 되지?" 애들도 이렇게 말하는데, 저는 조용히 일하고 행복하게 지내고 싶거든요.
27	서울 안국역	공수처가 윤석열을 체포하지 않는 이유가 무엇인지 의문이 들었습니다. 초등학생인 저도 아는 것을 어른들은 왜 모르나요.

자의식이 사회운동 참여의 동기화 요인인 이유는 본인을 어떻게 인식하느냐에 따라 인식과 행동이 달라지기 때문이다. 여기서 '자의식'이란 개인적 자아를 집합행동 참여자라고 하는 사회적 자아로 보게

만드는 인식으로서, 사회운동의 필요성과 함께 참여의 정당성을 확보하게 만든다. 시민발언 속에서 참여자들은 사회 변화와 민주주의를 이끈 실천적 주체(1, 2, 19, 20, 23 발언자), 권리와 의무의 주체(11 발언자), 주권자(21 발언자), 일상 속의 생활인(22, 24, 26 발언자), 탄핵 주동자 심판자(25, 27 발언자)로 자신을 인식하고 있었다. 사회운동은 이러한 개인의 자의식이 집합적 신념(collective beliefs)으로 발전해야 일어날 수 있는데, 집합적 신념은 사회운동과 참여에 의미를 부여하는 준거 틀로 기능한다.[27] 시민발언은 이러한 집합적 신념이 형성되는 소통 창구로 작동하면서 탄핵의 필요성과 조속한 시행, 많은 사람과 함께한다는 소속감과 효능감을 부여했다.

여긴 어디?

'여긴 어디?'라는 질문은 '광장'이라고 하는 집회 장소에서 '광장정치'로 펼쳐지는 탄핵 집회의 효과적 전개를 이끄는 전략적 자원을 지시한다. 운동 전략은 사회운동의 성공적 전개를 위한 선택적 행위의 총체적 기획인바, 참여자의 집합적 신념에 기초해 운동 목표를 공식화하고 조직적 활동에 필요한 전술적 행위를 이끈다. 이때 자신이 처한 상황과 실천 방식, 대안에 관한 집합적 행위자의 인식은 운동 전략 수립에서 핵심 자원이 된다. 즉 현실에 대한 비판적 문제의식을 형성하고 그에 따른 실천 방식을 모색하며, 궁극적으로 대안을 제시할 수 있을 때 운동 전략의 성공적 수립이 가능하다. 시민발언이 위 세 가지 요인에

...
27 임희섭, 앞의 책, 143쪽.

따라 정교하게 이뤄지지 않았지만, 탄핵 집회의 목적과 실행, 비전을 살펴보는 데 중요한 시사점을 제시하고 있는 것만큼은 확실하다.

[표 4] 전략적 자원으로서의 상황 정의

발언자	발언 장소	주요 발언 내용
25	서울 경복궁	남태령 고개를 경찰버스로 봉쇄하고 트랙터 유리창을 망치로 부수며 운전자를 억지로 끌어내렸고, 이에 항의하는 농민에게 욕설과 폭력을 행사했습니다.
28	부산 서면	윤석열의 노조법 거부권 행사 이후 조합원들은 하지 않아도 될 파업을 해야 했고, 길어지지 않아도 될 교섭이 지지부진해지면서 너무나 큰 고통을 받았습니다.
29	서울 안국역	2년 반 동안 윤석열이 저지른 만행을 다 알고 있습니다. 민생 파탄, 경제 파탄, 참사 정권, 의료 대란, 전쟁 책동, 국정농단, 김건희 방탄 정권, 검찰공화국, 역사 왜곡 등 수많은 수식어가 붙을 정도입니다.
30	서울 남태령	계엄 사태 이후, 어쩌면 윤석열 집권 이후부터 경제, 국방 등 모든 면에서 나라가 정상적으로 돌아가지 않았습니다.
31	서울 남태령	백골단을 창단한다는 말이 지금 말이 된다고 생각하십니까? 80, 90년대 시위대를 때려잡던 기동대가 바로 백골단입니다. 대놓고 국민을 때려잡겠다는 저들을 가만히 두겠습니까?
32	서울 남태령	유석열을 구속하고 처단하는 것도 중요하지만, 농촌을 피폐하게 만든 썩어빠진 세상을 제대로 갈아엎지 않으면 우리 농민들로서는 농사지어 남는 것이 없어 또 다시 농산물을 갈아엎어야 합니다.
33	서울 안국역	이렇게 탄핵 심판이 지지부진한 이유엔 모피아인 최상목이 있고, 검토처인지 공선처인지 모를 공수처가 있으며, 백골단 창단 기자회견을 국회에서 열어준 내란 동조 정당 국힘과 전광훈 집회를 마치 우리와 동급인 양 보도해주는 언론이 있습니다.
34	부산 서면	지금, 이 나라에서 직장에 다니는 여성들이 페미니즘 사상 검증을 강요받아 생계와 생명을 위협받고 있습니다. 장애인들은 단지 자신들의 이동권을 보장해달라는 시위로 경찰들의 제압을 받고 있습니다. 성소수자들은 이성애의 준칙을 따르지 않았다는 이유로 사회에서 배제되고 있습니다.
35	부산 서면	여전히 내란 세력들이 진압되기는커녕, 내란 수괴라는 작자는 대통령 관저에서 술 먹고 농성하고 있고, 내란 공범과 동조 세력들은 80년대 민주주의를 외친 학생과 국민을 쇠 파이프로 때려죽이고 영안실 벽을 뚫고 시신을 탈취한 백골단을 창설하겠다고 국회에서 기자회견을 하는 등 민주주의를 유린하고 있습니다.

'상황 정의'란 현실에 대한 비판적 인식으로서, 무엇이 문제인지 알게 해주는 비정의 의식(sense of injustice)을 형성해 사회운동의 목

표와 실천 방도 모색에 중요한 근거를 제공한다. 시민발언에서 상황 정의는 진행 중인 집회에 대한 공권력의 저지와 탄압에 대한 분노(25 발언자), 반노동·반농업 정책으로 인한 고충 토로(28, 32 발언자), 윤석열 정부의 총체적 문제 지적(29, 30 발언자), 탄핵을 저지하려는 정부와 여당의 퇴행적 행태 고발(31, 32, 35 발언자), 사회적 소수자에 대한 차별 비판(43 발언자) 등으로 다양하게 조명됐다. 위 상황 정의를 종합해 볼 때, 탄핵 집회 참여자들은 12.3 비상계엄 선포뿐 아니라 집권 초기부터 이어져온 반민중적 국정운영에 대해 총체적으로 비판하고 있음이 발견됐다. 이는 윤석열 정부가 자신의 지지층을 적극 포용했지만, 반대자를 배제하는 2국민 정책을 펼친 결과이다. '2국민 정책'이란 지배권력의 가치와 규범을 적극적으로 수용한 국민에게는 각종의 수혜를 제공하지만 그렇지 않은 국민은 철저하게 배제하는 국정운영 행태를 말한다. 이는 탄핵 정국에서 극우 행동주의자의 결집과 과격한 행동이 가시화되는 정세를 만들었는데, 향후 한국 사회의 갈등 지형에 큰 영향을 미칠 것으로 보인다.

[표 5] 전략적 자원으로서의 연대에 기초한 실천 방식

발언자	발언 장소	주요 발언 내용
3	서울 남태령	국민을 지켜야 할 군인이 국민을 향해 총부리를 들이밀고, 국민을 향해 처단하겠다고 말하면서 자신의 세력을 향해 선동을 일삼은 윤석열의 추악한 모습을 똑똑히 봤습니다.
4	서울 남태령	저는 이곳에서 민주주의를 수호하기 위한 모두의 동료 시민으로서 끝까지 함께 할 것임을 선포합니다. 어쩌면 조금은 특이하고 정상성에서 벗어난 채로 살아가고 있지만, 이곳에선 그 무엇도 우리의 결집에 방해가 되지 못합니다.
21	서울 남태령	국민의힘은 보수라고도 불러주면 안 됩니다. 그들은 국가와 국민이 아닌 자기 재산과 명예를 지키고 있습니다. 당론이 여론보다 중요한 자들을 국민의 대표로 앉혀줄 수 있겠습니까?

36	서울 남태령	공권력은 절대로 공평하게 작용하지 않습니다. 여자로서, 성소수자로서, 장애인으로서, 농민으로서, 우리는 공권력이 우리에게 편협하게 작용하는 모습을 계속 보지 않았습니까?
37	서울 남태령	잊지 않겠습니다. 어제 시민 여러분이 보내주신 끊임없이 들어오는 따뜻한 음료와 핫팩, 심지어는 화장실 안에 비치된 여성용품들까지 보면서 너무나 세세하고 찬찬하게 신경 써주신 농민분들께 끝없는 감동을 하였습니다.
38	서울 남태령	내란 수괴에게 부역하고 농민이, 여성이, 장애인이, 노동자가, 퀴어와 성 노동자들의 정당한 투쟁을 방해하는 경찰이 무슨 민중의 지팡이입니까?
39	서울 남태령	일단 나오면 여기 동지들이 있습니다. 음식과 핫팩을 챙겨주고 미약하지만 사회를 바꾸기 위해 가장 먼저 뛰쳐나온 사람들이 있습니다. 제가 이런 걸 알기 전에 그 자리에서 오랜 기간 투쟁을 해온 동지들이 있었습니다.
40	서울 남태령	집회에 참여하려고 하는데, 주변 사람들이 구체적으로 조언해주는 겁니다. 모자, 안경, 마스크와 함께 특정되지 않을 옷을 입고 운동화를 신어라, 신발이 벗겨진 채로 뛸지 모르니까 양말은 두꺼운 것으로 골라 신으라고 말입니다.
41	부산 서면	혹시 추우신 분 중에 몸이 매우 냉한 것 같다, 조금씩 졸음이 온다고 느낀 분들은 꼭 실내로 들어가 주십시오. 저체온증입니다.
42	서울 남태령	왜 윤석열은 농민에게 죽으라 하는 것입니까? 쌀값이 이렇게 폭락했는데 아무것도 안 하면서 더 떨어지기를 기다린 사람이 바로 윤석열입니다.

사회운동에서 상황 정의에 따른 책임 소재(누가 잘못했는가)와 연대 활동(누구와 함께 싸울 것인가)을 규정하는 것은 중요한 사안이 된다. 집합적 행위자가 이들 요인을 얼마나 인지 혹은 스스로 구성하느냐에 따라 사회운동의 성패는 달라진다. 즉, 사회운동의 목표와 성격, 실천 방도에 대한 높은 이해는 집합적 행위자가 자긍심과 귀속감을 느끼며 적극적으로 참여하게 이끈다. 비상계엄령 선포 당일 국회로 곧장 달려가고, 한겨울 한파도 능히 견디며 집회를 사수했던 의연함은 위 요인에 대한 탄핵 집회 참여자의 이해가 높았음을 의미한다. 책임 소재와 관련해 국민을 향해 총부리를 겨눈 군인(3 발언자), 정당한 집회를 막은 경찰(36, 38 발언자), 내란 세력을 감싼 여당(21 발언자), 반농업 정책을 펼친 윤석열 정부(42 발언자) 등 다양한 비판이 쏟아졌다. 연대활동과

관련해 강력한 연대 의사 표현(4 발언자), 탄핵 집회 참여자에 대한 물질적 지원(37, 39 발언자), 조언(40, 41 발언자) 등이 나왔다.

이번 탄핵 집회가 기존 촛불집회(미국산 쇠고기 수입 반대 촛불집회, 박근혜 탄핵 촛불집회)와 확연히 다른 점은 참여자 간 연대가 두드러졌다는 점이다. 이는 '남태령대첩'에서 극적으로 나타났는데, 전봉준투쟁단이 이끈 농민들의 트랙터 서울 상경 투쟁이 경찰에 의해 남태령에서 막히자 시민들이 합류해 28시간 동안 함께 투쟁하며 끝내 경찰 차벽을 뚫고 서울 집회를 성사했다. 이 과정에서 농민과 그 관계자뿐 아니라 젠더와 성정체성, 계급, 학력, 장애, 지역, 나이, 민족과 인종을 이유로 그동안 주변화됐던 많은 사회적 소수자가 시민발언을 통해 자신을 드러냈고 서로 격려했다. 연대와 환대의 광장이 만들어지는 가운데 서로가 공시적·통시적으로 연결되어 있음이 확인되는 순간이었다.[28]

[표 6] 전략적 자원으로서의 대안 제시

발언자	발언 장소	주요 발언 내용
8	서울 경복궁	탄핵은 경유지이지 종착지가 아닙니다. 탄핵 이후에도 여성, 장애인, 퀴어, 노동자 같은 사회적 소수자가 어디에나 존재한다는 사실을 망각해서는 안 되며 끝까지 연대해야 합니다. 모든 존재가 지워지지 않는 민주주의 사회를 위해 투쟁!
14	서울 경복궁	박근혜를 퇴진시켰을 때, 우리의 삶은 나아지지 않았습니다. 이번에는 우리의 힘을 국회의원에게 넘겨주지 맙시다.
28	부산 서면	저희 민주노총과 민주일반노조는 모두 일하는 사람들의 권리가 보장되어야 진정한 민주주의라 생각합니다. 또한 일하는 모든 사람이 나서서 윤석열을 몰아내고 국민의힘을 해체하는 것이 진정한 민주주의라고 생각합니다.
32	서울 남태령	모든 상품은 만든 사람이 가격을 매기는데, 우리 농민들은 내가 생산한 농산물에 가격을 매길 수 없습니다. 이런 세상을 바꿔보고자 합니다.

• • •
28 권창규, 앞의 글, 140-141쪽.

33	서울 안국역	공부만 잘한다고 훌륭한 사람이 되는 게 아닙니다. 아이들에게 바로 이 현장을 역사로 가르치고, 아이들의 목소리에 귀 기울여주셨으면 좋겠습니다.
43	서울 남태령	우리는 반공이데올로기에 더 이상 호락호락 당하지 않을 것입니다. 또한 중국이주민과 저 멀리 팔레스타인 사람까지도 인간으로 그리고 시민으로 살아갈 때 우리 자신도 존엄할 수 있습니다.
44	서울 남태령	언젠가는 전라도 사투리도 혐오 대상이 아닌 멋으로 여겨지는 날이 오기를, 전라도 출신 아이들이 저 같은 일을 겪지 않기를, 광주가 고향이라는 것이 자부심을 가질 일이 되길, 그래서 마음껏 사투리를 쓸 수 있는 날이 오길 바랍니다.
45	서울 남태령	요즘 승리와 패배라는 말이 많이 들립니다. 저는 승패가 없는 세상으로 가고 싶습니다. 트랙터가 이 길을 지나가는 것은, 장애인이 지하철을 타는 것은, 탄핵하는 것은, 더 나은 세상을 만드는 것은 승리와 패배 논리로 설명할 수 없습니다.
46	서울 남태령	정치는 우리가 해야 합니다. 학군제 폐지하고, 누구나 갈 수 있는 학교를 만들어 봅시다. 대학교 졸업장이 없어도, 공부를 조금 못 했어도 일 잘하는 사원을 뽑는 회사를 만들어봅시다.
47	부산 서면	저는 사랑하는 사람이 생기면 누구와도 결혼할 수 있는 세상을 원합니다. 여성들이 죽지 않고 밤거리를 돌아다닐 세상을 원합니다. 사랑하는 우리 조카들이 기후위기에 고통받지 않는 세상을 원합니다. 장애인이 길거리에 흔히 보이는 세상을 원합니다.
48	부산 서면	우리가 지금 뭘 해야 합니까? 윤석열 체포, 그다음 내란 세력에 대한 철저한 조사와 처벌, 특히 내란 동조 정당 국민의힘을 반드시 해체해야 합니다.

상황 정의에 따라 실천 방식이 만들어졌다면, 최종 단계는 대안과 비전 제시로 문제를 해결하는 것이다. 명확한 대안과 비전의 제시는 사회운동 참여가 사회 변화를 이끌 수 있다는 효능감을 느끼게 만든다. 대안과 비전은 '포스트 탄핵' 국면에 대한 청사진이라 할 수 있는데, 다양한 의견이 시민발언에서 나왔다. 당면 과제로서 윤석열 탄핵과 내란 세력 척결 및 국민의힘 해체를 주장(48 발언자)하거나 탄핵이 경유지이지 종착지가 아니라며 민주주의를 향한 연대의 지속성을 밝힌 의견(8 발언자)이 나왔다. 또한 '승리와 패배'라는 진영 논리로 탄핵을 봐서는 안 된다는 의견(45 발언자), 탄핵의 결실을 제도 정치권에 헌상하면 안 된다는 주장(14 발언자)이 나왔다, 아울러 노동 개혁(28 발언

자), 농업 개혁(32 발언자), 교육 개혁(33, 46 발언자), 인종차별 극복(43 발언자), 지역 차별 금지(44 발언자), 사회적 소수자 평등(47 발언자) 등의 의견이 표명됐다.

다시 만난 세계, '일상의 남태령' 만들기

윤석열에 대한 헌재의 탄핵 판결로 급한 불은 껐다. 그러나 박근혜 탄핵과 문재인 정부의 경험은 이번 탄핵 이후가 더 각별해야 함을 일깨운다. 실로 광장의 힘으로 박근혜라는 최고 통치자를 권좌에서 끌어내렸지만, 그 후광으로 집권한 문재인 정부의 자유주의 조치들은 촛불민심을 만족시킬 정도의 사회 변화로 이어지지 못했다. 그에 관한 국민의 실망은 점점 커졌고, 그 결과는 윤석열 정부의 탄생과 작금의 비상계엄 사태이다. 이로부터 새로운 사회에 대한 좀 더 혁신적인 전망과 사회적 합의가 필요하다. 그래야 사회적 약자와 소수자가 함께 공생하는 사회로의 전환이 가능하다.[29]

그렇다면 포스트 탄핵 국면에서 무엇을 해야 하는가? 이는 남태령대첩이 남긴 유산을 계승해서 '일상의 남태령'을 만드는 것이다. 이를 위한 첫 번째 과제는 남태령대첩을 광장정치의 '무용담'으로 축소할 수 있는 낭만화를 단호히 거부하는 것이다. 남태령대첩의 낭만화는 남태령이 차이를 무력화하는 순수한 연대의 전형으로 신화화하는 것이

---

29 박재현, 앞의 글, 177쪽.

다.³⁰ 남태령대첩은 누군가를 '나중에' 남겨두는 정치의 한계를 보였던 기존 촛불집회를 극복할 수 있는 계기를 마련한 것이지, 문제 자체를 해결한 것은 아니다. 남태령에서 벌어진 수많은 정체성의 향연은 그 자체로 균일하거나 순수할 수 없다. 오히려 다양함으로 인해 차이와 갈등이 상존한다. 관건은 이러한 차이와 갈등을 인정하고 대면할 용기가 있느냐이다.

두 번째 과제는 일상의 윤석열이 만든 일상의 계엄령을 직시[31]하고 그에 대해 결연히 맞서는 것이다. 이 문제가 예전에는 '우리 안의 파시즘' 논의로 진행됐다면, 현재는 소비자주의(consumerism)에 대한 비판으로 접근할 수 있다. 각종의 갑질 행위, 악성 민원, 대학의 학과 통폐합, 정치적 종족주의 등은 소비자주의가 초래한 사회문제들이다. 본디 소비자주의는 지불한 비용에 대한 보상이 제대로 이뤄지지 않아서 권익 보호 차원에서 이뤄진 행동이지만, 현 시기 지배체제의 안정적 재생산을 목적으로 대중을 통치 대상으로 만들 주체 구성의 원리로 확장 중이다. 이렇게 구성된 주체는 소비자의 위치 혹은 시선으로 모든 사안을 소비 논리와 연관시켜 판단한다. 문제는 생산자로서의 자기 위상을 비틀고, 모든 문제를 소비자 관점으로 해석하는 과정에서 사안의 정치적 맥락이 왜곡되어 일상이 식민화된다는 점이다.[32]

세 번째 과제는 기존의 촛불집회와 문재인 정부를 반면교사로 삼아 이번 탄핵 성과가 제도 정치로 흡수되지 않도록 하는 것이다. 윤석

---

30 안담, "이야기는 순수 너머에 있다", 〈황해문화〉 126(2025), 222-223쪽.
31 김원, "함께 벗한다는 것", 〈황해문화〉 126(2025), 239쪽.
32 김민하, 『냉소 사회』(현암사, 2016), 176-177쪽.

열 탄핵의 특이점 중 하나는 진보와 보수의 주체가 바뀌었다는 점이다. 민주화 세력은 12.3 비상계엄이 민주주의를 부정한다는 점에서 현 헌정 체제를 굳건히 지킬 것을 천명했지만, 극우세력은 12.3 비상계엄을 구국의 결단으로 보면서 현 헌정 체제를 뒤엎고자 했다. 그 과정에서 더불어민주당은 현 헌정 체제의 수호로, 국민의힘은 부정으로 정치적 태도를 밝혔다. 더불어민주당에 한정해 살펴본다면, 현 헌정 체제의 수호는 '87년 체제'의 지속을 의미한다. 그런데 '반독재' 극복을 겨냥했던 87년 체제는 '반신자유주의' 극복을 위해 상당 부분 재구성돼야 한다. 문재인 정부는 이러한 재구성 작업에 실패한 만큼 탄핵 민심이 전적으로 더불어민주당의 집권을 향해서는 안 된다. 이때 탄핵 민심이 취할 방안은 더불어민주당을 견인할 정도로 시민사회의 비판·견제 기능을 강화하는 것이고, 제도 정치와는 무관하게 독자적인 광장정치의 장(주민 참여 정치, 공동체 마을 만들기, 사회적 기업 확대, 커먼즈 운동 활성화)을 고도화해서 정권 교체가 아닌 권력 교체를 이루는 것이다.

네 번째 과제는 현 민주주의를 재구성·급진화하는 것이다. 이는 사회 구성원 간 연대를 가능하게 하는 방식 속에서 찾아내야 한다. 남태령대첩은 극우의 결집만큼이나 예상치 못했던 '몫 없는 자들'의 연대를 가능하게 했다. 이들은 그동안 한국 사회에서 유령 같은 존재로 여겨지던 사람들로서, 자신의 위치에서 계엄과 민주주의에 대해 말하고 서로 다른 불안정성을 경험한 이들과 연대함으로써 민주주의의 경계를 확장했다.[33] 이를 좀 더 급진화하려면 광장을 넘어 구체적인 현장

...

33 정성조, 앞의 글, 165쪽.

으로 나아가야 하는데, 현장은 허공에 떠도는 구호나 이념이 아닌 사람들의 실제 삶과 직결된 문제들이 생생하게 드러나는 곳이다. 노동 현장, 재개발 현장, 평화운동 현장에서 이뤄지는 투쟁들이 모여 비로소 우리 사회의 기득권 구조를 흔들 수 있다.[34]

---

34 황경하, 앞의 글, 214쪽.

새로운 민주주의를 향한 애도와 사랑의 연대

정원옥(문화사회연구소)

민주주의에 대한 애도 작업

지그문트 프로이트(Sigmund Freud)는 사랑하는 대상을 상실한 데 따른 반응을 애도(mourning)와 우울증(mélancolie)으로 구분했다. 그에 따르면, 애도와 우울증은 사랑하는 사람만이 아니라, '조국, 자유, 어떤 이상' 등의 상실에 대한 반응이다. 12.3 내란은 아무도 죽지는 않았지만, '조국, 자유, 어떤 이상'과 같이 한국 사회가 소중히 여겨온 어떤 가치가 짓밟히고 무너졌다는 점에서 프로이트가 말한 의미에서 '사랑하는 대상의 상실'이라고 할 만한 사건이다. 2024년 12월 3일, 위법적인 비상계엄 선포와 함께 계엄군에 의해 국회가 침탈되었을 때 온 국민이 실시간으로 목격하고 경험한 것은 헌정질서가 파괴되고 민주주의가 작동을 멈추는 일련의 트라우마적 광경이었다. 그러한 점에서 12.3 내란은 민주주의가 붕괴한 사건이자 민주주의를 애도해야 할 과제를 남긴 사건이라고 할 수 있다.

그런데 12.3 내란으로 한국의 민주주의가 붕괴했다고 생각하는 사람은 거의 없을 것이다. 오히려 12.3 내란 이후 한국은 높은 민주주의 회복력을 가진 국가로 이야기된다. 12.3 내란이 한국 민주주의의 취약성을 드러내기는 했지만, 비상계엄 선포 2시간 만에 국회에서 해제가 가결되고 10여 일 만에 대통령 탄핵이 가결될 수 있었던 것은 한국이 높은 민주주의 회복력을 가진 국가이기 때문이라는 것이다. 하지만 윤석열을 체포·구속하는 과정에서 나타난 극우세력의 준동과 서울서부지방법원 습격 사건, 윤석열의 구속 취소와 석방, 즉시항고 포기 등 일련의 사태는 한국을 민주주의가 제대로 작동하는 국가라고 믿기 어렵게 만들었다. 그 과정에서 한국은 '결함 있는 민주주의'[1], '선거 민주주의' 정도만 가능한 국가, 심지어 독재화가 진행 중인 국가로 강등되었다가[2] 헌법재판관 전원의 일치된 의견으로 윤석열이 파면된 이후에야 민주주의 회복력이 강한 국가로 재평가되면서 해외의 찬사와 부러움을 받았다.

이렇듯 한 국가의 민주주의 수준을 취약성 진단을 통해 등급화하는 관점은 12.3 내란을 한국 사회에 닥친 불운한 재난으로 바라보는 것이다. 민주주의는 쿠데타나 내란, 전쟁 등으로 인해 일시적으로 재

...

[1] 영국의 시사주간지 이코노미스트 그룹은 한국의 민주주의가 '완전한 민주주의' 국가에서 '결함 있는 민주주의' 국가로 하향되었다고 분류했다(MBC, "'한국 결함 있는 민주주의 국가'… 민주주의 성숙도 10단계 하락", 2025.2.28.).
[2] 스웨덴의 민주주의다양성연구소는 한국이 '자유민주주의' 국가에서 '선거 민주주의'국가로 퇴행하였으며, 독재화가 진행 중인 나라에 포함시켰다(MBC, "또 민주주의 추락 진단…'한국 독재화 진행 중'", 2025.3.17.).

난 상황에 빠질 수 있지만, 그 사회의 민주주의 회복력에 따라서 곧 복구될 수도 있고 취약성을 줄여나갈 수도 있는 것으로 상정된다. 민주주의 회복력이 높은 국가라는 외신의 찬사는 한국 사회가 12.3 내란 발생 이전 수준으로 민주주의를 회복할 만한 역량이 충분한 국가라는 평가와 다름없다.

이러한 평가가 고맙기는 하지만 취약성의 관점으로 12.3 내란을 바라보게 되면 윤석열 내란 세력이 독재화를 획책하게 된 한국민주주의의 구조적 문제점을 간과하게 될 우려가 있다. 그뿐만 아니라 내란 이전의 민주주의 수준으로 돌아가는 것을 사태의 해결로 받아들이게 하는 효과가 발생한다. 12.3 내란은 민주주의가 일시적으로 취약해졌다가 회복된 재난, 그 이상의 질문과 과제를 한국 사회에 던진 국가범죄다. 그것은 많은 사람이 이야기하였듯이, 한국 민주주의에 대한 근본적 성찰, 이른바 '87년 체제'의 한계를 극복할 것을 요청하는 사건이다.

한국 민주주의를 어떻게 성찰할 것인가? 12.3 내란으로 붕괴한 민주주의를 애도하는 작업은 한국 민주주의를 성찰하는 한 방식이 될 수 있다. 이를 위하여 주디스 버틀러(Judith Butler)의 애도 작업 개념을 간략히 살펴보려 한다.

버틀러의 애도 작업 개념은 애도와 우울증에 대한 프로이트의 설명에서 두 가지 점에 주목하면서 시작된다. 첫째는 프로이트가 사랑하는 대상의 상실과 마주해 애도와 우울증이라는 상이한 반응이 나타나는 원인을 앎과 모름으로 설명했다는 점이다. 프로이트는 애도든 우울증이든, '누구'를 잃어버렸는지는 알고 있지만 그의 '어떤 것'을 잃어버렸는지 애도는 아는 반면 우울증은 모른다고 설명했다. 둘째는 프로이트가 상실한 대상을 새로운 대상으로 바꾸는 과정을 성공적인 애도로, 상실한 대상과 동일시되는 합체(incorporation)를 실패한 애도, 즉 우울증으로 보았는데 나중에 이 주장을 바꾸었다는 점이다. 프로이트는 우울증과 관련된 합체가 애도 작업에 필수적이라고 입장을 바꾸었다.

버틀러는 프로이트에게 주목한 이 두 가지 주장을 근거로 애도는 "상실로 인해 우리가 어쩌면 영원히 변하게 된다는 점을 받아들일 때 이루어"질 수 있다고 재정의한다. 프로이트가 상기시켜주었듯, 애도 작업에서 합체가 필수적이고 '무엇'을 잃어버렸는지 모르는 상태를 포함한다고 한다면, 애도는 "'너'를 잃었다고 생각하지만 결국 '나' 역시 사라졌다"라는 박탈(being dispossessed)의 상태, "다른 사람의 안에 있는 무엇을 잃은 것인지를 내가 항상 알지 못하는" 모름(unknowingness)의 상태를 견뎌내는 과정을 통해서만 가능한 작업이라는 것이다. 이렇듯 박탈과 무지, 타자와의 관계성으로 애도 작업을 이해함으로써 버틀러는 상실의 슬픔을 부정적으로만 볼 것이 아니라, 폭력으로부터 우리 모두의 신체적 취약성을 지키고 안전을 확보하기 위한 정치의 자산으로 만들자고 제안한 바 있다.[3]

버틀러의 이러한 애도 작업 개념으로 보자면, 상실한 대상에 대한 리비도를 새로운 대상으로 바꾸고 일상으로 되돌아가는 애도의 성공이란 불가능한 일일 수 있다. 나는 너를 잃기 전의 일상으로는 영원히 돌아갈 수 없다는 것을 받아들임으로써만 비로소 애도 작업이 수행될 수 있기 때문이다. 이러한 애도 작업 개념이 의미 있는 것은 그것이

⋯

3 주디스 버틀러, 윤조원 옮김, 『위태로운 삶』(필로소피, 2018), 50-52쪽, 58-61쪽. 강조는 버틀러.

타자와 우리 모두의 신체적 유한성과 취약성, 연대의 가능성을 성찰할 수 있게 해주기 때문이다. 너의 '어떤 것'을 잃었는지 모른 채로 견디면서, 너를 잃은 슬픔을 자산 삼아 너를 사라지게 한 폭력으로부터 우리 모두를 지키기 위한 정치를 조직하는 일이야말로 곧 너의 사라졌음을 기억하는 가장 실천적인 애도 작업이 될 수 있는 것이다.

12월 3일 밤의 쿠데타는 위기에 처한 자유헌정질서를 지키겠다는 권력자에 의해 실행되었고, 독재화로부터 민주주의를 수호해야 한다는 주권자의 절박함으로 저지되었다. 이때 위기에 처한 민주주의는 어떤 것이며, 수호해야 하는 민주주의는 어떤 것일까? 윤석열을 지지하는 극우세력들이 부르짖는 민주주의와 '윤석열 즉각 퇴진·사회대개혁 비상행동'(이하 비상행동)[4]에서 지켜야 한다고 외치는 민주주의는 같은 것일까, 다른 것일까. 비상행동 내에서 그리고 탄핵광장 안에서도 너나없이 민주주의를 이야기하지만, 무너졌다고 하는 민주주의, 수호하자는 민주주의의 상(像)은 같지 않을 것이다. 12.3 내란으로 우리는 어떤 민주주의를 잃어버린 것일까? 내란이 쉽사리 종식될 것으로 기대하기 어려운 현시점에서 잃어버린 민주주의를 애도하고 성찰하는 작업은 어떤 의미를 갖는가? 이러한 접근이 탄핵과 정권 교체를 넘어 새로운 민주주의, 대안적 세계로의 전환 가능성을 탐색하게 해줄 수 있을까? 이 글은 이러한 물음들에 대한 해답의 실마리를 광장의 시민발언에서 찾고자 하는 것이다.

---

4 2024년 12월 11일 윤석열 즉각 퇴진, 민주주의 회복, 주권 실현을 표방하며 전국 1700여 개의 시민사회단체가 참여하여 발족한 조직으로 윤석열 퇴진 및 사회대개혁을 논의하는 광장정치를 이끌었다. 2025년 4월 4일 윤석열 파면이 선고되고 난 후 '내란청산·사회대개혁 비상행동'으로 명칭을 변경하였다.

무너진 일상과 민주주의를 지키기 위하여

12.3 내란으로 인해 무너진 일상과 민주주의를 되찾기 위해 광장으로 나오게 되었다는 시민들의 발언을 듣는 것은 어렵지 않다. 자신을 평범한 20대 청년이라고 소개한 여성은 12.3 내란을 "평범한 일상이 한순간에 무너진 순간"으로 기억한다. 그는 비상계엄의 선포에서 계엄이 해제되기까지 공포와 두려움에 떨었던 시간에 여성, 성소수자, 장애인의 목소리에 귀를 기울이지 않았던 우리 사회의 모습을 떠올린다. 그 목소리들을 억압했던 결과가 모든 국민을 억압하는 비상계엄 선포로 돌아온 건 아닌가. 이러한 각성에 이르면서 그는 민주주의를 수호하고, 소중한 일상을 되찾는 것을 '우리' '국민'에게 부여된 당면 과제로 제시한다. "살기엔 좀 팍팍해도 지금처럼 나라 걱정은 안 하는 그런 하루하루"를 되찾고, "각자의 민주주의"를 지켜 "민주주의의 꽃이 활짝 피는" 나라를 만들기 위해서 윤석열을 탄핵해야만 하는 것이다.

안녕하십니까? 저는 평범한 20대 청년입니다. 지난 3일 새벽 계엄이 선포되고 해제되기까지의 시간은 모두에게 공포와 두려움의 시간으로 남았을 것입니다. 평범한 일상이 한순간에 무너지는 순간이었습니다. 우리는 억압당한 여러 목소리들을 기억합니다. 22년 10월, 23년 7월을 기억하고, 여성, 성소수자, 장애인의 목소리를 듣지 않던 그 모습을 우린 기억합니다. 그리고 그 억압의 화살은 지난 3일 모든 국민에게 향했습니다. 우리는 모두 민주주의를 수호하기 위해 모였습니다. 우리는 특정 이념 때문에 모인 것이 아닙니다. 소소한 하루를 즐겁게 즐기기 위해서, 가족들과 따뜻하고 맛있는 밥 한 끼 즐겁게 먹기 위해서 이 자리에 모였습니다. 우리의 소중한 일상을 지키기 위해 이 자리에 모였습니다. 만약 계엄령이 지금까지 취소되지 않았다면 어땠을까요? 우리의 일상은 지금과 다르게 완전히 뒤바뀌었을 것입니다. 다시 웃으면서 친구와 시답지 않은 농담도 나누고 살기엔 조금 팍팍해도 지금처럼 나라 걱정은 안 하는 그런 하루하루를 되찾기 위해, 각자의 민주주의를 지키기 위해 나와서 이 자리를 함께하고 있는 국민의 목소리를 부디 들어주십시오. 날이 춥지만, 끝까지 나와서 함께 연대합시다. 건강하고 꾸준한 집회가 이어지길 바랍니다. 민주주의의 꽃이 활짝 필 때까지 함께 합시다. 윤석열은 꼭 탄핵되어야 합니다. 감사합니다.[5]

    윤석열의 탄핵이 곧 민주주의를 지키는 일이라는 목소리는 다른 발언자에게서도 확인된다. 자신을 '2030 여성'으로 소개한 발언자는 윤석열 탄핵을 "무너진 정의를 바로 세우고 민주주의를 지키기 위한 첫걸음"으로 본다. 민주주의를 지키기 위한 희망과 연대를 만들어가고 있는 '우리'의 모습에 큰 감동과 용기를 내어 무대에 올라온 그녀는 대한민국 헌법 제1조를 "우리의 삶과 미래를 지탱하는 원칙"으로 삼자고 제안한다. "민주주의는 스스로 지키지 않으면 언제든지 위태로워질 수 있"는 것이므로, '우리'가 방파제가 되어 민주주의를 지지하고 지탱함으로써 "서로 부끄럽지 않은 현재와 더 나은 미래"를 만들어가자는 것이다.

---

5   여성 시민, 윤석열즉각퇴진사회대개혁비상행동, "윤석열 즉각 체포·퇴진! 사회대개혁! 범시민대행진, 2024.12.21." https://www.youtube.com/watch?v=G74M3O3CzyA

… 윤석열 대통령의 탄핵은 단순히 한 사람의 정치적 심판이 아닌 무너진 정의를 바로 세우고 민주주의를 지키기 위한 첫걸음입니다. 저는 2030 여성의 한 사람으로서 우리 세대가 겪는 어려움 속에서도 연대와 희망을 만들어가고 있는 모습에 큰 감동과 용기를 얻고 이 자리에 올라왔습니다. 우리가 서로를 지지하고 용기 있게 목소리를 내며 부당한 현실에 맞서 싸우는 모습은 분명히 변화를 만들어가고 있습니다. 어제 새벽에도 그리고 지금도 우리는 다 같이 함께하고 있습니다. 맞습니까? 마지막으로 우리는 대한민국 헌법 제1조를 다시 한번 마음에 새겨야 합니다. 이 헌법의 가치는 그저 문장이 아니라 우리의 삶과 미래를 지탱하는 원칙입니다. 민주주의는 스스로 지키지 않으면 언제든지 위태로워질 수 있습니다. 이 자리에 모인 우리가, 모두가 방파제가 되어 민주주의를 지지하고 지탱하고 서로 부끄럽지 않은 현재와 더 나은 미래를 만들어가길 바랍니다. 다시 만날 세계를 기대하며 끝까지 연대합시다. 마지막으로 경찰 썩은 차 당장 빼. 감사합니다.[6]

생일인데도 "나라도 나서서 민주주의를 지켜야 한다는 간절함" 때문에 한남동 관저 앞으로 나온 여성도 있다. 그녀는 "민주공화국이 무너지고", "너무 많은 폭력이, 너무 많은 슬픔이 도사리고" 있는 현실이 슬프지만, 탄식하기보다는 '슬피 우는 참사 유가족들', '경찰에게 끌려가는 민주노총 조합원들', '동덕여대 학생들' 곁에서 함께 울고 화를 내겠다고 다짐한다. 다른 사람들의 슬픔과 고난에 공감하는 것, "이 사

---

6 여성 시민, 오마이TV, [생중계] 윤석열 즉각 체포 긴급행동 3부 – 한남동 관저 앞(2025.1. 4. 오후). https://www.youtube.com/live/W3dZ1Ja622s?si=874n03eeADqnsTJ2&t= 5567

람들이 나와 똑같은 사람이고 그것을 인정하는 것"이 곧 그녀가 생각하는 민주주의이기 때문이다. 생일을 차가운 길바닥에서 보내고 있지만, 곁에 서 있는 '여러분'이 있기에 그녀는 마음이 따뜻해지고, '민주시민 여러분'이야말로 자신의 '생일 선물'이라고 강조한다.

> 시민 여러분 안녕하십니까? 저 오늘 생일인데 왔습니다. 저도 생일을 길바닥에서 보내고 싶지는 않았습니다. 하지만 불법 위헌 내란이 진압되지 않는 이 현실이, 나라도 나서서 민주주의를 지켜야 한다는 간절함이 저를 여기로 불렀습니다. 여러분, 민주공화국이 무너지고 있습니다. 너무 많은 폭력이, 너무 많은 슬픔이 우리 곁에 도사리고 있습니다. 12월 3일 우리가 국회에서 보았던 무자비한 폭력의 장면 이외에도 내란범 무리들의 악독한 계획들이 줄줄이 드러나고 있습니다. 내란범 윤석열과 그 앞잡이들은 적법한 영장마저 거부하고 생떼를 쓰고 있습니다. 게다가 형언하기조차 힘든 커다란 참사의 슬픔까지 닥쳐왔습니다. 그저 하늘을 바라보며 탄식하고만 싶은 심정입니다. 하늘이시여, 저희가 대체 무엇을 잘못했기에 이런 고초를 겪어야 합니까? 그러나 저는 이제 하늘을 바라보며 탄식하는 대신 옆에 서 있는 여러분을 바라보려 합니다. 저는 제 옆에 선 여러분과 같이 이 슬픔, 이 고난을 짊어질 것입니다. 우는 사람과 같이 울 줄 모르는 저들과 달리 저는 슬피 우는 참사 유가족들과 같이 울 것입니다. 지금 한강진에서 경찰에게 끌려가는 민주노총 조합원들 옆에 같이 설 것입니다. 동덕여대 학생들과 같이 화낼 것입니다. 나와 같이 있는 이 사람들은 나와 똑같은 사람이고 그것을 인정하는 것이 민주주의기 때문입니다. 그렇

지 않습니까? 그래서 이제 저는 여러분을 바라보니 마음이 따뜻해집니다. 민주시민 여러분이 제 생일 선물입니다. 근데 한 가지만 더 받고 싶습니다. 윤석열을 체포하라! 감사합니다. 투쟁![7]

민주주의에 대한 애도: 어떤 죽음을 기억할 것인가?

이렇듯 많은 시민이 무너진 일상을 되찾고 민주주의를 지키기 위해 광장으로 나왔다고 말한다. 그렇다면 무너진 민주주의에 대한 애도는 어떤 방식으로 이루어지는 것일까. 그것은 민주주의 그 자체를 애도하기보다는, 민주주의가 멈추었던 무수한 순간마다 이름도 없이 사라져가야 했던 사람들의 이름을 불러냄으로써, 그들의 죽음을 기억할 것을 호소함으로써 민주주의가 이미 사라질 운명에 처해 있었음을 폭로하는 방식으로 이루어졌다고 할 수 있다.

송예을은 4.16 세월호참사와 10.29 이태원참사 유가족, 국가폭력 희생자들, 일하다가 죽은 노동자들, 발달장애인과 가족들의 죽음, 이주민 노동자의 죽음, 여성 혐오로 목숨을 잃은 여성들, 성소수자의 죽음을 차례차례 불러냄으로써 우리가 그들의 "피눈물 위에서 살아가고" 있음을 상기시키는 한편, 우리 민주주의의 구조적 모순을 드러낸다. '완전한 민주주의'로 칭송받았던 한국의 민주주의는 실상은 민주주의가 멈추었던 무수한 순간에 삶을 빼앗긴 이들의 고통을 우리가 외

---

[7] 생일 맞은 시민, 윤석열즉각퇴진·사회대개혁비상행동, [LIVE] 윤석열즉각퇴진! 사회대개혁! 5차 범시민대행진, 2025.1.4., https://www.youtube.com/watch?v=j3BwQZZqVRs

면하면서 유지되어왔다는 점이 그녀의 발언을 통해 폭로된다. 그녀는 폭력에 의해 삶을 빼앗긴 무수한 '동료 시민'을 기억하는 애도 작업에서부터 "모두가 존중받는, 약자와 소수자가 울지 않는 사회" 개혁을 시작할 것을 호소한다.

… 여러분은 세월호와 이태원 참사 유가족의 울음을 들어본 적이 있으십니까. 국가폭력에 희생된 사람들, 남겨진 사람들의 울음을 들어본 적 있으십니까. 책에서 종종 보이는 짐승처럼 울었다는 말. 그건 비유가 아니었습니다. 나는 감히 그 슬픔을 말로 표현할 수 없습니다.
어제도 집회와 행진을 마치고 본 뉴스에서 당진의 현대제철소에서 노동자가 돌아가셨다는 소식을 들었습니다. 이틀 전엔 자동차 부품공장에서 30대 노동자가 돌아가셨습니다. 2016년, 평화시위라고 했던 촛불시위에는 물대포에 맞아 돌아가신 백남기 농민이 있습니다. 2017년, SPC의 부당함에 맞선 임종린 지회장은 53일간 단식투쟁을 했습니다. 그리고 2년 전, SPC 제빵공장에서 기계에 끼인 노동자가 사망했습니다. 작년, 건설노조의 양희동 열사는 강압 수사와 노조 탄압을 비판하며 분신해 돌아가셨습니다.
계속되는 발달장애인과 가족들의 죽음. 몇 명이 죽은 줄조차 모르는 이주민 노동자의 죽음. 딥페이크와 N번방, 데이트폭력, 버닝썬, 강남역에서 희생된 여성들. 현장 실습이란 이름 아래 착취당하다 죽음에 내몰린 학생들.
매 순간 존재와 사랑을 부정당하는 사람들. 그리고 변희수 하사. 우린 이들의 피눈물 위에서 살아갑니다.

그러니 지금, 이 순간을, 나의 동료 시민을 기억해주십시오. 이는 곧, 자기 자신을 기억하는 일입니다. 우린 모두 노동자이며, 노동자였고, 노동자일 것입니다. 그러면서 여성이기도, 이주민이기도, 청소년이 기도, 퀴어이기도, 장애인이기도 할 뿐입니다. 저는 탄핵이 끝이라 생각하지 않습니다. 모두가 존중받는, 약자와 소수자가 울지 않는 사회. 윤석열의 탄핵은 사회 개혁의 시작이 될 겁니다. …[8]

남태령대첩에서 마이크를 잡은 한 시민은 성소수자 혐오를 견디지 못하고 죽은 친구 연재를 불러내고 "너를 대신해서" 싸울 것을 다짐함으로써 연재에 대한 애도 작업을 수행한다. 성소수자를 차별하고 혐오하는 윤석열 정부를 견딜 수 없어서 세상을 떠난 연재는 한국 사회에서 애도되지 못하는 죽음이자, '피로 지키는 민주주의 역사'에서도 기억되지 못하고 있는 이름이다. "트랜스 혐오 없는 연대 세상"은 아직 오지 않았기 때문이다. 이렇듯 연재를 애도하지 않고, 연재의 이름을 기억하지 않는 민주주의는 제대로 된 민주주의라고 할 수 없기에 발언자는 '우리'에게 연재를 대신하여 싸울 것을, 윤석열을 탄핵하고 "국민이 주인인 민주사회, 소수자 차별과 혐오가 없는 사회"를 함께 만들 것을 촉구한다.

작년 겨울, 성소수자 혐오를 견디지 못하고 작년 먼저 세상을 떠나 이 자리에 오지 못한, 제 트랜스젠더 친구 영커밍, 우리 연재에게

---

[8] 송예을, 윤석열즉각퇴진사회대개혁비상행동, 내란수괴 윤석열 즉각탄핵 범국민촛불대행진-20241214. https://www.youtube.com/watch?v=MhLI-AsxeqM

이 발언을 바칩니다. 연재야, 듣고 있니? 연재야, 보고 있어? 이제 윤석열은 네 바람대로 탄핵될 거야. 트랜스 혐오 없는 연대 세상에서 행복하렴. 여러분, 제가 정말 좋아하는 가사가 있습니다. 새소년의 '난춘' 가사인데요. "오늘을 살아내고 우리 내일로 가자." 연재야, 너를 대신해서 우리가 여기서 외칠게. 윤석열 탄핵! 같이 외쳐보겠습니다. 윤석열 탄핵! 우리 모두는 민주주의를 지키기 위해 이곳에 왔습니다. 피로 지키는 민주주의입니다. 우리는 더 이상 총부리가 두렵지 않습니다. 우리는 만들어야 합니다. 안전히 집회할 수 있는 사회, 저 같은 술쟁이가 매일 밤 술을 안전히 먹을 수 있는 사회, 국민이 주인인 민주사회, 소수자 차별과 혐오가 없는 사회 그리고 가장 중요한 우리 농민분들 승리하는 사회! 구호 두 가지만 외치고 올라가겠습니다. 성소수자 앞장선다, 투쟁! 농민이 승리한다, 투쟁! 여러분, 감사합니다.[9]

'기후 위기를 걱정하는 30대 청년'은 12.3 비상계엄 선포가 어떻게 가능했을까를 성찰한다. 그는 폭력과 불평등한 사회구조에 의해 삶을 빼앗긴 사람들의 비극에 대해 우리가 분노하지 않았고 연대하지 못했기 때문이라는 결론에 다다른다. 채상병의 죽음을 은폐한 시간, 신림동 반지하 참사 현장을 방관한 시간, 오송 참사를 대비하지 않았던 무책임한 시간, "화물, 건설, 조선소, 학교, 수많은 노동자들의 삶을 내건 투쟁을 탄압한 시간들"이 겹치고 쌓인 "윤석열의 시간들이 지금까

---

9 시민, 오마이TV, [입체 생중계] 전농 트랙터 상경 시위대, 수방사 앞 남태령 고개에서 한남동 관저까지 행진! - 전농TV(2024.12.22. 오전), https://www.youtube.com/watch?v=Y4JfUeHUruk

지 무사히 흐를 수 있었기에 비상계엄도 가능했다"라는 것이다. 이러한 성찰은 12.3 내란이 민주주의의 위기만이 아니라, 자본주의의 위기, 신자유주의 체제에 여러 폐해와 연결되어 있음을 말해준다.[10]

버틀러는 애도 가능성이 어떻게 불평등하게 할당되어 있는지 이해하지 않고서는 사회적 불평등을 이해할 수 없다고 봤다. 어떤 집단이나 인구를 애도 불가능한 것으로 지정하는 것은 그들이 폭력의 대상이 되거나 죽게 내버려두는 것이며, 차별적인 애도 가능성에 의해 확립되는 사회적 불평등은 제도적 폭력의 한 형태로 드러날 수 있다.[11] 이렇듯 애도 되지 않을 가능성이 높은 삶은 살아 있어도 결코 삶이라고 할 수 없는 것이다. "'결코 살지 않았을 삶', 아무런 존중이나 증언 없이도 지속되고 상실되어도 애도되지 않을 삶"이라고 할 수 있다.[12] 버틀러가 통찰하였듯이, 애도 불가능성은 이윤과 효율성만을 추구하는 자본만이 아니라, 자본의 질서에 밀착해 안전과 생명 존중을 외면하는 정치에 의해서 제도화된다. 이러한 의미에서 "수많은 노동자들의 삶을 내건 투쟁"은 분배에 대한 투쟁이 아니라, '일하다가 죽게 내버려두는' 민주주의, 생명을 존중하지 않는 민주주의에 대한 투쟁이라고 봐야 한다.

'기후 위기를 걱정하는 30대 청년'은 12.3 비상계엄 선포를 가능

• • •
10 채효정은 공적 합의 체계로서 작동했던 민주주의가 위기에 처한 것은 '새로운 세계의 합리성'으로 등장한 신자유주의 때문이며, 윤석열과 내란 사태는 민주주의를 위기에 빠뜨린 원인이 아니라 민주주의 위기의 결과라고 본다. 이 논의에 대해서는 채효정, "12·3 비상계엄사태에 대한 진단과 전망: "자본주의와 파시즘 위기를 민중의 민주주의로 넘어서자": 어떤 위기인가, 무엇을 해야 하는가", 『자본의 위기와 극우의 준동, 광장의 민주주의는 어디로 가야 하는가』(2025.1.23.)를 참조하라.
11 주디스 버틀러, 김응산 옮김, 『지금은 대체 어떤 세계인가』(창비, 2023), 159쪽.
12 주디스 버틀러, 한정라 옮김, 『전쟁의 프레임들: 삶의 평등한 애도가능성을 위하여』(한울아카데미, 2024), 30쪽.

하게 했던 '윤석열의 시간'에 대한 분노는 늦었지만 의미가 있다고 생각한다. 계엄을 저지하고 탄핵소추안을 가결시키기까지 광장에서 분출된 '알록달록한 이야기들'과 '다양한 분노'에서 '다채로운 연대'의 가능성을 확인할 수 있었기 때문이다. "듣도 보도 못한 멋진 연대", "질 수 없는 싸움"의 연료는 채상병의 죽음을 은폐하고, 신림동 반지하 참사 현장을 방관하고, 오송참사를 대비하지 않았던 무책임, 노동자들의 삶을 내건 투쟁을 탄압한 '윤석열의 시간'에 대한 "우리의 다양한 분노"다. 그는 은폐와 방관, 무책임에 침묵하고 공모했던 "우리의 다양한 분노를 계속 무한히" 전파할 것을 주장한다.

> 북가좌동에 살고 있는 기후 위기를 걱정하는 30대 청년입니다. 투쟁으로 인사드립니다, 투쟁! 어떻게 비상계엄이라는 게 가능했을까? 국민의힘은 어떻게 내란범 윤석열의 방패가 되어줄까, 어디서부터 막아야 했을까? 곰곰이 생각해봤습니다. 폭우에 구명조끼도 없이 강제된 수색으로 순직하신 채상병의 죽음의 시간을 은폐하는 시간, 신림동 반지하 참사 현장을 윤석열이 구둣발로 구경만 하며 방관하는 시간, 오송에서 반복되는 참사를 대비하지 않았던 무책임한 시간들, 화물, 건설, 조선소, 학교, 수많은 노동자들의 삶을 내건 투쟁을 탄압하는 시간들, 이 윤석열의 시간들이 지금까지 무사히 흐를 수 있었기에 비상계엄도 가능했다고 생각합니다. 그동안 윤석열의 시간에 맞섰던 투쟁들의 곁에 지금처럼 가득 메운 광장으로 함께했다면, 어땠을까 생각해봅니다. 하지만 늦지 않았습니다. 우리의 힘으로 계엄을 저지했고 탄핵소추안도 가결시켰습니다. 듣도 보도 못한 멋진 연대

가 시작되고 있고, 우리는 질 수 없는 싸움을 만들어가고 있습니다. 그렇지 않습니까? 다채롭게 연대하는 광장의 투쟁만이 내란범들을 싹 다 체포해갈 수 있다고 생각하는 데 동의하시나요? 극우세력은 우리가 간첩, 빨갱이 아니면 간첩이나 빨갱이에게 세뇌되었다고 하는데 그런가요? 세뇌된 사람들은 똑같은 말만 반복하겠지만, 여기에 이 야기들은 참 알록달록합니다. 그렇죠. 우리가 어떤 마음으로 윤석열 체포 퇴진을 외치는지 우리의 다양한 분노를 계속 무한히 (전파-녹취자) 해가면 좋겠습니다. …[13]

슬픔과 부끄러움을 자원으로, 사랑과 다정함의 연대를

지금까지 인용된 시민발언을 통해 알 수 있듯이, 12.3 내란 이후 광장의 지배적인 정동은 슬픔과 분노라고 할 수 있다. 광장정치를 촉발한 것은 12월 3일 밤의 쿠데타였지만, 국가폭력과 사회적 참사로 희생된 이들에 대한 슬픔과 신자유주의 질서에 저항하는 투쟁을 탄압해온 윤석열 정부에 대한 분노가 12.3 내란을 계기로 폭발한 것이다. 여기에 또 하나 광장에서 자주 확인되는 정동을 덧붙이자면, 부끄러움이다. 시민들의 발언에서 부끄럽다는 고백이 자주 들리는 것이다. '남태령대첩'에서 마이크를 잡은 한 여성 역시 다른 사람의 발언에서 가장 많이 들은 부끄러움이라는 정동에 주목한다. "일찍 못 나와서 부끄럽다", "국회에 못 나가서 부끄럽다", "농민에 대해 잘 몰라서 부끄럽다"라는

---

13 시민, 윤석열즉각퇴진사회대개혁비상행동, [LIVE] 윤석열 즉각 체포·퇴진! 사회대개혁! 범시민총궐기대회, 2025.1.11., https://www.youtube.com/watch?v=jJtvTuUdMIY

등 부끄러움의 이유도 제각각이다. 발언자 역시 "부끄러워서 이 자리에 나오기로 결심"한 것이다. 그는 우리의 부끄러움이 잎새처럼 떨어지고 쌓여 "이 민주주의라는 이 나라를, 이 나무를 키워내는" 것이므로 부끄러움은 부끄러운 게 아니고, 자연스러운 것으로 받아들이라고 권유한다.

네, 안녕하세요. 여러분. 저 여기 아침 동틀 때부터 시민발언 대기하다가 지금 해가 뉘엿뉘엿 지기 시작하는 이때까지 지금 대기하다가 지금 발언대에 섰습니다. 추울 때 있다가 지금까지 있으니까 오히려 햇살이 제 몸을 다 녹여주고 좋습니다. 여러분도 그러십니까? 저는 지금까지 시민발언 여러분들이 하시는 거 들으면서 가장 많이 들린 말이 있었습니다. 그게 무엇인지 아십니까? 부끄러움입니다. 다들 부끄럽다고 합니다. 내가 일찍 못 나와서 부끄럽다, 내가 국회에 못 나가서 부끄럽다, 내가 지금까지 농민에 대해 잘 몰라서 부끄럽다. 정말 많은 부끄러움이 모든 분들의 마음속에 있습니다. 물론 제 마음속에도 있습니다. 저도 부끄러워서 이 자리에 나오기로 결심한 겁니다. (후략) 여러분, 우리가 왜 부끄러워야 합니까? 지금 다들 부끄러워서 나오셨을 거라고 생각합니다. 저 경찰들이 부끄러워해야 할 것 아닙니까? 저 경찰들이 부끄럽지 않으니까 지금 차 안 빼는 것 아닙니까? 여러분, 윤동주의 시가 있습니다. 모두 아실 거라고 생각합니다. 하늘 우러러 한 점 부끄럼 없게 살려고 나는 잎새에 있는 바람에도 괴로워했다고 합니다. 여러분 저는 우리 모두가 이파리라고 생각합니다. 이 이파리들은 겨울에 떨어져도 그 거센 바람에 낙엽이 되어 떨어져도 다시 봄에 새잎이 되어 자랍니다. 낙엽이 쌓여서 이 민주주의라는 이 나라를, 이 나무를 키워내는 겁니다. 그러니까 여러분, 부끄러워하셔도 됩니다. 대신 절대 괴로워하지 맙시다. 저들이 괴로워야 되지 왜 우리가 괴로워합니까? …[14]

'남태령대첩'의 또 다른 여성 시민은 12.3 내란의 밤에 느꼈던 여러 감정을 고백한다. 그녀는 계엄이 무엇인지 알았기 때문에 두려웠고, 국회에 나가지 못해서 고통스럽고 미안했고, "출근이라는 이유만으로 그때 다시 함께하지 못해서" 분하고, 억울하고 부끄러웠다. 전농의 트랙터가 남태령에서 고립되었다는 소식을 듣고 그녀가 첫차를 타고 달려온 것은 그러한 부끄러움을 다시 느끼고 싶지 않기 때문이었을 것이다. 그런데 그녀가 이토록 부끄러워하는 이유는 무엇일까. 사람들을 광장으로 나오도록 촉발하고, 고백을 독려하는 이 정동은 어디에서 기인하는 것일까?

권창규는 광장에서 많은 발언자들이 피력하는 부끄러움이라는 감정이 매우 미묘하다고 말한다. 표면적으로는 과거에 대한 크고 작은 후회와 반성의 차원에서 설명될 수도 있겠으나 그것으로는 충분하지 않다는 것이다. 그는 많은 발언자들이 피력하는 부끄러움이 자신의 일상이 공시적으로 통시적으로 빚져 있다는 사실에 대한 늦은 깨달음에 기인하는 것으로 보인다고 분석했다. 과거가 현재를 구했다는 것 그리

● ● ●
14 여성 시민, 윤석열즉각퇴진사회대개혁비상행동, [LIVE 2부] 내란수괴 윤석열 체포구속!농민 행진 보장 촉구 시민대회(시작~차벽 해제), 2024.12.22., https://www.youtube.com/watch?v=WsP_SipWFds

고 다시 현재가 과거를 소환해 민주화의 족적으로, 피와 땀으로 쓴 민중의 역사로 새기며 자신의 일상이 통시적으로 빚져 있다는 사실을 새삼 확인할 수 있었다는 것이다.[15] 그의 분석에 동의하면서도 이 역시 충분한 설명은 아닌 것 같다. 부끄럽다는 고백은 12.3 내란으로 인한 새로운 각성이 아니라, 광장에 나온 많은 이가 이미 우울증적 주체라는 것을 말해주는 것으로 읽을 수 있기 때문이다. 부끄럽다는 자책은 희망 없는 사회를 견뎌내는 우울증적 주체의 대표적 정동 가운데 하나다. 폭력과 재난으로 인한 죽음이 반복적 일상이 되고 사라진 이들에 대한 상실과 우울의 감정이 차곡차곡 축적되는 사회에서 재발 방지의 희망도 없이 살아간다는 것은 개인적으로도, 집단적으로도 우울(증)에 빠질 수밖에 없는 조건이라고 할 만하다.[16] 광장에 나온 이들은 역사에 대한 각성으로 새삼 부끄러움을 느끼는 것이 아니라, 알면서도 아무것도 하지 못한 채 무기력하게 견뎌온 날들에 대한 부끄러움을 마침내 떨쳐내고 광장으로 나온 것은 아닐까.

"출근이라는 이유만으로" 내란의 밤을 함께하지 못한 것을 부끄러워하는 시민은 자신의 할 일을 광장의 "몫, 수를 채우"는 것이라고 말한다. 그동안 싸우다가 고립되었던 사람들은 시민들이 연대해주지 않아서 우스갯거리가 되었고, 그렇게 우스갯거리가 된 사람들의 공포를 알기에 그녀는 이제 시민으로서의 "몫, 수를 채우기 위해" 광장으로

---

15 권창규, "광장 정치의 역사쓰기: '무지개' 동지들의 기억투쟁", 〈연합연속포럼: 내란 이후 저항과 연대의 문화정치〉(2025.2.11.), 139쪽.
16 정원옥, "사회적 우울: 한국사회의 집단정동적 우울을 어떻게 보고 다룰 것인가?", 〈문화/과학〉 117호(2024), 35쪽.

달려왔다는 것이다. 그녀는 사람들이 더 이상 "아픈 나라 때문에 상처 받지 않기를", 트랙터를 몰고 오는 농민들이 "우스갯거리가 되지 않기를 바라"며, "모두가 그저 행복하고 원하는 바를 이루며 다정하게 살아가기를" 염원한다.

… 2024년 12월 3일, 그 내란의 밤을 그 고통과 두려움을 모르는 사람이 이곳에 있을 거라 생각하지 않습니다. 저 또한 그때 두려웠고, 다른 사람들보다 계엄을 알아봤기 때문에, 곁에서 들었기 때문에 훨씬 무서웠고 그때 그 자리에 함께하지 못해서 고통스러웠습니다. 미안했습니다. 그리고 저의 개인 사정으로, 출근이란 이유만으로 그때 다시 함께하지 못한 것엔 굉장히 분하고 억울했습니다. 제가 부끄러웠습니다. 감사합니다. 그래서 시간을 내 시간이 될 때마다 시위에 참여했습니다. 그리고 농민분들이 이곳에서 고립되고 경찰들에게 고립되었다는 얘기를 듣고, 첫차가 열리기만을 기다렸습니다. 그래서 달려왔습니다. 고립된 자들의 공포를 알기 때문에 그리고 고립되어서 우스갯거리가 된 사람들을 알기 때문에 연대하기 위해 달려왔습니다. 저는 이 시위를 아버지께 말씀드리고 왔습니다. 아버지는 말씀하셨습니다. "네 소신껏 해라." 저는 제 소신으로 이 자리에 섰습니다. 제 소신으로 연대하고 계속 함께하기를, 이분들이 고립되고 우스갯거리가 되지 않게 하기 위해, 이 자리에 몫, 수를 채우기 위해 이 자리에 섰습니다. 저는 더 이상 사람들이 나라 때문에, 아픈 나라 때문에 상처받지 않기를 바랍니다. 우스갯거리가 되지 않기를 바랍니다. 모두가 그저 행복하고 원하는 바를 이루며 다정하게 살아가기를 바

랍니다. 그러기 위해서 나아갈 것입니다. 지금 저의 나아감을 막는 것은 경찰들이 막은 저 차입니다. 여기서 많은 분들은 아마 명박산성도 기억하실 겁니다. 그때 그 산성 결국 열렸습니다. 지금 이번엔 버스도 결국 열릴 겁니다. 버스는 열리고 우리는 나아갈 것입니다. 나아가서 우리는 승리할 것입니다. 시민이 승리한다! 감사합니다.[17]

지금까지 광장을 지배하는 정동은 슬픔과 분노, 부끄러움이라고 썼지만, 시민발언자들에게서 더 많이 들을 수 있는 말은 사랑과 다정함, 혐오와 차별 반대와 같이 타인과 공동체를 향한 정동이다. 이것은 시민발언에 대한 양적 통계 분석에서도 확인되는 바다. 다음에 소개하는 남태령으로 달려간 한 여성의 발언은 12.3 내란 이후의 정치가 사랑과 혐오 반대에 기반해야 함을 분명하게 말해준다. 그녀가 남태령으로 달려온 것은 "내 곁에 있는 사람이 존엄하다고 믿는 것, 그것이 사랑이고 그것이 민주주의"이기 때문이다. 자신을 비롯하여 시민들을 남태령으로 달려온 것은 농민의 존엄함에 대한 믿음, 농민에 대한 사랑 때문이라는 것이다. 그런데 그녀의 이러한 믿음과 사랑이 농민만이 아니라, 역사를 거슬러 올라가고 국경을 넘어서 전 세계의 동료 시민에게로 확장된다는 점에 주목할 필요가 있다. 그녀는 빨갱이 혐오도, 중국인 혐오도, 팔레스타인 혐오도 용납되어서는 안 된다고 단언한다. 우리는 모두 존엄함을 존중받아야 할 인간이기 때문이며, "동료 시민

∙∙∙

17 여성 시민, 오마이TV, [입체 생중계] 전농 트랙터 상경 시위대, 수방사 앞 남태령 고개에서 한남동 관저까지 행진! - 전농TV(2024.12.22. 오전), https://www.youtube.com/watch?v=Y4JfUeHUruk

에 대한 사랑을 실천하는" 것을 통해서만 우리 자신도 존엄할 수 있을 것이기 때문이다.

… 사람이 줄어들까봐 추위에도 버티면서 집에 못 들어가시는 분들 그리고 첫차가 오면 시민이 올 것이라는 농민분들의 믿음을 저버리고 싶지 않아서 달려올 수밖에 없었습니다. 그리고 무엇보다 근본적으로는 경찰의 폭력적인 진압을 막고 여러분의 존엄, 여러분의 자유를 지키고 싶어서 왔습니다. 내 곁에 있는 사람이 존엄하다고 믿는 것. 그것이 사랑이고 그것이 민주주의 아니겠습니까? 우리 오늘 이 자리에 있는 우리를 움직인 건 바로 사랑 아니겠습니까? 맞습니다. 우리는 빨갱이라고, 빨갱이 같다고 죽어도 되는 사회에서 여기까지 왔습니다. 윤석열 퇴진을 넘어 사회대개혁을 고민하고 소외받던 자의 목소리가 울리는 광장으로 왔습니다. 그럼에도 불구하고, 아직도 반공 이데올로기가 고개를 들려고 하고 있습니다. 빨갱이 혐오가 이제는 중국인 혐오로 번지고 있습니다. 하지만 우리는 중국 이주민도 한국 사회의 미래를 위해 목소리 내고, 중국인들이 인권을 보장받는다고 나라가 중국에게 먹히진 않는다는 것을 우리는 알고 있지 않습니까? 우리는 다시 부활하려고 시동을 걸고 있는 반공 이데올로기에 더 이상 호락호락하게 당하지 않을 것입니다. 우리는 오히려 중국 이주민도 그리고 저 멀리 팔레스타인까지도 인간으로 그리고 시민으로 살아갈 때 우리 자신도 존엄할 수 있을 것이란 걸 압니다. 동료 시민에 대한 사랑을 실천하는 여러분 정말 감사합니다. 우리 사회대개혁까지 끝까지 함께합시다. 구호 외치고 마무리하겠습니다. 마지막으

로 "차 빼라"를 3번 외쳐주십시오. 독재의 부역자만 아니라, 민주주의 국가의 공권력이라면! 경찰은 당장 차 빼라! 차 빼라! 감사합니다.[18]

평범한 소시민, 안민하는 12.3 내란이 "인간답게 사는 것이 뭘까요?"라는 질문을 남겼다고 말한다. 12.3 내란을 일으킨 세력이 "저희를 동등한 인간으로 취급하지 않"는다면, 우리는 이제 "어떻게 살아야 하는가"라는 질문이 남는다는 것이다. 그는 인간다운 삶은 타인을 배려하는 다정함과 혐오를 반대하는 실천에 있음을 강조한다. 그에 따르면, "혐오하기는 쉽고 다정하기는 어렵"다. 내란 세력에 의해 혐오가 부추겨지고 이간질이 극심해지는 이런 순간이야말로 "서로 손을 잡고 보호하고 연대"하는 다정함의 실천이 요청된다. "다정함은 그 무엇도 깎아낼 수 없는 우리의 본능이자 가장 강력한 무기"이고, "다정한 삶이야말로 가장 인간다운 삶"이며, "우리는 다정함으로 강한 존재들"이기 때문이다. 다정함은 내란 수괴를 끌어내리고 민주주의의 심판을 받도록 하는 힘일 뿐 아니라, 그 이후에도 인간다운 삶을 가능하게 할 연대와 결속의 정치를 위한 귀중한 자원이다.

안녕하세요? 투쟁으로 인사드립니다. 저는 평범한 직장인 그리고 광장에 나온 한 명의 소시민입니다. 내란의 밤에 느낀 공포를 저는 선명

---

18 여성 시민, 오마이TV, [입체 생중계] 전농 트랙터 상경 시위대, 수방사 앞 남태령 고개에서 한남동 관저까지 행진! - 전농TV(2024.12.22. 오전), https://www.youtube.com/watch?v=Y4JfUeHUruk

히 기억합니다. 광주 출신의 어머니를 둔 사람으로서 계엄이 어떤 것인지 모르지 못했기 때문입니다. 저는 삶을 잃어버리는 것이 두려웠습니다. 고맙지 않게도, 내란수괴 덕에 비로소 제가 살고 싶어 한다는 사실을 깨달았습니다. 그렇다면 어떻게 살아야 되느냐? 이왕이면 인간답게 살아야 하지 않겠습니까? 그렇다면 인간답게 사는 것이 뭘까요? 그 이야기를 하고자 이 자리에 섰습니다. 저 내란 세력은 저희를 동등한 인간으로 취급하지 않습니다. 장애인, 여성, 성소수자, 이주민 등 소수자들에 대한 혐오로 사회를 이간질하고 저희의 결속을 끊어내려 발버둥치고 있습니다. 여러분 저는 여러분이 그들의 악의에 휩쓸리지 않으시기를 바랍니다. 혐오하기는 쉽고 다정하기는 어렵습니다. 내 일상이 위협당하고 있는 지금은 더더욱 그렇습니다. 하지만 이런 순간이야말로 우리는 다정해야 한다고 말하고 싶습니다. 인류는 서로 손을 잡고 보호하고 연대하며 나아가왔기 때문입니다. 그러므로, 다정함은 그 무엇도 깎아낼 수 없는 우리의 본능이자 가장 강력한 무기라고 저는 말하고 싶습니다. 다정한 삶이야말로 가장 인간다운 삶이라 생각합니다. 내란 수괴와 그 동조자들은 우리의 결속과 연대를 두려워합니다. 스스로 인간답지 않은 삶을 선택한 그들은 타인의 선의와 다정함을 두려워합니다. 그렇다면 저도 모르게 그들에게 힘을 줘서는 안 되지 않겠습니까? 그들을 더 두려워하게 만들어야 하지 않겠습니까? 내란 수괴를 끌어내리고 민주주의의 심판을 받도록 해야 함은 지극히 당연합니다. 그리고 그 모든 일이 마무리된 후에도 저는 저희가 싸우는 연대와 유대가 쭉 나아가기를 저희가 든 수많은 불빛과 응원봉이 한 줄기로 이어지기를 바랍니다. 또한 그럴 수 있으리라 믿습니다. 우리는 다정함으로 강한 존재들이기 때문입니다. 감사합니다. 투쟁![19]

새로운 민주주의, 우리가 다시 만들 세계

2016~2017년 박근혜 퇴진 투쟁과 2024~2025년 윤석열 퇴진 투쟁의 가장 큰 차이점은 대통령 한 사람의 교체를 사태의 해결로 생각하는 사람이 거의 없다는 것이다. 민주주의를 붕괴시킨 윤석열을 탄핵하고 내란 세력을 척결한 이후에 할 일은 사회대개혁, 새로운 민주주의를 상상하고 만들어가자는 것이 광장을 주도하는 목소리가 되었다.

청주에서 온 시민 김영호는 8년 전 박근혜 퇴진 투쟁에서 민주당이 여성과 성소수자에 대한 혐오의 반대를 "'나중에', '지금 적절치 않은 발언'이라고 외치면서 똑같이 혐오 정치를 만들어냈기 때문에" 윤석열이 극우 정치를 펼치고 내란 수괴가 될 수 있었던 것이라며 양당 구조의 혐오 정치를 끝낼 것을 주장한다. 그에게 혐오 정치를 끝내는 방법은 "자본가, 남성의 혈족 중심, 폭력 국가"와 결합한 낡은 민주주의를 폐기하고, "국적이 없는 비국민들, 장애인, 노동자, 여성, 성소수자, 이주자들과 함께" 만들어가는 새로운 세상, 새로운 민주주의를 위해 싸우는 것이다. 이러한 맥락에서 "오늘 윤석열 체포는 끝이 아니라, 새로운 시작이어야만" 한다.

...

19 안민하, 윤석열즉각퇴진사회대개혁비상행동, [LIVE] 윤석열 즉각 체포·퇴진! 사회대개혁! 범시민총궐기대회, 2025.1.11., https://www.youtube.com/watch?v=jJtvTuUdMIY

안녕하세요. 오송참사가 일어났던 청주에서 온 김영호입니다. 투쟁으로 인사드리겠습니다. 투쟁! 우리가 지금 이 집회에서 안전하게 투쟁하고 집회할 수 있는 건 노동조합이 만들어냈습니다. 투쟁! 그리고 이 광장을 안전하다고 감각하게 만들어준 페미니스트들과 트랜스젠더들이 만들었습니다. 투쟁! 오늘 윤석열 체포는 끝이 아니라 새로운 시작이어야 합니다. 윤석열이 내란 수괴가 될 수 있었던 이유는 혐오로 정치한 양당 구조 때문입니다. 8년 전에 나왔던 분들, 오늘 이 광장에 똑같이 나왔습니다. 왜냐하면, 거대 야당 민주당이 '나중에', '지금 적절치 않은 발언'이라고 외치면서 똑같이 혐오 정치를 만들어냈기 때문입니다. 여성에 대한 구조적 차별은 없다면서 당선되고, 노동조합을 파괴하면서 지지율을 끌어올리고, 핵폐기물을 만들며, 양곡법을 거절하며, 기후 위기를 가속하는 내란 수괴 윤석열 때문입니다. 그 모든 결과가 참사입니다. 이태원, 아리셀, 오송 그리고 최근 제주항공 참사까지 이 모든 참사가 윤석열의 극우 정치 때문입니다. 우리는 윤석열 체포와 함께 새로운 민주주의를 위해 싸워야 합니다. 자본가 남성의 혈족 중심, 폭력 국가는 더 이상 없습니다. 우리는 남태령에서 투쟁했습니다. 투쟁! 우리는 새로운 민주주의로 나아갈 것입니다. 국적이 없는 비국민들, 장애인, 노동자, 여성, 성소수자, 이주자들과 함께 새로운 세상을 만들 것입니다. 폭력 경찰은 들으십시오. 동지들을 석방하라![20]

...

20 김영호, 오마이TV, [생중계] 윤석열 즉각 체포 긴급행동 3부 - 한남동 관저 앞(2025.1.4. 오후), https://www.youtube.com/live/W3dZ1Ja622s?si=874n03eeADqnsTJ2&t=5567

"여성, 농민, 노동자, 장애인, 성소수자 그리고 다른 수많은 소수자"와 함께 새로운 민주주의를 만들어가야 한다는 생각은 수많은 시민발언에서 확인되는 것이다. 페미니스트이자 비수술 트렌스젠더인 이재명 역시 그러한 시민발언자 중 한 사람이다. 그는 육군 현역으로 제대했고, "수염도 부숭부숭" 나고, 아무도 자신을 여성으로 보지는 않지만, 다른 사람의 시선에는 신경 쓰지 않는다고 말한다. 오히려 그는 "한 가지 정체성으로 납작하게 누르려는 그 모든 시도", 우리를 "피해자성에 매몰되게 만들어, 맹목적으로 만들어 조종하려는 그 모든 시도"를 경계하라고 주장하는데, 그러한 시도들은 우리가 "본디 다양하고 풍부한 사람이고, 그러한 사람이어야" 한다는 진실을 보지 못하도록 은폐하기 때문이다. 그는 성소수자에 대한 차가운 "혐오와 경멸을 넘어, 그 작은 남자들의 세상을 넘어", "더 넓은 세상", "더 따뜻한 세상"까지 건너오는 데는 "딱 한 걸음만 내디디면" 된다고 격려하며, 모든 소수자와 함께 새로운 세상을 만들어갈 것을 촉구한다.

> … 저는 페미니스트이고 트랜지션을 하지 않기로 결정한 비수술 트랜스젠더입니다. 또한, 초등학교, 중학교, 고등학교 12년 총 12년간 이어진 집단 따돌림의 생존자이기도 합니다. 괜찮습니다. 지금은 친구 많습니다. 이 차가운 세상 여러분 같은 사람들 덕분에 그래도 좀 살맛이 납니다. 이런 제가 감히 어떻게 2030 남성을 대표할 수 있냐, 말하는 사람도 있을 것입니다. 신경 안 씁니다. 저 육군 현역으로 제대했습니다. 훈장도 받고 전역했습니다. 수염도 부숭부숭 납니다. 어차피 알고 있습니다. 아무도 저를 여성으로 보지 않습니다. 괜찮습니다. 익

숙합니다. 그럼에도 광장에 나오지 않았지만, 저와 연대하는 친구들이 있습니다. 어제오늘 제가 커피차를 불렀습니다. 제가 총대를 메긴 했는데 제 돈만으로 한 건 아니고요. 십시일반 돈을 같이 모아준 친구들이 있습니다. 단톡방에서 공개적으로 지지하진 않았어도 10만 원, 20만 원씩 개인 카톡으로 저에게 돈을 보내준 친구들이 있습니다. 지금 방송을 보는 사람들이 있을 것입니다. 남성 중에서도 분명히 무엇인가 잘못되고 있다, 내가 잘못된 길을 가고 있다, 그렇게 느끼는 사람들이 있을 것입니다. 괜찮습니다. 주위의 목소리에 신경 쓰지 마십시오. 여러분을 한 가지 정체성으로 납작하게 누르려는 그 모든 시도에 귀를 기울이지 마십시오. 우리는 본디 다양하고 풍부한 사람이고, 그런 사람이어야 합니다. 여러분을 피해자성에 매몰되게 만들어, 맹목적으로 만들어 조종하려는 그 모든 시도를 경계하십시오. 지금이라도 광장에 나오십시오. 혐오와 경멸과 조소를 넘어, 그 작은 남자들의 세상을 넘어, 이곳으로 오십시오! 이곳에 더 넓은 세상이 있습니다. 더 따뜻한 세상이 있습니다. 한 걸음입니다. 딱 한 걸음만 내디디면 됩니다. 저는 계속 이곳의 동지들과 같이 광장에 서서 여러분을 맞이하겠습니다. 여성, 농민, 노동자, 장애인, 성소수자 그리고 다른 수많은 소수자들과 함께 다 같이 손을 맞잡고, 또 한 걸음을 나아갑시다. 투쟁![21]

한편 강혜진은 새로운 민주주의를 세계를 다시 만드는 것이라고

* * *

21 이재명, 오마이TV, [입체 생중계] 한남동 관저 앞 윤석열 즉각 체포 촉구 긴급행동(19:00, 2025.1.5.), https://www.youtube.com/watch?v=pzVMGbSlK3A

말한다. 농민, 노동자, 퀴어, 여성 등의 소수자들, 약자들이 주체가 되어 다시 만들 세계는 "평화, 결정권, 자주권"이 보장되는 세계다. 자신의 권리와 주권을 위해 싸운다는 이유로 누구도 "종북이라는 말도 듣지 않고, 빨갱이라는 말도 듣지 않고, 간첩이라고 말 듣지 않고, 전쟁이 없는 그런 세상"이야말로 "우리가 다시 만들 세계"라는 것이다.

> … 저는 우리가 윤석열을 잡아 가두고 처벌한 이후에 우리가 다시 만들 세계는 우리가 식량 주권을 지키기 위해서 우리 농민분들이 열심히 지키고 계시고요. 우리 노동의 현장에서 주인이 되고자 하는 우리 수많은 여기 민주노총 조합원 동지들이 싸우고 계시고요. 그리고 우리 수많은 소수자들, 약자들, 퀴어, 여성, 모두 다들 각자의 자리에서 우리의 권리를 위해서, 주권을 위해서 싸우고 있습니다. 저는 모든 인류가 그리고 우리나라 사람들도 평화를 누릴 수 있어야 한다고 생각합니다. '전쟁이 날까', '저들이 벌일까' 하는 것과 결별해야 한다고 생각합니다. 우리의 평화, 결정권, 자주권, 이것을 쟁취하기 위해서 다시 만들 우리의 세계에서는 종북이라는 말도 듣지 않고, 빨갱이라는 말도 듣지 않고, 간첩이라고 말 듣지 않고, 전쟁이 없는 그런 세상에서 살고 싶은데, 어떻게, 같이 싸우실 수 있으실까요? (청중 호응) 네, 일단 저 안에 있는 윤석열부터 잡아 가둡시다. 투쟁! (투쟁!)[22]

마지막으로 소개하는 시민발언 역시 새로운 민주주의와 우리가

---

22 강혜진, 오마이TV, [생중계] 윤석열 즉각 체포 긴급행동 3부 - 한남동 관저 앞 (2025.1.4. 오후), https://www.youtube.com/live/W3dZ1Ja622s?si=874n03eeADqnsTJ2&t=5567

다시 만날 세계에 대한 바람을 담고 있다. 서울에 사는 30대 여성인 최은혜는 자신을 "운이 좋게 살아남은 사람"이며, 참사로 희생되신 분들, '일하다 죽을 순 없다'고 외쳤던 선배들, 동지들의 목숨에 빚지며 살아가고 있는 사람이라고 말한다. 그녀는 올해 수험생이 되는 자신의 막냇동생과 같은 다음 세대에게 '다시 만날 세계'는 "운이 좋아 살아남았다는 부채감 속에서 사는 사회", "일하다 죽지 않기를 처절하게 외쳐야 하는 사회가 아니었으면 좋겠"다는 간절한 바람을 전한다. 요컨대, 우리가 다시 만날 세계는 "국가가 국민의 생명과 안전을 책임진다는 그 당연한 말이 정말 당연한 세계"여야만 하는 것이다.

먼저 제주항공 여객기 사고로 희생되신 모든 분들의 명복을 빕니다. 안녕하십니까? 저는 서울에 사는 30대 여성 최은혜입니다. 어제 제 서른 번째 생일이었는데, 생일 선물로 윤석열 체포를 못 받았습니다. 그래서 이 무대에서 탄핵 이후에 우리가 다시 만날 세계에 대한 제 생각을 이야기하고자 합니다. 저는 운이 좋게 살아남은 사람입니다. 세월호참사가 나기 전 저 역시 배를 타고 수학여행에 다녀왔습니다. 이태원참사가 나던 날에는 광화문에서 시작해 용산까지 행진하는 집회에 참석했습니다. 그리고 이태원을 지나서 집으로 돌아갔습니다. 저는 운이 좋아서 이 두 번의 참사에서 살아남았습니다. 제가 살아온 시간 동안 수많은 참사가 있었고, 저는 운이 좋아서 그 참사들에서 살아남았습니다. 그래서 저는 지금 참사로 희생되신 모든 분들께 목숨을 빚지며 살고 있습니다. 저는 노동조합에서 일하고 있습니다. 저의 동지들은 기술이 발달해서, 기후 위기라서, 일자리에서 밀려나고 있습니다. 죽거나 다치기도 합니다. 노동 현장에서 있었던 이 생존의 싸움 위에서, '해고는 살인'이라고 '일하다 죽을 순 없다'고 외쳤던 선배들 덕분에 이렇게 살아가고 있습니다. 저는 선배들에게, 동지들에게 목숨을 빚지며 살아가고 있는 것입니다. 저한테는 올해 수험생이 되는 막냇동생이 있습니다. 탄핵 이후에 우리가 만날 세계에는 제 동생이 스무 살이 되고 저처럼 서른 살이 됐을 때 운이 좋아 살아남았다는 부채감 속에서 사는 사회가 아니었으면 좋겠습니다. 일하다 죽지 않기를 처절하게 외쳐야 하는 사회가 아니었으면 좋겠습니다. 국가가 국민의 생명과 안전을 책임진다는 그 당연한 말이 정말 당연한 세계였으면 좋겠습니다. 이 자리에 와주신 여러분들 정말 감사합니다. 감사합니다.[23]

살펴보았듯이, 12.3 내란 이후 열린 광장은 각자가 상실한 민주주의에 대한 애도와 새롭게 만들어갈 민주주의, 우리가 만들어갈 세계에 대한 희망을 쏟아낸 장(場)으로 읽을 수 있다. 우리가 잃어버린 민주주의가 무엇인지, 새롭게 만들어갈 민주주의는 어떠해야 하는지에 대한 사회적 합의를 이루기는 쉽지 않은 과제다. 내란 세력과 내란을 지지하는 극우 대중의 준동은 정권 교체가 이루어지더라도 준동할 것이고, 혐오와 차별을 통해 이익을 얻는 집단들이 순순히 사랑과 다정함의 공동체로 전환하지는 않을 것이기 때문이다. 이 모든 비관적 전망에도 불구하고 광장의 시민발언을 통해 분명하게 확인되는 것은 우리는

---

23 최은혜, 윤석열즉각퇴진사회대개혁비상행동, [LIVE] 윤석열즉각퇴진! 사회대개혁! 5차 범시민대행진, 2025.1.4., https://www.youtube.com/watch?v=j3BwQZZqVRs

12.3 내란 이전의 일상과 자본에 밀착하여 소수자, 약자의 고통을 외면해온 민주주의로는 돌아갈 수 없다는 것이다. 우리는 우리가 잃어버린 것이 무엇인지 알지 못하는 무지의 상태를 견뎌내면서 상실한 민주주의를 애도하고 또 애도하면서 새로운 민주주의, '다시 만들 세계'를 열어가야만 한다.

보수의 심장은 늙어 죽을 것이다[1]
: 대구, 부산지역 시민발언을 중심으로

최준영(문화사회연구소)

응답하라, 광장이여

윤석열의 비상계엄 선포와 국회로 달려간 많은 시민들, 이후 국회를 중심으로 돌아간 긴박한 상황, 경찰과 계엄군의 불법적인 봉쇄를 뚫고 국회 담장을 넘어서까지 본회의장에 도착한 190명 국회의원의 전원 찬성으로 통과된 '비상계엄해제요구결의안' 그리고 비상계엄을 선포한 후 6시간이 지난 뒤에야 발표된 윤석열의 비상계엄 해제 선언까지. 대한민국 헌정사에 큰 상처를 남긴 '12.3 내란 사태'는 4개월이 지난 2025년 4월 4일, 헌법재판소의 대통령 윤석열에 대한 탄핵 결정으로 1막이 마무리되었다. 그렇다면 1막 이후는 어떻게 전개될까. 대한민국 최고의 정치 이벤트인 대통령 선거가 기다리고 있다. 결과가 쉽게 예측되는 대

---

[1] 글의 제목은 2024년 12월 7일 대구 동성로에서 열린 시국대회에서 한 시민이 펼친 대자보 문구에서 따왔다.

선. 그 속에서 또 언론은 이야깃거리를 찾아낼 테다. 후보들 간의 합종연횡, 지역감정을 파고드는 지지율 분석, 윤석열에 대한 형사재판 소식, 김건희를 둘러싼 여러 문제, 이재명의 소위 사법리스크, 명태균 게이트, 내란 세력에 대한 단죄 그리고 개헌까지. 소재들은 무궁무진하다. 또한 시민들은 한 명의 유권자이자 정치세력들 간의 경쟁을 바라만 보는 관람객으로 또다시 익숙한 정치적 상황을 맞이해야 될지도 모른다.

하지만 12.3 내란 사태의 종식을 위해 광장에 머물렀던 사람들은 상당히 다른 전개의 2막을 희망하고 있다. 내란 사태의 발발부터 윤석열의 탄핵까지 장장 4개월의 시간을 광장에서 보낸 시민들은 12.3 내란 사태가 지난 역사의 반복으로 귀결되기를 바라지 않는다. 자발적으로 무대에 오른 시민들의 발언, 혐오와 차별이 없는 광장문화를 위한 노력, 한국 사회 민주주의의 진전을 위한 사회대개혁 요구 등은 내란 사태의 해결 과정과 결론이 이전과는 달라야 함을 말하고 있다. 광장에서 펼쳐진 시민발언의 내용은 다채로웠다. 주류 언론과 파워 유튜버 등이 '탄핵 찬/반'이라는 선명한 하나의 선을 긋고 사람들을 양쪽으로 세워놓으려고 했지만, 광장은 그렇지 않았다. 집회가 처음이라는 청년들, 여성들, 시민들은 광장에서 접한 사회적 소수자들의 투쟁에 함께했다. 그들은 영하의 남태령에서 농민들의 트랙터 옆에 섰다. 전국장애인차별철폐연대(전장연)의 지하철 이동권 투쟁에 함께했고, 동덕여대 학생들의 투쟁에 연대의 목소리를 보탰다. 추운 겨울 광장을 온몸으로 지켜낸 시민들은 탄핵에 찬성하는 한 덩어리의 군중으로 그치지 않았다. 시민들은 우리 사회 곳곳에서 멈춰버린 민주주의를 (재)작동시키기 위해 오히려 더 뾰족하게, 더 세밀하게 전선을 그었고 연대해오고 있다.

이 글은 광장의 다채로운 목소리 중 지역의 목소리, 그중에서도 대구와 부산에서 펼쳐진 광장의 목소리에 주목한다. 보수의 심장으로 불리는 대구, 보수정치세력에 대한 지지도가 여전히 높은 부산에서도 12.3 내란 사태를 비판하고 윤석열의 탄핵을 촉구하는 집회가 계속 열렸다. 대구 동성로와 부산 서면에는 매일 수많은 시민이 모여 윤석열의 탄핵과 내란 사태의 해결을 외쳤다. 대구와 부산의 시민들 또한 다채로운 목소리를 광장에 풀어놓았다. 지역의 이슈를 함께 고민했고, 남태령대첩에 함께한 경험을 공유하기도 했다. 국회의 탄핵소추결의안 투표에 참여하지 않은 국회의원과는 '맞짱'을 뜨기도 했다. 하지만 무엇보다도 진하게 강조된 목소리는 바로 보수 일변도의 '지역주의'를 극복하자는 외침이었다. 지역주의 극복의 목소리는 특히 대구에서 강했는데, 가장 극적으로 표현된 것이 바로 'TK의 딸들' 온라인 챌린지라 할 수 있다.

TK의 딸들

2024년 12월 7일 대구 동성로에서 열린 시국대회에서 한 시민이 펼친 대자보가 화제가 되었다. 보수의 심장을 저격하는 대자보의 문구는 SNS를 통해 퍼져갔고, 온라인 챌린지로 이어졌다.

"우리는 보수의 텃밭이 아니다"
"TK의 콘크리트는 TK의 딸들에 의해 부서질 것이다"
"몇 년이 걸려도 반드시 부서질 것이다"

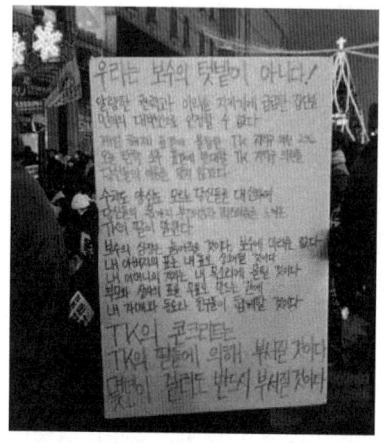

출처: "TK 콘크리트, TK 딸이 부순다"… 여성들 챌린지 확산(2024.12.9. 한겨레) https://www.hani.co.kr/arti/area/yeongnam/1171944.html

전국에 있는 '대구의 딸'들은 'TK 콘크리트 TK 딸이 부순다'는 피켓을 들고 인증샷을 찍었다. 대구가 어떤 곳인가. 감히 '보수의 심장'이라고 얘기해도 될 만큼 보수정치세력에 대한 시민들의 지지가 높은 지역이다. 이번 22대 국회의 대구·경북지역 국회의원 25명 모두가 국민의힘 소속이다 (대구 12명, 경북 13명). 22대 국회뿐만이 아니다. 1988년 13대 총선 이후 22대 총선까지를 통틀어 보수정치세력이 아닌 국회의원 당선자는 2016년 20대 총선의 더불어민주당 김부겸 의원이 유일하다시피 할 정도로, 대구·경북은 절대적인 보수 강세 지역이다.[2]

대구가 보수의 상징과도 같은 지역으로 인식되면서 유력 보수정치인들은 지지율 하락 등의 위기를 겪을 때마다 대구 서문시장을 방문하곤 했다. 시장 상인들 및 시민들과의 만남과 대화, 시장에서의 먹

...

2 유지웅, "31년 '보수 싹쓸이' 대구, 역사의 막 내릴까?", 〈프레시안〉(2016.4.5.). 기사 내용 참조. 기사는 2016년 20대 총선을 예측하면서 작성되었다. 해당 기사에 따르면, '중선거구제'로 치러진 1985년 12대 국회의원 총선에서는 당시 여당이었던 민주정의당은 대구 6개 선거구 가운데 2명만이 국회의원이 되었을 뿐이다. 하지만 '소선거구제'로 바뀐 1988년 13대 총선부터 2012년 19대 총선까지는 보수 성향의 정당이 모든 선거구를 싹쓸이했다고 한다. 물론 자유민주연합(자민련)의 바람이 거세졌던 1996년 15대 총선이나 일부 무소속 의원이 당선된 적도 있으나 이들 모두가 기본적으로 보수 성향의 정당, 후보들이었고, 결국에는 합당과 입당 등의 과정을 거쳐 같은 당의 국회의원이 되었다. 기사 작성 시점 이후인 21대, 22대 총선 결과도 마찬가지로 모두 보수 성향의 정당이 대구·경북의 모든 국회의원직을 싹쓸이했다. https://www.pressian.com/pages/articles/134942

방, 박정희 팔이 등은 수백, 수천 개의 기사로 도배가 되고 이는 일시적인 지지율 상승으로 이어지곤 했다. 윤석열·김건희도 그랬다. 그러나 12.3 내란 사태는 30년도 넘게 억눌려왔던 대구 시민들의 '무엇'인가를 폭발시켰다. 민주주의를 부정하고 무너뜨리려는 대통령, 극우 유튜브의 주장을 앵무새처럼 되뇌는 대통령, 그런 대통령에 대한 절대적인 지지를 보낸 지역의 민심에 대한 비판적 인식과 함께 대구 시민들은 거리로, 광장으로 쏟아져 나왔다. 'TK의 딸들'은 대구에서 폭발한 민심의 성격이 무엇인지, 주체가 누구인지를 상징적으로 보여준다. 보수의 심장 대구에서 새로운 광장의 정치가 움트고 있다.

12.3 내란 사태 이후 광장으로 나온 대구 시민들은 윤석열 탄핵과 함께 보수 일변도의 지역주의를 타파하고, 박근혜 탄핵 이후에도 변하지 않은 지역 정치의 실질적인 변화를 만들겠다는 의지를 다지고 있다. 2024년 12월 7일, 대구 동성로에 모인 수천 명의 시민은 윤석열에 대한 국회의 1차 탄핵소추안이 투표 불성립으로 부결되자 탄핵소추안 표결에 앞서 퇴장한 국민의힘을 '내란 공범'이라고 규탄하였다. 시민들은 동성로에서 국민의힘 대구시당까지 행진하였으며, 당사를 에워싸고 '윤석열 탄핵'을 외쳤다. 이날 시민발언에서는 보수 일변도의 대구에 대한 자괴감, 부끄러움과 함께 변화를 촉구하는 발언이 이어졌다.

> 정말 서울에 가서, 투쟁을 하러 가면은 대구가 부끄럽습니다. 국힘당만 뽑아놓고 아무런 걸림돌 없이 마음대로 해쳐먹으라고 만들어놓은 대구가 정말 부끄럽습니다.
> — 2024.12.7. 대구 동성로, 박명애 대구장애인차별철폐연대 상임공동대표 여성

저는 20대 대학생입니다. 이걸 밝히는 이유는 지금 지방이 아닌 곳에서 '대구는 정치에 관심이 없다. 2번을 많이 찍는다'라는 이야기가 돌고 있는데, 그렇지 않다는 걸 이렇게 영상으로 남기기 위해서입니다. 지금 이곳에 수많은 분들이 와 계십니다. 20대분들도 계시고요. 나이 많으신 분들도 계십니다. 저희 대구 지금 관심 많고요. 열심히 하고 있습니다.

― 2024.12.7. 대구 동성로, 대학생 여성 익명

안녕하세요? 경상병원에서 외출증 받아서, 행진하고 싶어서 나온 김영희 학생입니다. 하나도 안 추워요, 하하하! 그냥 짧게만 하고 끝내겠습니다. 대구 경북 콘크리트층, 박살낼 겁니다. 윤석열은 퇴진하라! 감사합니다!

― 2024.12.7. 대구 동성로, 김영희 20대 여성

여기 대구입니다. 내가 주권자로서 행하는 한 표가 방어의 의미로 축소되어버리는 이 도시에서, 내 윗세대의 원죄를 갚겠다고 딸들이 영하의 날씨에 광장으로 뛰쳐나오는 이 도시에서, 어떤 일이 있어도 변할 리 없다며 콘크리트라 불리는 이 도시에서, 대구의 중심 동성로에서, 그들의 심장에서, 우리는 맥을 끊어낼 겁니다. 다 같이 소리 내서 한 번 말해봅시다. 우리 목소리는 결코 가볍지 않습니다. 우리 목소리는 결코 약하지 않습니다. 우리는 외롭지 않을 것이며 콘크리트는 부서질 것입니다.

― 2025.1.4. 대구 동성로, 홍승연 여성 비정규직 노동자

그렇다면 변화와 개혁의 중심 세력, 주체는 누가 될 수 있을까. 변화의 중심에 선 것은 다름 아닌 'TK의 딸들'이었다. 그리고 성소수자, 장애인, 해고 노동자, 청소년 등이었다. 보수정치세력의 텃밭이 되어버린 대구 그리고 그들의 농간으로 우리 민주주의의 근간이 위협받는 상황에서 부끄러움을 느끼고 거리로 쏟아져 나온 사람들의 다수는 정치의 바깥에 있다고 치부받던 시민들이었다. 그리고 부끄러운 대구의 현실 앞에서 응원봉을 든 'TK의 딸과 친구들'이 선언한다. 대구·경북의 콘크리트층을 박살낼 것이라고.

'보수의 심장은 늙어죽을 것이다. 보수에 미래는 없다'
'부모와 상사의 표를 무효로 만드는 길에
내 자매와 동료와 친구들이 함께할 것이다'

30년 묵은 지역주의

지역주의는 어디서, 어떻게 시작되었을까. 지역주의의 정치적 발현 시점과 관련해서는 두 가지 가설이 경쟁하고 있는데, 1971년의 대통령 선거를 시점으로 보는 견해와 1987년의 민주화에 이은 13대 대통령 선거를 결정적 계기라고 주장하는 견해가 그것이다.[3] 1971년 가설의 근거는 그해 대통령 선거에서 당시 공화장 의장이었던 이효상이 "경상도 대통령을 뽑지 않으면 우리 영남인은 개밥에 도토리 신세가 된

---

3   오승용, "지역주의와 지역주 연구: 회고와 전망", 〈사회과학연구〉 제12집 2호(2004), 184쪽.

다"⁴라며, 한국 최초로 지역주의 선거 전략인 '경상도 대통령론'을 들고 나온 것을 꼽는다. 반면에 1972년 10월 유신 이후 박정희에 의해 국회가 해산되고 선거제도 역시 여당이 무조건 1명이 뽑히도록 중대선거구제로 바뀌면서 선거 결과를 통해 지역주의의 연원을 추적하기 어렵기 때문에, 이를 확인할 수 있는 1987년 대통령 선거를 결정적 계기로 봐야 한다는 가설이 있다. 대구를 기준으로 볼 때, 1985년 총선 때까지도 대구는 야당 도시의 면모를 유지하고 있었지만 1987년 대선에서는 노태우에게 70% 이상의 표를 몰아준 것이다. 그리고 이를 신호탄으로 지금까지 30년간의 선거 결과는 일관되게 보수정치세력 일변도의 결과를 보여주고 있다.⁵

지금 1971년 가설과 1987년 가설 중 하나를 선택할 필요는 없다. 다만 1987년 대선에서 김대중, 김영삼 후보가 단일화하지 않으면서 '민주 대 반민주'의 구도로 치러졌어야 할 선거기 '지역대결 구도'로 변했고, 노태우 진영 등 대선 후보들이 지역주의 전략을 공공연하게 펼치면서 지역주의가 전면화되었다는 점⁶에서 1987년 대선이 결정적 계기라는 것은 부정할 수 없는 사실이다. 그렇다. 마치 DNA에 새겨진 듯 보이는 지역주의가 우리 사회에 뿌리내린 것은 그리 오래되지 않았다. 그 때문에 대구와 부산에서 '빛의 혁명'을 위해 모인 시민들은 30년 묵은, 아니 '30년밖에 되지 않은' 지역주의를 충분히 극복해낼 수

...

4 "경상도 대통령을 뽑지 않으면 우리 영남인은 개밥에 도토리 신세가 된다"라는 발언은 1971년 대통령 선거에서 박정희 선거운동을 하던 이효상 공화당 의장의 대구 유세 발언으로 알려져 있다.
5 손호철, "대구가 '보수의 메카'가 된 건, 지역주의 정치 때문이다", 〈한국일보〉 '손호철의 발자국'(2021.2.15.) 내용 참조.
6 같은 글.

있다고 선언하고 있는 것이다.

보수정당이 이 정도로 추하게 된 것은 우리 대구의 탓도 적지 않습니다. 추경호 등 국힘당 주요 당직자들이 대구 경북 출신이고 윤석열 등 수뇌들은 이곳을 그들 도적떼들의 본거지 정도로 알고 있습니다. 여러분, 대구가 어떤 곳입니까? 대구는 해방 이후 미군정의 폭정에 항거하여 전국 최초로 민중항쟁이 일어난 곳입니다. 대구의 2.18 학생운동은 4.19의 불꽃으로 타올라 이승만 독재정권을 무너뜨렸고 한국 민주주의의 주춧돌이 되었습니다.

― 2024.12.7. 대구 동성로, 손광락 경북대학교 영문학과 교수 남성

우리 부산 시민들은 국민의 권리와 자유를 침해하고 억압한 대통령을 더 이상 용납할 수 없기 때문에 이 자리에 모였습니다. 맞습니까? 국민의힘 지지율이 꾸준히 높아왔던 이 부산에서, 국민의힘을 해체시키고 역사의 뒤안길로 보내버리기 위해 이 자리에 모였습니다. 맞습니까?

― 2024.12.21. 부산 서면, 대학생 익명

보수 일변도의 지역주의가 자리 잡기 전의 시간으로 돌아가 한국 민주주의의 주춧돌이 되었던 1960년의 '대구 2.18 학생운동'을 소환한 것은, 지역주의가 깨어지지 않는 성벽이 아니라 충분히 극복하고 넘어설 수 있음을 강조하기 위해서다.

대구 경북에는 "내란을 내란이라고 말할 수 있고, 가짜 보수와 진짜 보수를 가릴 줄 알고, 자신의 권리를 지킬 줄 알며, 불의와 불법에 분연히 일어설 줄 아는 용기 있는 시민들이 살고 있다. 그들은 세뇌된 지역감정에서 깨어나 대한민국 민주주의 역사에 새로운 피를 주입하였다"라고 기록될 수 있도록 합시다. 그리고 훗날 우리는 이렇게 자랑스럽게 이야기하도록 합시다. "2004년 그날, 그렇게 이 비극의 날에 나는 가만히 있지 않았다. 그날 그때 적어도 나는 비겁하지 않았다. 적어도 나는 그 역사의 현장에서 비켜 서 있지 않았다"라고 기억될 수 있도록 합시다.

— 2024.12.7. 대구 동성로, 손광락 경북대학교 영문학과 교수 남성

하지만 30년 묵은 지역주의에 맞서는 일은 쉽지 않은 일이다. 지역주의는 생활 속에 존재하면서 작동하기 때문이다. 극복이 대상이 국회의원이나 시장, 구청장 등과 같이 정치인이나 권력자일 수도 있겠으나, 현실의 지역주의는 내 주변, 가족이나 친구, 동네 주민 등을 통해 나에게 다가온다. 부산과 대구의 시민들은 내란 세력의 단죄와 지역주의 극복이라는 두 개의 과제를 앞에 두고 한 걸음씩 전진하기 위해 노력 중이다.

대선 때 저한테 하셨던 말씀이 요새 매일 떠올랐습니다. "너와 같은 청년들이 잘사는 세상을 위해서 윤석열에게 투표하자, 지지하자." 할아버지, 저는 저 사람이 대통령이 된 이후에 너무 많은 것을 잃었습니다. 작년을 기억하시나요? 저는 순식간에 직장을 잃고 청년실업자가 되었습니다. 생계를 이어가기 위해, 나를 지키기 위해 여러 방면으

로 알아보았어요. 그런데 그 어떤 법도, 그 어떤 정책도 저를 지켜주지 않았습니다. 그럼에도 저는 그저 할아버지께 투정부리는 말밖에는 할 수 없었습니다. "할아버지가 지지하는 저들이 나를 이렇게 만들었다"고. 그렇지만 할아버지는 "그냥 네가 운이 나빴던 거라고, 네가 뭘 아냐"라고 타박을 하셨지요. 저는 말을 아껴야 했습니다.

― 2024.12.14. 대구 동성로, 민정 30대 직장인

나라를 위해 목소리 내는 이 자리에서도 지나가는 윤석열 지지자들에게 "쓰잘데기없는 짓 하지 말고 드가라"라는 말을 듣거나 손가락질당하곤 했습니다. 집회에서 반대 세력을 만나는 일은 흔합니다. 하지만 집회가 끝나고 집에 도착했는데 '2찍이 시비걸었다' 이런 건 견디기 힘들지 않습니까?

― 2024.12.21. 부산 서면, 대학생 익명

지금 시끄럽다고 많은 분들이 민원하고 계시고 이 앞에 분도 계신데요. 시끄러운 거 이해합니다. 하지만 그 원인이 무엇이고, 화를 내야 할 대상이 무엇인지 다시 한번 생각해보셨으면 합니다. 저희가 무엇 때문에 여기 모이게 되었는지 생각해주십시오. 저희는 생각 없이 여기 그저 모여서 소리를 지르는 사람들이 아닙니다. 저희는 저 내란 수괴에 동조하는 박수영, 그 박수영에게 민원을 하러 온 것뿐입니다. 우리는 같은 나라의 국민이고, 같은 도시에 살고 있는 사람입니다. 우리는 당신의 동료입니다.

― 2024.12.28. 부산 박수영 의원실 앞, 여성 익명

모두가 알다시피 이곳은 대구 아닙니까? 국민의힘의 본진. 아, 이제 국민의힘이 아니죠. 국민들의 커다란 짐, 그들의 본진이지 않습니까? 그래서 그때 탄핵소추안 결의안을 냈던 그날 당사로 행진하던 중에 들었던 욕설과 조롱, 지나가는 자동차들의 공격적인 경적 소리, 그 모든 게 공포였지만 그만큼 여러분과 함께였기에 함께 행진할 수 있었습니다. 저는 당시의 일을 제가 하는 SNS에 올려 대구 사람들이 이렇게 힘을 내고 있다는 말을 남겼습니다. 그러자 많은 분의 관심과 응원이 담겼었습니다. 콘크리트는 무너지지 않을 것이라던 사람들이 저희의 그 콘크리트를 부수기 위해 목소리를 내고 있다는 것을 보면서 응원해주심에 너무 감사함도 느꼈었습니다.

— 2025.1.4. 대구 동성로, 20대 여성

사실 집회에서 반대 세력과 맞닥뜨리는 일은 드물지 않다. 실제로 국회 앞이나 광화문에서, 헌법재판소 근처에서 두 개의 집회가 동시에 열리기도 했다. 그 때문에 스치면서라도 극우 집회를 경험하게 되는 경우가 있는데, 성조기와 태극기, 이스라엘기를 흔들면서 연신 욕을 해대는 극우 집회를 지켜본 사람들은 이질감과 함께 공포를 느끼곤 했다. 12.3 내란 사태의 해결 지점이 주류 언론 등에 의해 '탄핵 찬/반'으로 단순화되면서, 극우세력의 결집으로 자신의 정치적·경제적 이익을 실현하는 전광훈 류의 집단에게는 12.3 내란 사태는 좋은 먹잇감이 되고 말았다. '탄핵찬성 집회의 배후에 공산 세력이 있다'거나 '중국인들이 대거 집회에 참여한다', 심지어 경찰도 중국인이라는 말도 안 되는 주장이 확대 재생산되었다. 가짜뉴스를 동반한 대중 선동으로 극우세력은 세를 확대했고, 때때로 윤석열은 편지와 전언으로 이들을 더 부추겼다. 그리고 그 결과는? 모두 목도한 것처럼 서부지방법원에 대한 테러와 같은 극단적인 사회 혼란으로 이어졌다.

응원봉을 들고 민주주의를 지키기 위해 광장에 나선 부산과 대구의 시민들은 종종 이들로부터 직접적인 신변의 위협을 느끼기까지 했다. '남태령대첩', '한강진대첩'에 우리는 주목할 수밖에 없지만, 대구와 부산에서의 싸움 또한 만만치 않았다. 부산에서는 지역 정치인과 시민들이 직접 맞짱을 뜨기도 했는데, '윤석열 구속 파면 부산시민대회'에 참여한 5,000여 명의 시민이 국민의힘 부산시당위원장 박수영 의원 지역사무실을 찾아 12.3 내란에 대한 입장을 묻는 직접행동을 전개한 것이다.

계엄을 옹호하는 국회의원을 직접 찾아가다

2024년 12월 28일, 국민의힘 박수영 의원(부산 남구)은 지역사무실에서 지역 주민의 민원을 직접 청취하는 행사를 열었다. 오전 11시경 30여 명의 시민이 사무실을 찾았고, 박수영 의원에게 12.3 내란 사태에 대한 입장을 밝힐 것을 요구하였다.[7] 이미 윤석열 탄핵에 반대하는 쪽으로 입장이 기운 박 의원은, 12월 27일 국회가 한덕수 대통령 권한대행을 탄핵하자 자신의 SNS에 "스스로 내란죄를 빌드업 중인 이재명

---

7   박수영 의원실 항의방문 등 직접행동과 관련해서는, 맹화찬, "박수영 의원 측 "부산 사무실 점거사건 철저히 수사해야" 밝혀, 5000여 명 모인 시위 9시간 만에 마무리", 〈LOCAL세계〉 (2024.12.29). 그리고 김민정, "친윤서 '찐윤'으로... 박수영 연일 강경보수 행보 왜?", 〈국제뉴스〉 (2025.2.3). 기사 내용 참조.

세력들"이라는 글을 올리기도 했다.[8] 이에 박 의원 사무실을 찾은 시민들은 12.3 내란 사태에 대한 입장을 물으면서 박 의원의 사과를 요구한 것이다.

　내란에 대한 입장을 요구하는 시민들의 외침에 국민의힘 부산시당 위원장이자 부산 남구 지역구 국회의원인 박수영 의원은 위원장실로 들어가 문을 잠가버렸고, 시민들은 그대로 사무실에 앉아 연좌농성에 돌입했다. 박 의원은 중간에 잠시 나와 "내란죄 여부는 헌재가 결정할 것이고, 대한민국 국민은 누구나 무죄 추정의 원칙이 적용된다"라는 얘기를 던지고는 다시 위원장실로 들어갔다. 박 의원 측은 경찰에 신고했고, 신고를 받고 출동한 경찰과 시민들은 몸싸움을 벌이기도 했다.

　오후 4시부터 서면에서 '윤석열 구속 파면 부산시민대회'를 하고 있던 시민들에게 이 소식이 알려지자, 수천 명의 시민은 집회를 일찍 마무리하고 1시간가량을 거리행진을 펼치며 박 의원의 사무실로 이동했다. 5,000여 명의 시민이 박수영 의원실 앞 거리를 가득 메웠다. 추운 날씨에서 집회를 이어간 부산 시민들은 발언을 통해 남태령대첩을 소환했고, 이태원참사를 얘기했다.

> 11시에 시민들이 와서 대화하자고 했을 때 제시간에 나와서 대화했
> 으면 끝났을 일을, 6시까지 질질 끌어서 도로를 마비시키고 시민들

8　박수영 의원은 12.3 내란 사태 내내 극우세력의 입장을 대변하는 행보를 보여왔다. 2025년 1월 28일 SNS에 "문형배 대행의 블로그 글에서 '북침론'과 궤를 같이 하는 주장이 발견됐다. 헌법을 수호할 의지가 없는 것으로 보이므로 헌법재판관에서 사퇴하라"라는 글을 올렸고, 2025년 2월 1일 부산역 광장에서 보수 개신교계 단체인 부산 세이브코리아가 주최한 국가비상기도회에서는 현장에서 큰절까지 하며 "부산은 자유민주주의 대한민국을 지킬 첨병이다. 부산이 지켜야 한다. 제2의 6.25가 벌어지고 있다"라고 발언하기도 했다.

추운 날씨에도 밥도 못 먹고 고생하게 만든 사람 누굽니까? 화낼 대상, 제압할 대상, 명확히 하십시오. 더 이상 시민들의 정당한 민원을, 요구를 탄압하지 마십시오. 민중의 소리를 들으십시오. 박수영 의원, 당신이 국민들로부터 투표를 받아 당선된 선출직 의원이라면 제발 민중의 소리를 들으십시오. 경찰 분들도 더 이상 시민들 탄압하지 말고 길을 터주십시오. 남태령 그 추운 새벽부터 경찰들에게 반복적으로 해왔던 얘기입니다. 우리가 바라는 건 많지 않습니다. 차 빼라, 길 비켜라, 길을 터라!

— 2024.12.28. 부산 박수영 의원실 앞, 20대 여성 대학생

그 버스 반의반만이라도 이태원에 갔고, 그 반의반만이라도 다른 사고 현장에 갔다면 그 참사들은 일어나지 않았을 겁니다. 그들이 경찰이란 걸 믿을 수 없었습니다. 지금 저렇게 국민의힘 사무실을 막고 있는 경찰처럼, 그들이 우리나라의 경찰이란 것을 저는 믿을 수가 없었습니다. 당신들은 무얼 지키는 사람들입니까? 당신들은 국민을 지키고자 그 어려운 시험에 합격해 경찰에 합격한 경찰관들 아닙니까? 당신들의 방패 뒤에 무얼 지키고 있습니까? 저는 당신들이 우리나라의 경찰이란 것이 너무나도 부끄럽습니다.

— 2024.12.28. 부산 박수영 의원실 앞, 청년 여성 익명

저녁 7시 30분을 넘겨 박 의원과 시민대표단의 면담이 성사되었다. 시민대표단은 경찰 출동에 대한 사과와 함께 윤석열의 내란 행위, 탄핵에 대한 입장을 밝힐 것을 요구하였다. 하지만 박 의원은 "탄핵은

헌법재판소가 결정할 문제이고 윤석열에 대한 내란죄는 무죄추정 원칙이 적용되어야 한다"라는 말을 다시 반복하기만 했다. 시민대표단은 면담 후 사무실에서 농성하던 시민들과 함께 밖으로 나와 규탄 집회에 합류하여 상황을 설명하였고, 이후 9시간이 넘는 규탄 집회는 마무리되었다.

광장에서의 경험은 꽤 오랫동안 몸과 마음에 남아 있기 마련이다. '민주주의는 광장에서 배우는 것'이라는 말처럼, 시민들의 집합적 정체성과 정치의식은 광장에서 확대 재생산된다. 응원봉을 든 자발적 시민들의 서로의 생각을 나누고, 토론하고, 실천하는 광장이 곧 '공론장'이고, 이곳에서 시민들은 사회적 합의를 형성하고 시민의식을 확장시킨다. 박수영 의원실에서 벌어진 9시간의 경험은 12.3 내란 사태를 종식시키기 위한 부산 시민들의 상징적인 투쟁으로 오래 기억에 남을 것이다.

광장에 모여 함께 배우는 민주주의. 어떤 사람들이 함께하고 있을까. 앞서 'TK의 딸들'처럼 부산의 광장에도 정치의 바깥에 있다고 여겨졌던 사람들이 나왔고, 서로를 격려하고 응원하였다. 그리고 이런 부산의 광장을 잘 설명해주는 것이 바로 '술집 여자'의 발언이다.

술집 여자

'저는 저기 온천장에서 노래방 도우미로 일하는
소위 말하는 술집 여자입니다'

2024년 12월 12일 부산 서면에서 열린 탄핵촉구 집회의 연단에 오른

한 여성은 자신을 노래방 도우미라고 소개했다. 잠시 정적이 흘렀다. 하지만 "많은 사람들이 편견을 갖고 저를 경멸하거나 손가락질할 것을 알고 있지만 민주시민으로서 권리와 의무를 다하고자 용기를 냈다"라는 여성의 발언에 사람들은 함성으로 응원하기 시작했다. 발언의 내용은 또렷했고, 목소리는 거침이 없었다. 우리는 "박근혜를 탄핵했고 또 윤석열을 탄핵할 것"이지만 동시에 "우리 국민의 절반은 박근혜와 윤석열을 뽑은 사람들"이라며, 우리 주변의 소외된 이들에게 관심을 갖고 민주주의에 관심을 가져야만 전 세계적으로 가속화되는 우경화의 흐름 속에서 우리의 민주주의를 지켜낼 수 있음을 강조했다.

국회에서의 1차 탄핵결의안이 무산되고 2차 투표를 앞둔 상황에서 오히려 탄핵 이후를 이야기하는 발언 내용이었다. "일터에서, 삶터에서, 학교에서, 지하철에서 민주주의가 작동하지 않는다면 그리고 차별과 지역 혐오가 해결되지 않는다면 우리의 민주주의는 여전히 완벽하지 못할 것이기에, 윤석열 탄핵만으로는 충분하지 않습니다"라는 그의 과감한 주장은 집회 당일 모인 사람들뿐 아니라 온라인으로도 퍼져 큰 호응을 얻었다. 또한 그는 쿠팡 노동자의 죽음, 용주골 재개발, 동덕여대 투쟁, 장애인 이동권 문제 등 사회적 약자와 관련한 다양한 사례를 언급하면서 지속적인 관심과 연대를 요청하였는데, 이는 12.3 내란 사태 이후 광장과 거리에 나선 이른바 '새로운 시민 주체'들의 성격과 관심, 가치와 지향이 무엇인지를 잘 보여준다. 이들에게 12.3 내란 사태의 종식의 의미는 내란 세력에 대한 처벌과 정치세력의 교체를 넘어 새로운 민주주의, 더 나은 민주주의로의 전진을 말하는 것이며, 이를 위해 민주주의가 멈춘 곳에 대한 관심을 가지고, 연대해야 한다는 의

미인 것이다.

　대구·경북(TK)지역보다는 옅다고 하지만 부산·경남(PK)지역 또한 보수적인 성향이 강한 지역이다. '보수적인 성향'은 비단 정치적인 선택의 문제만을 얘기하는 것이 아니다. 문화적인 측면에서도 TK와 PK는 다른 지역에 비해 더 보수적이라는 평가가 일반적이다. 하지만 12.3 내란 사태는 지역사회 곳곳에서 움터왔던 변화의 기운을 폭발시켰다. 그렇다면 과연 '술집 여자'의 발언으로 촉발한 사회적 연대에 대한 요청이, 부산이라는 보수적인 지역사회의 천정을 뚫고 폭발할 수 있을까.

　변화는 경계의 바깥에서 온다. 기존의 질서와 문화, 체제의 중심에서 속한 사람들이 변화를 주도할 수는 없는 법이다. 12.3 내란 사태의 종식을 위해 모인 시민들 중 상당수는 기존의 질서가 주목하지 않았던, 주류 사회질서의 외부에 존재하던 사람들이었다. 그리고 광장은 이들의 다양한 정체성, 생각, 실천을 모두 품어낸다. 대구와 부산에서노 마찬가지다. 성소수자, 플랫폼 노동자, 장애인, 여성 등 사회적 소수자들이 광장에 함께하고 있음을 강조하는 시민들의 목소리가 펼쳐졌다.

> 그래서 저는 더 열심히 싸우자고 이야기를 하기 위해서 여기 온 게 아니라 몇 가지 당부드리고 싶은 게 있습니다. 방금도 매번 부탁드릴 말이 있는데, 여기 청소년, 장애인, 성소수자, 여성, 기타 소수자 분들과 함께하고 있습니다. 이들을 위해, 이들을 배려하여 이들과 함께 더 열심히 싸워나갈 수 있도록 이들을 배척하는 발언, 혐오하는 발언, 차별하는 발언은 사용하지 말아 주시기 바랍니다.
> 　　　　　― 2024.12.7. 대구 동성로, 청년 남성 청소년 인권단체 활동가

저는 걸그룹 레드벨벳의 팬이자, 트랜스젠더이자, 늘 우울증과 불안장애를 달고 사는 부산 시민입니다.

― 2024.1.4. 부산 서면, 청년 익명

혹자는 탄핵과는 상관없는 일이니 네 정체성에 대해선 입을 다물라고 합니다. 하지만 저는 오늘 여기서 제가 레즈비언임을 말합니다. 그 이유는 발언, 즉 말을 한다는 건 한 사람의 인식, 나아가 사회의 인식을 바꾸는 힘이 있기 때문입니다. 이제 제 말을 듣는 여러분의 머릿속에는 뜻을 같이 하는 동지 중에 레즈비언이자 페미니스트가 있다는 사실이 밝혀질 것입니다. 그리고 여러분은 결코 그 사실을 알기 전으로 돌아갈 수 없습니다. 막연하게만 알던 존재가 갑자기 여러분 앞에 들이닥치고, 한 사람의 인간임을 실감하게 되는 것입니다. 그러면 인간 대 인간으로서, 이러한 존재를 어떻게 대해야 하는지 여러분은 고민하게 될 것입니다. 그렇게 인식이 바뀐 한 사람 한 사람이 모여 사회가 바뀌어가는 것입니다.

― 2025.1.11. 부산 서면, 청년 레즈비언

새로운 주체들이 만드는 광장의 목소리는 '윤석열 탄핵'으로만 집중되지 않았다. 광장에서는 지속적으로 다양한 사회적 소수자들의 투쟁에 연대해야 함을 강조하는 발언이 이어졌다. 윤석열 탄핵과 정권교체라는 이른바 '대의'를 따르면서도 다시는 이 같은 비극이 반복되지 않기 위한 사회의 근본적인 변화가 필요하다는 주장이다.

지금 이 자리는 윤석열 정권 퇴진의 시작이 될 광장이기도 하지만, 이후에 새로운 세상을 열어갈 첫 마중물 같은 공간이 될 것입니다.

— 2024.12.7. 대구 동성로, 청년 남성 익명

우리는 과거를 바꿀 순 없지만, 현재를 바꿀 수 있습니다. 나 자신과 내 옆의 사람을 그리고 우리 대구를 지킬 수 있습니다. 대구에도 약자와 소수자와 연대할 수 있는 많은 자리가 있습니다. 여성, 노동자, 장애인, 성소수자, 노숙자, 미등록 이주민 등 약자와 소수자 인권을 외치는 사람들이 있습니다. 전태일 열사 대구 옛집을 복원하기 위해 자발적인 모금에 동참한 사람도 있고, 홍준표가 세운 자기 닮은 박정희 동상을 철거하라 외치는 사람들도 있습니다. 그래서 여러분께 감히 부탁드리고 싶습니다. 윤석열이 끌어내려지고 나라의 안정이 온 후에도, 우리 지역의 목소리에 관심을 가지고 함께 연대해주십시오. 대구에 산다는 이유로 밖에서도 욕먹고 안에서는 국힘 지지자한테 욕먹고 있지만, 좌절하고 쓰러지는 것이 아니라 여러분과 함께 당당하게 제 고향 대구를 바꿔가고 싶습니다.

— 2024.12.28. 대구 동성로, 최나래 청년 여성

우리의 궁극적인 목표는 내란 수괴 윤석열을 탄핵시키는 것에서 그치지 않습니다. 그것은 바로 지금보다 더 나은 세상을 만들어가는 것입니다. 지금 이 나라에서 여성들이 직장에서 페미니즘 사상 검증을 강요받아 생계와 생명을 위협받고 있습니다. 장애인들은 단지 자신들의 이동권을 보장해달라는 시위를 했다는 이유로 경찰들의 제압

을 받고 있습니다. 성소수자들은 자신들의 사랑이라는 이유로 이들을 차별하고 혐오하며 사회에서 배제시킵니다. 저는 이런 세상이 너무나도 싫고, 모멸감을 느낍니다. 그럼에도 불구하고 이 사회에서 차별받고 억압받는 이들은 누구보다 깨져도 단단하고 날카로운 돌멩이처럼 연대하여 이 자리에 나오게 되었습니다. 그 이유는 무엇일까요? 간단합니다. 그것은 바로 차별과 혐오를 받지 않고 자신들의 권리를 당당하게 요구하고 보장받는 사회를 원하기 때문입니다.

— 2025.1.11. 부산 서면, 20대 여성 대학생 익명

12.3 내란 사태의 종착지가 사회대개혁이라 할 수 있을 만큼의 변화일지, 집권 세력의 교체에 그칠지 지금은 추측할 수 없다. TK와 PK에 물들어 있는 지역주의가 이번 광장을 계기로 변화의 흐름에 놓이게 될지도 알 수 없다. 하지만 분명한 것은 부산과 대구의 광장에서 지금까지와는 다른 '무엇'인가 분출되었다는 것이고, 그것이 다름 아닌 'TK의 딸들'이나 '술집 여자'와 같이 주류 질서의 바깥에 있었다고 생각되었던 주체들에 의해 시작되었다는 점이다. 변화는 이미 시작되었다.

변화의 시작

12.3 내란 사태 초기부터 광장의 시민들은 한국 사회의 근본적인 변화가 필요하다고 외쳤지만, 주류 언론과 파워 유튜버들은 '탄핵 찬/반' 이외의 목소리를 담는 데 소홀했다. 본격적인 대선 국면으로 접어들면 더욱 그리될지 모른다. 성소수자, 장애인, 비정규직 노동자, 농민,

여성, 청소년 등 광장에서 호명되었던 사회적 소수자들에 대한 관심과 연대가 얼마나 더 지속될 수 있을까. 광장의 목소리들은 대선 국면에서 사회적 힘을 얻을 수 있을까.

'일상으로 돌아가고 싶다'는 말은 윤석열 정권에 대한 부정의 의미로 내란 사태의 종식을 바라는 희망의 표현이다. 실제 광장에서 많은 시민이 일상으로의 복귀를 얘기하기도 했다. 하지만 좀 더 엄밀한 의미로 보자면 '일상으로 돌아가자'는 말에 온전히 공감할 수 없는 것이 사실이다. 12.3 내란 사태 이전, 윤석열 정권 이전으로 돌아가는 것이 광장을 지킨 시민들의 바람은 아닐 것이기 때문이다. 광장의 민주주의는 노동자, 농민, 여성, 장애인, 성소수자, 청소년 등 사회적 소수자들과의 연대로 만들어지는 새로운 일상을 꿈꾼다.

> 우리의 먹거리를 지켜주는 농민들의 싸움에 연대하고, 1년이 다 되어가는 고공농성과 수십억의 손배소에 고통받는 노동자와 연대하며, 기본적인 이동권 보장을 위해 싸우는 장애인과 연대하고, 역사가 시작된 이래 가장 중요한 일을 하면서도 늘 억압받는 여성들과 연대하고, 자신의 정체성을 위해 끊임없이 싸우는 소수자들 그리고 온갖 억압에 맞서 싸우는 세상의 모든 약자들, 더 나아가 자본의 탐욕에 한 마디 말도 못 하고 쓰러져가는 새들과 다람쥐, 물짐승들, 나무들과 풀들까지도 함께 연대합시다. 여러분의 마음속에 세운 깃발, 승리 후에도 결코 내리지 말고 끝없이 연대합시다. 거침없이 연대합시다.
>
> — 2025.1.4. 부산 서면, 김인수 풍물굿패 소릿결 대표

일터와 삶터에서 비정규직이라는 이유로, 여성이라는 이유로, 장애인, 청소년, 성소수자라는 이유로 차별받는 서로를 위로하고 연대해서 세상을 바꾸는 노동조합을 이제부터 만들어보려고 합니다.

— 2025.1.11. 부산 서면, 박경석 민주노총 일반노조

제가 원하는 윤석열 이후의 세상을 말해보겠습니다. 저는 사랑하는 사람이 생기면 당연히 결혼할 수 있는 세상을 원합니다. 여성들이 죽지 않고 밤거리를 돌아다닐 세상을 원합니다. 사랑하는 우리 조카들이 기후 위기에 고통받지 않는 세상을 원합니다. 장애인이 길거리에 흔히 보이는 세상을 원합니다. 노동자가 주인되는 세상을 원합니다. 누구도 굶어 죽지 않는 세상을 원합니다. 그리기 위해서는 우리는 견고한 연대로 윤석열을 끌어내려야 합니다.

— 2025.1.11. 부산 서면, 청년 레즈비언 익명

대구와 부산의 '새로운 일상'은 지역주의에도 변화를 불러올 수 있을까. 정치적 동원으로서의 지역주의는 선거 과정에 집중된 측면이 많고, 일상적인 정치 과정에서 나타나는 지역주의의 문제는 동원의 문제라기보다는 구조 또는 체제의 문제인 경우가 많다.[9] 보수의 텃밭이라 불리는 PK와 TK에서도 선거 결과만을 예측해본다면 일시적으로 지역주의가 옅어질 가능성이 높다. 하지만 30년 동안 뿌리내린 지역주의의 근간이라 할 수 있는 일상, 구조는 쉽게 바꾸기 힘들다. 준동하

---

9 오승용, "지역주의와 지역주의 연구: 회고와 전망", 〈사회과학연구〉 제12집 2호(2004), 208쪽.

는 극우세력과 가짜뉴스, 우리 사회 곳곳에서 암약하면서 민주주의를 갉아먹는 세력들까지. 지연과 학연으로 얽혀 있는 권력자들이 쉽게 자신의 기득권을 내려놓지는 않을 것이기 때문이다.

한두 번의 투표만으로 지역주의가 무너지리라고 생각하지 않아야 한다. '콘크리트를 부숴버리는' 지역주의 극복은 새로운 민주주의와 더 많은 민주주의로의 전진으로만 가능하다. 같은 지역에 존재하고 있었지만 기존 체제의 바깥에 있었던 사회적 소수자들의 목소리에 귀 기울이고 연대해야 하는 이유는, 이들이 존재하는 곳이 바로 우리 사회 민주주의가 작동이 멈춘 곳이기 때문이다. 'TK의 딸들'과 '술집 여자'가 있는 곳이, 성소수자와 장애인, 비정규직 노동자와 농민, 청소년이 있는 곳이 바로 그곳이다. 민주주의가 멈춘 곳에서 이를 작동시켜야 한다. 우리 일상의 정치에서, 나와 내 가족들 간의 관계에서, 일터와 삶터에서, 사회의 곳곳에서 지역주의를 넘어서는 새로운 민주주의가 실현될 때 30년 묵은 지역주의를 무덤으로 보낼 수 있을 것이다.

우리는 모두 부산과 대구의 광장에서 지역주의 종결의 가능성을 보았다. 12.3 내란 사태 종식의 새로운 2막을 기대해본다.

미래(를 위해 현재를 바꾸는)세대
: 청소년의 목소리

이윤서(문화사회연구소)

다양한 계층과 집단의 목소리를 반영하는 것은 민주주의의 원칙이다. 그러나 10대 청소년의 목소리는 정치적 논의에서 선거권이 없는 집단으로 배제되거나 미성숙한 존재로 여겨져 주목받지 못하는 경우가 많다. 이들의 시민발언을 들여다본다는 것은 배제될 수 있는 소수 집단이 현재 국면을 어떻게 바라보는지 그들의 관점을 드러내고 반영한다는 점에서 의미가 있다. 또한 사회문제 해결을 위해 집회에 참여하고, 발언대에 올라 자신의 목소리를 내는 것은 시민으로서의 권리와 책임을 경험하는 일이다. 이는 미래세대라는 정체성을 가진 10대 청소년들이 향후 더 성숙하고 건강한 민주사회를 만드는 데 기여하고 있다는 점에서 주목할 필요가 있다. 시민발언 참가자들은 발언을 시작하기 전 간단히 자기소개를 하지만, 나이를 숫자로 명확히 밝히는 경우는 드물다. 따라서 이 장에서는 발언 중 자신을 청소년 또는 10대로 추정할 수 있는 표현(예: 초등학생, 고3, 학교 밖 청소년, 청소년위원회 활동 청소년 등)

을 사용해 소개한 경우를 모두 대상에 포함하였다. 또한 집회가 2024년에서 2025년으로 넘어가는 시기에 진행된 점을 고려하여, 2025년 1월 열린 집회에서 나이를 20세로 밝히거나 고3에서 성인이 되었다고 언급한 경우도 10대 청소년으로 보고 내용을 함께 살펴보았다.

소수 집단의 정치 참여, 다양한 목소리의 중요성

일부 시민들은 집회에 참여한 이들에게 "기특하다", "대견하네" 등과 같은 반응을 보였다. 그러나 이러한 표현은 10대 청소년의 정치 참여를 동등한 정치적 주체로서의 활동으로 보지 않는 시각이다. 집회 주최 측인 윤석열즉각퇴진·사회대개혁 비상행동(비상행동)은 〈평등하고 민주적인 집회를 위한 모두의 약속〉을 통해 다음과 같은 내용을 강조했다. "민주주의는 성별, 성적 지향, 장애, 연령, 국적 등 서로 다른 사람이 배제되지 않고 안전하고 평등하게 참여할 수 있는 곳에서 가능하다." 또한 "집회 발언시 여성, 성소수자, 장애인, 청소년, 이주민 등 사회적 소수자를 차별하거나 배제하는 말을 하지 않아야 한다"는 점과 함께 "나이가 어리다는 이유로, 학교를 다니지 않는다는 이유로 … 반말하며 하대하거나 '장하다', '대견하다' 등 미숙한 존재로 대해서는 안 된다"는 내용을 담았다.

이 내용은 집회와 같은 활동뿐만 아니라 어떠한 상황에서든 누구나 평등하고 동등한 주체로서 존중받아야 함을 의미한다. 발언대에 올라선 10대 청소년들은 단순히 자신들이 살아갈 미래 사회에 대한 우려를 넘어, 현재의 문제를 해결하려는 동등한 정치활동의 주체로서 상황을 바라보며 목소리를 높였다.

　고등학교 2학년으로 자신을 소개한 청소년은 정치에 대해 관심을 가지고 사고한다는 것은 유권자 자격 취득 여부와 무관한 것이라고 말하며, 청소년들은 정치에 관심을 기울이고 경각심을 가져야 한다는 취지의 발언을 했다. 또한 자신과 같은 청소년을 포함해 국민이라면 누구나 자신의 목소리를 낼 권리가 있다고 강조했다. 또 다른 청소년 참여자는 스스로를 예비 유권자로 소개하며 미래에 선거권을 행사할 동등한 정치활동의 주체로서 발언대에 서 있음을 간접적으로 드러내기도 했다.

제가 시위에 나오고 견해를 밝힐 때 투표권도 없는 학생이 공부나 하지 나랏일에 관심을 가져서 뭐하냐는 말을 종종 듣습니다. 정치적 지식은 성인이 되고 유권자가 될 때 자동으로 생겨나는 것이 아닙니다. 당장 몇 달 뒤 투표권이 생기는 주변 친구들 태반이 정치에 관심이 없으며 누굴 뽑아야 할지 모르겠다고 말합니다. 나라가 지금의 상황에 이른 데에는 일부 젊은 세대의 정치에 대한 무관심도 한몫했다고 생각합니다. 그렇기에 다음 세대의 주축이 되는 학생들도 정치에 관심을 갖고 꾸준히 지켜보아야 한다고 생각합니다. '젠더노소', 이 나라의 국민이라면 누구든 소리 낼 수 있습니다.
　　　　　　　　ㅡ 2024.12.21. 대구 동성로, 고등학교 2학년 최미송

5월 광주를 지켜낸 광주 시민 여러분 반갑습니다. 예비 유권자인 18살 박윤오라고 합니다. … 윤석열 대통령의 계엄령 선포는 국민 모두

를 하나로 단결하게 만들었습니다. 우리는 하나입니다. 광주 정신으로, 5월 항쟁으로 모인 우리는 반드시 승리할 것입니다. 윤석열 탄핵을 넘어 체포와 구속까지 내란 공범들을 구속시킬 때까지, 국힘당을 해체할 때까지 하나가 되어 싸웁시다.

— 2024.12.14. 광주, 박윤오 18세

'너희들의 본분은 공부다'라는 말은 청소년 시기 어렵지 않게 듣게 되는 말 중 하나이다. 시민발언에 참여한 청소년들은 자신들이 공부에만 집중하고 나라 걱정이 아닌 진로 걱정만 해도 되는 세상을 원한다고 말하였다. 이들은 밤늦게까지 스터디카페에서 공부를 하다 갑작스럽게 집으로 귀가해야 했던 기억, 학원에서 비상계엄 선포 소식을 듣고 분노하며 밖을 나와야 했던 기억을 떠올렸다. 그때 느낀 공포와 미래에 대한 걱정은 학생이 아닌 대한민국 국민으로서 마주한 현실에 대한 감각이었다. 한 청소년 참여자는 부모님의 우려에도 불구하고 자신이 집회에 나와 시민발언에서 목소리를 낼 수밖에 없는 이유를 학생이기 전에 국민으로서 이 상황을 지켜보기만 할 수 없기 때문이라고 말했다.

여러분 저는 12월 3일의 밤을 아직도 생생하게 기억합니다. 스터디카페에서 공부하다가 계엄령이 내려졌다는 소식을 듣고 공포에 떨며 집으로 황급히 돌아왔던 그날을 기억합니다. 밤새도록 친구들과 겁을 먹고 이제 우린 어떻게 되는 건가 이야기했던 그날을 기억합니다. 저는 제가 예비 고3이 되던 순간까지도 저와 제 또래들이 공부와 대학 걱정이 아닌 나라 걱정을 하게 될 줄은 상상도 하지 못했습니다. 저는 학생들이 나라 걱정이 아닌 당장 며칠 뒤에 있을 시험을 걱정하고 시험이 끝나면 탄핵 시위에 나올 생각이 아닌 친구들과 놀러 갈 생각을 하는 세상이 다시 오면 좋겠습니다. … 아빠가 민주주의를 만들어가는 건 좋지만 학생으로서의 본분을 먼저 다하라고 하셨죠. 저는 학생이기 전에 대한민국 국민이고, 국민으로서 우리나라가 망해가는 꼴을 두고 볼 수 없었습니다. 꼭 끝까지 함께하고 연대하고 승리하겠습니다.

— 2025.1.5 서울 한강진, 고등학교 3학년 익명

안녕하세요. 저는 학생입니다. 중학교 3학년이고요. … 며칠 전 계엄령이 선포된 그날 저는 학원에 있었는데, 학원이 끝나자마자 휴대폰을 켰더니 나오는 말이 윤석열이 계엄령 선포를 했답니다. … 도로에서 이곳까지 행진을 하면서 많은 생각을 하고 분노를 참았습니다. 여러분의 협동심을 느낄 수 있었습니다. 도저히 윤석열이 대통령으로 보이지 않습니다. 중학생이라 TV에 나온 높은 분들 이야기를 전부 이해할 수 없고 아직 알 수 있는 게 많지 않지만, 저는 학교에서 배웠습니다. 민주주의는 국민이 주권을 가지고 주권을 행사하는 것입니다. 지금 보이는 것은 전두환과 다르지 않습니다. 독재로밖에 보이지 않습니다. 저는 참을 수 없어서 거리로 나왔습니다.

— 2024.12.7. 대구 동성로, 중학교 3학년 학생 익명

초등학교 5학년으로 자신을 소개한 한 참여자는 친구들, 부모님과 함께 나라 걱정 없이 지내는 일상을 되찾고 싶다고 이야기했다. 한편 탄핵이라는 단어를 선생님 앞에서 사용했다가 제지당했던 일을 떠올

리며 나이가 어려도 현재 당면한 문제를 자신과 같은 초등학생들도 똑같이 인식하고 있다고 강조했다. 이에 초등학생이 초등학생답게 지낼 수 있도록 책임과 권한이 있는 어른들이 행동해줄 것을 요구하며 문제 해결을 촉구했다.

> 안녕하세요. 저는 올해 초등학교 5학년이 되는 박서영입니다. 저는 주말마다 친구들과 재미있게 놀고 싶은데 촛불집회도 나와야 해서 고민입니다. … 지난주에 키세스 초콜릿처럼 생긴 언니들 사진을 엄마가 보여줬었는데요. 눈도 오고 추운 데서 이렇게 열심히 하는데 공수처는 왜 체포를 안 해가냐는 생각이 들었습니다. 초등학생인 저도 아는 걸 왜 어른들은 모르나요? … 새해가 되었는데도 집회에 나와야 해서 너무 힘듭니다. 윤석열이 빨리 탄핵되어서 친구들과 놀고 싶고 엄마랑도 집회가 아닌 다른 곳에 놀러가고 싶습니다. … 아무래도 저희가 초등학생이다 보니 선생님들이 탄핵은 어린이들 입에서 나오는 말이 아니라고 제지를 하십니다. 그래도 우리는 윤석열을 빨리 체포해야 한다는 이야기를 많이 합니다. 초등학생들도 이렇게 원하는데, 윤석열은 왜 이렇게 끈질기게 붙잡고 사는 걸까요? 빨리빨리 체포되어서 초등학생이 초등학생답게 나라 걱정 안 하고 즐겁게 놀 수 있었으면 좋겠습니다.
>
> ― 2025.01.11. 오마이TV, 초등학교 5학년 박서영

어느 참여자는 발언대에 선 자신의 '나이'와 통념적 '본분'에 대한 시선에 대해 직접 언급했다. 이와 함께 나이가 어리고 배워야 할게

많은 자신이 용기를 내어 발언대에 선 이유는 앞으로 닥칠 미래는 자신이 살아갈 사회이고 자신은 더 나은 사회에서 살고 싶기 때문이라고 밝혔다.

> 저는 경기도 성남에서 온 현재 중학교 3학년으로 졸업을 앞두고 있습니다. 네, 그렇습니다. 저는 많이 어립니다. 저도 제가 어리다는 것을 압니다. 어린 만큼 아직 배워나갈 것이 산더미이고 정치와 사회에 대해서 더욱 배워야 것이 많습니다. 하지만 그런데도 불구하고 저는 이 자리에 제 발로 나섰습니다. 스스로 공부하고 스스로 끝없이 고민하고 생각한 끝에 이 자리에 서서 용기 내어 말을 꺼내고 있습니다. 제가 여기 선 이유는 앞으로의 미래는 제가 살아갈 사회이며 또한 저는 더 나은 사회를 가진 대한민국에서 살고 싶기 때문입니다.
> ─ 2024.12.21. 안국역, 촛불문화제 중학교 3학년 익명

10대 청소년들의 정치 참여는 민주주의 사회 발전에 어떤 영향을 끼칠까. 발언 전 소개를 통해 14세로 나이를 밝힌 한 참여자는 중학생인 자신이 나서야겠다고 결심한 것은 부모님의 학생운동 경험을 들었기 때문이라고 밝혔다. 자신보다 고작 두 살 많은 나이에 어머니는 6월 민주항쟁 시위에 참여했고 길 위의 탱크와 최루탄을 겪어야 했다고 말하며, 이를 자신이 이어받아야 하는 민주주의 횃불이라고 표현했다. 이처럼 한 세대의 경험과 기억은 사라지지 않고 축적되고 쌓여 다음 세대에 계승된다. 지금 집회 현장에 나와 있는 10대 청소년들의 적극적인 참여 또한 미래에 더 건강한 민주사회를 만들 초석이 될 수 있다.

저는 12월 3일 밤 10시에 선포된 계엄령을 보고 밤 내내 공포에 떨었습니다. 부모님은 '괜찮다, 괜찮다' 하셨지만, 계엄령 선포에 대한 역사를 배운 저로서는 정말 무서웠습니다. … 저는 고작 중학생이지만 제가 나서야겠다고 생각했습니다. 왜냐하면, 저희 어머니는 이름은 안 적히셨지만 6월 민주항쟁에서 직선제 개헌을 위해 시위를 하셨습니다. 중학교 3학년 때 저보다 고작 두 살 더 많았을 때였습니다. 탱크와 최루탄도 많이 겪어보셨다고 아버지와 함께 말씀하셨습니다. 저희 어머니가 교과서에 나오는 항쟁에 참가하신 사실을 알고 어머니가 자랑스러웠고, 저는 저희 어머니가 만들어주신 민주주의의 촛불을 받아서 이 나라의 민주주의에 횃불을 지펴야 한다고 생각했습니다. 그래서 저는 이 시위에 참가하게 되었습니다. 여러분 8년 전에 박근혜 대통령이 탄핵된 거 기억하시죠. 저는 그때 비록 네 살이었지만 지금 이 자리에 계신 여러분이 민주주의를 가져온 것만큼은 알 수 있습니다. … 8년 전처럼 저희는 할 수 있습니다. 저도 저희 부모님이 저에게 주신 민주주의의 촛불을 들고 이 자리에서 노력하겠습니다.

— 2025.1.4. 부산 서면, 중학교 1학년 14세

사회 비판 그리고 당사자로서 나누는 연대와 희망

일부 10대 청소년들은 발언에서 관찰자가 아닌 당사자로서 사회적 약자, 소수자 문제를 바라보고 언급했다. 해결되지 않는 문제를 비판하고, 때로는 같이 슬퍼하며 이를 자신들의 언어로 표현했다. 한 청소년은 "우리는 모두 같은 인간인데 왜 가지고 있는 자유의 크기는 다를까

요?"라는 질문을 하였고, 또 다른 청소년은 "저와 같은 학교 밖 청소년뿐만 아니라 여성, 성소수자, 장애인도 남의 눈치 보지 않고 자신들의 목소리를 내는 세상을 만들고 싶다"라며 평등한 사회를 위한 희망을 말하였다. 이들은 학교 안팎에서 경험한 차별과 불평등, 경제적 격차, 교육 불평등에 대한 변화를 요구하며 소수 집단과 사회적 약자에 대한 연대를 강조했다.

> 겁이 많은 내향인인 저에게는 이렇게 깃발을 만들어 무대에 올라 발언을 하는 것이 큰 도전입니다. 하지만 전 절대 망설이지 않았습니다. 저는 꼭 제가 만든 깃발을 들고 제가 전하고 싶은 말을 이 자리에서 외치고 싶었습니다. … 저와 같은 학교 밖 청소년뿐만 아니라 여성, 성소수자, 장애인도 남의 눈치 보지 않고 자신들의 목소리를 내는 세상을 여기 계신 모든 분과 함께 만들어가고 싶습니다.
> ― 2024.12.28. 경복궁 범시민대행진, 학교 밖 청소년 민지환

저는 현재 여자중학교에 재학 중입니다. 학교에서는 발언과 행동에서 자유로웠습니다. 여자로서 겪은 어려움과 고충에 대해, 사회의 부조리에 대해 친구들과 자유롭게 의견을 나눌 수 있었습니다. 하지만 학교 밖에선 상황이 달랐습니다. 어르신 분들이나 남자들이 조금이라도 있는 공간에서는 말도 행동도 스스로 검열할 수밖에 없었습니다. 여기에 선 여성분들은 대부분 저와 같은 경험을 하셨을 거라 생각합니다. 또한 여성은 아니지만 사회적 약자의 위치해 계신 분들도 다들 사회적 약자로서 목소리 내지 않기를 강요당한 경험이 있으실 겁

니다. 우린 모두 같은 인간인데 왜 가지고 있는 자유의 크기는 다를까요? 참 불평등한 세상입니다. … 제가 좋아하는 연극 대사를 읊겠습니다. 증오는 지나가고 독재자들은 사라질 것이며 그들이 인류로부터 앗아간 힘은 제자리를 찾을 것입니다. 당신들은 기계가 아닙니다. 가축도 아닙니다. 당신들은 인간입니다. 당신들의 마음속에는 인류에 대한 사랑이 숨 쉬고 있습니다. 감사합니다.

— 2024.12.28. 범시민대행진, 중학교 3학년 익명

남태령대첩으로 이름 붙은 2024년 12월 21~22일 남태령 고개 밤샘 집회에서 시민발언에 참여한 10대 청소년들은 함께 현장을 지킨 시민들과 농민들에게 응원과 연대의 마음을 전하는 한편, 공권력을 가진 자들이 청소년을 포함한 사회적 약자에게 얼마나 쉽게 힘을 휘두르고 억압할 수 있는지 목격하고 있다며 분노했다.

여러분 이 다채로운 깃발들을 보십시오. 이 집회에는 저 말고도 다양한 사람들이 모여 있습니다. 여남소노, 페미니스트, 성소수자, 다양한 직업과 성향을 가진 사람들, 유연하게 시민발언하는 사람들. … 정말 다양한 사람들이 여기 모였습니다. 모두 각자의 빛을 지니고 있습니다. 그렇지 않습니까? … 100m 앞에 보이는 이 차벽이 정당합니까? 우리 다양한 사람들은 이런 어둠들 때문에 한국에서 온전히 목소리를 내지 못하고 있습니다. 사회에서 자기표현을 못 하고 있습니다. … 여러분 어둠은 빛을 이길 수 없습니다.

— 2024.12.22. 오마이TV, 19세 남성 익명

또한 과거 장래 희망이 경찰이었다는 한 청소년은 트랙터 행진을 가로막는 경찰의 모습을 보고 부끄럽다고 말하며 강하게 비판했다. 이들은 노동자, 청소년, 장애인, 농민 등 사회적 약자, 소수 집단의 당사자로서 경험한 차별과 부당함에 저항하는 취지의 발언과 더불어 끝까지 함께 연대할 것을 다짐했다.

저는 경기도 광주에서 온 열일곱 살 고등학생입니다. 어제 광화문에서 행진에 참여하고 집으로 돌아갔다가 오늘 새벽 남태령 소식을 듣고 다시 이곳에 오게 되었습니다. … 이곳에 서 있는 이상 경찰들에 대한 얘기도 빼놓을 수 없는데요. 저는 경찰을 꿈꿨습니다. 하지만 저는 지금 과거의 제 모습이 정말 부끄러운데요. 저기 뒤에 있는 경찰들은 평화적이고 민주적인 농민들의 행진을 불법시위로 칭하고 길을 막고 있습니다. 공권력을 이런 식으로 낭비해도 맞는 것입니까? 그러고도 민중의 지팡이라는 소리를 들을 자격이 있습니까? 제가 어릴 적 꿈꿨던 정의로운 경찰의 모습은 어디 있는 것인지 정말 궁금합니다.

— 2024.12.22. 남태령, 고등학생 17세 익명

반갑습니다. 부평에서 온 열일곱 살 청소년이자 고등학교 1학년 학생 이연수입니다. 우선 발언에 앞서 밤새 이곳을 지켜주신 선봉대분들과 농민분들에게 미약한 찬사를 보내겠습니다. … 저는 저들이 행진하는 노동자에게 무엇을 했는지 기억하고 있습니다. 저는 저들이 행진하는 농민분들에게 무엇을 했는지 기억하고 있습니다. 그리고 저는 저들이 풍자하는 예술가들에게 무엇을 했는지 정확히 알고 있습

니다. 다시는 저들이 가족과 동지들에게 감히 총칼과 몽둥이를 향하지 못하게 할 것입니다. 다시는 저들이 감히 반도를 그 추레한 그림자로 더럽히지 못하게 할 것입니다. 동지 여러분, 저희는 응당 그렇게 할 것입니다. 그렇지 않습니까? 노동자, 농민, 소수자, 청소년, 장애인, 학생 그리고 제가 차마 발음하지 못할 정도로 많은 모든 동지들에게 발언하겠습니다. 거리로 나서십시오. 광장으로 나서십시오. 그리고 그들로 하여금 우리의 대호 앞에서 벌벌 떨게 하십시오. 우리가 잃을 것은 억압이오 우리가 얻을 것은 해방이니 동지 여러분 단결하십시오. 궐기하십시오. 투쟁하십시오.

— 2024.12.22. 비상행동 남태령, 고등학교 1학년 17세 이연수

한편 좀 더 구체적으로 현재 청소년들이 맞닥뜨리게 된 문제에 대해 목소리를 낸 이들도 있었다. 한 청소년은 충남에서 학생인권조례가 폐지 된 일을 설명했다. 관련하여 대통령실 관계자가 발언한 내용에 대해 강하게 비판하며 학생인권조례는 학교와 청소년들이 다름으로 차별받지 않고, 폭력과 체벌로부터 안전하며, 주체적 인간이자 시민으로서 최소한의 권리를 명시한 조례라고 강조했다. 또한 자신 같은 청소년, 노동자, 성소수자, 여성, 이주민과 같은 사회적 약자가 권리를 주장하면 반국가 세력이 되는 것인지 반문했다.

며칠 전 스무 살이 된 탈학교 청소년 출신 대학생입니다. … 저는 탈학교 이전 충남에서 고등학교를 다녔는데요. 충남 학생인권조례가 어떻게 되었는지 아십니까? 폐지되었습니다. 대통령실이 학생인권

조례 두고 뭐라고 했는지 아십니까? 종북 주사파가 추진한 대한민국 붕괴 시나리오의 일환이라고 했습니다. 이 땅 위에 학교와 청소년들이 다름으로 인해 차별받지 않을 권리를, 폭력과 체벌로부터 안전할 권리를 그리고 누군가의 부속품이 아니라 하나의 주체적인 인간이고 시민으로서 살아갈 권리를 명시한 조례였습니다. … 최소한의 권리를 말하는 조례입니다. 청소년이 인권을 가져야 한다고 말하면 반국가 세력입니까? 노동자가 노동 인권을 가져야 한다. 성소수자가 당당히 살 수 있는 권리를 가져야 한다. 장애인이 이동권을 보장받아야 한다. 여성이, 이주민이 그렇게 약자들인 우리가 살 권리를 주장하면 종북 주사파 빨갱이 반국가 세력이 되는 겁니까? … 국가에 반하는 사람이 지금 누구입니까?

— 2025.01.05. 한강진, 탈학교 청소년 19세

발언대에 올라 이제 막 성인이 된 학교 밖 청소년으로 자신을 소개한 한 청소년은 현 정부에서 교육 관련 예산을 대폭 줄여 학교밖청소년에 대한 지원이 크게 줄어든 문제를 알렸다. 이에 대해 자신과 자신의 친구들이 설 자리가 없어지고 일상의 상실을 경험하고 있다고 말하며 이처럼 어두운 날들이 언제까지 지속될지 알 수 없는 불확실한 미래를 걱정했다. 그러나 발언을 마무리하며 자신처럼 어두운 세상에 살고 있을 사람들에게 '절대 굴복하지 않고 포기하지 않으면 결국엔 해가 뜨고 저마다의 아침이 온다'는 희망의 메시지를 전했다.

이제 올해 12월을 살아남으며 갓 성인이 된 06년생 자퇴생이자 자취

생입니다. 성소수자 학교 밖 청소년 여성이고요. 인생의 과도기는 지났다고 생각하지만 언제나 마음에서 상한 부분을 깎아내고 쓰고 있습니다. … 어제 새벽 5시까지 시위에 동참했었는데 11시쯤 집회에서 이랑의 〈늑대가 나타났다〉를 틀어주더라고요. 저는 이랑의 노래 중 그 곡을 제일 좋아합니다. 특히 해당 구절을요. '내 친구들은 모두 가난합니다 / 이 가난에 대해 생각해보세요 / 이건 곧 당신의 일이 될 거랍니다'. 그런데 생각해보면 제 친구들 진짜 가난합니다. 비정규직으로 일하면서 아르바이트를 해 생활비를 벌고 학교 밖 청소년 교육 참여 수당을 받으면서 교구비를 때우는 아이들도 있습니다. 그런데 윤석열이 집권하고 뭘 했는지 아십니까? 학교 밖 아이들을 위한 교육 참여 수당을 삭감했습니다. 저도 못 받았어요. … 학교 안팎의 또래들이 제 친구들과 청소년들이 설 자리가 없어지고 있어요. … 그리고 가사에서 말하듯이 이건 곧 여러분의 일이 될 거랍니다. 아니 이미 되었습니다. 저는 당연하게 여겼던 일상의 상실을 느끼고 있어요. … 이런 어두운 날들이 언제까지 이어질지 진짜 불확실합니다. 그래도 저는 하고 싶은 말이 있습니다. 이미 많은 분들이 제 앞에 서서 몇 번이고 외쳤으며, 제가 언제나 주변 인물들에게도 하고 싶었던 말입니다. 모든 황혼을 거쳐서 그림자가 드리운 애들에게, 어두운 세상에 사는 사람들에게, 무력해지고 가끔은 무너질지언정 절대 굴복하지 말자. 포기하지 말자. … 그 어떤 마음도 영원하지 못하며 결국 해가 뜨고 여명이 옵니다. 피할 수 없는 일이고 고귀한 상처를 가진 우리는 햇살을 맞이할 것입니다. 다들 새벽이 길어져도 끝까지 자신의 아침을 찾으시길 바랍니다.

— 2025.01.04. 한남동, 학교 밖 청소년 여성 06년생

미래세대: 미래(를 위해 현재를 바꾸는)세대

환경운동가 그레타 툰베리는 2018년 15세 때 유엔기후변화협약 당사국총회(COP24)에서 기후 위기에 대해 발언하며 환경운동 흐름에 큰 영향을 주었고, 우산혁명으로 부르는 2014년 홍콩의 민주화운동에서 17세의 나이로 운동의 중심에 섰던 조슈아 웡은 "우린 이 문제를 다음 세대에 떠넘길 수 없습니다"라는 연설로 전 세계의 주목을 받고 시위대의 동력이 되었다.

이 둘은 모두 작은 목소리가 모이면 큰 변화를 이끌어낼 수 있다는 메시지와 함께 10대 청소년이 사회문제 해결에 참여하고 행동하는 강력한 주체가 될 수 있음을 보여주는 사례이다. 이번 탄핵찬성 집회 시민발언에 참여한 10대 청소년들 또한 미래는 자신들이 살아갈 사회이고 그렇기에 지금, 현재에 행동해야 한다는 메시지를 담은 발언을 쏟아냈다. 이들은 자신을 선거권과 연결 짓는 정치적 의미의 미래세대라는 정체성과 더불어 미래를 위해 현재를 바꾸는 세대라고 말했다. 어른들에게 기대거나 미루지 않고 자신들이 직접 사회문제에 목소리를 내고 행동하는 주체로서 변화의 중심에 서야 한다는 의지와 책임감에 대해 목소리를 높였다.

제가 여기 선 이유는 앞으로의 미래는 제가 살아갈 사회이며 또한 저는 더 나은 사회를 가진 대한민국에서 살고 싶기 때문입니다. 우리나라에는 뿌리 깊은 문제들이 많습니다. 뿌리 깊게 자리 잡은 잘못된 교육 방식, 사회의 가치관이 만들어낸 과도한 경쟁 사회에서 비롯된 우열주의, 특권주의 … 수많은 차별과 갈등. 해결해야 하는 문제가 산더미입니다. 그런데 대통령은 무엇을 했죠? 터무니없는 정책만을 내세우며 국민들의 말소리는 듣지 않았습니다. … 우리의 손으로 직접 만들어야 하는 것이 국가의 미래, 곧 우리의 미래입니다. 우리나라에 있는 수많은 뿌리 깊은 문제들을 해결해나가야 합니다. 그래야 우리의 미래가 변할 수 있습니다. 지금 그 첫 시작이 현 대통령의 탄핵입니다. 더 나은 우리의 미래를 만들기 위한 우리만의 주권을 되찾아야 하는 것이 시작될 것입니다.

― 2024.12.21. 안국역 촛불문화제, 중학교 3학년 익명

졸업여행을 위해 제주에서 서울로 와 있는 도중 집회에 참여했다는 한 청소년은 누군가가 죽거나 다치는 역사가 반복되지 않기를 바라는 마음과 학교에서 배웠던 가치를 이루기 위하여 이 자리에 서게 되었다고 밝혔다. 더불어 자신들은 오늘을 기억하고 새로운 역사를 써나갈 것이라고 다짐했다.

저는 지금 친구들과 함께 제주에서 서울로 졸업여행을 왔습니다. 저희는 대안교육기관 보물섬 학교에서 공부해왔고 그 맺음을 이렇게 함께 만들어 나가고 있습니다. … 계엄령이란 나라가 위급한 상황에 국민이 행복하게 살 수 있도록 군사권을 발동하는 것으로 알고 있지만 지난 우리 역사를 돌이켜보면 오히려 지도자들이 권력을 유지하려는 방향으로 사용했습니다. … 또다시 역사가 반복되는 것은 아닌가, 혹여 누군가가 죽거나 다치는 일이 있는 것은 아닌가 하는 여러

걱정과 생각들이 몰아쳐왔습니다. 그렇기에 그런 일이 우리 대한민국에 다시는 없길 바라며 우리 보물섬학교에서 배웠던 가치를 이루기 위해 이 자리에 함께하고 있습니다. … 본디 사람은 부끄러움과 미안함, 고마움을 느껴야 하는 존재라고 알고 있습니다. 학생인 저도 성찰하고 부끄러워할 줄 압니다. 그런데 이 나라의 대표인 윤석열 대통령님께선 왜 부끄러움을 모르십니까. 법적 책임을 회피하지 않겠다고 한 약속을 지키십시오. 윤석열 대통령, 우리는 오늘을 기억하고 새로운 역사를 써나갈 것입니다.

— 2025.1.11. 광화문, 보물섬학교 9학년 현채희

부산 예문여고의 학생들은 재학생 144인, 졸업생 31인이 뜻을 모아 작성한 시국선언문을 낭독했다. 선언문을 통해 우리 모두는 '지금 행동해야 한다'는 메시지를 전했다. 이들은 일상과 민주주의를 뺏길 수 있다는 공포에 밤을 지새웠고, 법과 도덕이 유린당하는 모습에 괴로웠다고 말하며 현 정권을 강하게 비판했다. 또한 우경화된 사회에서 폭력은 무관심을 먹고 살기에 이를 더 이상 묵과하지 않고자 자신들은 행동하고 거리로 나설 것이라 강조했다. 이들은 앞서 나간 사람들이 지켜낸 민주주의를 위해 그리고 자신들의 현재와 미래를 위해, 대한민국의 미래를 만들어갈 청소년이자 여성으로서 더 나은 세상을 원한다고 말하며 탄핵을 촉구의 뜻을 밝혔다.

추운 날씨에 청소년들도 뜨거운 마음을 가지고 이 자리에 나왔습니다. 마음을 불태워 윤석열을 파면하기 위한 시국선언을 받았고 재학

생 144명 졸업생 31명이 참여해주었습니다. 시국선언문을 낭독하도록 하겠습니다. … 우리는 지금 어떤 시대에 살고 있는가. 지난 12월 3일 밤, 일상을 빼앗길 가능성에 대한 공포에, 더는 민주주의가 없을지도 모른다는 처참함에, 1980년 5월을 알면서도 지켜내지 못한 민주정신에 대한 죄책감에 우리는 밤을 지새워야만 했다. 법과 도덕의 시대에서, 법과 도덕이 유린당하는 광경을 목도하는 것은 그 어떤 것보다 괴로웠다. 또한 우리는 매일 시시각각 죽어가는 사람들을 본다. 매 순간 거대해지고 잔인해지는 폭력을 목도한다. 윤석열 당선 이후, 너무나 많은 사람의 인권이 죽었다. 장애인의, 성소수자의, 이주노동자의, 특정 지역 사람들의, 아이들의, 여성의 인권이 무참히 짓밟혔다. 우경화되는 사회에서 폭력은 무관심을 먹고 살았다. … 우리는 이제 죽어가는 사람들을 보고 그저 울 수만은 없다. 우리는 여기에서 사람이 죽어가고 있다고 소리쳐야 한다. 우리는 끊임없이 생각해야 한다. 우리는 행동해야 하고, 거리로 나가야 한다. 아무 생각이 없다면, 민주주의는 혐오에 잡아먹히고 만다. 생각하고 행동하지 않으면, 미래는 없다. 그리하여 우리는 눈을 감지 않겠다 선언한다. 우리가 발 디디고 있는 이 땅을 위해, 앞서 나간 사람들을 위해, 그들이 지켜낸 민주주의를 위해, 현재와 미래를 위해 선언한다. 탄핵이 가결되고 헌법재판소의 귀추가 주목되는 지금, 우리는 대한민국을 만들어 나갈 청소년이자 여성으로서, 보다 더 나은 세상을 원하며 선언한다. 내란을 일으키고 민주주의와 대한민국의 미래를 짓밟은 윤석열은 대통령의 자리에 앉아 있을 자격이 없다. 헌법재판소는 국민의 뜻을 받들어 윤석열 탄핵소추안을 인용하라. 예문여자고등학교 재학생 144인, 예문여고 졸업생 31인 일동.

— 2024.12.21. 부산시민대회 예문여고 3학년 이채현, 노정현

10대 청소년들은 스스로를 미래세대로 호명하며 집회에 참여한 청소년들과 공동체 기억을 형성하며 연대하였고, 정치적 의미로써 미래에 자신들이 행사할 권리를 드러내며 이를 통해 향후 더 나은 미래를 만들겠다는 의지를 다졌다.

여기 계신 청소년분들께. 저희는 앞으로의 대한민국을 이끌어갈 미래세대로서 그리고 청소년으로서 이 자리에 나와 행동해주시는 것에 감사의 말씀을 전하고 싶습니다.

— 2024.12.21. 부산시민대회, 예문여고 3학년 이채현, 노정현

여기 있는 응원봉, 각자의 불빛을 들고 거리로 나온 미래세대는 절대로 바보가 아닙니다. … 우리의 응원봉은 다릅니다. 우리의 응원봉은, 우리의 불빛은 절대로 꺼지지 않습니다.

— 2024.12.14. 고등학교 2학년 부산 윤석열 퇴진 청소년 행동 대표

10대 청소년들은 정치와 사회의 주변부에 있지 않다. 이들은 단순히 미래세대라는 정체성을 넘어, 현재의 문제를 인식하고 이를 해결하기 위해 행동하는 주체로서 발언대에 올라 목소리를 높였다. 이들은 자신들이 경험한 차별과 불평등에 대해 이야기함과 동시에 사회적 약자와 소수자를 위한 연대의 중요성을 강조했다. 이는 현재의 문제를

해결해야만 더 나은 미래를 만들 수 있다는 메시지로 이어졌다. 청소년들의 '현재를 바꾸는 미래세대'라는 선언은 더 나은 사회를 만드는 초석이 될 것이다. 대구 집회에서 한 청소년이 낭독한 '민주주의를 지키기 위한 오행시'로 이 장을 마친다.

'윤석열 파면'으로 오행시를 준비해왔습니다. 하나, 둘, 셋 하면 운 크게 같이 띄워주세요. 하나, 둘, 셋!

[윤] 윤모라는 대한민국 속에서 가만히 있을 수 없었습니다. 우리는 우리가 나고 자란 이 나라를, 당연해야 할 민주주의를 지켜낼 것입니다. 고귀한 대한민국의 국민으로서 한 말씀 드립니다.
[석] 석고대죄도 부족한 마당에 뻔뻔스럽게 버티고 있는 윤석열은 들으시오.
[열] 열병처럼 타는 분노가 한겨울 국민들의 마음속에 끓어오르니 우리들의 불씨는 더욱 커져 끊을 수 없는 민중들의 연대로 이어졌고 앞으로도 꺼지지 않을 것입니다.
[파] 파렴치한 행위로 국민들을 기만한 자, 더 이상 이 나라에서 자리를 지킬 자격은 없습니다.
[면] 면목 없이 버티지 말고 즉시 물러나 국민들에게 사죄하고 죄에 걸맞은 처벌을 받으십시오. 감사합니다.

― 2024.12.21. 대구 동성로, 고등학교 2학년 최미송

4부

광장을 꾸리는 사람들

평등하고 역동적인 광장을 만드는, 보이지 않는 매개자로서 활동가 **박이현**

광장을 꾸린 이들 **조윤희**

평등하고 역동적인 광장을 만드는, 보이지 않는 매개자로서 활동가

박이현(문화연대)

글을 열며

12.3 내란 이후, 윤석열 파면이 선고되기까지 윤석열 퇴진과 사회대개혁을 위한 광장정치가 다종다양하게 전개되었다. 시민사회 단체들은 비상계엄 이후 일주일 만에 윤석열즉각퇴진·사회대개혁 비상행동(이하 비상행동)을 출범시키며 공동의 대응을 이어갔으며, 사회운동 연대체들과 진보정당, 노동운동 단체들은 '윤석열 퇴진! 세상을 바꾸는 네트워크'(이하 세상을 바꾸는 네트워크)를 꾸려 의제를 넓혔다. 노동조합이나 정당 등으로 조직되지 않은 시민들 역시 저마다 광장정치를 실현해왔다.

지난 시기 박근혜 퇴진 운동 등과 비교해봤을 때 가장 도드라진 풍경은 촛불 대신 응원봉이 자리했다는 점일 것이다. 다양한 언론에서 "응원봉·촛불 양 손에 들고"라거나 "촛불 대신 응원봉"이라는 표현을 통해 달라진 집회 현장을 조명했다.[1] 응원봉을 비롯해 케이팝, 유머러스한 깃발, 선결제, 키즈버스 등 다양한 문화정치적 요소들 역시 국내 언론과 외신의 주목을 받았다.[2]

연구자들도 〈내란 이후 저항과 연대의 문화정치〉(2025.2.11.)나 〈남태령 아카이빙 심포지엄〉(2025.3.15.) 등 포럼과 심포지엄을 개최하거나 아카이빙 플랫폼을 구축하며, 내란 이후 집회 시위의 문화적인 측면에 대한 기록과 분석을 이어갔다. 〈언급되지 않는 청년 100인의 목소리〉[3]와 같은 토론회에선 문화정치를 실현한 청년 세대들의 목소리를 담았으며, 비상계엄 이후 윤석열 퇴진 집회뿐만 아니라 다양한 현장에 연대하는 '말벌 동지들'에 대한 기사[4]가 소개되기도 했다.

변화는 이뿐만이 아니다. 앞 장의 시민발언 분석에서 알 수 있듯, 발언에 앞서 자신을 소개할 때에 거주 지역과 직업, 소속 조직뿐만 아니라 성정체성과 문화적 정체성을 밝히는 사례가 많아졌다.

이와 같이 광장에 역동을 더하는 문화정치는 새로운 주체의 유입으로 인한 것으로 여겨진다. 그리고 이를 통해 조직 대오 중심, 남성/대표자 발언 위주, 고립된 민중문화 등 기존 집회의 한계들을 극복하고 있다고 평가받는다.

하지만 광장의 민주화와 문화정치의 역동은, 사회운동 외부에서

・・・

1 "[영상] 촛불 대신 응원봉, 선결제 커피까지… 달라진 집회 현장", 〈연합뉴스〉(2024.12. 14.); 박고은, "응원봉·촛불 양 손에 들고 '아파트' 떼창… 힙해진 탄핵 시위", 〈한겨레〉(2024. 12.9.).
2 장성원, "K팝, 선결제, 키즈버스… 'K시위' 외신도 집중 조명", 〈아주경제〉(2024.12.14.).
3 윤석열 물어가는 범청년행동, 〈광장 밖 청년 100인 인터뷰 프로젝트 결과 보고 및 토론회 — 언급되지 않는 청년 100인의 목소리〉(2025.3.28.).
4 플랫팀, "'우리랑 닮았으니 연대한다'…'자신의 세계'를 확장하는 '말벌 동지'들의 투쟁", 〈경향신문〉(2025.4.3.).

비-활동가 시민에 의해 갑자기 툭 튀어나온 것이기만 한 건 아니다. 이는 내란 이전부터 꾸준히, 활동가들이 보이지 않는 매개자로서 다양한 역할을 수행해왔기에 가능했다.

이 글에서 필자는 내란 이후 광장의 특징으로 꼽히는 것들을 사회운동의 연속선상에서 분석하고, 여러 위상에 놓인 사회운동 활동가를 조망하며 이들의 역할을 가시화하려 한다. 이를 위해 현재 윤석열 퇴진 운동에서 메인 집회를 담당하는 윤석열즉각퇴진·사회대개혁 비상행동의 활동가(김은정, 김지호), 사전 집회와 오픈마이크 등 다양한 활동을 펼치는 활동가(정록, 은혜), 지역 및 부문별로 참여를 조직하고 의제를 확장하는 활동가(성소수자-한희, 청년-동규, 성북-이채원, 대구-김예민, 부산-김인수 등)를 인터뷰했다. 또한 언론에서의 활동가 인터뷰 기사들을 수집하고 재구성했다.

이를 통해 활동가들의 목소리를 빌려 광장의 문화정치가 지닌 역사성을 되짚어보며, 활동가가 수행하는 다양한 역할을 조망해보려 한다.

활동가, 광장을 열다

일단은 자리가 마련되어 있어야 누구든 올 수 있는 거잖아요. 그 시민들이 아무리 분노가 있고 불안이 있어도, 이것을 모아낼 수 있는 광장을 열어야 시민들이 올 수 있기 때문에 이 광장을 열어나가고 있는 일종의 선두 주자로서의 역할이 크다고 생각해요.

— 김예민(대구여성회 대표)

내란 이후 국회에서 첫 번째 탄핵소추안 표결이 있었던 12월 7일, 국회 앞에 수많은 인파가 모였음에도 경찰은 국회 앞 도로를 막아섰다. 그때 민주노총에서 "민주노총이 길을 열겠습니다"라는 발언과 함께 조합원들이 바리케이드 앞으로 나섰다.[5] '길을 여는 민주노총'은 이후 하나의 밈이 되었고, 깃발 대오에 대한 거부감이 컸던 박근혜 퇴진 운동 국면과 달리 노동조합은 광장에서 큰 환대를 받았다.

그리고 집회 현장에서 앞장 서는 조직에 앞서, 보이지 않는 곳에서 광장을 여는 활동가들이 있다. 집회는 정치·사회적인 사건의 발발과 여론의 형성 등 사회적 조건이 형성됨에 따라(때로는 그 조건에 앞서 출현하기도 한다), 이에 개입하기 위해 열리는 장이다. 12월 3일 내란의 밤에는 별도 주최자가 없이 자발적으로 모인 시민들에 의해 시위의 장이 열렸지만, 이후 열린 대규모 집회는 거의 비상행동에서 기획하고 운영한 무대에서 개최되었다

기술적으로 집회는 활동가들이 집회를 신고하는 일로 시작된다. 우리나라에서 집회와 시위에 대한 사전 허가는 헌법 21조 제2항에 따라 금지되어 있음에도 사실상 허가제로 운영되기 때문이다.[6]

통상 하나의 대규모 집회를 열기 위해 여러 시민사회 단체들은 조직위원회와 같은 연합을 꾸리고 활동가들을 집행위원으로 파견한다. 집행위원은 보통 집회의 슬로건과 메시지를 논의하는 기획팀, 행사를 홍보하고 참여자를 모으는 조직팀, 당일 집회 개최를 위한 실무들을

---

5 김지환, "'2030여성'과 민주노총의 만남…노동운동 변화 계기 될까", 〈경향신문〉(2025.1.6.).
6 정록, "'신고제' 집시법, 사실상 허가제다", 〈프레시안〉(2023.10.23.).

집행하는 실행팀 등으로 나뉘어 실무를 집행한다.

> 집회를 열고 행진할 때, 누군가는 구호를 외쳐야 하고 누군가는 음향을 다루어야 하죠. 그런 실무적인 일들이 엄청나게 많잖아요. 그리고 그것만 있는 게 아니라, 뭔가 이슈가 있을 때마다 기자회견을 열거나 성명서를 일주일에 몇 개씩 긁어내야 하는 상황인데, 그게 다 활동가들의 몫이죠.
>
> — 김은정(비상행동 공동의장)

비상행동의 경우, 의사결정 단위의 결정을 집행하기 위한 상황실을 두었으며, 사무국, 조직팀, 정책기획팀, 선전홍보팀, 시민참여팀, 언론대응팀, 행사기획팀, 국제연대팀, 의료안전팀을 두고 자원봉사단을 운영했다.[7]

그중 문화정치와 관련된 조직은 행사기획팀으로 활동가 20여 명이 팀 활동에 참여했다. 비상행동 전체 활동가의 1/4 규모다. 행사기획팀은 음향과 무대, 영상 시설을 구비하는 한편 집회 공연자를 섭외하고, 집회에 필요한 영상이나 이미지 등을 만드는 등 무대를 연출했다. 시민발언 신청을 받고 세대나 의제, 계층별로 고르게 배정하는 역할을 비롯해, 전체 행진 기획 및 운영도 담당했다.[8] 세부적으로 행사기획팀은 집회에서 공연을 기획하고 연결하고 섭외하는 연출팀, 시민발

---

7 윤석열 즉각퇴진·사회대개혁 비상행동, 〈[보도자료] 언론 정례 브리핑 '지금 비상행동은' 개최〉 (2025.1.15.).
8 김지호 비상행동 행사기획팀장 인터뷰 중.

언을 온라인과 현장에서 접수받고 선정하는 시민발언팀, 행진의 구호를 정하거나 경로를 안전하게 관리하는 행진팀으로 나뉜다.[9]

서울 이외에 대구나 부산 같은 지역에서도 규모만 다를 뿐이지, 활동가들이 담당한 역할은 크게 다르지 않았다. 대구에서의 시국대회를 개최하기 위해, 대구 지역 활동가들은 정세에 따라 기조 영상을 제작하고 기조발언자를 섭외하고, 행사 진행을 위해 큐시트를 만들고 공연자를 섭외했다. 진행팀은 당일 현장에서 원활한 진행을 위해 참여자 확인을 하거나, 탄핵 반대 집회에 맞서 집회 안전을 관리하고 행진 대오를 정렬하는 등의 역할을 총괄했다.[10] 부산비상행동은 기획팀, 집회준비팀, 행진팀, 자원봉사팀 그리고 인터넷 대응팀과 홍보팀 등으로 구성되었으며, 집회준비팀 내에 청년기획단을 별도로 두기도 했다. 활동가들은 입을 모아 광장을 여는 활동가의 영향력이 결정적이라고 평가했다.

> 남태령 싸움이라든가 한남동의 관저 앞에서의 싸움이라든가, 광화문에 루틴한 장소 말고도 즉각즉각 어떤 진지를 마련해야 하는 상황들이 계속 있었는데요. 그 안에서 판을 만들어냈던 건 활동가죠. 그분들이 없었으면 조직되지 않은 사람들이 이렇게 모이기는 하겠지만, 이 판 자체가 그냥 내버려둔다고 되는 건 아니잖아요. 그래서 당연히 매우 중요한 역할을 하고 있는 거죠. … 영향력이 크다 작다의 문제가 아니라, 없으면 안 되는 거죠. 자발적이기만 한 집회는, 소위 말해서 호응이 없

...

9 미류, "시민들이 운동보다 앞서 나가고 있어요 - 정진임 님을 만났어요", 인권운동사랑방 누리집 (2025.1.10., https://www.sarangbang.or.kr/writing/75375 접근일 2025.4.12.).
10 김예민 대구여성회 대표 인터뷰 중.

는 것들은 오래 가기 쉽지 않다고 생각해요. 그러니까 자발적인 모임들을 조직하는 것 또한 활동가들, 운동가들의 몫이라고 생각해요.

— 김은정(비상행동 공동의장)

[집회에서 활동가의 영향력이] 절반 이상이라고 저는 생각하고요. 왜냐면은 조직된 대오가 없으면 이 집회판은 꾸려지질 않거든요. 시민사회단체가 자기 단체의 어떤 역량을 계속 여기에다가 집중해주고 있기 때문에 이런 광장이 열릴 수 있다고 생각해요. 그리고 응원봉 세대들이 많이 결합했는데요. 이분들이 스스로 [집회를] 만들어낼 수도 있었겠지만, 조직된 활동과 시민사회 단체들이 여기에 역량을 집중해주었기 때문에 시너지 효과가 나올 수 있었다고 생각합니다.

— 김인수(부산민예총 통일예술위원회 위원장)

이채원 공유성북원탁회의 사무국장은 수십만이 참여하는 대규모 집회가 아니라 특정 국면에서는 자리를 지키는 참가자로서 활동가의 역할 역시 적지 않다고 평가했다.

수치로 치면 한 70%는 활동가가 이끌어가고 있다고 생각하는데 … 1월 24일부터 25일까지 국민의힘 당사 앞에서 '국힘 해체쇼'라는 밤샘 투쟁을 했거든요. 그때 밤샘을 하는 사람이 정말 소수였기는 하지만, 남아 있는 사람의 전부는 활동가이거나 2030 여성이었죠.

— 이채원(공유성북원탁회의 사무국장)

이처럼 활동가는 집회를 가능하게 하는 중요한 역할을 담당해왔다. 그렇다고 활동가들로만 집회가 꾸려질 수 있는 것은 아니다. 대중을 단순히 동원의 대상으로 바라보는 게 아니라, 활동가들은 시민들이 자신의 역동적인 역량을 더 잘 발휘할 수 있도록 시대와 함께 변화하고 있다.

옛날에 박근혜 퇴진 운동 당시에는, 확실히 조직 대오의 힘을 갖고 민주노총이 10만 명 모아오면 거기에 사람들이 붙는 식이었는데요. 이번엔 그런 거보다는 정말 사람들이 그냥 나오는 거 같아요. 시민운동, 사회운동이 사람들을 끌어모아서 조직하고 결집하는 그런 형태는 아니었죠. 한편으로 그렇게 나올 수 있게 어떤 기반을 만드는 게 또 사회운동 활동가들이 하는 일 같아요.

— 박한희(성소수자 차별 반대 무지개행동(이하 무지개행동)공동대표)

아무래도 40대 후반에서 60대까지의 대표단들 같은 경우에는, 운동권 세대가 가지고 있던 소위 말해서 계몽사상 같은 게 있어요. 그래서 집회에 참여한 대중들에게 어떤 뭐라도 심어줘야 한다는 의식들이 있어서, 기존 발언이 약하거나 적은 것에 대한 불만이 있으세요. 시국집회의 엄중함을 고려했을 때 국가의 민주주의가 풍전등화인데 지금 잔치하냐, 파티하냐 이런 볼멘소리를 하실 때도 있거든요.

그런데 이미 그런 시대는 아닌 것 같아요. 이 광장이 가지고 있는 역동성과 다양성이 그러한 '엄근진'의 시대, 아주 엄혹했던 시대하고는 다른 방향으로 흘러가고 있어요. 저희가 손을 댈 수 없는 방향으로 흘러가고 있고, 그 방향이 또 틀린 것도 아니잖아요. 다른 방향일 뿐

틀린 게 아니기 때문에 저희는 그 광장이 요구하는, 광장의 얼굴에 저희가 맞춰야 한다고 생각해서 사회진도 바꾸고 다양한 방법으로 배치해보고 있어요.

— 김예민(대구여성회 대표)

비-국민을 배제하지 않는 연대

활동가들은 평등한 집회를 위해 여러 노력을 기울이고 있다. 더욱 평등한 사회운동을 만들어가려는 활동가의 노력은 '윤석열즉각퇴진·사회대개혁 비상행동' 출범 첫날에도 확인할 수 있다.

12.3 내란 직후 각계 노동시민사회단체들은 계엄을 규탄하고 윤석열 퇴진을 요구하는 입장들을 발표했으며, 12월 4일 〈윤석열의 불법계엄 규탄! 내란죄 윤석열 퇴진 국민주권 실현을 위한 전면적 저항운동 선포 전국민 비상행동〉을 개최하였다. 매일 저녁 광화문과 여의도를 비롯한 전국에서 촛불집회와 행진을 진행했고, 12월 7일에는 100만 시민이 여의도 앞에 운집했다. 그리고 12월 11일 향린교회 2층 예배당에서 1,500여 개 노동시민사회단체가 모여 '윤석열즉각퇴진·사회대개혁 비상국민행동'(가칭)이 결성되었다.

비상국민행동의 첫 번째 논의사항[11]은 "윤석열즉각퇴진·사회대개혁 비상국민행동(가칭) 개요 및 체계 운영"이었는데, 첫 줄에 제안된 연대체 명칭을 두고 논란이 일었다.

---

11 〈윤석열즉각퇴진·사회대개혁 비상국민행동(가칭) 발족자료집〉(2024.12.11.), 8쪽.

처음에 이름이 윤석열즉각퇴진·사회대개혁 비상국민행동이었는데, 첫 회의에서 활동가들이 문제를 제기해서 '국민'을 뺐어요. 그리고 가능한 한 구호에서도 '국민'을 쓰지 못하도록 했죠. 국민이란 말을 계속 쓰면, 누군가는 어쨌든 배제되니까요. 특히 지금 이주민 혐오, 특히 중국 혐오가 심하잖아요.

― 박한희(무지개행동 공동대표)

긴 토론과 투표를 거쳐 근소한 차이로 문제 제기가 받아들여졌다. 결국 연대체의 최종 명칭을 '윤석열즉각퇴진·사회대개혁 비상행동'으로 결정하며, 비-국민을 배제하지 않겠다는 활동가들의 의도를 반영했다.

평등의 감각을 넓히는 평등약속문

평등을 위한 활동가들의 노력은 '평등하고 민주적인 집회를 위한 모두의 약속'(이하 평등약속문) 제정과 같은 실천으로 이어졌다. 광장은 저절로 평등한 공간은 아니다. 실제로 12.3 내란 이후 열린 집회에서 여성혐오적이거나 장애인 비하 발언이 종종 나왔다. 12월 7일 집회에선 한 발언자가 자신을 페미니스트라고 소개하자 야유가 쏟아지기도 했다.

비상행동 집회 초창기에 동물 비하적인 발언이나 여성 비하적인 발언들이 많았거든요. 그런데 그런 것들을 인권 활동가들이 계속 지적해서 평등 집회 약속문을 만들었죠. 수어 통역도 처음에는 없었어요. 그런데 차별금지법 제정연대와 무지개행동에서 제안해서 그거를 넣었어요. 이런 식으로 인권 활동가들이 계속 인권적으로 놓칠 수 있는 부분들을 지적해왔어요. 그러면서 '이 공간이 점점 더 평등하고 안전한 공간이구나'를 느끼면서 사람들이 더 많이 나오게 할 수 있지 않았을까요?

— 박한희(무지개행동 공동대표)

비상행동 행사기획팀의 여경 활동가는 〈여성주의 저널 일다〉와의 인터뷰에서, 페미니스트 활동가로서 평등약속문을 제안하게 된 배경에 대해 이야기했다.

소수자가 대상화되거나 그들에 대한 혐오 발언이 나올 때, 김건희 씨에 대해 말하며 여성 혐오적인 말들을 하는 문제 등을 어떻게 좀 정돈하면서 나아갈 수 있을까 고민했어요. 무언가를 비판하면서 혐오 표현이 나오지 않는 방법에 대해 고민해보면 좋겠다, 광장에 모인 모두

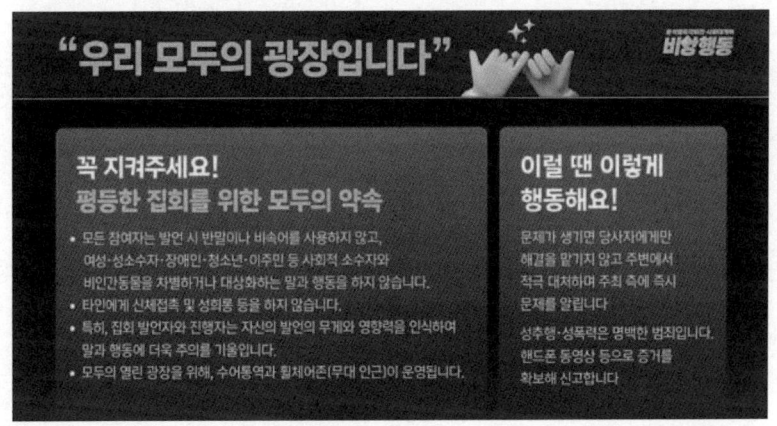

와 함께 약속을 만들 수 없더라도 계속 갱신하는 방식으로 시도해보면 좋겠다는 마음으로 '평등약속문'을 제안하게 됐죠.

— 여경(민우회 성평등 미디어팀 활동가)[12]

'평등약속문'은 시민발언 신청자를 비롯해 집회 참여자들에게 꾸준히 공유되었다. 여경 활동가와 함께 비상행동 행사기획팀에서 활동하는 은사자 활동가(민우회 여성노동팀)는 위 기사에서 평등약속문이 "우리 집회의 가치이고 공동의 감각"이라는 걸 계속 전함으로써 평등의 감각을 넓히고자 했다고 말했다.

차별과 혐오 발언을 제지하는 사회자

평등약속문이 현실에서 작동될 수 있도록, 활동가들은 적극적으로 혐오 표현을 제지하며 평등한 집회 문화를 만들어갔다. 한강진에서 열린 집회에서 여성 혐오적인 발언이 나오자 집회 사회자는 "여성 혐오, 노인 혐오, 장애인 혐오, 성소수자 혐오 등은 절대 금합니다. 그런 발언을 하시면 바로 마이크를 끄겠습니다"라고 경고를 하며 제지하기도 했다.[13]

[활동가와 사회자가] 페미니스트 발언이 있을 때 야유를 제지시키거나, 청소년 발언자에게 기특하다는 얘기가 있어 '청소년들한테 기특

---

12 박주연, "평등한 광장을 만드는 페미니스트, 여기 있다 '윤석열즉각퇴진·사회대개혁 비상행동' 은사자, 여경 활동가 인터뷰", 〈여성주의 저널 일다〉(2025.3.15.).
13 윤슬기, "그녀가 '불편'을 말할 때마다, 광장은 깨끗해졌다 [인터뷰] 광장을 정화한 페미니스트, 민지의 이야기", 〈오마이뉴스〉(2025.1.31.).

하다고 하지 마라'라고 하기도 했죠.

— 서동규(윤석열 퇴진을 위해 행동하는 청년들/민달팽이 유니온 대표)

차별과 혐오 발언뿐만 아니라, 집회를 진행하는 활동가들은 참여자의 욕설을 제지하기도 했다. 욕설은 혐오 발언으로 전이되기 쉽고, 불필요한 충돌을 조장할 수 있기 때문이다. 민주사회를 위한 변호사모임 소속 변호사들이 꾸린 '집회·시위 인권 침해 감시단' 역시 경찰의 인권침해를 감시하는 한편, 경찰의 사각지대에서 탄핵 반대 집회 참여자와의 갈등을 중재하는 역할을 담당했다.[14]

우리 각자가 안고 있는 정치적인 이슈나 혹은 자기 운동 상황이 다 다르다 할지라도 이거는 무조건 지켜야 한다는 게 있고, 그 지켜야 하는 원칙을 시민들에게도 적용해야 하는 거죠. 이를테면 이런 거예요. 욕설 쓰지 않는 거. 이게 굉장히 간단한 부분이지만 한번 이게 물꼬가 터지면 걷잡을 수가 없거든요. … [시민발언자들이] 중간중간에 욕설을 쓰시기도 하지만, 저희가 즉각 제지했고 거기에 다 응해주셨어요. 탄핵 반대 세력과의 충돌이 거의 없이, 별 탈 없이 무사히 대구 지역에서 이 정도 규모의 집회가 잘 진행된 것은 처음에 활동가들이 세웠던 대원칙이 시민들에게 공감을 얻고 시민들도 그것에 동의해주셨기 때문에 가능한 결과라고 생각해요. … 우리 민주시민들의 의식 수준에 대해서 활동가들이 기준을 잡아왔고, 이것이 성공적으로 잘 진행

---

14 윤재, "[회원기고] 집시단의 기억, 한 페이지가 될 수 있게/윤재은 회원", 〈민주사회를 위한 변호사모임 누리집〉, 2025.1.28. (https://www.minbyun.or.kr/?p=62260 접근일 2025.4.17.).

되고 있다고 자부합니다.

— 김예민(대구여성회 대표)

이처럼 평등약속문에 기반하여 차별 및 혐오 발언과 욕설을 집회에서 걷어낸 결과, 시민들은 집회에서 "내 편인 공간에 진입하는 기분"이라고 느끼며 더 자유롭게 집회와 발언에 참여할 수 있었다.[15]

[시민발언자들을 보면] 이런 무대가 처음이거나 친구들 앞에서도 말을 하지 않는 굉장히 소극적인 성격이라 발발 떨면서도 그 얘기를 해요. 광장이, 사람 많은 자리가 되게 부담스럽기도 하지만 그러면서도 자기 얘기를 끝까지 해내는 걸 보면서 저기엔 분명히 다른 감각들이 있는 거 같다는 생각이 들었어요. 그리고 생각해보니까 이 세대들이 [광장을 두고] '안전한 공간'이라고 그랬잖아요? 그러니까 우리 사회가 그만큼 안전하지 않은, 경쟁과 신자유주의 통치 질서가 엄청나게 내재화되어 있는 사회라는 말이죠.

— 김은정(비상행동 공동의장)

광장 내 안전한 공간을 만들며, 자신을 드러내는 ○○존

민주주의를 위한 집회에서조차 비민주적이고 성폭력적인 상황이 벌어지곤 한다. 페미니스트들은 집회 내 가부장적 문화에 함께 맞서 싸울

---

15 정봉비, "'탄핵집회는 모두의 광장' 혐오표현 막는 참가자들", 〈한겨레〉(2025.3.5.).

수 있는 공간을 따로 꾸려 페미존(Femi-Zone)이라고 이름 붙였다. 페미존은 박근혜 퇴진 운동 당시에도 꾸려졌는데, 집회에서의 각종 여성 혐오 문화에 문제를 제기하고 평등집회라는 화두를 제시하며, 주로 본집회 전 사전집회 형태로 개최되는 행사 성격이 강했다.[16]

이번 윤석열 퇴진 운동에서 페미존은 보다 공간화되었으며, 디자이너-활동가에 의해 더욱 가시화되었다. '민주주의 구하는 페미- 퀴어- 네트워크' 소속 디자이너-활동가들은 "페미니스트가 요구한다 윤석열은 물러나라!"라고 적힌 깃발을 만들어 배포했으며, 집회마다 연대체 깃발이 모여 있는 페미존을 꾸렸다. 그리고 집회가 끝나면 피켓과 깃발을 들고 함께 행진하며 대오 내 페미존을 형성했다. 성소수자들은 성소수자 운동을 상징하는 무지개기로 무지개존을 꾸렸다.

> 성소수자 차별 반대 무지개행동에서 내란 이후에 '윤석열 퇴진 성소수자 공동행동'이란 걸 조직했어요. 무지개행동 내에 여러 활동가가 모여서 기획단 형태로 만든 거고, 어쨌든 이 이름을 무지개존이라고

---

16 진주원, "[7차 촛불집회] 페미존 '우리는 서로의 용기다'", 〈여성신문〉(2026.12.10.).

부르며 운영했어요. 매주 토요일, 탄핵 광장에서 무지개 깃발을 든 단체들이 함께 모여 있어요. 여기에 가면 다 무지개 깃발 든 성소수자들이 안심하고 평등하게 즐길 수 있고, 탄핵을 외치는 목소리 중에 성소수자들도 함께 탄핵을 외치고 있다는 걸 보여주고 있어요.

— 박한희(무지개행동 공동대표)

이처럼 ○○존은 해당 주체들이 안전하게 집회에 참여할 수 있는 보금자리가 되는 동시에, 다른 시민들에게 자신들의 존재를 드러내는 내부를 향한 조용한 시위이기도 했다.

광장과 의제를 넓히는 시민발언

집회에서 발언은 정세를 어떻게 바라보아야 할지 정치적 의견을 제시하고 선동하는 방법이자, 사회적 현안을 설명하는 수단이다. 사람들은 발언을 통해 분노를 표출하기도 하고, 응원과 지지를 보내기도 한다.

집회에서 발언권은 주로 사회적 현안의 직접적인 당사자나 유관 조직(노동조합이나 농민회 등)의 대표자에게 주어졌다. 이와 같은 지정 발언은 소수가 발언을 독점하게 되는 한편, 비슷한 양식으로 고착화되었다는 한계를 지니고 있었다.

이를 극복하고자 활동가들은 시민들에게 발언권을 개방한 시민발언을 도입했다. 매주 일본군 위안부 문제 해결을 위해 열리는 수요집회 같은 소규모 집회에서부터 수만여 시민이 참여하는 기후정의행진까지, 크고 작은 무대에서 시민발언은 집회 프로그램의 일부로 할애되어왔다.

기존에 (시민) 시민발언이라고 부르던 양식은 12.3 내란 이후 열린 집회에서 '시민발언'이라는 새 이름을 부여받았다. "시민들이 광장에서 자기가 하고 싶은 말을 다 하는 게 아니라 책임감을 갖고 발언하자는 취지"에서라고 정진임 비상행동 행사기획팀장은 말한다.[17]

매번 100여 명에 가까운 시민이 시민발언을 신청하지만 시간의 한계로 무대에 오를 수 있는 시민은 10~15명 정도라고 한다.[18] 남태령 집회에선 몇 시간을 기다려서 3분이 안 되는 발언 기회를 얻은 열성적인 시민도 있었다. 활동가들은 시민발언에 참여하는 시민들이 '평등하고 민주적인 집회를 위한 모두의 약속'에 따라 차별과 혐오 표현을 막는 한편, 발언자의 성별·지역·연령 등을 고려해 다양한 시민이 발언에 참여할 수 있도록 노력했다.

> 초창기에는 긴급 집회들이 워낙 많았어요. 평일에도 집회가 많이 열리고. 그래서 발언자를 미리 섭외하기보다는, 현장에서 즉석으로 신청을 받아서 시민발언들을 진행했어요. 그러다가 이제 순서를 정하고, 발언해야 될 내용들에서 주지시켜야 할 사항들, 혐오 발언은 안 됩니다 등 여러 가지 사항을 알려주는 역할들을 전체가 같이 했어요. 최근에 토요일마다 집회를 하게 되면서 발언자를 선정하는 사람들을 서너 명 따로 꾸려서 그분들이 전담해서 신청을 받고 있어요. 어떤 발언들을 세대나 의제나 계층별로 이렇게 좀 고르롭게 배정할 건가 그리고

17 정봉비, 앞의 글.
18 미류, 앞의 글.

지금 집회나 정세에 어울리는 발언인가를 선정하는 역할을 하고 있죠.

— 김지호(비상행동 행사기획팀장)

비상행동 주최의 본집회뿐만 아니라, 다양한 의제와 연결된 사전 집회나 평일집회에서도 시민발언은 이어졌다. 기후위기비상행동과 기후정의동맹, 종교회의와 탈핵시민행동 등 단체들은 매주 토요일 집회 전 〈윤석열 퇴진 기후정의 오픈 마이크〉를 열어 광장을 그리고 사회대개혁 의제를 확장해왔다.

첫 오픈 마이크가 어떻게 시작됐냐면요. 비상행동에서 원래 평일에도 집회를 많이 했는데, 12월 중순쯤 탄핵 가결 이후였나? 언젠가 평일 집회가 없어진다는 얘기 듣고, 그래도 평일 저녁 집회를 지켜야 한다는 마음으로 수요일 저녁에 안국역에서 오픈 마이크를 처음 했어요. 이후 그걸 계기로 '세상을 바꾸는 네트워크'라는 조직에서도 같이 하고 있는데, 거기서도 이제 〈평등으로 가는 수요일〉이라는 매주 수요일 정기 집회를 진행하고 있어요.

— 조은혜(기후정의동맹 활동가)

시민발언 꼭지에서, 주최 측 활동가들은 비활동가 시민이 발언 기회를 더 얻을 수 있도록 활동가들의 발언 신청을 의도적으로 배제하기도 했다.

정당의 활동가나 혹은 시민단체의 활동가는 시민발언에서 배제해요.

… 정말 시민들의 목소리를 좀 더 담을 수 있는 방향으로 선정하고 있어요. 활동가들 같은 경우에는 마이크를 잡을 기회가 또 있으니까요.

— 김예민(대구여성회 대표)

그럼에도 광장의 의제를 확장하기 위해 활동가들은 한 사람의 시민으로서, 활동가 정체성을 숨기고 시민발언에 참여하기도 했다.

[시민발언에 참여하며] 활동가라고 소개는 안 했죠. 처음에는 요새 집회 시작할 때 항상 얘기 나오듯, '어디 사는 누구고'식으로, 북가좌동 사는 30대 기후위기를 걱정하는 시민입니다, 라고 시작했어요. 그런데데 점점 내용은 갑자기 공공재생에너지로 갔죠(웃음). … 첫 번째 신청에서 떨어졌어요. 경쟁률이 원체 높기도 하고, 활동가는 선정이 잘 안 된다는 소문도 들었거든요. 그래서 발언하러 올라가는데, '공공재생에너지'라는 몸자보를 메고 올라갔거든요. 근데 어떤 스태프가 "공공운수 노조세요?"라고 물어보는 거예요. 그래서 "아, 그냥 연대하는 거예요" 이랬더니 "연대 다니시구나" 하고 그냥 넘어갔어요. … [활동가를 시민발언에서 배제하는 것에 대해] 문제의식이 조금 있기는 한데, 아무래도 엄청 큰 규모의 집회고 나름대로 정한 기조와 방향이 있을 테니까 그러려니 했어요. 형평성 문제도 있을 거고요.

— 조은혜(기후정의동맹 활동가)

[활동가라는 걸 밝히며 발언하면, 시민들이] 뭔가 거부감을 느낄 수도 있고…. 그러니까 말의 힘이 잘 전달이 안 될 것 같아요. 똑같은 말

을 해도 '시민으로서 저는 문제의식을 가졌어요'라고 얘기하는 것과 '활동가로서 문제의식을 가졌어요'가 되게 다르게 느껴지잖아요? … 그러니까 예술가라고 해도 사실 거의 마찬가지이긴 한데, 예를 들면 그런 거잖아요. 블랙리스트에 대해 '예술가로서 분개합니다'라고 하는 것과 '전 시민인데요, 이거는 시민의 문제예요'라고 하는 건 다르잖아요.

— 이채원(공유성북원탁회의 사무국장)

성소수자를 가시화하는 광장식 자기소개

12.3 내란 이후 열린 집회에서는 특히 자신의 성정체성을 밝히며 시작하는 발언이 많아졌다. 성소수자 집회에서는 빈번한 일이었지만, 비-성소수자 집회에서 발언 내용과 크게 관련 없는 성정체성을 언급하는 일은 많지 않았다. 사람들은 이를 '광장식 자기소개'라고 불렀다.

> 안녕하십니까. 젠더노소 여러분. 광장식으로 자기소개를 하자면 저는 앞으로 어떤 멋진 분을 만날지 알 수 없어 '아직은 이성애자'라는 성정체성을 가진 40대 비청년 페미니스트 여성이고 페스코며 아동친족성폭력 피해 경험자, 지안이라고 합니다.

— 지안[19]

• • •

19 지안, "존재로서 투쟁하는 모든 이들과 함께 투쟁!", 〈더 많은 우리가 되어 당신에게 반드시 도착하겠습니다 | 퇴진광장의 목소리를 넓히는 사람들〉, 플랫폼C 누리집, 2025.2.14. (https://platformc.kr/2025/02/freespeech-of-monthlyforum 접근일 2025.4.12.)

12.3 내란 이후 집회에서 최초로 광장식으로 자기소개를 한 건 박 모 활동가였다.[20] 무지개행동 박한희 공동대표는 당시 활동가의 발언이 X와 같은 SNS에서 입소문을 타며, 광장식 자기소개가 유행하는 데에 일조했을 거라고 분석했다.

12월 5일인가? 국회 앞에서 발언할 때, 무지개존을 같이 하고 있는 윤석열 퇴진 성소수자 공동행동 활동가 한 분이, 청년성소수자문화연대 큐사인이라는 청년 대학 동아리 연합체 소속 활동가 한 분이 올라갔어요. 시민으로요. 그때 시민발언에서 커밍아웃을 했어요. 저희 피켓을 들고 올라갔는데, 그게 엄청 알티(retweet) 탔어요. 그때 반응이 되게 좋았던 게, 저는 그것도 영향이 있을 거라 생각해요. 게이인 사람이 자기가 게이라고 얘기하면서 발언했는데, 야유도 없고 다 박수치네? 그럼 나도 해볼까 이러면서, 그다음에 계속 나오는 거예요.

— 박한희(무지개행동 공동대표)

20 "자신을 성소수자라고 밝힌 박 모 씨는 '3일 밤 비상계엄 선포 때 친구들과 공포에 떨었고, 이대로 우리 목소리를 낼 수 없는 사회가 오지 않을지 불안했다'라며 '윤석열 정권은 포괄적 차별금지법조차 발의하지 않고, 가족을 꾸릴 권리도 보장하지 않고, 여성 예산을 삭감하며 차별과 혐오를 일삼았다'고 토로했다." 이기범 외, "탄핵 표결 D-1' 국회 앞 5만 촛불… '尹 탄핵 가결돼야'", 〈뉴스1〉(2025.12.6.).

광장식 자기소개는 용기가 필요한 일이지만, 또한 발언하는 성소수자 자신이 용기를 얻어가는 일이기도 하다.

사람들이 그런 당사자로서 올라갔을 때 그렇게 환대받는 경험을 갖기 쉽지 않잖아요. 특히 성소수자들이 그런 경험을 갖기 쉽지 않은데, 그걸 한번 경험해본 사람들은 저는 분명히 좀 다를 거라 생각해요.

― 박한희(무지개행동 공동대표)

나아가 광장식 자기소개는 집회에서 성소수자들을 가시화하고 연대를 끌어내는 효과를 지니고 있다. 박한희 활동가는 성소수자를 대하는 시민들의 태도 변화를 온몸으로 느끼고 있다고 말한다.

정말 우리랑 별로 연이 없을 것 같은, 그러니까 중년의 남녀 부부, 보통 퀴퍼 때 보면 긴장해야 될 것 같은 분들, 여기 왜 오시지 싶은 분들이 [성소수자 피켓과 유인물을] 너무 잘 받아가는 거예요. 주니까 그냥 받는 것도 아니고, 다 읽어보고 받아가세요.

― 박한희(무지개행동 공동대표)

이미 광장에서 재생 중이었던 케이팝

이번 국면에서 케이팝은, 케이팝 문화에서 파생된 응원봉만큼 많은 주목을 받았다. 광장의 플레이리스트에는 바뀐 세대와 변한 광장의 정동을 따라, 최근에 유행했던 에스파의 〈위플래시〉나 로제의 〈아파트〉

같은 곡을 비롯해 소녀시대의 〈다시 만난 세상〉, 지드래곤의 〈삐딱하게〉, 부석순의 〈파이팅 해야지〉 등 많은 케이팝이 포함되었다. 비상행동 행사기획팀 김지호 팀장은 케이팝이 민중가요에 비해 더 흥겹고 많은 사람이 따라 부를 수 있기 때문에 오늘날 집회에서 더욱 효과적으로 기능한다고 보았다.

> 행진 진행자들도 그런 얘기를 해요. 케이팝을 틀 때는 확 분위기가 올라왔다가, 생소한 민중가요를 틀면 분위기가 가라앉는다기보다는… 같이 향유하고 즐기기보다는, 노래를 듣는 데 집중해야 하는 분위기가 되어버리죠.
>
> — 김지호(비상행동 행사기획팀장)

광장에 울려 퍼진 흥겨운 케이팝 곡들은 국내 유수 언론뿐만 아니라[21] 미국 빌보드와 같은 해외 언론에서 많은 관심을 받았다.[22] 이렇게 플레이리스트에 추가된 케이팝 중, 소녀시대의 〈다시 만난 세계〉(다만세)는 가장 대표적인 곡이다. 〈다만세〉는 2016년 이화여대 미래라이프대학 신설 반대 시위에서 경찰과 대치하던 학생들이 스크럼을 짜고 이 노래를 함께 불러 투쟁 현장에서 불리며 그 명성을 얻게 되었다.[23] 〈다

...

21 "K팝이 민중가요로… '탄핵플레이리스트'도 등장",〈YTN〉(2024.12.14.).
22 Gil Kaufman, "K-Pop Songs by aespa, G-Dragon, 2NE1 and Light Sticks Used By Peaceful Protesters in South Korea", 〈Billboard〉(2024.12.11.).
23 유지영, "경찰 앞에서 이대생들은 왜 '다만세'를 불렀나", 〈오마이뉴스〉(2016.8.2., https://star.ohmynews.com/NWS_Web/OhmyStar/at_pg.aspx?CNTN_CD=A0002231746 접근일 2025.4.16.).

만세〉가 현재 민중가요화된 케이팝의 대표 주자라는 위치와 달리, 역설적이게도 이 노래는 2016년도 이화여대 투쟁 당시 "학내 의제의 탈정치화"라는 맥락에서 사회운동세력과의 구분을 위해 선곡되었다고 유하영은 평가한다.[24]

그렇다고 〈다만세〉가 갑자기 민중가요의 옷으로 갈아입고 10년 만에 귀환한 것은 아니다. 그동안 광장에 등을 돌렸던 언론 입장에서야 광장에 케이팝이 울려 퍼지는 게 신선한 일이겠지만, 이미 수많은 집회에서, 특히 성소수자와 여성 집회에서 〈다만세〉는 민중가요로 꾸준히 전유되어왔다.

박한희 무지개행동 공동대표는 〈다만세〉가 2016년 이후 퀴어퍼레이드나 국제 성소수자 혐오 반대의 날에 거의 빠지지 않는 곡이었다고 말한다. 하지만 성소수자나 여성들만 나오는 특수한 집회로 취급받았는지, 별로 관심을 못 받았다고 한다. 역설적이게도 케이팝과 응원봉의 사회운동적 맥락을 먼저 파악한 것은 기성 언론들이 아니라, 성소수자 혐오 세력들이었다.

> 어디 전도사가 설교를 하면서, "응원봉 저런 거 다 퀴어 축제에서 들고 나오는 거고, 노래도 다 퀴어 축제 노래인데 지금 국민일보까지 저거 칭찬하는게 말이 되냐"라고 하더라고요. 이분은 퀴어 축제 마니아네 싶었어요. 오히려 저쪽에서 캐치하는 거죠. 반동적인 사람들은 저게 다 퀴어 축제와 연결된 거다라고 하는데, 오히려 주류 언론이나 문

---

[24] 유하영, "소녀시대 '다만세' 어떻게 민중가요가 됐을까", 〈민들레〉(2024.12.28., https:// www.mindlenews.com/news/articleView.html?idxno=11168 접근일 2025.4.16.).

화에서는 전혀 그런 걸 캐치를 못 하고 있으니까 갑자기 튀어나온 것처럼 생각을 하는 것 같아요.

― 박한희(무지개행동 공동대표)

광장을 단결시키는 스포츠 팬덤

탄핵 플레이리스트에는 케이팝뿐만 아니라 방실이가 2002년 발표한 〈뭐야 뭐야〉와 같은 트로트곡도 포함되어 있다. 〈뭐야 뭐야〉는 20여 년 전에 발표된 대중가요이지만, 2025년 현재까지 프로야구팀 키움 히어로즈의 견제 응원에 사용되며 사랑받는 곡이다. 견제 응원이란 관중들이 상대팀에 야유를 보내는 등 위압감을 주는 응원으로, "마!"나 "아야, 날 새겄다!" 등 호루라기와 함께 짧은 구호를 외치는 형식을 지닌다.

실제로 집회 참가자들 중엔 스포츠 팬덤을 자신의 정체성으로 삼는 이들이 적지 않았다. 프로야구팀 응원봉이나 야구점퍼도 'MZ 집회템'으로 주목받았으며,[25] 시민발언자들 중 자신을 야구팬으로 소개하는 이도 있었다.[26]

비상행동 행사기획팀은 참여자들의 흥을 돋우기 위해 야구장 응원 구호를 케이팝과 접목하여 집회 문화의 일부로 녹여냈다고 말한다.

---

25 박재림, "'응원팀 걸고 당당하게' 축구·야구팀 굿즈가 '집회템'으로", 〈스포츠월드〉(2024. 12.12.).
26 "[입체 생중계] 한남동 관저 앞 윤석열 즉각 체포 촉구 긴급행동(14:00, 2025.1.5.)", 〈오마이TV〉(2025.1.5. 02:26:40~, https://www.youtube.com/watch?v=I_LkjpNk4zc 접근일 2025.4.17.).

예를 들면 '퇴진 퇴진 윤석열 퇴진' 이런 것도 다 야구장 구호에서 따온 거예요. 그럼 그 다음에 '뭐야 뭐야 뭐야, 나갈 때가 됐는데' 이런 식의 짧은 응원 구호들도 음원들을 만들어서 11월 초부터 준비했습니다. 그 이전까지는 집회의 양상이 소위 말해서, 비장하고 엄숙하고, 집회 참가자 내부만을 바라보는 집회라고 해야 할까요?

— 김지호(비상행동 행사기획팀장)

나가며

이처럼 12.3 내란 이후, 활동가들이 보이지 않는 매개자로 기능했기에 광장의 문화정치는 더욱 역동적이고 민주적으로 펼쳐질 수 있었다. 지역과 일터에서 참여자를 조직하고, 광장을 앞장 서 열고, 집회가 민주적으로 운영될 수 있게 준비하며, 문화정치에 역동을 더하기 위해 고민하는 활동가들의 실천은 비록 잘 보이지 않을지라도 우리 사회의 민주주의를 키우고 사회를 전환하는 데에 필수적이다.

물론 아직 활동가들이 해결해야 할 과제가 많다. 광장을 넘어 일상으로 민주주의를 확장하는 일뿐만 아니라, 탄핵 이후 내란 청산과 사회대개혁이란 커다란 과제도 남겨두고 있다.

내란 이후 광장에서 활동가들이 놓쳐왔던 부분도 적지 않을 것이다. 이주민 혐오를 넘어 더 다양한 이들이 주체로 호명될 수 있도록 광장을 여는 일, 케이팝과 같은 팬덤 문화와의 접목을 넘어 사회운동 고유의 민중문화를 발명하는 일 등 해야 할 일이 많다. 내란 이후 광장을 경험한 활동가들에게 남겨진 불안감에 대해 정록 기후정의동맹 집행위원장은 다음과 같이 말한다.

[오히려 박근혜 탄핵 국면에 비해] 조직된 대중, 조직된 사회운동의 영향력은 더 줄어든 것 같아요. … 광장에서의 정치적인 조직화나 어떤 방향으로 해야 할지에 대한 이야기를 어느 누구도 잘 하지 못한다는 불안감. 또한 광장을 주도하는 어떤 문화를 만드는 게 어떤 특정한 연령대와 성별에 정체화되는 집단으로만 국한되는 것 같은 불안함. 이런 것이 동시에 상존해요.

— 정록(기후정의동맹 집행위원장)

그럼에도 평등하고 역동적인 광장을 만들기 위해 활동가들은 끊임없이 토론하고 또 활동할 것이다. 비록 잘 보이지 않는 자리에 있더라도, 깃발을 내리라는 소리를 다시 듣게 될지라도 말이다.

광장을 꾸린 이들
: 활동가 인터뷰를 통해 본 광장과 그 '이후'

조윤희(〈문화/과학〉, 신촌문화정치연구그룹)

닫힐 수 없는 그러나 그저 그렇게 열릴 수 없는 광장

광장이 닫히지 않고 있다. 도저히 닫을 수 없는 상황이다. 윤석열 탄핵이라는 하나의 큰 목표를 성취해냈으나 우리는 이미 광장을 닫을 수 없는 수많은 이유를 목도해왔다. 광장을 채운 수많은 사람들 그리고 그 수많은 사람들만큼 다양한 의제들. 이를 우리 사회에서 실현하기 위해서는, 어쩌면 너무나도 막연한 목적일 수 있는 사회대개혁을 향해 조금씩 나아가기 위해서는 광장이 닫혀서는 안 된다. 그런데 광장을 닫을 수 없다고 하여 광장이 자동으로 그리고 자연스럽게 열리고 또 꾸려지는 것은 아니다. 광장에 나갈 때 그리고 광장을 필요로 하지만 열리지 못하는 곳을 알게 될 때 우리는 알게 된다. 광장이라는 공간이 만들어지기 위해서는 '치열함'이 필요하다는 것을 말이다.

그 '치열함'에 대한 감각은 이른바 '카뱅심규협'이라는 밈(meme)

을 만들어내기도 했다. 탄핵 집회에 후원하는 것을 두고 비상행동 사무국장 심규협 씨의 이름을 동사로 쓰며 '카뱅심규협하다'라고 표현하게 된 것이다. 탄핵 촉구 집회를 지속하기 위해 우리가 후원해야 하는 계좌 그리고 그 계좌를 갖고 있는 사람. 매우 많은 집회가 있었기에 아주 익숙할 수밖에 없던 그 이름. 이는 단지 집회 기획 단위 후원 계좌를 갖고 있는 활동가 한 사람에 대한 관심이 아니다. 광장이 열리기 위해 필요한 물적·인적·사회적 자원이 무엇인지, 그러한 자원을 동원하기 위해서는 누구의 어떤 역할이 필요한지를 감각하기에 우리는 누군가의 이름을 외우게 되었고 그 이름은 곧 광장에 대한 연대를 뜻하는 동사의 역할까지 하게 되었다.

물론 우리는 광장을 꾸린 모든 이의 이름을 알지 못한다. 또한 그들의 그 모든 노고와 고민을 완전히 헤아릴 수는 없다. 그렇기에 광장을 꾸리는 이들의 이야기를 더욱 들어볼 필요가 있다. 광장이 어떤 고민을 거쳐 열려왔는가를 이해하고 앞으로 어떤 고민이 필요한지 질문해야 광장은 계속해서 열릴 수 있다. 앞선 장과 같이 10명의 활동가와의 인터뷰를 바탕으로 쓰여진 이 글은, 활동가들이 광장을 어떻게 경험하고 또 고민하고 있는지 들어보고자 한다.

광장 속 활동가

준비된 '다름'
언론과 온라인 커뮤니티를 비롯해 다양한 영역에서 12.3 내란 이후 광장과 관련하여 주목한 것은 바로 지금의 광장이 이전과는 다르다는 것이었다. 이전의 집회나 사회운동이 전개되던 양상과는 달리 이번 광장에는 촛불이 아닌 응원봉이 있으며, 민중가요가 아닌 대중가요가 나왔고, 다양한 의제와 정체성이 쏟아지듯 등장했다. 언뜻 보기에 이러한 색다른 장면들은 광장에서 갑작스럽게 나타난 것처럼 보이고 그렇기에 더욱 큰 '스펙터클'로 간주된다. 집회 기획에서 그러한 변화를 어떻게 바로 반영할 수 있었을까? 우리는 석환과 같은 질문을 할 수밖에 없다. "집회를 준비하시는 입장에서도 그런 거를 그렇게 잘 받아서 잘하시는 것 같기도 하고, 어떻게 금방 이렇게 잘 받아서 하지, 이게 그 전부터 약간 보였나?"

> 2020년, 코로나 때이기도 했는데 그때 박원순, 안희정 성폭력 사건 나오고 이러면서 시민사회도 되게 큰 내홍을 겪었잖아요. 그러면서 저희도 사실은 과거에 그냥 한 묶음으로 있었던 시민사회를 그대로 이야기하는 게 적절할까? 다른 목소리나 다른 어떤 흐름을 조직하는 게 필요하겠다는 고민으로 '다른 세계로 길을 내는 활동가 모임', 이런 식의 모임을 소소하게 제안해서 한 1, 2년 정도 꾸렸어요. 작년에는 체제전환운동 포럼을 열고 체제전환운동 정치대회를 진행하면서 체제전환운동 조직위원회라는 이름의 사회운동 연대체를 만든 거죠. … 뭔가 변혁을 지향하는 사회운동의 새로운 질서를 좀 고민해보자는 걸로 작년 초 2, 3월에 했던 거고 그 힘으로 체제전환운동 조직위를 만들었던 건데, 그러고 나서 사실은 조직위가 뭘 해야 할지 고민이 많았거든요. 왜냐하면 각각의 연대체와 의제와 현안들은 다 있는 건데 그렇게 모아놨을 때, 또 뭔가를 해야 한다는 게 과제를 찾는 건 쉬운 일

은 아니어서요. 근데 저희도 앞으로 우리가 뭘 해야 할지 고민해보자, 이러고 있는데 이번 사태가 터진 거죠. 사실은, 돌이켜보면 저희가 작년에 그런 시도를 하지 않았으면 이번에는 더 정신없이 보내고 있을 것 같거든요. 개별 단체로서 뭘 어떻게 해야 할지도 모르는⋯.

— 정록(기후정의동맹 집행위원장)

 당연하게도, 무언가 새롭게 등장한다고 해서 바로 광장 안으로 들어와 광장을 대표하는 이미지와 상징이 될 수 있는 것은 아니다. 이번 광장의 '다름'은 차곡차곡 준비되고 있었다. 정록은 2020년 이후 시민사회를 다른 흐름으로 조직할 필요가 있다는 문제의식에서 체제전환운동 조직위원회라는 사회운동 연대체를 기획했음을 회상한다. 과거와 같이 그저 한 묶음으로 시민사회를 이야기할 수 없기에, 다양한 의제가 함께 연대하는 방식으로 조직을 재구성할 필요가 있었던 것이다. 이에 체제전환운동이라는 이름하에 다양한 의제와 현안이 모이게 되었는데, 흥미롭게도 정록은 이때 막상 무얼 해야 할지 그 과제를 찾는 것에 어려움을 느꼈다고 털어놓는다. 다양한 의제가 모였을 때 구체적으로 어떤 실천을, 어떤 방식으로, 어떤 운동을 해야 할지에 대한 고민이 있던 것이다. 그러던 중 12.3 내란이 일어났고 당장의 과제가 눈앞에 나타났다. 만약 연대체를 조직하지 않은 채로 계엄 및 내란 사태를 대면했다면, 개별 단체로서 더욱 난항을 겪었을 것이라고 정록은 이야기한다. 개별 단체로서만 있던 상황에서 12.3 내란에 대응하기 위해 바로 연대체를 기획하고 꾸려야 했다면 즉각적으로 연대의 광장을 기획하기 힘들었을 수도 있었을 것이다.

이 다양한 의제가 나왔던 거는 촛불집회 이후에 쌓여온 것들이 있어서 나온 거잖아요. … 박근혜 집회 이후에 수면 아래에 있었던 여성이나 퀴어 당사자들이나 LGBTQ 다 포함해서 그렇게 장애인이나 그런 주체들이 일정 드러나고 그리고 그들이 그들 나름대로 어떤 연대를 만들어왔던 게 여기에서 가시화된 것 같아요.

— 이채원(공유성북원탁회의 사무국장)

물론 이러한 다양한 의제 간 연대의 흐름이 기획과 조직의 차원에서만 있던 것은 아니다. 채원이 언급하듯, 촛불집회 전후로 페미니즘, 퀴어, 기후 등의 다양한 의제는 계속해서 쌓여왔다. 더욱 거슬러가자면, 일본군 '위안부' 문제 해결을 촉구하는 수요집회의 경우 매주 발언을 이어나가는 과정에서 다양한 의제와 연대하는 발언이 등장하기도 한다. 어느 한순간을 기점으로 잡는 것은 불가능하고 또 불필요하겠으나, 중요한 것은 다양한 의제의 교차성 그리고 그에 기반한 의제 간 연대가 축적되는 과정이 이어졌다는 점이다. 이번 광장은 그러한 흐름의 연속선상에 위치한다.

광장의 색다른 모습으로 주목받은 응원봉과 대중가요는 어떨까? 이번 광장을 서사화하는 기존의 방식은, 2030 여성 및 팬덤의 적극적인 광장정치 참여와 그에 대한 주최 측의 후속 대응으로서의 응원봉 및 케이팝을 이야기한다. 그러나 지호는 12.3 내란 이전인 11월부터 더욱 '대중친화적'인 집회와 행진에 대한 고민을 해왔고 말한다.

윤석열이 그런 얘기 하잖아요. 나는 스코어보드를 보지 않겠다. 지지율에 연연하지 않는다. … 그래서 어느 정도의 국민의 분노의 목소리에 귀를 기울이지 않는다는 것을 확인하고 압도적인 국민들의 반윤석열 혹은 윤석열 퇴진 운동 이런 게 벌어져야 한다, 이런 고민을 했어요. 그러면서 광장을 정말 크게 열려면 어떻게 해야 하냐. 기존에 있던 야당의 당원들, 법원 단체에 있는 회원들 그리고 노동조합의 조합원들 이런 사람들이 집회를 한다고 해서 퇴진 운동이 활발하게 벌어진다고 볼 수 없을 것 같다. 더 많은 시민의 참여를 열어내고 윤석열에게 분노하는 사람들을 더 모아내야 한다. 이런 문제의식 속에서… 그때는 제가 행진을 바꾸자고 처음 (제안해서) 시작했던 것 같아요. 그때 11월에도 … 야간 행진을 하는데 야간에는 어쨌든 LED봉이 필요하다, 그런 걸 준비했고요. 그다음에 행진차도 야간에 하려면 시민들이 볼 때 거부감이 들지 않게 캠핑장 등같이 전등도 달고 예쁘게 꾸미자, 이런 것들을 실무적으로 준비했고요. 질문하셨던 음악 같은 경우에도 시민들에게 가장 익숙한 노래를 고르려고 대중가요들을 플레이리스트에 많이 준비했어요. 저희가 집회하는 데 어울릴 만한 대중가요 그리고 그 당시에 로제의 〈아파트〉 이런 게 유명했는데 로제의 〈아파트〉랑 윤수일의 〈아파트〉를 잘 믹스해서 시민들이 재미있어하기도 하고 같이 따라 부를 수 있는 노래. 그다음에 20~30대들이 좋아하는 그룹… 하여튼 케이팝이나 이런 것들 리스트를 준비했고 그다음에 개사곡들을 엄청 준비했어요. 그러니까 민중가요보다는 … 야구장에서 불리는 응원곡들 있잖아요. 이런 것들을 제가 좀 보고, 구호들도 예를 들면 '퇴진 퇴진 윤석열 퇴진' 이런 것도 다 야구장 구호에서 따온 거예요. 그럼 그 다음에 '뭐야 뭐야 뭐야 나갈 때가 됐는데' 이런 식의 짧은 응원 구호들도 음원들을 만들어서 준비했던 게 11월 초였습니다. … 행진부터 바꾸자고 했던 것은 행진할 때 시민들한테 끊임없이 말을 걸고, 시민들이 웃을 수 있고, 사진 찍을 수 있고, 손을 흔들어줄 수 있는 행진을 만들자! 이런 준비를 해서 처음에 엄청 성공적이었어요. 11월 초에 김건희-명태균 국정농단 사건들이 터져 나올 때니까 국민들의 공분이 높아지고 있을 때 시민 친화적인 음원들을 준비하니까 호응을 많이 해주셨어요. 손도 흔들어주시고 진짜 사진도 많이 찍어주시고, 합류하시는 분들도 있었고 같이 춤을 추기도 하시고…. 그렇게 했고 그런 것들이 조금 축적되던 과정이었고요. … 그때까지만 하더라도 사실은 40~50대들이 주류였던 집회 문화였어요. 약간 생소하기도 했겠지만, 케이팝을 틀 때 그래도 40~50대들이 좀 수용할 만한 수준? 왜냐하면 집회 참여자들이 대부분이 이제 40~50대가 주류였으니까. 그렇게 쭉 진행됐고… 근본적으로 바뀐 건 12월 7일, 국회에서 탄핵 집회를 처음 대규모로 할 때 그때 근본적으로 바뀌었던 것 같습니다.

— 김지호(비상행동 행사기획팀장)

지지율과 같은 지표를 신경 쓰지 않는 현 정권에 압박을 주기 위해서는 더 많은 시민의 참여가 필요하다는 문제의식이 있었고 그 구체적인 방안으로 야간행진시 LED봉을 들고, 행진차에는 예쁜 전등을 달고, 대중가요를 활용하자고 의견을 낸 것이다. 실제로 그에 대한 시민의 반응은 긍정적이었다고 지호는 말한다. 다만 그때까지만 해도 집회 참여자의 주류는 40, 50대였고 이들이 수용할 만한 수준에서 변화가 시도되었다. 이것이 지금의 광장 속 응원봉과 케이팝의 시초라고 이야기하는 것은 아니다. 한희는 소녀시대의 〈다시 만난 세계〉는 이화여자대학교 학생들의 집회에서 불렸고, 국제 성소수자 혐오 반대의 날인 5월 17일 무지개행동에서 진행하는 행진에서도 "빠지지 않는 곡"이라고 지적한다. 다만 주류 언론에서 이처럼 축제와 분위기로 진행되는 집회를 "성소수자 아니면 여성 몇몇만 들고 나오는 특수한 집회 형태"로만 여기면서 큰 관심을 가지지 않았기에 이러한 문화가 이어져 지금의 광장에 이르게 되었다는 것을 생각하지 못했을 뿐이다. 또한 유의해야 할 점은, 그 흐름이 하나의 경로만을 갖고 있던 것도 아니었고 한순간에 이뤄진 것도 아니라는 점이다. 변화의 흐름은 일방적이거나 일면적이지 않다.

활동가의 역할

그 주에 있는 시국 대회에 일종의 큐시트를 완성해야 그 큐시트대로 진행을 할 수 있으니까요. 그래서 여는 영상, 기조영상 이런 것들을 선정하는 것부터 해서, 저희도 시민들의 시민발언을 신청받고 있으니까 시민발언 선정, 그 다음에 시민발언만 하기에는 지금의 시국이 굉장히 엄중하니까 시민단체에서 필요한 사안에 대해서 기조발언, 이런 것들을 섭외하기도 하고요. 또 발언만 할 수는 없으니 지역에서 예술 활동하고 계시는 공연자들을 섭외해서, 시국대회 전반에 대한 기획(으로) 이번 주는 어떤 사안에 대해서 중점적으로 대중에게 이야기할 것인가, 그런 것부터 해서 일종의 기획과 관련된 회의를 진행해서 큐시트를 완성해요. 진행팀은 실제로 당일 현장에서 그 진행들이 원활하게 이루어질 수 있도록 실무를 진행하는데, 이를테면 사회자나 무대에 올라가시는 분들이 원활하게 진행이 이루어질 수 있도록 참여자 확인을 한다거나, 대구 같은 경우에는 탄핵 반대 집회도 만만치 않거든요. 그래서 지나가다가 시비 거시는 분들이 지난주부터 꽤 있어요. 그래서 집회 안전 관련해서 안전요원 그다음에 행진을 나가게 되면 행진 대오 정렬 이런 아주 사소한 것까지 진행팀이 총괄하고 있어요.

— 김예민(대구여성회 대표)

한 번의 집회를 진행하기 위해서는 활동가들과 그 조직의 많은 '품'이 필요하다. 우선 집회의 큐시트를 완성해야 하는데, 그 큐시트에는 기조영상, 기조발언, 시민발언, 공연 등이 적절하게 배치되어야 하며 각 순서의 참여자를 섭외 및 선정해야 한다. 또한 기획된 내용의 원활한 진행을 위해 현장에서도 참여자 확인과 안전 유의 안내 등 긴장을 늦출 수 없는 일들이 연속으로 있다. 집회 후에는 집회에 대한 시민들의 반응을 확인하기 위해 온라인 커뮤니티나 SNS를 모니터링하고 별도로 집담회를 개최하기도 한다. 특히 12.3 내란 직후 평일집회가 진행될 당시에는 이러한 과정을 매일같이 진행하여야 했다. 예민과 같은 상근 활동가의 경우, 본래 주말에는 휴식을 취하지만 토요집회로 인해 그럴 수 없게 되었다. 그 대신 월요일 오후에 출근하도록 업무 시간을 조정했지만, 그렇다고 해서 육체적 피로감을 해소하기는 어려운 상황이다. 이와 같이 집회를 진행하기 위해서는 실무 및 행정 업무가 필요하다. 그런데 광장 속 활동가의 역할이 이러한 업무의 나열로만 설명될 수 있는 것은 아니다.

공통의 원칙 길어올리기

수많은 사람이 한데 모이는 광장에는 그만큼 다양한 의제와 감수성이 존재한다. 이러한 차이를 제거하기보다는 오히려 지켜내기 위해, 활동가는 역설적으로 공통의 의제를 제시한다. 광장은 어떤 공간이 되어야 하는지 질문하고 그에 대한 답을 제시할 수 있어야 하는 것이다. 그리고 이를 위해서는 우선, 그 '우리'가 누구인지 이야기할 필요가 있다. 집회 주최 단위인 비상행동의 경우, 단위 이름에 국민을 넣을 것이냐 여부부터 합의가 필요했다. 동규는 비상행동 출범 기자회견을 앞둔 회의에서 "비상행동 이름에서 국민을 넣을 거냐 뺄 거냐 논쟁"이 있었다고 회상한다. 한희 또한 다음과 같이 이야기한다.

> '윤석열즉각퇴진·사회대개혁 비상행동'이 처음에 이름이 '비상국민행동'이었거든요. '윤석열즉각퇴진·사회대개혁 비상국민행동'이었는데, 이거를 첫 회의에서 활동가들이 계속 문제를 제기해서 국민을 뺐어요. 그리고 가능한 한 어떤 구호나 이런 데서도 국민을 쓰지 않도록 했죠. 국민이라는 단어를 쓰는 걸 배제한다고 계속 얘기했고요.
>
> — 박한희(무지개행동 공동대표)

이와 같은 논쟁은 광장에서 우리가 들어야 할 목소리가 누구의 목소리인지 상기하게 한다. 한희는 '국민'이 광장을 배제적으로 만들 수 있다고 우려하며, 특히 이주민의 목소리를 들어야 할 필요성을 이야기했다. 지금의 광장에서 목소리를 내기 어렵지만 광장을 통해 목소리를 낼 수 있어야 하는 이들이 누구인지 계속 관심을 갖고 그들을 주변화하는 것이 있다면 그게 무엇이든 계속 고쳐나가야 한다. 이는 결코 완성될 수 없는 하나의 과정이기에, 활동가들은 광장에서 벌어지는 일들에 주의를 기울이며 그 과정을 계속해나간다.

> 페미니스트 발언이 있을 때 야유를 제지하고, 청소년이 기특하다는 얘기에 바로 "청소년들한테 기특하다고 하지 마라"라는 이야기들이 있었고, 그것이 이제 공통의 약속으로 올라가기도 하고. … 이 광장이 전보다 더 넓어졌는데, 그것을 계속 열어나가는 것이 아주 중요하지 않을까 싶어요.
> ― 서동규(윤석열 퇴진을 위해 행동하는 청년들/민달팽이 유니온 대표)

> 비상행동 집회 초창기에 동물 비하적인 발언이나 여성 비하적인 발언들이 많았거든요. 그런데 그런 것들을 인권 활동가들이 계속 지적해서 평등 집회 약속문을 만들었죠. 수어 통역도 처음에는 없었어요. 그런데 차별금지법 제정연대와 무지개행동에서 제안해서 그거를 넣었어요. 이런 식으로 인권 활동가들이 계속 인권적으로 놓칠 수 있는 부분들을 지적해왔어요. 그러면서 '이 공간이 점점 더 평등하고 안전한 공간이구나'를 느끼면서 사람들이 더 많이 나오게 할 수 있지 않았을까요?
> ― 박한희(무지개행동 공동대표)

욕설을 쓰지 않고 타인을 혐오하는 발언을 하지 않는 것, 쓰레기를 버리지 않고 길거리의 쓰레기를 줍는 것 등 어떻게 보면 당연한 윤리라고 생각할 수도 있지만 기획 차원에서 선언하지 않으면 걷잡을 수 없는 일들을 활동가들은 광장의 원칙으로 제시한다. 그리고 페미니스트, 청소년, 동물에 대한 비하 발언 및 반응이 나오는 것을 포착하여 그에 대한 대응책으로 계속해서 광장에 새로운 원칙과 약속을 추가한다. 이러한 원칙이 중요한 이유는 광장이 더욱 평등하고 안전한 공간이 되어갈 때 더 많은 다양한 이들이 그러한 광장으로 모일 수 있기 때문이다.

> 발언해야 할 내용들에서 주지시켜야 할 사항들, 혐오 발언은 안 됩니다 등 여러 가지 주지해야 할 사항들을 알려주는 역할을 전체가 같이 했는데, 최근에 계속 토요일마다 집회를 하면서 한 달 반 정도 전부터는 발언자를 선정하는 사람들을 서너 명 따로 꾸려서 그분들이 전담해서 신청을 받고, 발언들을 세대나 의제나 계층별로 고르게 배정할 건가 그리고 지금 집회나 정세에 어울리는 발언인가 이런 것들을 선정하는 역할을 하고 있죠.
>
> — 김지호(비상행동 행사기획팀장)

이러한 원칙 속에서 시민발언과 기조발언의 톤 또한 조정된다. 시민발언을 선정하는 과정에서 의제의 다양성이 고려되고, 원칙에 위반되는 내용이 없는지 확인이 이뤄진다. 구호 또한 마찬가지다. 예민은 대구 집회에서 김건희 관련 구호는 쓰지 않기로 합의했다고 말한다. 누군가는 그러한 구호를 외치고 싶어 할 수 있지만 철저하게 이를 배제하고자 했다는 것이다.

지금 대구 지역 윤석열 퇴진 시국 집회를 열어가고 있는 활동가들 같은 경우에는 공통된 혹은 정제된 결이 있어요. 이거는 우리가 반드시 지켜야 한다. 우리가 각자가 안고 있는 정치인 이슈 혹은 자기 운동 상황이 다 다르다 할지라도 이거는 무조건 지켜야 한다는 게 있고 그 지켜야 하는 원칙은 시민들에게도 적용해야 하는 거죠. 이를테면 이런 거예요. 욕설 쓰지 않는 거. 이게 굉장히 간단한 부분이지만 한번 물꼬가 터지면 걷잡을 수가 없거든요. 저희가 박근혜 촛불 때 여성 비하 발언을 너무나 많이 봐왔고 그것에 대한 금지를 집회 수칙으로 걸기까지 시간이 꽤 걸렸던 걸로 저는 기억하거든요. 그래서 장애에 대한 비하 발언, 성소수자 비하 발언, 이런 것들은 정말 할 수 없다는 집회의 대원칙이 시민들에게도 적용이 돼서 … 발언에서부터 우리가 행진할 때의 모습, 쓰레기 버리지 않는 것 혹은 쓰레기를 줍는 것, 동일한 구호를 외치는 것, 이런 것들이 전부 다 사실은 사전에 굉장히 공을 들인 활동가들의 기획이거든요. … 이를테면 김건희 구속이다, 김건희 어쩌고 이런 구호를 저희는 쓰지 않고 있어요. 그런 걸 외치는 단위들이 분명히 있었음에도 불구하고 저희가 집회 초반부터 철저하게 그런 것들을 배제했어요. 뾰족하게 간다. 그래서 시민들의 시민발언도 사실 거기에서 크게 벗어나지 않거든요. 그것이 처음에 저희 활동가들이 세운 원칙이었고 시민들이 그것에 동의해주셨고 어느 정도 공감하고 있다고 생각합니다.

— 김예민(대구여성회 대표)

이때 그 공통의 원칙은 활동가들이 기획 차원에서 제시하지만 그렇다고 해서 그러한 원칙이 일방적으로 만들어지는 것은 아니다. 기본적인 규칙과 분위기는 광장에 참여하는 시민들이 만들어낸다. 활동가는 그러한 '감수성'을 확인하고 거기서부터 원칙을 길어올려 약속문과 같은 형식으로 이를 선언하여 광장의 것으로 제시한다. 그렇기에 광장의 시민들도 그에 호응하는 것이다.

> 집회 안에서 '이 집회에서는 안전하고 평등하고 존중받으면서 발언할 수 있다'라는 어떤 기본적인 규칙과 분위기들을 모임 참여자들이 만들어나가지만, 그렇게 확인된 그러니까 모인 사람들의 어떤 감수성이라고 해야 하나, 확인된 것을 선언하고 '이 공간은 그런 공간이다'라고 만들어나가는 것이나 혹은 그 집회에서 앞에 '평등문화약속문 같은 것들을 낭독하자'라는 결정을 만들기도 하고 기본적인 같이 외칠 구호들이나 그런 것들을 제시하는 역할들을 (활동가가) 하다 보니까….
> ― 서동규(윤석열 퇴진을 위해 행동하는 청년들/민달팽이 유니온 대표)

아무래도 이제 대표단들 그러니까 40대 후반에서 50대, 60대까지의 대표단들 같은 경우에는 그 운동권 세대가 가지고 있던 소위 말해서 계몽사상 같은 게 있어요. 그래서 집회에 참여한 대중들에게 뭐라도 심어줘야 한다는 의식들이 있어서 기조발언이 약하거나 적은 것에 대한 불만이 있으세요. 이 시국 집회의 엄중함과 나라의, 국가의 민주주의가 풍전등화인데 지금 잔치하냐 파티하냐 뭐 이런 볼멘소리를 하실 때도 있거든요. 근데 이미 그런 시대는 아닌 것 같아요. 이 광장이 가지고 있는 역동성과 다양성이 그러한 '엄근진'의 세대, 아주 엄혹했던 시대하고는 다른 방향으로 흘러가고 있어요. 저희가 손을 댈 수 없는 방향으로 흘러가고 있고 그 방향이 또 틀린 것도 아니잖아요. 다른 방향일 뿐 틀린 게 아니기 때문에 저희는 그 광장이 요구하는 당장의 얼굴에 저희가 맞춰야 한다고 생각해서 사회진도 바꾸고 다양한 방법으로 배치해보고 있어요.

— 김예민(대구여성회 대표)

예민은, 기존의 소위 '운동권 세대'는 일종의 계몽사상으로 인해 시민들에게 특정 메시지를 심어줘야 한다고 생각하지만 지금의 광장은 그런 식으로 무언가를 일방적으로 제시할 수 있는 곳이 아님을 강조한다. 광장의 흐름은, 활동가가 손을 대고 변화를 주려 한다고 해서 만들어질 수 있는 것이 아니다. 여기서 활동가의 역할은 그러한 흐름을 파악하고 그 흐름 속에서 원칙을 추려내는 것이다.

의제의 확장

이처럼 활동가가 '앞'에 나서 공통의 원칙을 제시하는 순간이 있는 반면, 때로는 활동가는—혹은 활동가라는 정체성은—의도적으로 뒤로 물러나기도 한다. 채원은 몇 차례 시민발언에 참여한 적이 있지만 자신을 활동가라고 밝힌 적은 없다. 특정 의제가 활동가의 입으로 말해지면 그 문제의식이 너무나도 축소될 것이라는 우려 때문이다. 활동가로서, 자신의 의제가 확장성을 갖고 모두의 의제가 되길 바라는 마음은 오히려 채원이 자신을 활동가로 소개하지 못하도록 했다. 이는 단지

개인적 차원에서만 벌어지는 일은 아니다. 은혜는 첫 시민발언 신청에서는 떨어졌으나 두 번째 신청에서는 선정된 경험이 있다. 활동가임을 숨기고 신청했더니 선정이 되었다는 것이다.

(활동가가 발언하면) 뭔가 거부감을 느낄 수도 있고 그러니까 말의 힘이 잘 전달이 안 될 것 같다는, 똑같은 말을 해도 시민으로서 "저는 문제의식을 가졌어요"라고 얘기하는 것과 활동가로서 "문제의식을 가졌어요"가 되게 다르게 느껴지는 게, 이 활동가가 여기 있는 것 같은 느낌. 그러니까 문제가 여기 있으면 제가 시민으로서 문제를 느꼈어요 라고 하면 문제가 이따만큼 커지는데 활동가로서 느꼈어요 라고 하면 대부분 이 정도의 문제라고, 시민들이 그렇게 생각하는지는 모르겠는데 뭐 국힘은 그렇게 생각할 것 같아요. 그러니까 상대방이 그렇게 생각하는 경우가 있는 것 같아요. 문제를 되게 좁혀서 생각하는 것 같아요.

— 이채원(공유성북원탁회의 사무국장)

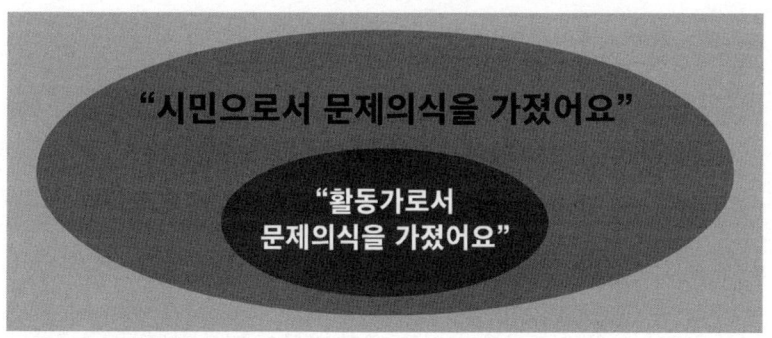

인터뷰 당시 채원이 그린 그림을 옮겼다

실제로 집회 기획의 차원에서도 활동가의 시민발언은 지양되고 있었다. 집회가 활동가들만의 집회가 아닌 시민들의 집회라는 것을 더 명확하게 드러내기 위해, 그럼으로써 집회의 요구는 곧 시민의 요구임을 관철하기 위해서다.

> 정당 혹은 시민단체의 활동가는 이 시민발언에서 좀 배제하는 것으로. 지역사회가 좁으니까 한 다리 건너면 이름과 전화번호만으로 '이 사람이 시민발언을 신청하기는 했으나 활동가일 것이다'라는 게 웬만큼은 레이더에 걸리잖아요. 그러면 시민발언에서는 조금 배제하고 정말 시민들의 목소리를 담을 수 있는 방향으로 선정하고, 활동가들 같은 경우에는 마이크를 잡을 기회가 또 있으니까요. … '이 광장이 누구의 것도 아닌 우리의 것이다'라는 것을 함께 공감하고 공유하면서 가고 싶고요. 물론 광장을 열고 자리를 마련한 것은 시민사회 활동가들의 힘이기는 하나 어쨌거나 객으로 참여하는 것이 아니라 시민들이 주체로 이 광장의 주인이 나라는 것을 그 시국 집회 내도록 저희와 함께 호흡했으면 좋겠다는 바람이 가장 크거든요. 활동가들의 정제된 발언이 듣기에는 좋죠. 듣기에는 좋으나 다양한 시민들이 다양한 목소리를 다양한 방식으로 내는 것이 지금의 시국 집회의 성격을 더 잘 드러낸다고 생각하고 있기 때문에 그것에 대해서는 이견 없이 합의하고 있습니다.
>
> — 김예민(대구여성회 대표)

예민이 기획에 참여하고 있는 대구 집회의 경우, 활동가는 기조발언으로, 시민은 시민발언으로라는 분명한 원칙이 합의되어 있다. 특히 예민은 마이크 권력에 대한 성찰을 이야기하며, 활동가는 발언할 수 있는 다른 기회와 공간이 있기 때문에 시민에게 시민발언의 자리를 내주어야 함을 강조했다. 시민들이 광장의 손님이 아니라 주인이라는 것을 적극적으로 드러내면서 시민들이 계속해서 광장에 나올 수 있도록 하고, 특정 의제를 모두의 의제로 만들고자 하는 것이다.

활동가가 바라보는 광장과 그 '이후'

광장을 채운 이들에 대한 질문들

> 탄핵 국면이 지나가고 대선 국면이 오면, 이 광장에서 열망을 보였던 사람들은 어디로 갈까가 궁금하고… 그렇기에 그전에 광장에서 뭔가를 해야 한다라는 생각을 계속하면서 … '일단은 가자' 하고 있습니다.
> — 서동규(윤석열 퇴진을 위해 행동하는 청년들/민달팽이 유니온 대표)

광장을 채운 이들, 특히 언론에서 많은 주목을 받으며 '새로운 정치 주체'로 거론되는 이들에 대해 활동가들 또한 많은 관심을 갖고 있다. 이는 활동가가 특정 집단에 대한 이해를 수정하는 계기가 되기도 한다. 지호는 기성 운동 세대가 2030 세대에 갖고 있던 선이해—정치 및 사회에 대한 무관심— 로 인해 이들이 광장에 쏟아져 나왔을 때 선뜻 이해하지 못했다고 회상한다. 자신조차 젊은 세대를 바라보는 시선이 달라졌고 여성 의제에 대한 이해도 더욱 깊어졌다는 지호는 다음과 같이 이야기한다.

> 일의 형태나 생활 교육을 받아오던 과정부터 시작해서. 예를 들면 저희 세대들은 정규직으로서 같은 회사 동료라는, 어쨌든 이런 집단성을 유지했다면, 지금 청년 세대들은 불안정 고용 속에서 플랫폼 고용이라든지 프리랜서라든지 막 이렇게 개별화돼 있는, 어쩔 수 없는 그들이 가진 조건들 속에서 뭉치지 못했기 때문에 집단으로 표현이 안 됐던 거지, 개별로 흩어져 있었던 것이지, 이렇게 한꺼번에 쏟아져 나올 때는 일반적인 세대들의 특성, 이런 것들을 이렇게 고스란히 갖고 있구나. … 성평등 혹은 차별, 혐오, 이런 얘기들을 많이 하긴 했지만 그냥 일정 정도 어떤 직업이나 임금이나 아니면 어떤 사회적 차별 이런 걸 피상적으로 생각했는데, 이분들이 밤새 시민발언, 시민발언을 하는 걸 두세 차례 듣고 나니까 일상적으로 그냥 피부로 늘 차별을 겪고 있구나, 여성들이.
>
> ― 김지호(비상행동 행사기획팀장)

그렇게 지호는 여성이 "근본적으로 세상을 바꾸고 싶어" 하는 상황을 이해하게 되었을 뿐만 아니라 "공공연하게 성정체성을 드러내는" 성소수자의 발언을 통해서도 "감춰져 있었던 여성, 청년, 소수자들의 얘기들이 수면 위로 올라오고 진지하게 고민해볼 수 있는 계기"가 되었다고 이야기한다. 광장을 채운 이들이 단지 몇 개의 범주로만 구분될 수 있는 것은 아니다. 한희는 언론 등 미디어에서 특정 연령대 및 성별로만 지칭되는 집단이 실제로는 내적 다양성을 지녔다는 것을 상기해야 한다고 말한다.

> 20~30대 여성들 안에도 굉장히 다양한 스펙트럼이 있다는 게 주목이 됐으면 좋겠어요. 이게 되게 뭉뚱그려서 그냥 응원봉 들고 나오는 케이팝 팬덤, 근데 무슨 케이팝 팬덤도 많긴 한데 그 사람들 안에서는 또 퀴어도 있고 장애인도 있고 이주민도 있고 다양한 사람들이 있잖아요.
>
> — 박한희(무지개행동 공동대표)

그런데 이러한 '새로움'과 '다양성'이 그저 낙관적이기만 한 것은 아니다. 이들은 또한 우려 섞인 질문을 던진다. 현재와 같은 '특수한 상황'에서 보여진 연대가 과연 이후에도 그리고 일상 속에서도 지속될 수 있을까? 이 다양한 존재들이 연대로 함께하지 못하고 다시 한번 개별화되며 흩어지지는 않을까? 이와 관련하여 정록은 광장이 "어떤 특정한 연령대 및 성별에 정체화된 집단으로 국한되는 것 같은 불안함"을 느낀다고 언급한다. 물론 당해 발언에 대해, 실제로 지금의 광장이 그러한가 혹은 이전에는 그러지 않았는가—중년 남성 위주의 사회운동은 일종의 디폴트로 여겨지지 않았는가—를 지적할 수 있다. 다만 이때 정록의 고민은 광장의 연대가 연령대와 젠더 등 개인의 정체성에 기반해서만 이뤄지고 그것이 조직화되지 않는 것에 대한 불안이라고 볼 수 있다. 조직화되지 않는다면 연대가 일시적으로 끝날 수 있기 때문이다. 같은 맥락에서 일상으로 돌아가고 싶다는 시민들의 발언을 들은 채원은 "운동이 일상성을 가지고 지속"될 수 있도록, 시민들이 돌아갈 그 일상 속으로 운동을 같이 가져갈 수 있는 방법을 고민했다고 한다. 광장에 모였다고 해서, 그곳에서 연대의 감각을 경험했다고 해서 이들이 자동으로 앞으로의 운동 동력이 되는 것은 아니기 때문이다.

> 2030 여성들에 대해서 주목을 하지만 이것이 여성 단체에서는 새롭다기보다는 어떻게 이것을 미래의 사회적 자원으로 가지고 갈 수 있을 것인가, 사회적 자원, 사회적 동력으로 계속 끌고 갈 수 있을 것인가 하는 과제를 저희가 매주 목도하고 있죠. 2030 여성들이 주목은 받지만 여성 단체의 활동가로서는 일종의 과제처럼 느껴져요. 저들의 열망과 저들의 욕구를 어떻게 현실화해낼 것인가 그리고 다음 집회에서 어떻게 저들을 새로운 동력과 자원으로 함께 할 수 있을 것인가 이런 과제로 보이죠. 예전에 그러지 못했으니까. 그래서 촛불 때도 그러지 못했고, 페미니즘 리부트도 그렇고. … 계속해서 2030 여성들이 "더 해야 되지 않겠니, 더 열심히 해야 되지 않겠어요?" 이렇게 얘기하는 것처럼 보이죠.
>
> — 김예민(대구여성회 대표)

예민은 이미 여성운동에서 '실패'를 경험한 바 있다. 현재 주목받고 있는 2030 여성들은 예민의 입장에서 전혀 새롭지 않다. 광장엔 이미 언제나 여성이 있었고, 더 나아가 여성은 언제나 이미 광장을 열어왔기 때문이다. 따라서 지금의 광장을 예민은 그들을 어떻게 사회운동의 동력으로 끌고 갈 수 있을까, 라는 미완의 과제로 여긴다.

너무 전통적인 입장인지는 모르겠지만, 조직이 덜 되어 있으니까. (웃음) 조직이 안 되어 있고 이게 노동조합이든 진보정당이든 사회단체든 운동단체든 이런 식으로 조직되어 있으면 실천의 양상이나 발언이나 깃발이나 이런 것들도 달랐을 텐데… 이색 깃발이나 어떤 본인이 소비하는 문화들도, 그런 발언과 깃발들이 채워질 때, 어떤 집회 문화와 이것들을 다양하게 해주어서 너무 좋다에 비해서… 뭐랄까요? 어떤 팀으로서 조직이 되기 위해서는 운동이 어떤 역할을 해야 하고 어떻게 광장에서 실천할 것인가, 어떻게 말을 건넬 것인가, 그런 고민이 계속 생기는 것 같아요.

— 서동규(윤석열 퇴진을 위해 행동하는 청년들/민달팽이 유니온 대표)

동규 또한 선결제나 응원봉, 이색 깃발 등 운동 실천의 다양화의 긍정적 함의를 인지하면서도 그것이 오히려 사회운동이 이들을 조직화하지 못한 것에 대한 증거이기에 고민을 내비친다. 시민들이 창조해 낸 다양한 운동의 형식과 문법은 광장에 창의성과 역동성을 가져다주었지만 여기서 활동가는 어떤 역할을 할 것인가에 대한 질문이 남는 것이다.

전환의 조건
조직화

그렇다면 여기서 활동가들이 이야기하는 조직화란 무엇인가? 인터뷰에 참여한 활동가들은, 사회 대전환을 위해서는 광장을 채운 이들을 계속해서 운동 안으로 끌어안아야 함을 강조한다. 그리고 이는 단지 시민을 특정 조직에 가입시키는 차원의 문제로 국한되지 않는다. 지난 사회운동의 성과로 각종 매뉴얼과 제도가 (부족하게나마) 구비되어온 과정에서 정록은 그것만으로 사회가 그리고 개개인의 삶이 바뀌지 않았음을 지적한다. 사회운동의 핵심은 결국 제도 마련으로 충분하지 않고 사람들을 운동 그리고 권리의 주체로 만드는 일이다.

> 1990년대 초반, 2000년대 초반까지 한국 사회에서 인권이 갖는 힘이라는 게 있었다면, 이제 인권이 당연한 게 되고 일상적인 게 되었을 때 … 사실 뭔가 법이나 제도는 되게 촘촘하게 점점 더 만들어지는 것 같은데 실제로 사람들이 그러면 삶이 달라지고 있느냐, 변화하고 있느냐, 이렇게 질문을 하면 꼭 그런 것만 아닌 상황에서 저희도 인권단체로서 고민이 생기는 거죠. … 이제 20주년 운동 전략을 새롭게 만들어야 한다, 이런 고민들을 했고, 그럴 때 핵심은 권리를 주장하고 조직할 수 있는 주체를 조직하는 것이다. 법 제도나 매뉴얼은 계속해서 촘촘해지고 점점 많아지는데 그게 핵심은 아니고 뭔가 이 괴리를 메우려면 권리 주체를 조직하는 게 핵심이다, 라는 고민 속에서 '대중의 힘을 변혁적으로 조직하자' 이런 슬로건을 쥐고서 여러 가지 활동을 했어요. … 현장의 주체들이 자기의 권리로서 어떤 이야기를 할 수 있을까.
>
> — 정록(기후정의동맹 집행위원장)

이를 위해 채원은 광장에 나왔던 자신을 계속해서 상기시켜줄 수 있는 '민주시민의 배지'를 만드는 프로그램을 기획해 진행했다. 무언가 실물화된 것을 통해 일상에서도 광장 속 자신을 잊지 않고 "계속해서 호명되고 이후에도 계속 나올 수 있는 효용성"을 만들어줄 필요가 있다는 것이다. "지금 이 광장에 나온 시민들과 탄핵, 퇴진시키는 운동을 달성하고, 승리하고. 근데 이제 거기서 멈추지 않고 우리 사회 전반을 개혁하고 조금 전환하는 방향으로 나아가자, 이렇게 잘 설득해나가는 역할이 활동가들에게 있다"라는 은혜의 말처럼 시민들과 함께해나갈 필요가 있다. "이렇게 모인 사람들을 어떻게 더 계속해서 지속적으로 함께할 수 있는 어떤 사람들을 만들어낼 수 있을까?"라는 한희의 질문에 대한 답을 고민하는 것. 조직화란, 바로 그런 차원의 실천적 기획이다.

> 이 광장에 나와서 있는 어떤 개인화된 사람들이, 그러니까 뭔가 열망이 있는데 내가 소속되어 있는 조직이나 단체나 이런 건 없는 사람들이 '우리가 가진 힘과 우리가 가진 무기가 뭐가 있지?'라고 생각할 때 굉장히 가장 큰 어떤 동원력과 소위 '운동권 짬바'를 가지고 있는, '집회 짬바'를 가지고 있는 민주노총에 대한 신뢰감이나 아니면 농민들의 투쟁에 공감하는 마음 … 사실 본인들을 대변해서 어느 정도의 조직세나 힘을 기대할 만한 단체도 없는 상황인 것 같아서요.
> — 서동규(윤석열 퇴진을 위해 행동하는 청년들/민달팽이 유니온 대표)

물론 동규의 말처럼, 단지 개개인의 집합 그 이상의 힘을 발휘해 시민들을 대변할 수 있는 단체 및 조직의 역할도 분명 중요하다. 각종 개별 조직 및 연대체는 자신의 역량을 집회에 집중하여 광장을 계속 열며 시민들이 언제든 나올 수 있는 공간을 꾸려낸다. 그러나 그와 동시에, 시민들의 목소리를 듣고 조직이 제시하는 의제에 시민들의 관심과 지지를 이끌어낼 수 있는 것 또한 중요하다. "단체의 회원이 되고 이런 문제가 아니라"(예민) 개인을 계속해서 사회운동의 의제와 연결하는 것이 중요한 것이다. 정리하자면, 활동가들이 이야기하는 조직화란 개인을 직접적으로 조직에 동원하여 그 세를 확장하는 것 그리고 개인을 조직의 의제와 연결하며 (조직 일원 여부와 상관없이) 계속해서 광장에 나올 수 있도록 운동 주체로 구성하는 것을 모두 일컫는다.

전선의 구획

이처럼 시민들을 조직화하고 광장을 계속 열어나가야 하는 이유는 우리가 광장에서 보고 들은 수많은 다양한 의제를 위해, 즉 사회대전환을 위해서다. 이처럼 사회대전환은 우리에게 하나의 거시적인 지향점이 되지만 활동가들은 그 과정에서 전선의 구획을 고민해야 할 필요가 있다고 이야기한다. 사회를 바꾸기 위해 우리는 누구에 맞서야 하는가? 행정부나 정치인 혹은 제도라고 답할 수 있겠지만 정록은 지금의 전선이 과거와는 다르게 그어져야 함을 강조한다.

> 박근혜 때는 자유민주주의 질서라고 하는 기존의 체제 안에서 보수와 진보가 있고, 소위 말하는 보수의 재편 과정으로서 박근혜 축출과 질서 재편의 과정 그리고 그 안에서의 개헌에 대한 욕구, 이렇게 기존의 체제를 업그레이드하는 방식으로 나아갔다고 생각해요. … 올해 들어서는 극우대중운동이 정세를 주도하고 있다고 생각하는데, 그럴

때 뭔가 광장에서 사회대개혁 이야기를 꺼내는 게 굉장히 어색한 상황 아니냐, 지금? 정말로 극우의 준동에 맞서서 사회의 최소한의 기본 가치를 방어하기 위한 단단한 전선을 만들어야 하는 상황에서 사회대개혁이라는 게 마치 우리가, 개혁진보세력이 권력을 이미 다 잡았고 이제 사회를 어떻게 새롭게 디자인할까? 약간 이런 느낌이잖아요. 개헌도 마찬가지고. … 기존의 민주주의 질서라는 체제가 근본적으로 흔들리는 상황 그리고 근본적인 흔들림은, 엄청난 대중운동에 의해서 공격받고 있는 상황 그리고 광장에 그거를 어떻게 방어하거나 또는 새롭게 민주주의를 구축할지에 대한 싸움에 대해서는 아직 길이 잘 안 보이는 상황, 이런 위태위태하고 복잡한 마음이 저는 아주 크거든요. 그런 점에서 박근혜를 반복하지 말자, 라는 건 굉장히 심각한 정세 착오가 아닐까 생각하고 있어요. … 그럴 때 지금의 사회운동이 무엇에 맞서 누구를 조직해야 할지, 과제도 근본적으로 달라져야 한다고 생각합니다.

— 정록(기후정의동맹 집행위원장)

사회운동가의 위치에서도 보면 저희가 주로 정부나 자본이나 권력에 맞서 싸우는 데 익숙하고 우리의 언어나 조직 방식도 다 그런 거였는데 저 극우대중운동과는 어떻게 맞서 싸워야 할지 잘 모르겠는 거예요. 그냥 '저 미친놈들'이라고 욕하면 되는 문제 아니잖아요? 그러면 어떻게 맞서서 대항 조직화를 해야 하는 거지 이런 고민이 드는데, 너무 막막하더라고요.

— 정록(기후정의동맹 집행위원장)

정록이 보기에 사회운동의 전선은 극우대중운동의 부상으로 인해 이미 바뀌었다. 이전 박근혜 탄핵 집회 당시에는 민주주의 체제하 보수와 진보라는 구도 안에서 박근혜를 축출한다는 논리가 가능했지만, 지금은 민주주의라는 체제 자체가 그리고 그 기본 가치가 흔들리고 있기에 이전과 같은 전선을 구획할 수가 없다는 것이다. 따라서 박근혜 탄핵 집회 당시의 과오를 반복하지 말자는 주장은 정록의 입장에서 큰 착오이다. 이미 지금의 상황에서 과거는 반복될 수 없기 때문이다. 극우대중운동이 부상할 때 과연 사회운동은 누구를 어떻게 상대해야 하는가? 기본적인 가치가—그게 무엇인지 파악하기도 어려운 상황에서—흔들릴 때 과연 사회의 전환을 이야기할 수가 있는가?

(내란에) 동조한 사람들은 반드시 처벌을 받고 그것이 잘못되었음을 선을 긋고, 이번 기회에 선을 그어야 한다고 생각해요. 그 이후에야 사회대전환이 됐든 사회대개혁이 됐든 이런 용어를 쓸 수 있지 않을까요. 이것이 전국 단위로도 마찬가지지만 아까도 말씀드렸다시피 대구에서는 이게 굉장히 중요하거든요. 이 정치권력 교체가 없고서는, 조금의 스크래치라도 내지 않고서는, 이제 보수의 텃밭도 아니에요. 극우의 텃밭이에요. 극우의 텃밭이 되어 가는 대구경북 지역의 균열이 없고서는 전국 단위의 정치개혁도 있을 수 없다는 위기의식이 있고, 그만큼의 사명감이 있습니다. 대구 지역에서 뭔가 균열과 어떤 새로운 목소리들이, 새로운 시도들이, 새로운 권력들이 나와야 한다는 것에 대한 절박함이 있습니다.

— 김예민(대구여성회 대표)

그런가 하면, 대구 및 부산 등 소위 국민의힘의 '텃밭'으로 여겨지는 지역에서 전선은 매우 '가까이' 있다. 우선 각 지역구 국회의원을 겨냥해야 하고, 그 '텃밭'에 균열을 내야 한다. 이러한 지역의 문제를 그저 '어쩔 수 없는 것'으로 지나친다면 전국 단위의, 거시적인 사회대전환은 이뤄질 수 없다. 예민은 여러 번 대구의 상황이 절박하다고 이야기한다. 인수 또한 부산의 경우, "큰 구호"만 외치는 것이 아니라 "각 지역구의 대표자들을 격파"해야 한다는 고민이 있음을 밝혔다. 서울과 같이 특정 지역구의 국회의원에만 집중할 수도 없는 상황이며, 그렇다고 모든 국회의원을 겨냥하기에는 자원의 한계가 있다. 그런 한계에 대한 고려 없이, 사회대전환을 외칠 때 지역의 문제는 외면당하고 만다. 전선을 구획하는 데 있어 지역의 맥락을 고려해야 하는 이유다.

결론을 대신하여: 활동가는 무엇을 매개하는가?

탄핵 운동, 퇴진 운동의 주체는 시민들이고, 시민들이 대거 이렇게 참여하심으로 인해서 이 운동의 양상이 달라졌다는 것을 직접적으로 체감하게 된 것 같아요. 그러면서 이제 자기들의 포지션을, 소위 말해서 '시민들에게 집회의 공간을 제공하는 사람들' 이렇게 다시 설정하는… 이게 어떤 시점부터 탁 바뀌었다기보다는 서서히 바뀌어왔던 것 같아요. 그래서 그것을 위한 여러 가지 실무적 집행 역할을 하는 사람들… 이렇게 자기의 역할들을 잡아나가고 있는 것 같고요. 처음에는 시민들한테 뭔가 방향을 알려주고, 좀 가르치려 들고 이런 태도

가 있었다면, 지금은 '매개하는 사람', '안내하는 사람' 이런 역할을
해야 한다고 생각해요.

― 김지호(비상행동 행사기획팀장)

역동적으로 변화하는 광장 안팎에서 활동가들은 자신의 역할을 고민하고 있다. 관련하여 지호는 활동가들의 역할을 "시민들에게 집회의 공간을 제공하는 사람", "매개하는 사람", "안내하는 사람" 등으로 표현한다. 이때 활동가들의 역할은 시민들을 이끄는 것이 아니라 시민들을 매개하는 것이 된다. 그렇다면 과연 활동가들은 시민을 무엇과 매개하는가, 라는 질문이 남는다. 그리고 그 답은 하나가 아니다. 활동가 그리고 활동가로 이뤄진 조직을 경유하여 시민은 다른 개인이나 집단, 의제와 매개될 수 있다. 그리고 그 매개로부터 연대와 연결의 감각도 만들어질 수 있다. 연대와 연결은 그저 한 공간에 모여 있다고 해서 자동으로 발생하는 것이 아니고 치밀한 고민을 요구하기 때문이다.

이번 광장에서의 연대와 연결을 상찬할 때, 그것이 피상적인 상찬에 그치지 않고 그러한 연대와 연결의 구체적인 맥락을 들여다볼 수 있으려면 활동가의 역할에 대한 이러한 고민들에 주목할 필요가 있다. 이는 단지 활동가만의 고민, 다시 말해 활동가만 해야 하는 고민이 아니다. 우리는 광장에서 확인한 수많은 가능성을 단지 찰나의 빛나는 순간이자 추억으로 흘려보내지 않고 더 많은 가능성으로 열어낼 수 있어야 한다. 그리고 광장을 채울 수 있으려면, 광장이 꾸려져야 한다.

5부

탄핵위키

- 선결제 릴레이 • 2024 첫 집회 참가자 가이드 • 응원봉
- 깃발들 • 평등하고 민주적인 집회를 위한 모두의 약속
- 나눔 문화 • 시민발언 • 다시 만난 세계 • 은박 담요(키세스단)
- 난방버스·난방성당 • 말벌 동지 • 디자인 행동 • 아카이브

***

2024년 12월 3일 윤석열 정부의 비상계엄이 종료된 직후인 12월 4일부터 헌법재판소의 윤석열 파면 선고가 내려진 직후인 2025년 4월 5일까지 윤석열의 내란죄를 심판하기 위한 탄핵광장이 열렸다. 탄핵광장은 여의도에서 광화문, 남태령에서 한강진, 전국 주요 도시 곳곳에서 매일, 매주 열렸다. 2016~2017년 박근혜를 탄핵시켰던 촛불광장 이후 8년 만에 '시민항쟁'이 다시 돌아온 것이다.

시민항쟁은 민중적·시민적 주체성이 총체적으로 발현되는 장이자, 집회·시민의 제반 양식적 측면과 함께, 또 그것을 매개 장치로 삼으면서 민주주의의 주체성이 형성·전개·전파·상호작용하는 장이다. 집회·시위는 응축된 한 시대의 문화(언어, 미디어, 음악, 의례, 시각문화, 패션 등)가 폭발하고 또 전파·진화하는 장이다.[1] 12.3 내란 이후의 광장에서도 그 이전의 집회·시위에서는 볼 수 없었던 새로운 문화적 실천이 폭발적으로 등장함으로써 다양한 풍경과 이야깃거리를 만들어냈다. 이 장에서는 12.3 내란 이후 광장에 등장한 새로운 문화현상, 다양한 문화적 실천을 기록함으로써 2024~2025 광장정치의 문화적 함의를 살펴본다. 이 작업은 공동연구 프로젝트팀이 모두 참여했다. 탄핵위키 목록은 다음과 같다.

---

1 천정환, "계승, 접속, 비약: 2024 촛불/응원봉 시위, 누가 어떻게 싸우고 있나", 〈계엄, 저항, 그리고 응원봉의 문화정치 토론회 자료집〉(2025.1.6.), 22쪽.

- 선결제 릴레이
- 2024 첫 집회 참가자 가이드
- 응원봉
- 깃발들
- 평등하고 민주적인 집회를 위한 모두의 약속
- 나눔 문화
- 시민발언
- 다시 만난 세계
- 은박 담요(키세스단)
- 난방버스·난방성당
- 말벌 동지
- 디자인 행동
- 아카이브

선결제 릴레이

이번 탄핵광장에서 가장 눈에 띄었던 것은 시민들이 스스로 가능한 방식과 형태로 집회 문화를 확장하여 참여하는 모습이었다. 집회에 참석하지 못하는 시민들은 집회 장소 인근 카페와 식당 등 여러 매장에서 메뉴를 선결제하여 현장에 있는 시민들을 응원하는 간접적인 방식으로 집회에 참여했다. 이러한 움직임은 집회가 시작되었던 2024년 12월 한 달 동안 크게 확산하였는데 특히 일부 연예인들도 선결제에 동참했다는 소식이 알려지며 화제가 되기도 했다. 선결제 매장 이용 방법은 매장에 방문해 선결제한 시민의 이름을 대고 수령하는 방식이다.

 선결제를 한 시민들은 이때 본명이 아닌 별명이나 활동명을 쓰거나 자신이 응원하는 아이돌 이름을 사용하는 경우가 많았다. 조건부로 선결제를 한 매장도 있었다. 주문할 때 선결제한 시민이 정한 구호(예: 민주 승리!)를 외쳐야 한다거나 이용자 성별을 특정하거나 응원봉을 보여줄 것을 조건으로 거는 방식이다. 선결제에 참여한 이들은 매장 정보를 자신의 SNS에 게시하거나 파급력이 큰 계정에 제보하는 방식으로 소식을 알렸다. 선결제 움직임이 릴레이처럼 계속해서 확산되고 개인 단위로 선결제에 참여하는 숫자가 크게 늘어나자 SNS에는 산재된 정보를 한눈에 보기 쉽게 취합하여 리스트를 배포하는 이들이 등장했고, 시민들은 이 리스트를 적극적으로 공유하며 확산했다. 또한 일부 시민은 선결제 매장 정보를 확인할 수 있는 웹사이트를 자발적으로 개발한 뒤 서비스를 무료로 제공하기도 했다.

선결제 관련 활동은 엑스(구 트위터)에서 두드러졌다. 엑스 이용자 수프(@soupinbowl)[1]는 집회 장소 인근 선결제된 매장 정보를 밥, 간식, 음료 순으로 정리한 뒤 공유했다. 2024년 12월 7일 집회 당일 올라온 이 게시글은 누적 조회수 약 22만 회를 기록하고 2,800명이 재공유하였다. 또한 엑스 이용자가 아닌 사람들을 위해 구이(@JangEo0212)는 특정 지도 어플에 선결제 매장 정보를 기록하여 정보를 공유했다. 게시글에는 선결제에 참여한 시민들에게 감사 인사를 전하며 엑스를 모르는 어른들과 다른 사람들에게 공유해줄 것을 요청했다.

엑스를 중심으로 선결제, 나눔 정보를 기록으로 남기는 활동이 확산하자 또 다른 이용자 시위도밥먹고(@torchmapkr)는 이를 플랫폼으로 개발하여 더 많은 사람이 집회에 참여하고 정보에 쉽게 접근할 수 있도록 하였다. '시위도 밥먹고'[2]라는 명칭의 해당 플랫폼에서는 실시간으로 전국의 선결제 매장 정보를 제보받고, 선결제에 참여한 이의 이름(또는 가명), 시작과 종료 시간, 매장 위치정보 등을 제공하였다. 한 언론매체에서 이 플랫폼을 개발한 운영진을 인터뷰했는데 자신들을 대학과 직장 생활을 병행하는 20대 초반의 시민으로 소개하였다. 이

---

1 작성글에 등장하는 엑스 이용자 계정 정보는 모두 2025.2.24. 검색 기준.
2 '시위도 밥먹고' 사이트는 현재 운영이 중단되어 관련 내용은 개발자의 엑스 계정을 통해서만 확인이 가능하다.

들은 플랫폼을 개발하게 된 이유를 묻는 질문에 집회 현장에서의 "군중 밀집도 제어"를 위해서였다고 밝히며 10.29 이태원참사가 개발에 영향을 주었다고 설명했다. 이번 집회에 참여하는 모든 시민의 안전을 기원하며 플랫폼을 개발하게 되었다는 것이다.[3] (글: 이윤서)

---

3 김예진, "광장에서 주먹밥 쥐던 손, 여의도에서 재현될 거라 직감", 〈오마이뉴스〉(2024. 12. 22., https://v.daum.net/v/20241222151500464 2025.4.23. 검색).

2024 첫 집회 참가자 가이드

집회에서의 나눔 문화는 밥, 음료 등의 물질적인 것을 넘어 지적 나눔으로 확대되었다. 집회가 낯선, 처음 참여하는 시민들을 위한 〈2024 첫 집회 참가자 가이드〉가 SNS에 등장하였고 이 안내문은 빠른 속도로 전파되었다. 표지를 포함해 8장의 이미지로 제작된 안내문에는 집회 참여 시 필요한 준비물과 적당한 옷차림, 추운 날씨에 핫팩을 붙이는 팁부터 위기 상황 발생시 대응 지침까지 집회 참가자들이 사전에 확인하면 유용한 팁들이 담겨 있다. 가이드는 집회 도중 위기 상황이 발생했을 경우 유명한 깃발 근처로 가라며, "민주당, 정의당, 진보당, 민주노총, 금속노조, 현대노조, 화물연대, 화섬노조, 공공운수노조 등 이름을 들어본 집회 베테랑들의 보호를 받으라"라고 안내했다. 집회 도중 일어날 수 있는 체포 및 연행, 불심검문에 대한 대처 요령도 설명했다. "본인과 주변에 위험이 있을 때 동영상을 촬영해 경찰 이름과 소속을 확인하라"며 "체포 시간을 기억하고 미란다 원칙을 고지했는지 확인해야 한다"라고 강조했다.

　이 안내문을 제작한 시민은 한 매체와 익명으로 진행한 인터뷰를 통해 이러한 이야기를 남겼다. "거리로 나설 각오를 한 사람들이 한 명이라도 안전하고 따뜻하게 귀가할 수 있었으면, 공권력에 부당하게 권리를 침해받는 일이 없었으면 했다. 뭘 어떻게 준비하면 좋을지 모르겠는 사람 한 사람에게라도 도움이 됐다면 이 글은 소임을 다했다."[1]
(글: 이윤서)

2024 첫 집회 참가자 가이드

1. 준비물과 옷차림
   1-1. 핫팩 부착 팁
2. 집회 가기 전
   2-1. 집회 가기 전 (심화)
3. 집회에서
   3-1. 집회에서 (심화)
4. 마지막으로

1. 준비물과 옷차림

방한 용품
- 옷차림: 모자(후드), 목도리, 마스크, 장갑, 운동화, 히트텍 등 내복
- 손목, 발목, 허리를 감싸는 옷이 좋습니다. 핫팩은 미리 붙여두세요.

소지품
- 등산용 방석, 보조배터리, 생수 500ml, 초콜릿, LED 촛불 or 응원봉
- 다이소 접이식 등산용 방석 천원! 겨울이라 바닥이 몹시 차요.

주의 사항
- 가방, 신분증, 지갑 X. 몸은 최대한 가볍게, 분실 위험 있는 물건은 놓고 나오기! 집회 참가자들도 촬영을 많이 해서 마스크 꼭 쓰고 계세요.

---

1 노하연, "핫팩 위치까지 꼼꼼하게 챙긴 '응원봉 집회' 안내서", 〈미디어스〉(2024.12.10., https://www.mediaus.co.kr/news/articleView.html?idxno=310910 2025.4.23. 검색).

2024 첫 집회 참가자 가이드

1-1. 핫팩 부착 팁

기본
- 옷과 양말 위에 붙여야 합니다. 내복, 얇은 옷을 꼭 겹쳐입어 주세요.
- 뒷목 아래, 명치 아래, 발등 위 (발가락 끝에 닿게) → 작은 핫팩이면 충분! 여분 1~2개를 더 챙겨가면 안전해요. 발이 엄청 시려요.

수족냉증이 있다면
- 양 무릎, 발볼 옆(앉았을 때 땅에 닿는 곳), 발목, 등허리 아래에도 추가

그 외
- 부착형 핫팩도 공기에 접촉해야 발열하기 때문에 발바닥에 붙이면 효과가 적습니다. 붙이기 전에 마구 구겨두면 좋아요.

2024 첫 집회 참가자 가이드

2. 집회 가기 전

컨디션 확인
- 식사와 수면을 든든히, 화장실 미리 다녀오기

정보 확인
- 현장에서 데이터가 거의 안 터집니다. 주변 지도, 귀가 루트, 필요한 정보 등을 확인할 수 있게 이미지로 저장해주세요.
- 인파로 인해 지하철/버스 무정차 가능성이 높아 1~2 정거장 정도 걸어서 이동해야 할 수 있습니다. 염두에 두기!

일행과 논의하기
- 인파 속에서 예기치 못하게 헤어졌을 때 방침 미리 정하기

2024 첫 집회 참가자 가이드

2-1. 집회 가기 전 (심화)

민주사회를 위한 변호사모임(민변) 연락처 저장
- 02-522-7284. 유사시 연락하면 연행, 취조 상황에서 도와줍니다.

개인정보 관리
- 휴대폰 잠금 해제 얼굴/지문 인식 삭제하고 비밀번호/패턴만 남기기

체포 및 연행, 불심검문 대처 요령 읽어 두기
- 본인과 주변에 위협이 있을 때 동영상 촬영하며 경찰 이름, 소속 확인
- 체포 시간 기억하기, 미란다 원칙 고지했는지 확인하기
- 이름, 나이, 주소, 연락처 등 개인정보를 요구하면 변호사를 통해 답변하겠다고 하고 민변에 연락하기 (자세한 과정 별도 이미지 참고)

2024 첫 집회 참가자 가이드

3. 집회에서

원하는 깃발과 함께 걸어요
- 웃긴 깃발, 이름을 아는 정당/노조 깃발 등 무엇이든 좋습니다.
- 안전을 위해서는 본인도 알 정도로 유명한 정당, 노조 깃발을 추천해요.

집에 가거나 중간에 나가도 되나요?
- 일정 도중 합류, 원하는 시간대에 귀가 모두 자유롭게 해주세요.
- 카페에 가서 쉬거나 식사를 하거나 쉬다가 돌아와도 괜찮습니다.

화장실은?
- 10층 이상 건물에는 반드시 1층에 시민 개방형 화장실이 있어요.
- 스타벅스는 기업 방침상 주문하지 않고도 화장실만 사용할 수 있어요.

2024 첫 집회 참가자 가이드

3-1. 집회에서 (심화)

위기 상황에선 유명한 깃발 근처로
- 민주당, 정의당, 진보당, 민주노총, 금속노조, 현대노조, 화물연대, 화섬노조, 공공운수노조 등 이름을 들어본 집회 베테랑들의 보호를 받으세요.
- 경찰 진압은 경험이 적은 개인 참가자들이 많은 곳부터 시작합니다. 눈에 띄는 초보는 우선적으로 대피시키니 경험자의 도움을 받으세요.

수상한 사람은 다 함께 제재하기
- 집회 규모가 10~20만 명 내외로 작을 때엔 진압 명분을 만들기 위해 사복 잠입 요원들이 유혈 사태를 조장할 수 있습니다.
- 다른 곳으로 가자고 큰 소리로 선동하는 사람, 크게 욕하며 군경을 도발하고 먼저 치는 사람은 동영상을 찍으며 단호하게 말려주세요.

2024 첫 집회 참가자 가이드

4. 마지막으로

즐겁게 걷고 연대하고 투쟁해요!
- 현장 분위기는 유쾌합니다. 함께 노래하고 이름을 들어본 정치인이나 활동가의 연설을 들어요. 헌정 질서 수호!

최대한 많은 사람과 함께해주세요!
- 집회 규모가 커지면 커질수록 심화 버전의 위험이 줄어듭니다.
- 박근혜 퇴진 시위 후반엔 200만 명 이상의 사람이 모였고, 이때엔 누구나 자유롭게 중간에 합류했다가 원하는 때 돌아가도 안전했어요.
- 100만 명만 모이면 걱정 없이 국회의원들을 압박할 수 있습니다.
- 걱정된다면 주변에 연락해서 최대한 많은 사람과 함께 나와주세요. 동료 시민들을 지켜주세요!

응원봉

응원봉은 내가 누군가를 좋아한다는 것을 보여주는 물질적인 상징 중 하나다. 한국 케이팝 아이돌 산업에서는 본래 가수 그리고 팬덤의 상징으로 하나의 색깔을 제시했고, 팬들은 그러한 색깔의 풍선을 흔들며 가수를 응원했다. 이후 어두운 공연장 안에서도 빛날 수 있는 일회용 플라스틱 야광봉을 사용하기도 했지만, 활동하는 아이돌의 수가 점점 더 많아지면서 색깔만으로는 차별화된 응원 도구를 만들 수 없었다. 그러한 이유로 아이돌 기획사에서는 색깔뿐만 아니라 형태에도 변화를 주면서 각양각색의 디자인으로 응원봉을 제작해 판매하기 시작했다. 그리고 곧 아이돌뿐만 아니라 스포츠팀, 배우 등 응원이 필요한 다양한 영역으로 응원봉 문화가 퍼져나갔다. 응원봉을 구매해 공연장에서 흔드는 것은 내가 누군가의 팬이라는 하나의 입증 수단이다. 또한 응원봉은 언제나 나와 같은 팬들과 함께 흔드는 것이라는 점도 중요하다. 팬들로 꽉 찬 공연장에서 다 함께 밝게 빛나는 응원봉을 흔드는 경험은 분명 큰 감정을 불러일으킨다. 이처럼 누군가를 좋아하는 마음이 단지 나만의 것이 아니고 다른 사람들과 공유하는 것이라는 점은 응원봉에 연결감과 소속감을 부여한다.

응원봉이 집회·시위에 처음 등장한 것은 2016년 박근혜 탄핵 광장에서였다. 당시에는 촛불을 들고 광장에 나서는 것이 주된 문화였지만, 트위터(현 X) '전국응원봉연대' 계정을 통해 응원봉을 들고 나온 시민들은 광장에 다양한 시민들이 함께한다는 것을 보여주었다. 그리고 2024년 12월 3일 이후 그런 과거의 기억을 떠올린 김지연 씨가 '전국응원봉연대' 계정을 오마주하여 만들면서 되살렸다.[1] '전국응원봉연대' 기수 김지연 씨는 "그때 한창 의식하고 있던 여성 의제와 트위터에서 활동해왔던 것들"을 응원봉으로 담아낼 수 있을 것이라고 생각했다고 한다. 김지연 씨가 해당 계정을 통해 올린 동행을 구하는 트윗은 1만 RT를 기록하며 퍼져나갔고 그렇게 우리는 젠더노소할 것 없이 각자가 갖고 있던 응원봉을 들고 광장에 나가는 모습을 보게 되었다.

팬덤 문화는 주로 여성들의 것으로 여겨지면서 각종 여성 혐오와 얽혀왔다. 누군가를 응원하고 좋아하는 마음은 흔히 비이성저이고 광적인 것으로 여겨졌고, 내가 좋아하는 것에 나의 감정과 시간 그리고 돈 등의 자원을 쏟아붓는 행위는 비합리적인 것으로 여겨졌다.

하지만 이번 광장에서 우리는 알게 되었다. 누군가를 좋아하는 마음은 우리를 움직이게 하는 동력이 된다. 우리는 각자 애착과 애정의 대상을 갖고 있고 그러한 마음은 결코 계산기를 두드린다고 해서 계산되지 않는다. 무엇이 더 효율적이고 합리적인지 따지지 않는 마음. 추운 겨울, 내 체력을 소진시키면서, 응원봉을 흔들며, 함께 구호를 외치며, 저 광장에 나오는 마음. 그리고 그런 마음은 나만 갖고 있지 않다

...

1 이슬기, "윤석열에게 죽비가 된 '응원봉 연대'의 실체", 〈오마이뉴스〉(2025.4.11., https ://omn.kr/2czeg 2025.4.30. 검색).

는 것. 그 대상은 서로 다를지라도 우리 모두는 무언가를 좋아하고 아끼고 응원하고 있다는 것. 이러한 연대의 광장을 채운 다양한 색깔들 그리고 찬란한 빛들은 그렇기에 따뜻했다. (글: 조윤희)

깃발들

2008년 광우병 촛불집회 때 깃발은 환영받지 못했다. 깃발이 촛불 바다의 아름다움을 가리고, 시민을 가르며, '열린 축제'를 '닫힌 집회'로 만든다는 이유에서였다. 깃발은 운동단체의 상징이었다. 눈에 거슬리니 깃발은 두고 모이자고 했다.[1]

노동·시민단체, 학생운동 조직을 상징했던 깃발이 자기 조직화의 상징으로 등장하기 시작한 것은 2016~2017년 박근혜 탄핵 집회부터다. 민주묘총, 전견련, 국경없는어항회, 범야옹연대, 국제햄네스티, 얼룩말연구회, 한국고산지발기부전연구회, 장수풍뎅이연구회, 전고조(전국고양이조합) 등은 트위터 등 온라인을 통해 전파된 깃발들이 광장에 등장한 것이다. 운동단체를 패러디한 '아무말 대잔치 깃발'들은 사람들에게 웃음을 안겨주었는데, '패시브 효과'(적들의 혼란)를 노리는 '부유하는 기표'(장수풍뎅이연구회 트윗에서 인용)로 해석되기도 했다.[2]

12.3 비상계엄 이후 열린 윤석열 탄핵 과정에서도 운동조직과는

---

1 김송지영, "깃발들, 촛불 앞에서 착해지세요 - 3일 촛불문화제, 노동자 학생 운동단체 깃발의 본격 등장을 우려하며", 〈오마이뉴스〉(2008.6.4.).
2 변진경, "웃기는 깃발 들고 함께 울다", 〈시사IN〉(2017.1.4.).

무관한, 개인 또는 동호회가 직접 만든 각양각색의 깃발이 광장에 등장했다. 시민들은 자신의 신분이나 취미 외에도 반려동물, 기호품, 케이팝·뮤지컬 가사나 게임 홍보 문구·웹소설 제목 등을 담은 재치 넘치는 깃발을 들고 거리로 나왔다.[3]

12.3 탄핵광장에 등장한 깃발들을 수집하고 기록한 사이트도 생겼다. '깃발들', '이시국닷넷' 등이 그것이다. '깃발들'은 12.3 비상계엄 이후 열린 광장에 등장한 깃발들을 수집, 아카이빙한 사이트다. 630개(2025. 4.3. 검색)의 깃발을 모았는데, 깃발의 수는 계속 업데이트 중이다. '깃발들'을 개설한 최종원과 조현석은 깃발들을 아카이빙할 필요성에 대해서 다음과 같이 말한다. "집회에서 만났던 깃발들은 모두 개성이 넘쳤습니다. … 모두가 한목소리로 구호를 외치고 노래를 부를 때에도 이 깃발들은 집회에 모인 사람들이 다채로운 개별자들이라는 것을 드러내고 있었습니다. 우리는 사람들이 자신의 정체성, 성향, 정치적 입장을 깃발에 담아 표현하는 방식이 재미있고 멋지며, 아카이빙될 가치가 있다고 생각합니다."[4]

'깃발들' 수집된 깃발은 실물의 깃발이 군집했을 때와 같은 위용은 없더라도, 바람에 펄럭거리도록 연출된 이미지들은 생동감이 넘친다. 잘 알려져 있다시피, 깃발의 내용은 전부 잡다할 정도로 일상적이고 비공식적이다. '전국', '연합', '위원회'라는 이름에 맞는 실체를 갖

• • •

3 김현정, ""놀랍다" 외신도 관심… '민주묘총이 뭐지' 정체불명 깃발 나부낀 집회 현장", 〈아시아경제〉(2024.12.8., 2025.3.20. 검색).
4 https://flaaags.com/?fbclid=IwZXh0bgNhZW0CMTEAAR3wS4ZSSF1KGbAjcO3AfUiWPfYGEef9FZUG31VEDtavxMP_q-DkmXtQGJo_aem_AjqayW48q5uNh0KYmoQtqw(2025.3.29. 검색).

춘 곳은 하나도 없다. 누가 일부러 기록하고 보존하지 않은 한 금방 사라지는 것들이다.[5] 시민 누구나 발언대에 올라 자신의 이야기와 정체성을 고백하는 집회 문화가 확산하는 가운데 깃발은 응원봉과 함께 자기 개성과 정체성을 드러내는 도구로 자리 잡았다. 소속 단체가 없어도, 혼자 집회에 나왔어도 깃발을 들고 광장에 나온 참여자들은 모두가 '민주주의를 열망하는 시민'이라는 유대감을 공유한다.[6]

12.3 탄핵광장에서는 어떤 깃발도 홀대받지 않는다. 시야를 가리더라도 깃발을 내리라는 비난을 받지도 않는다. 노동단체, 학생단체, 시민단체 등 운동조직의 깃발과 개인의 깃발들이 모두 저항과 연대의 상징으로 환영받는다. 광장에 모인 사람 수만큼이나 다양하고 많은 깃발이 음악에 맞춰 춤을 추고 바람에 나부끼는 광경은 그 자체로 감동적인 스펙터클을 만들어낸다.

다음은 깃발 명과 깃발에 담긴 문구를 가나다순으로 정리한 것이다.[7] 깃발 명만이 아니라, 깃발에 담긴 문구들 또한 식별 가능한 선에서 모두 기록하였다. 그 문구들 또한 시대를 관통하는 정신과 촌철살인의 풍자가 담겨 있기에 기록하고 기억할 만한 충분한 가치가 있다고 여겨서다. (글: 정원옥)

5　심완선, "굳이 깃발을 기록하는 이유", 〈경향신문〉(2025.3.24.).
6　고나린, "630개의 외침, 민주주의엔 진심… '깃발 아카이브'에 모였다", 〈한겨레〉(2025.4.3.).
7　깃발명은 가나다순으로 정리하였으며, 출처는 '이시국닷넷'과 '깃발들'이다. 이시국닷넷, https://www.leesiguk.net/channels/L2NoYW5uZWxzLzE3NjA2/A00001/posts(2025.3.19. 검색); 깃발들, https://flaaags.com/?fbclid=IwZXh0bgNhZW0CMTEAAR3wS4ZSSF1KGbAjcO3AfUiWPfYGEef9FZUG31VEDtavxMP_q-DkmXtQGJo_aem_AjqayW48q5uNh0KYmoQtqw(2025.3.20. 검색).

'깃발들' 첫 화면'깃발들' 첫 화면[8]

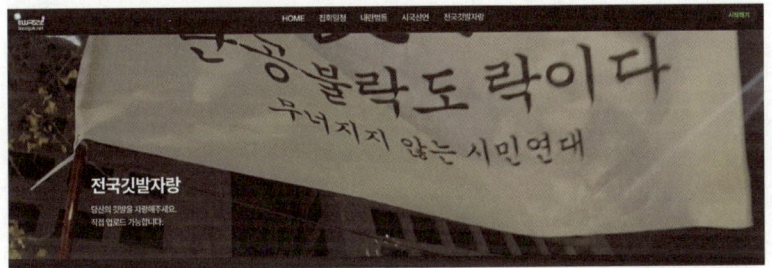

전국깃발자랑

• • •

8   2025.3.29. 검색시에는 616개였으나, 현재는 1,169개의 깃발이 모여 있다(2025.5.9. 검색).

깃발들   417

깃발명	문구
ㄱ	
가능충의 친구들	#젠더퀴어와 연대하는 시스여성 여기 있음
가능충 ← 얘도 가능	
가상꽃심기운동본부	
가장 어두운 던전 영웅 일동	이 광휘 속에서, 우리는 승리하리라!
간첩 아님-비주류민족 실존	
감귤포장학과 동문회	실존하는 학과가 아닙니다
강아지발냄새연구회	
강철의 수호자-전국 메탈릭가디언 협회	
강호노예해방전선 하오문 점소이노동조합	
같이 살고, 같이 싸우자	
개막전해체를바라는KBO10개구단팬임시연합	대통령(윤석열) 탄핵소추안 가·부란/제발 네모 안에 '가'를 넣어
개빡친 퀴어	
개복치인식개선협회	홈리스 오늘도 세상을 구하자
갱상도 공주연합	
거대외계변신로봇연합	
건빵미식가협회	
걷는버섯동호회	
걸을 때 휴대폰 안 보기 운동본부	산하단체: 좋아하는 노래 계속 듣기 연합 좋아하는 영화 계속 보기 연합
검은푸들 숭질머리 협회	탄핵해
결속밴드돔공연추진위원회	
결혼강요 듣기 싫은 비혼여성	
겸사겸사 세상을 구한 전국 밀레시안 협회	
경시로빈클리시실천본부	우리의 도가니는 강하다
경사로반클러치실천본부 수동차 근본주의 지부회	민주주의도 수동입니다/우리 손으로 만듭니다
게이트 시민들도 탄핵을 했는데 우리가 못할까	
게일 데카리오스 강경승천지지연합	게일아 넌 승선했을 때가 제일 귀여워
게임하다 머리채 잡혀 나온 게임 오타쿠 연합	뉴스 들으면서 게임하기 빡치니까 빨랑 튀어나와
고급시계 힐러 연합회	적을 죽여 아군을 지키자(아무튼 지키는 건 맞잖아!)
고담시 야생 박쥐 관찰 동호회	
고생물 연구회	사카밤바스피스
고양이 대통령을 삼색이로	
고양이 발바닥 연구회	
고양이 발톱 깎기 실패 집사 연대	너는 18개나 있잖아 제발 하나만 ㅠㅠ
고양이로 힐링하는 극내향인 협회	
고양이 자랑 부흥회	
고혈압약 장기복용 어버이연합	750만 고혈압 환자 혈압 올라 다 죽는다! 니 하나만 내려오면 혈압도 내려오고 우리도 산다!
공연계의 빛과 소금 연합	
공화국 재건 연합	ALLIANCE TO RESTORE THE REPUBLIC MAY THE FORCE BE WITH US
과체중 고양이 연합	
광석병감염자연대	

괴담전문대기업 [주]백일몽 주식회사	탄핵하실 분 급구
괴담출근 브라운의 ■■ 토크쇼 스탭 오동조합	
구강청결제 마시고 책임지기 연합	"온종일 화끈하고 상쾌하게!"
구세주 키라 전설	지금 세상의 범죄자가 차례차례 제거되고 있는 건 키라님이 부활하셨기 때문입니다. 키라님은 세상의 악을 절대로 용서하지 않는 지옥의 사자입니다. 키라님의 부활을 믿는 자만 이 입구를 통해 들어와 주십시오.
국제 고등어 인간 보존 협회	
국제 그로구 사수대 한국지부	
국제민간세일러복기구	
국제 보리꼬리 연맹 대한지부	
국제 시고르자브종 반려인 협회 경기북부지부	마음놓고 산책 좀 하자
국제연합 인적자원 양성기구	
국제유니콘보호협회한국지부	너 양초 못 가져간다!
군다가즈 코볼트 양초협회	
귀신도 찢는다는 고등어냥 마포지부	용맹한 고등어
그럼에도 나아가세요 아이들이여	
그럼에도 서로 사랑하라 연합	사람 때문에 죽고 사람 덕분에 사는 고통스러운 세상
그리고 그곳에 해적들이 있었다	
근로기준법을 지켜라! 노동자는 기계가 아니다!	
글로벌대적자연합 한국지부	분노를 노래하소서!
기아 타이거즈& 삼성 라이온즈	달빛연합
긴급깃발출력모임	빨리 탄핵했으면 급하게 이런 안 만들어도 됐잖아
김사월밴드	충격/진짜 계심
깃대 부러지고 깃발 찢어져서 둘 다 새로 맞춘 사람	누구 때문에 자꾸 혹사당하고 착취당하는 깃대의 휴식을 보장하라
까이삐링야 레시피연구회	까뻥 한 잔의 열정, 그리고 투쟁
꾸짖을 喝!	

나라가 평안해야 냥이도 평안하다	
나라까지 섭종하게 둘 순 없다	시민
나무늘보를 사랑하는 모임	
나비족 권리위원회	
나안아 패밀리	HUG ME FAMILY
날아다니는 스파게티 괴물연맹	
남태령	
내란범의 심장에다 탕탕 후루후루 탕탕 후루루루루	국헌문란세력은 하나도 빠짐없이 청산해야 한다!!!
내란범이 너무 많아서 찾을 수 없는 것인가.	
내란성 불면증 피해자 연대	파면 내놔 숙면 내놔
내란수괴는 사형이 디폴트	
내란수괴 진압전문 5060특임대	특공무술 충청훈련 아직 몸이 기억하고 있다. 707특임대는 우리와 맞장 뜨자!
내한 콘서트를 앞둔 해외팬연합	마침내 오는데...내한하기 좋은 국가 만들어 줄게...내한만 와줘...
(내향인)	
너는 나에게 작은 손을 내밀어 눈물과 위안으로 잡은 최초의 악수	
너는 듣고 있는가 분노한 민중의 노래	

너 때문에 연말 흥이 깨져버렸으니 책임져	
너무 생각이 많은 좌파	
네오문화기술연합	
네오시티 한국지부 돈까스망치연합	
노맨즈랜드 인간태풍 보호협회	미래로 가는 → 차표는 언제나 백지다
노벨문학상 원서로 읽기 협회	
노잼도시극복전략연구원 청주세종지역센터	내란세력을 단죄하고 새로운 도시를 열자!
논문 쓰기 위한 여정-중앙대 사회학과 대학원생 모임	
논문 쓰다가 뛰쳐나온 사람들	
논바로롯 진짜 있음	충격
논바이너리(여자 아님) 충격 (남자도 아님) 니 옆에 있음	
누구든지 칼을 뽑았으면 협을 행하여야 한다	
'누구' 때문에 풍비박산이 된 1인 가구 연합회	설거지세탁청소는 미뤄도 탄핵은 못 미룬다
눈사람을 안아주세요	
뉴스 보느라 업무에 지장 생긴 직장인 연합	내가 안 뽑았다니까!!!!!!!!!!
늑대교단 한국지부	의뢰: 용산의 괴물
니ㅁ해병대	

ㄷ

다이소제작깃발연대	
다차원·전세계원거리딜러협회	활쏘기/사격/돌팔매/투포환/창던지기/원거리딜러/원딜캐 성우/FPS게임 개발자
단두대학교 교수회	
당신 옆의 트랜스젠더	
대구에 사는 친구를 둔 사람	TK의 친구들아 각자 자리에서 힘내자
대량 발생! 아무 생각이 없는 우파 포획모임	
대마을	
대법전 방문자 노동조합	우리는 아직 인간임을 잊지 않았다
대책없는청년단-對靑	
대통령 탈락도 락이다	
대학로 집회 종일반 연뮤덕연합	
대학원노예연합	
대한너뭐돼운동본부	
대한 돔가이 협회	탄핵하고 해체하라 모든 것이 끝날 때까지
대한 마법소녀 전우회	
대한민국과 계속 함께하고 싶은 사람들의 모임	우린 애랑 평생 같이 살 테니까 너희들이 나가
대한민국 노묘연합	우리 애들 볼 시간도 없는 내가...
대한민국 배세진 팬 연합	뵤!
대한민국 축구팬	윤석열 나가! 정몽규 나가!
대한오타게진흥협회	
대한전차도연맹	
대한 중2 학부모 연맹	돌아버리겠는 건 내 자식 하나로 족함
더 정신없어진 ADHD인 연합	아맛다 우산 그리고 깃발/응원봉/핫팩/보조배터리 etc..
덕질좀 하자	
도서관 책 임보인 연합	*반납일을 지켜주세요

도원결의	
독재자 보면 짖는 애들	
독재타도 민주쟁취	
돌은머리연맹	너네만 돌았냐 우리도 돌았다
동시다발적병렬독서행동보호연맹	책좀 읽자 못살겠다 까먹은족 책임져라
동식물 쓰다듬기 연구회	
될때까지재굴림허용수호자연합회	탄핵한정
둘째딸	
뒈져라 반역자!	
듣고 느끼고 탄핵하세요	
딥상어동 입크기 연구회	
땅따먹기놀이 녹화사업팀 방울내로지부	우리 강산 푸르게 푸르게
떼인 나라 받아드립니다	
똥강아지산책연합	
뚫어! 송태섭!	

ㄹ

ㄹ살리기	
라길레보다이	철이 드는 것도 메탈이다
라야시키 탄광노동자 협동조합	"더욱 밝은 미래를 위하여"
라야시키향우회총연합회	당신과 우리 모두를 위하여 더욱 밝은 미래를 위하여
렌틸콩밥 맛있게 먹기 연구회	
로또 안 사고 1등 노리기 전국 협회	
롯데 자이언트	탄핵할 일이 있어서/탄핵합니다
룰과 매너를 지켜 즐겁게 민주주의 하자! -전속★전진 듀얼리스트 동맹	
루데인 수도방위대 연합	내게 있던 것? 오직 혁명이지.
룬의 아이들-블러디드	세상은 좀 여럿이서 구하면 안 되는 거냐?
류정한 기작 소취모임	류정한 나의 류정한 어서 돌아와 여기 무대 위로
리치일발쯔모국제법위반연합	中

ㅁ

마법부 마법소녀지원단	마법소녀의 주문/ㅇㅅㅇ을 파면하라 얍!
마법소녀 노동조합 부산지부	
마법학교 입학편지 누락마법사 연합	끝까지 연대하기로, 깨뜨릴 수 없는 맹세를 입학 승인 깃펜&입학 허가 책 오류 규탄한다
마! 쯤! 끄지라!!!	
마토행성 워리어연합 지구지역본부	맞서 싸울게 이 거리의 영혼을 위해 Whoa Make Art, Not War!
마토행성 워리어연합 지구지역본부	우린 이 세상에 새 바람을 일으켜 다 따라와 저리 비켜 우린 약한 자들의 It's all passion
만두노총 새우만두노조	
말안듣고 시위나온 아들딸 연맹	
말올하다가마는사람들의모ㅇ	
맘편하게 덕질하게 해줘라~하는 사람들의 모임	
망자의 왕 국제교류회	BONFIRE LIT/불계승 말고 촛불 계승
맞말인데 혐오표현이 섞여 화들짝 알티 취소하는 트위터리안 모임	
매일매일 고양이 자랑연합	

이름	설명
매주 집회오느라 게임 못한 사람들의 모임	왜? 뭐?
모두의 마음에 미소를 듬뿍 전하는 헬로해피 웃음꽃피우기모임	
모든 권력을 소비에트로	
모여라 광장으로	
목 긴 공룡 형제단	
목소리 낮춰, 고갤 숙여/그렇게 강요하는 세상 속에서 "더 크게"	
무너지지 않는 시민연대	난공불락도 락이다
무림맹	갈! 江湖의 道理가 땅에 떨어졌다!
무림맹 무사노조	
무인도 주민 대표 연합	해도 해도 끝이 없섬
무적의 아이돌 호시노 아이 부활 기원 대연합	
무지개 바리케이드 연대	그 누군갈 사랑하면 신의 얼굴 보라
무진장떡볶이단골연합	선배들 따라 학교 대신 광장으로 돌아온
무협소설 협의실천협회 한국지부	그때가 되면 내 집에 협의를 담겠다고 나와 약속해줄 수 있겠느냐? 화산귀환, 비가
문송안함 종이책 단행본 존버 모임	900번 서가. 우리는 역사의 한가운데에 있었다.
뭘 만들지 생각이 안나서 강아지 자랑합니다	
미국너구리연합 한국지부	
미술이 힘이 된다는 걸 보여주겠다	
민주고양이와 함께 하는 평등한 세상	유자모과당 since 2002
민주묘총	전국민주묘동조합총연맹
민주주의의 적들을 남김없이 처단하여 역사의 본보기로!!	
민주 쪽파전부침 연구회	서울의 봄 세대로서 쪽팔리고 미안합니다 공짜 쪽파전으로 속죄합니다.
민중의 벗	수백 페이지 뒤에 일어날 일을 위해 새 단어를 쓰는 사람들
민중의 벗	"악한 왕 하나가 얼마나 많은 사람을 고통에 빠뜨리던가? 우리는 악한 왕을 기근이나 홍수처럼 단지 견뎌내야 한단 말인가?"
민중의 벗	나이트워커 모집 중
민중의 벗 대한민국지부	우리는 가장 뜨겁게 타오르는 불꽃의 이름으로 이곳에 선다
민초단	

ㅂ

이름	설명
바른말 고운말 실천본부	나랏말쓰미 듕귁에 달아
바쁜여성예술인협회	바쁘다 바빠 빨리 나가~!!
박무현 치과 의원	나는 선의의 순환을 원한다
밤샘작업동지회	
방구석 락스타 연합	
방구석 베짱이 연합	지리멸렬한 세상아!!!
방구석 오타쿠 연합	나도 가급적 정치 얘기 안하고 싶다고 마음 편히 덕질만 하고 싶다고! 근데 시발 저 새끼가 먼저...!
방구석 탐鳥(Bird)인 연합-누워서 탐조하고 싶은 사람들	그냥 모니터로 보세요! 시간절약! 귀엽다! 마침매!
방구석 호러영화 오타쿠	현실이 더 공포라 영화를 못 보겠다!!!
백합 실천 동맹	"기다리는 거라면 우리도 자신 있다"
백합 실천 동맹	한번 안된다고 포기할 그릇이었으면 우리가 여태 백합을 잡고 있었겠냐!
뱀파이어 스폰 인권증진 협의회	

버튼, 누르십시오	우리가 도움!
범야옹연대	나라가 평안해야 냥이도 행복하다
범우주사람답기살기연맹 상시연대본부 한국지부	당신이 포기하지 않은 사람은 당신을 포기하지 않았다
범우주얼룩덜룩이연합	
범우주일꾼노동조합	
범우주적 범성애자 연합	일단 그 '범'이 아니긴 한데/근데 이제 호랑이를 곁들인…
범우주적 카페인 중독자 협회	탄핵하라/살다살다 카페인 중독이 도움되는 날도 오네
범우주 타디스 도둑 협회	탄핵으로 Allons-y!
범우주SCV노동조합 LED원정함대지회	
병마를 이겨낸 강아지 가족 연맹	
보부상이 이무기 이루리 응원해	
보즈야 저항군 전우회	
볼트론 저항군 연합 말모라의 검 지부	
부산퀴어행동	
부울경 딸 모임	엄빠 내가 그 새끼 뽑지 말랬잖아!!!!!
북부비룡투쟁연합	
북태평양 해저기기 국제노동조합 총연맹	
북태평양 해저기지 뜨개모임	
북태평양 해저기지 엔지니어 가팀	우리는 선의의 순환을 원한다
북태평양 해저기지 착한 사람들을 보면 눈물이 나는 모임	어두운 대한민국의 등불이 되어
분필연구회	
불꽃 남자 정대만	
불꽃남자 정대만 팬클럽	안선생님...!! 탄핵이 하고 싶어요...
불요불굴책 전국 학자 협회-니므 해병대	不撓不屈: 흔들리지 않고 굽히지도 아니함
붉은연어단	알더마크 최후의 하늘단검 전우회 잿불의 왕도 찬성하는 탄핵, 사기 +5
붕어빵을 머리부터 먹는 사람들의 모임	
붕어빵천원에3개협회	
브로콜리구이 섭취만렙협회	
비극 아포칼립스 혁명가 연합 (주)트라이아드	우리의 이야기 역시 끝없이 계속되리라
비스트 재단 한국지부	가능성의 짐승, 희망의 상징
비인간을 사랑하는 인간연대	동식물 외계인 비생물 그들은 존재한다 현실 인간 쓰레기는 척결 즉각 소멸하라
비주류민족	간첩아님-실존
비행기 타고 와야겠냥	
빛물결-세상을 밝히는 대학생 응원봉 연대	
빛은 어둠을 뚫고 나가	'빛이 깊을수록 더 빛나는 별빛' 인터내셔널팝케이센세이션썬샤인레인보우트레디셔널트렌스피 USB허브쉬림프미친발광력을가진사람들
빨리 끝내고 말 타러 가고 싶은 사람들	너 때문에 승마부츠 신고 투쟁하잖아 책임져
빵생빵사 빵덕후 모임	
뼈검엄을 사랑하는 사람들의 모임-IIDX 손목디스크 연구회	Pinky Crush!!
사단개인 인형권익위원회	정의와 자유와 평등과 인형놀이/민생안정 덕생일치 인형놀이
사단법인 보라픽구민 보존협회	답답함에서 민중을 구하는

사단법인 와식생활연구회	
사랑과 정의를 지키는 아제로스 마법소녀 연합	
사랑하는 우리 가족!!! 일상 지킴이	
사료값 벌다 뛰쳐나온 전국 집사 노동조합	고양이털 방금 청소한 집 로열캐닌만 먹는 공주님을 위해 야근하는 집사가 되
사바트 : 한국신비학연구협회	
(사) 전국댕집사연합	
사지 않고 입양한 집사 연대	자랑스러운 한국 고양이 코숏
사형하라-감옥도 아깝다	
사회인게임클럽회원연합	
살면서 계엄령은 봤지만 롯데 우승은 못 본 사람들	
삼각김밥 미식가	
삼색고양이사랑단 인천지부	
삼색고양이사랑단 평택지부	
상태 이상 '탄핵이 아니면 죽음을' 발생!	지금 당장 윤석열을 탄핵하지 못할 시 민주주의 사망
샬레이안 마법대학 장작모으기학과	
샬레이안 지부 조달꾼 노동연합	우리는 걷는다 이삭을 찾아
새벽을 여는 두레	새벽을 열어 아침으로
새벽형 불안성 새로 고침 단체	
생계유지형n잡러해방기원단	개자식이 너무 많다!!
서구재건집행위원회	
서울보부상협동조합	
서울예술대학교	침묵하는 예술가는 필요없다
선봉대학교 동문회	Eyes Up, Guardians!
선이 작다고 하여 이를 행하지 아니해서는 안되며 악이 작다고 하여 이를 범해서는 아니된다.	
선택받은 아이들 내일 찾기 위원회	우리에겐 내일이 있으니까
설치류 애호가 연대	
섬광	
성북 마을살이 연구회	
성소수자를 차별하지 마세요! 우리의 친구일 수도 있는 게 아니라 나다! 나라고 이 자식들아!	
썸머랜드 주민연합	
세계미밈행동	"탐욕에 홀린 자 뼛속까지 물어뜯길지라"
세상에 규탄할 것이 너무 많은 시민 연대	이것저것 보장하라
세상에 국회의원이 너무 많아-여의도 핑거스냅 연합회	
세상을 바꾸는 치실질 실천회	나는 선의의 순환을 원한다
소돼지닭물살이와 함께 살고 싶은 동물들	동물로서 모든 동물들과 함께 살고 싶습니다
소울스트림 귀환 추진협회	나!!! 애린으로 돌아갈래!!!!
수능끝난고3연합	
수메르 아카데미아 명론파	
수제피치조교에 강한 흥분을 느낍니다 세계연합	
수족냉증연합	
숙청	

숨비-동물해방	동물들에게 자유를 주세요
슈퍼로봇파일럿노동조합	우리는 서로를 구한다
스엠 망해라 아니 망하지 마	
스타워즈 저항군	
스타워즈 저항군 서울지부	
승리할 운명-별바라기 점성술사 연합 부산지부	우리의 지식으로 천궁의 문을 열어 투쟁하는 모든 동료들에게 축복과 희망을
시간여행동호회	
시국발전연합 아시아태평양지부	
시위도구에 재산탕진한 소비자협회	
시즌 중에만 빡치고 싶은 야구팬 협회	
시체소생의료인연대 미스카토닉의과대학지회	
시츄사랑단	
신용카드 발급받기 어려운 사람들의 모임	
신축아파트 누수피해자 연합	너네집 아니라고 막 지을래?
실크송 기다리다 지친 사람 모임	팀 체리가 실크송에 대한 정보를 올린 지 거의 3천년 정도가 지났습니다./실크송은 사람들이 동시다발적으로 보게 된 환각 같은 거라고 생각하게 될 정도였죠.
심란스런소녀클럽(2024)	(이런 심란까지 얻을 줄 몰랐음)
쌓.게.위-쌓인게임처리위원회	경고-건강과 안전을 위하여/게임을 사자 게임을 쌓자 게임을 하자 게임을 하자
아기새냥이보호협회	
아니라고 했다/민주노총 부른다 진짜로- 경찰 부른다 밈이 사망하였습니다	
아라짓전사 전우회	
아모르트 창조물관리국 노동시민 연합	
아무사람아무협회	우리 여기 있다
아사히가오카 진흥위원회 한국지부	
아세르 상회 한국지부	작은 도련님 음주하기 좋은 세상 만들어드릴게요
아이바오 베이커리	
아이엠그라운도최애이름대기모임	최애야 살기좋은세상 만들어주게
아인발트 루트비히 대학 학생연합	대한민국을 노래하노라 자유로운 사람들의 고향이여 단결하라 빌딩 아래 오천만 시민들이여!
아인슈페너에 우유 넣지 말기 협회	우유 못 먹는 협회장
아젬학술원 한국캠퍼스	
아직 준비 중……	
아카이아노동조합 미르미돈지회	분노를 노래하소서, 민중이여!
안녕하이소~대구경북딸래미연합회라예	
알파우리 이타심보존회 유전자풀에 윤석열 -10	
암살단 대한민국 지부	형제단의 믿음을 저버리지 말라
앗! 야생의 논바이너리(이가)가 나타났다!	
애착 너구리 긴급 수배	이 너구리 인형 어디서 사는지 아시는 분 집단지성 제발
야구로만 화내고 싶은 전국 야구팬 연합 고척스카이돔지부	우리의 분노는 구단을 향한 분노면 충분하다
야근 좀 그만하고 싶은 직장인 연합	이게 회사인지 집인지

약 잘 먹는 정신병자 모임	정신병자도 일상을 영위할 수 있다 정신병자도 민주주의를 지킬 수 있다
어린이 질문에 대답하기 곤란한 양육자 협회	엄마! 대통령은 잘못해도 책임 안져도 돼요?
어비설 헌터스 노동조합	타락하여 날뛰던 자는 어디 있나
얼빠	
얼씨구! 판소리 덕후연합 수궁지부	
얼죽아 협회 서울지부	
엄마아빠표상쇄연합회 대구·경북지부 긴급대응팀	
에린 마창 협회	
에린 모험자 연맹 그랑펠덴 대신전	새로운 세계가 그대를 기다린다
에오르제아 대장장이 연합회	
에오르제아 알라미고 해방자 연합	
에오르제아 제작 장인 연합 대한민국지부	
에오르제아 조달꾼노동조합 대한민국지부	
에이엄브렐라는 존재한다	
엔간해야 집에 있지	
엘펜하임 제3마탑 마도공학 연구원 노조	
여성들은 고개를 들어 성난 파도로 일어서라	
여자,	
여행자출신고스트사랑연합 우주수호자한국지부	Eyes Up Guardians!
〈연인〉 해피엔딩 기념 및 정신계승위원회	기다렸지, 탄핵을... 여기서, 아주 오래...
영웅이 아닌 한 사람일 뿐인 사람들의 모임	검은 행진에 어서 와/윌 캐리온
영화진흥위원회노동조합	이 영화의 결말은 국민이 찍는다
영화 120분 넘어가면 힘든 사람들	씨네21
예고장/우리 모두의 해방 받으러 가겠습니다. 루팡 3세	
예술하는 버니즈 연합	
오늘이 보스 레이드 장비는/왼손엔 깃발 오른손엔 랜턴 잘 강화된 데이터 쪼가리 놔두고/어떤 똥겜 레이드(물리) 뛰는 거 실화냐?/깃대가 접이식일 때 빨리 해결하자	
오늘 일정-4시 탄핵 가결/5시 탄핵 6시 국힘 해체/7시 사형/8시 친일파 재산 몰수	
오르슈팡 맹우단 한국지부	"방패를 들어라" 그 선량한 마음을 이번엔 내가 지키겠다
오리배 세계시민연합	
오버워치 강화제 연구팀	
오트밀 죽 생산 노조 운동하는 마녀 집회 공인	
오펜스의 귀신 서태웅-리바운드 왕 강백호	
왕복 4시간 경기도민 연합회	막차 끊기기 전에 탄핵시켜 주세요ㅠ
외향인	엔프피는 오늘도 머릿속에 있는 꽃을 세상에 옮겨 심는다♡
용변단 우르르응가협회 서울특별지부	
용산가짜출근피꺼솟 위원회	우린 오늘도 출근했다가 집회왔다
용산/윤석열/당도최악	
우리가 나라를 굴린다-전자오락수호대	게임만 지키려 했는데 안 되겠네 저 놈 먼저 어떻게 해야 쓰겠네
우리가 돈이 없지 인권이 없냐 협회	
우리나라 정상영업합니다	
우리는 서로의 용기다	

우리는 원한다 《참수》 전국전사협회	
우리역페스바로세우기본부	
우리집 고양이 귀염최고	
우리 함께라면 사막도 바다가 돼	
우정팔찌연합	
운동하다 빡쳐서 나온 사람들	
원거리 거주자 대리 참석 위원회-이불 밖 안전 도모 협의회	대형 폐기물/폐기물 종료-내란 수괴/폐기방식-탄핵
원고하다 뛰쳐나온 로판작가 모임회	
위무제릉발굴진상규명위원회	나의 무덤을 찾아줘-조조의 진짜 무덤은 과연 어디에 있는 것인가?
유다빈 밴드 아니고 유다빈밴드	그래도 우린 좋지 아니한가!
윤석열은 감옥으로 시민들은 가정으로	(집에서 가족들이 기다린다)
윤석열 물러가고! 공공의료 오라! 공공돌봄 오라!	
윤석열은 탄핵해야 돼.	
윤석열 탄핵 충격 진짜 가능	
윤석열을 해체하고 세상을 재조립하자	
율무&우주 살기 좋은 나라 만들기 프로젝트	율무야 우주야!!! 살기 좋은 나라 만들어줄게!!!
은평 버뮤다지대 여성 생존자 모임	
응원봉 없는 밴드휄걸연합	
응원봉연대	덕후에게 덕질만 걱정할 자유를
응원봉을 든 오타쿠 시민 연대	투디돌/쏠디돌/활자돌/비-돌 연합 @: 트친들아 살기 좋은 세상 만들어줄게…
이거 "방풍촛불"이야	
이것은 깃발이 아니다	This is not a flag
이것은, 미래를 되찾는 이야기—	
이것저것 보장하라 퀴어연합	시집이나 가라! 차별금지법 제정 동성혼 합법화 혐오 철폐
이것저것 저항하는 사람들	아무거나 보장하라
이글스	날 힘들게 하는 건 이글스로도 충분하다
이대로 가면 라이더연합	내일의 지구를 모른 척 할 수 없기에
이미 선택된 좌석입니다	
이새끼야	
이스트빌리지 자유음메연대	목소리 낼 용기 혁명을 논할 권리
이의 있음!	
이자람 판소리 노인과 바다 연구회	어부는 바다로 소리꾼은 판으로 내란수괴는 빵으로
이해랑극장의 학생5 동창회 모임	우리가 대한민국 국민이라면 손을 잡아
이화여자대학교 OB모임	언니 또 왔네! 탄핵오면 생각나는 그때 그 언니~
인간은 괜찮아질 거야, 베네스-당신의 용감하고 작은 불꽃들로부터	
인리계속보장기관 노움 칼데아	
인문학 붐은 온다	출판계의 빛과 소금
인스타 카페 테이블 높이 측정 연구회	
인식의문연구회 서울지부	
일론 머스크의 고환 뒤돌려 차부수기 연합	
일상물 보는 사람들	
일하다 뛰쳐나온 웹툰작가 연맹	내 콘티연출보다 나라가 더 개판이다
읽지도 않는 책 굿즈처럼 사모으는 사람들	MAGIC POWER! 책은 사는 것만으로도 효과가 있습니다!

잉크를 마시는 새-죽기 전에 만년필 잉크 다 써야 하는 사람들	

ㅈ

자랑하는 사람들의 모임	얼른 탄핵하자! 자랑하게~
자비에 영재학교 졸업생 모임	MUTANT AND PROUD
작업하다 뛰쳐나온 수공예가 연맹	지금 작업이나 할 때가 아니다
장구에 미친 듯이 꽂힌 사람들	홍익대학교 D503 장구 애호가 일동
장르와 최애는 달라져도 우리는 여전히 함께 간다	
장애인도 시민으로 이동으로 민주주의	너희가 성조기 들고 나와서 나는 미국대통령 들고 왔어 대한민국 지하철은 정말 타기 어렵네요^^
잿빛의 황야 피앙세 네트워크	
저 자식 아즈카반으로 보내	
적마도사 협회 한국지부	붉은 질풍
전견련	
전국 가르마 고양이 연합	
전국가지튀김협회	※회원 모집중 ※가지싫어인간 가입 환영
전국 갑사모 연합	추운 겨울이 지나 꽃이 가득한 정원에서 봄을 만끽하는 날이 오기를
전국 강제 자리비움 빛전 연합	아니 갑자기 모험보다 우리나라가 더 급해짐 아
전국갱년기연합	열불 올라 못 살겠다
전국 거북목 협회	
전국건랜스협회	앞서서 가나니 헌터여 따르라
전국 경숙 씨의 딸들 연합	
전국게으름뱅이연합	
전국계란은완숙협회	Egg is wonsook
전국 고양이 배곯어주기 연합	
전국고양이노동조합	
전국고양이집사노농소합	힘야옹
전국곱슬강아지연합	
전국 공놀이 감독 경질 기원회	국가원수도 원수다. 감독도 독이다.
전국 과민성대장증후군 연합	깃발이 빠르게 이동시 길 좀 터주세요
전국광화문초대장받고나온사람들연맹	대한민국은 민주공화국이다 대한민국의 모든 권력은/국민으로부터 나온다
전국 기아 타이거즈 심약한 집관러 연합	
전국 길치 연합	우리의 걸음이 길이 되리니
전국 깃발 준비 못한 사람 동호회	
전국 깃봉만 배송오고 깃발은 안온 사람들	
전국노란장미재배연합	아무것도 후회하지 않겠다
전국 농놀 협회	탄핵을 향한 풀타임 출전
전국 눈사람 안아주기 운동본부	
전국 뉴스 본다고 잠 못 잔 사람들 연합	
전국닌자연합	마음 위에 검은 없는다(忍)
전국 달.을.쫓.는.자 연합	아아—죽이는 달이다
전국 대바늘 펜싱 협회	
전국 뒤로 미루기 연합	
전국드래곤보존협회	

단체명	구호
전국디셉트콘연합	
전국 디스크 통증 호소 연합	
전국 로또는 안 사지만/로또 1등 되면 뭐 할지 상상하는 사람들 연합	
전국마라중독자연합	국민의 매운 맛을 보여주마
전국 마법봉 연합	사랑과 정의의 이름으로 널 용서하지 않겠다
전국 마법청년 지망생 협회	마법이 없어도 싸울 수 있다
전국 매가 우쿨렐레 연합회	
전국멸종위기공룡보호협회	
전국 목성 동호회 연합	
전국 뮤턴트 연합	DEMOCRACY AND PROUD
전국민쥐의설치운동본부	
전국 방구석 골골러 연합	집에서 편히 쉬게 좀 해줘라~/거 참 말이 많네 내란당에서!
전국 박봉 디자이너 초봉 오를때까~지 규탄하는 협회	디자이너도 전문직이다(그렇다고 해)
전국 벌레조아 연합	《충격》 벌레만도 못하다!
전국부추빵협회	전부협은 대전화서 튀소와 시루만 사먹는 행위를 규탄한다 부추빵보문산메아리딸기발타르트등등도사먹어라맛있다
전국부희주연합	계엄? 이것 뭐에요~???
전국 불씨 연합	짓밟힌 외침 거대한 불꽃이 되리라/그 언젠가 내일이라 불리는 날
전국 붕어 물가상승 규탄 협회	3개 천원으로 돌아와
전국붕어빵먹기협회	
전국 붉은뺨쥐엑새 팬클럽	
전국블루닷보호협회	그 모든 순간은 지금 날 위하여
전국비주류패션향유자업합	
전국 빛의 전사&밀레시안 겸직 모험가 연합	아무리 긴 밤이라도 결국 해가 뜨기 마련이니/희망이여, 이어져라!
전국 사교도 모임	위대하신 그분께서 말씀하셨다.
전국 사교도 연합	
전국 사레레 연합	진짜 아령 들고 뚝배기 깨기 전에 알아서 내려와라
전국삼각김밥미식가협회	
전국삼색이 집사 연합	삼색이가 지구를 구한다
전국상자연합	
전국서사충연합회	민주서사
전국선악분리연구연합	제발 좀 해치워라 발 뻗고 잠 좀 자자/쳐 넣어라 철창 속으로 당장
전국설명충연합회	
전국소리안나는악기연주자연맹	
전국 수제비귀 연합	바둑
전국 수족냉증 연합 울산지부	하필이면 맨날 겨울이여
전국 시민 밤샘위원회	미리-각성한 시민
전국 시위용 깃발 락페서 재활용하기 협회	정우는 철의 삶/윤석열은 철창의 삶
전국실외배변견주연합	
전국아늑한쓰레기통민연합	
전국알리미위원회	
전국 암흑기사 연합	
전국야근하는디자이너연합	

전국앨리슨연합	
전국 억울한 토마토 협회	빨간색을 빨간색이라 부르지 못하고
전국얼죽코연합회	
전국 여미새 모임	
전국오지콤유발밴드사모총연맹	
전국 용기사 협회	용눈 잃어 서러운데 나라마저 잃게 생김
전국 용기사 협회	탄핵 쿨이 돌았는데 점프가 중요한가
전국 우마무스메 전용도로 추진위원회	
전국 유산 뺏긴 빛의 전사 연합	우리가 업뎃한 건 독재가 아니라 황금의 유산이라니까
전국은하열차무명객모임	셀 수 없는 유성이 오늘 밤의 하늘을 가른다./만약 옳은 유성을 선택하면/그 유성이 소원을 수천 수백의 세계로 데려간다.
전국 음유시인 협회	우린 언제나 전장에서 노래를 불렀어
전국응원봉연대	#투디 #쓰리디 #버츄얼 #모든 응원봉 가능
전국 응원봉이 신기한 아재들 연합	
전국이공계좌파연합	강철의 이중나선
전국 이선좌 피해자 연합	티켓팅 메시지/이미 선택된 좌석입니다.
전국 자폭 장르 피해자 연대	
전국 저항하는 공대생 연합	
전국 점성술사 연합	12신의 가호가 당신에게 있기를
전국 정신강의학과 개근환자 협회	
전국 제다이 권리투쟁	
전국 제다이 노동조합	
전국 제철 웹소설 사랑단	
전국 종이인형놀이동아리 서울경기지부	(깃발을 들고 구호를 외치며) 왜, 넌 좀 다른 유권자야?
전국좀비소모임's 탄핵정모	우리 대신 네가 묻혀/지금 당장 탄핵해
전국 주0일제지지 협회	
전국 지동설 부흥회	기나긴 거리를 넘어/탄핵의 이야길 전하고 기나긴 시간을 견뎌/탄핵의 소식을 받고 있어
전국 직구 사료먹음이 협회	뭐? 환율 때문에 사료값이 금값이라고? 밥값 때문에 동물 유기하면 같은 놈이다. 우리 밥은?
전국 집에 그냥 누워있기 연합	제발 그냥 누워있게 해줘라/우리가 집에서 나와서 일어나야겠냐
전국 차마시기 연합회 서대문 은평지부	광속에 가까울수록 길이가 수축하는 방법을 이용합니다
전국 축지법 연구회	
전국 취업도서울로안했는데 협회	기차타고 왔어요 깃발만들 돈없어 #왕복_십만원
전국 치즈냥 연구회	
전국 카피바라 애호협회	
전국 쿨쿨따 숙면 협회	모두가 숙면하는 날까지 국민의 수면권을 보장하라
전국쿼카보호협회	
전국 키작공 멸종위기종 보호협회	
전국 크리퍼 스폰 방지 위원회	집안 살림 터트리는 놈들은 더이상 필요 없다
전국클론인권위원회	
전국탐사자연합	
전국탕수육찍먹연합	부먹 금지
전국 태초마을 트레이너 연합	

전국 판데모니엄 실직자 노동조합	악마보다 더한 놈들 규탄한다! 인간답게 탄핵해라/악마들도 먹고 살자
전국 팔도 까마하드 연합	
전국 푸데데 드렁슨 협회	
전국 프리티 전사 협회	
전국 피크민 원예조합	탄핵 이벤트
전국 해외축구팬 밤낮 정상화 협회	
전국 헤드헤즈 연합	Try to TEAR ME DOWN!/지지마라 포기마라
전국헤이트스트리트연합	그리고 네가 내 대통령인적 없기를.
전국혁명예술인협회	예술이 혁명이 된다는 것을 보여주겠다
전국 혈당스파이크 방지 협회	
전국혈중떡볶이농도관리협회	
전국 호불호 갈리는 음료조합	
전국홈프로텍터연합	우리까지 시위하러 나와야겠냐-히키코모리 일동
전국화분안죽이기실천시민연합	
전국 활자돌 내한 기원 연합회	
전국 휴학생 연합회	복학 전에 탄핵해라.
전국 흑묘 애호가 연대	
전국희망의꽃보존협회	희망은 항상 실망보다 하나 더 많은 법
전국힐러유저모임	신념을 위한 싸움을 멈추지 마라
전국 A to Z 크로머 보호 협회	Z차원으로 보내버리기 전에 똑바로 해라
전국 K-POP미당첨 연합	그러나 오늘은 당첨 정규 1번째
전국 UGN 정시퇴근 연맹	퇴근하고도 울수밖에 없다
전국 4줄 기타 연합	
전국6일사랑연합회	희망이 떠오르면 절망은 저무니까
전묘조	
전위공산주의적 미래주의 연합	우리의 신은 속도요
점심 뭐 먹지 위원회 블라이스카이 지부	고민해도 이미 늦었다...
점점, 불합리한 상황에 익숙해지고 있다는 게 부아가 치미는군	
접지전사 위키	
정글척하지회 전국시야노동조합	
정수빈 은퇴금지 위원회	우승할 때 됐는데
정(政)은 정(正)!	정직하지 못한 정권은 가치가 없다-유리핀 J.A. 멤피스
제국의 골칫거리	한편, 갈레말 제국—
제국 제1 사역사 응원단	
제발 아무것도 안하고 싶은 사람들의 모임	
제초3급 자격증 소유자 모임	
좀 지켜 어린이 전국연합	당신의 삶을 밝혀라
종강을 기뻐하는 시간강사 연합	
종족차별철폐연맹 인간엘나협회 글렌베르나지회	혹한의 몽상을 태운 불꽃
주한명예 리에스테르인	
주7일 배송이 필요없는 소비자 모임	천천히 받는다고 세상이 무너지지 않는다
죽는 날까지 하늘을 우러러 한 점 부끄럼 없기를	
죽었습니다! 국민의힘이(가) 용암에 빠졌습니다	

단체명	문구
죽음을 각오하고 기어나온 화장실 쿨타임 짧은 개인	※이거는 단·연합 그런 거 못 해
중앙 트레센 트레이너 비상대책위원회	트레이너들이여, 지금이 바로 신시대의 시작이다.
중지손가락 대신 새끼손가락 세우지 않을래요?	
증기 가격 상승 방지 운동본부	해야 할 게임과 사야 할 게임은 끝없이 쌓여만 가는데 환율이 오르면 게임값도 올라간다!
지금까지 한 발언, 지금까지 쓴 기사/입에서 나온다고 전부 말이 아니고/펜으로 써진다고 전부 글이 아니다 국민이 듣고 있고, 국민이 보고 있다	
지금은 우리의 세상이다	
지미헨드릭스강령술연구회	
지옥마을 일꾼 노동조합	
지중해판다패권주의자총연합	
지지 않는 국장 연합	길게 눌러 민주주의를 시전합니다
지치면 쉬었다가 또 하자. 방울 장식 달자.	
직장인 점심메뉴추천 조합	
집에서 타코야키 만들려다 뛰쳐나온 사람들	대머리x, 친일파x
집요정권리운동본부 한국지부	
집회 오느라 집이 난장판 된 1인 가구 모임	더 이상 입을 옷이 없다! 밥 먹을 그릇도 없다! 빨래 언제 해 청소 설거지 언제 해

ㅊ

단체명	문구
차차웅 인권 보장 연합	아직 늦지 않았다. 자윤아 정화해라
찹쌀도너츠를 사랑하는 사람들의 모임	
창조생물권리보장협회	
천릿길 걸어가기 보행자 협회	한걸음부터 시작했다/가벼운 한 걸음일지언정 끝은 장대하리라
천마신교-장르불문 천마신교 부흥회	
천용인 탄핵 추진 해적단	
천하유법 인민위존-전국오오난화군신애호협회	"천하에는 법이 있고 백성은 누구나 존귀하다."
철의 삶 실천조합	한 번만 더 별을 따다가 줘
책 사놓고 안 읽는 사람 협회	그동안 쌓아둔 책 다 읽기 전에 탄핵해라
책 읽다가 뛰쳐나온 활자 중독자 모임	책! 안 읽으면 저렇게 됨
촛불 소녀-혜화역 시위에서 윤석열 탄핵까지	
좁다(집에 있고 싶은 내향인 협회)	
취준 때려치고 나온 취준생 모임	나라 꼴이 개판이라 취준 못해/재발 취업 좀 하자 안 그래도 할 거 많은데 뉴스라도 덜 보게 해달라고
친구농사 망한 2030 (내향인) 모임	그러니까...나는 내 친구들이 2찍이라는 사실을 믿기 힘들었던 것 같아

ㅋ

단체명	문구
카페 1인 1케이크 주문 협회	홍대·연남·망원·상수 지부
칼데아 한국 지부 마스터 노동조합	
캔따개 노동조합	
커피는 마셨는데 졸린 사람들 연합	근데 요즘은 탄핵이 안되서 잠이 안온다!!!
퀴어 전장연 민주노총과 연대하는 동덕여대 졸업생	
퀴어지만 밝은색 안 좋아하는 사람	
큰바다꽃 연구 연합회	洋花/한국농놀연합회 호백학파

키보토스교직원노동조합	"어른으로서 아이를 지킨다/선생으로서 학생을 지킨다 어른의 책임을 선생의 의무를 다해야 한다" "그것이 어떤 방법이라고 할지라도 어떤 대가를 치르게 될지라도"
키 큰 여자 연합회	

ㅌ

타올라라! 그리고 나아가라! 대한의 딸들아!	
탄핵소주, 회	촛불이 꺼지거든 소주에 회 어때?
탄핵의 협곡에 오신 것을 환영합니다	
탄핵하고 해체하면 좋았쓰!	
탄핵해체개작두-상명대 졸업한 교차페미 1인 일동	준비된 독재자 준비된 독재정당/윤석열 탄핵 내란정당 해체 여대는 여성들에게 장애인에게 이동권을/텀블러는 항상 지참합시다
탈하이브-용산 돼지들이 싫은 사람들	
탕수육 소스 부어먹는 사람들의 모임	
당신과 우리 모두를 위하여 더욱 밝은 미래를 위하여	
토끼를 좋아하는 전국 당근연합	
퇴짜왕 강백호 연해추진위원회 비상시국연대	수괴는 내가 쓰러뜨린다! 난 천재니까!
투디공놀이연합-부활동매니저일동	배구, 농구, 축구, 야구 등 모든 공놀이/방구석 공놀이하기도 바쁘다. 집에만 있게 해달라./사과해요, 나한테!
투쟁을 포기한 순간부터 먹잇감이 됩니다. 어두운 바다의 등불이 되어	
투혼의 빨강을 돌려주고 싶은 사람들의 모임	아...빨간색 혼자 쓰나...
테니스 엘보 환자 연합	
트리위저드 챔피언 연합 마법부 연맹	
틀림없이 행복해집니다	
트위터 고양이 사랑회	
트위터는 인생의 낭만	
트위터라 부르는 사람들	
트윈테일 결사단	트윈테일 앞에서 모두가 평등하다
특검다음부검	우리는 더 이상 미룰 수 없다
티베트에는 자유를. 한국에는 정의를.	

ㅍ

파면	
파이널판타지14 건브레이크연합 강원지부	가령 내 영혼이 흔들려,/주저앉는 순간이 오더라도 그대와 함께 나아가리라.
파인애플피자연합	
팔레스타인에 해방을!	
평양냉면 가격인하 추진위원회	비싸서 못먹겠다!
평화의 비둘기 수호 연합	
포장전차 노동조합	
포테이토교 한국지부	
폭거세력	
폭군은 모두 이리 될 것이다	SIC SEMPER TYRANNIS
폴 리버의 선량한 주민 연합	Good People of Fall River
푸바오의 행복을 바라는 모임	
프라이멀 스크림 내한 기원회	"you got the power we got the soul" "for the dreamers rebel souls and future days"

프라탑허물기실천협의회	
피의 나나미단 한국지부	딱 기다려 이기고 돌아갈게
피크민하는 시위 나온 사람들	행진하자. 탄핵될 EO까지 행진하고 지치는 쪽이 정수가 되는 걸로.
피해 앵집사 연합	못 놀아주니 화난 앵무새들 "우린 피 보기 싫다." 탄핵하라!
하극상 성공하고 싶은 K-막내 협회 서울지부	일어나라 막내들이여
하늘강철 기공방 연합	우리의 미래를 조준하라!
하데스타운 노동조합	
하야하개 민주코총	
하여간 저거 처음부터 맘에 안 들었어	
하오문 산하 점소이-전국점소이노동조합총연맹	
하지만, 시대가 우리를 부르잖아	
한국과학소설독자연대	
한국농놀연합 산왕공고 정우성 친위대	이제 정우성은 산왕공고 농구부 최고미남 정우성 하나야
한국농놀연합회 산왕지부	一意傳心/악착같이 탄핵할 의지
한국 당나귀EO 북북협회	"네 모든 꿈이 이뤄지길"
한국 마법사 연합	우리는 아직도 호그와트 입학 편지를 기다리고 있다.
한국 마법소녀 협동조합	자유와 정의의 이름으로!
한국 마이나데스 연합	※ 과도한 음주는 건강에 해롭습니다
한국 모르모트 연합	
한국백합연구회/GL지부	나라가 평안해야 백합러도 행복하다
한국 수호자 보호 협회	
한국신경성위궤양협회	
학국어 더빙, 성우 파이팅	
한국제정신병자협회	
한국 칼데아 인최마 협회	이것은, 미래를 되찾는 이야기—
한놈만팬당 영종도인스파이어아레나	
한동훈 탈코 추진위원회	
한복 입을 때마다 고통받는 빨강색 되찾아오기 조합원	빨강은 혁명의 색이다
〈한비자〉, 법가 바로잡기 협회	法不阿貴(법불아귀)-법은 높은 자에게 아첨하지 않는다
할양도연합	
해남대부속고등학교 농구부	上勝
행복만을 위해 사는 건 아니지만 살아 있어야 행복해	
행성 부랑자 연합	아직 거주 행성을 못 정했어요!
행성 연합 지구본부 한국지부	하야와 번영을
행운을 주는 검은 고양이 연합	
헤비메탈은 중금속이다	
혈관을 타고 흐르는 삼각 커피우유 협회	
형제단 서울지부	
호그와트 마법학교 민주동문회	
호랑이등긁어주기협회	
홍콩 영화 쌍권총연합 한국지부	
화병 걸린 TK 딸내미 연합	
화분안죽이기실천시민연합	

화폐민주주의연대	화폐와 은행을 바꾸면 세상이 바뀐다!
황금거룡 수호협회	세계는 알아서 구해지지 않는다
황금 언어알 줍기 아르바이트 노동조합	
회전문 자가발전 협회	몇 연째세요? 집에 좀 가자
회피형 모임	일단 탄핵되고 생각하게/윤석열만큼은 아닌 듯
흰머리오목눈이 뱁새로 부르지 않기 위원회	

A-Z

AC파일럿노동조합	AC6 일어나라 불꽃과 해방의 게이머여
APERTURE LABORATORIES	We Do What WE Must BECAUSE We Can
APPLe호 로큰롤 해적단	Record Player's All You Need
BADWOLF	
BL 보는 오타쿠	나처럼 다정한 사람이 흔하지가 않아
BL 보는 오타쿠이자 불굴의 백합러	
CONTINUE? 맞서 싸울 힘을!	STAGE OOO-우리가 나라를 굴린다
DEMOCRACY ALCHEMIST	
ENDWALKER	그대를 괴롭히는 고통은 이윽고 그대를 강하게 하리라 그 하나하나 달궈질 죄를 내리치는 망치가 되어 그대를 강한 검으로 만드리라
FC서울	FOOTBALL CLUB SEOUL
FTM은 어디로 갔는가?	
I DIDN'T VOTE FOR THAT SSIBAL SAEKI	
International Academic Victims Association	故3-올해 고난은 입시로 족하다
K-승질머리 연맹-퀀!	
K-장녀 성질머리 연합	
LITANIA	위대한 영웅이 엮을 서사시의 첫머리이자 종착점, 대한민국에서 새로운 영웅들의 이야기가 시작됩니다.
MERONG GAMERS	
MZ 호남향우회	
Nottingham Forest	
NO.1 가드 송태섭	
OTT 뭐볼지 못고르는 사람들 연합회	아무거나 규탄한다 뭐가 됐던 반대한다 이것저것 보장하라
PK 백말띠 장녀 연합	
PK 장녀 연합	
RA	
SING OUT LOUD TO SURVIVE	여자들이 음악하기 좋은 세상을 바라는 더픽스의 팬 픽시
TeSTAR 팬클럽 Lovelewer연합	Take your STAR * 웹소설 '데뷔 못하면 죽는 병 걸림
RAISE THE FLAG!!	765 UNION!!
RAVENCLAW	
Rubicon Liberation Front, Earth HQ, Koreea Branch	FORGED IN ASH, WE STAND AS ONE!
THE PHANTOM OF THE DEMOCRACY	
TK 장녀 연합	부모님 몰래 시위 나옴

기타

1인 가구에게 홀케이크 선물안하기 운동본부	먹다 죽으면 때깔이 좋다지만 케이크 먹다 진짜 죽게 생겼다
1인 가구 행성 연합	
2025년도 윤석열이 대통령이면 문제지	탄핵영역/피청구인 대통령 윤석열을 파면한다

366일 피크닉 연합회	
5인미만 사업장 연월차 의무 지급 추진위원회	
808여명부대	
#역사를_가속하라 #운명을_가속하라 #최대출력	
光復香港 時代革命	FREE HONG KONG REVOLUTION NOW
鬼兵隊	나는 그저 부술 뿐이다. 놈이 만들어낸 세상을...
蘭狂會-Orchild Holics Society	
大韓靑春	우리들은 대한의 청춘이요, 밀려오는 파도이리라
大華山派	대통령은 대가리가 없대?
大華山派	화산의 검이 재현하려는 것은 결코 매화가 아니다. 바로 '피어남'이다.
魔敎(마교)	높은 곳의 狂氣, 우리의 熱烈한 외침이 들끓어 樂心의 眞理를 天下에 비추리라 (높은 곳의 광기, 우리의 열렬한 외침이 만민의 마음 속 진리를 천하에 비추리라)
魔道天下 民草獨存	바라야 바라야 아기바라야 우리의 마음이 촛불이니 이곳을 태우리라
魔天	우리가 촛불이니 세상을 태우리라
萬人房	웹소설(화산귀환) 작중 등장
反민특위	
死生之巓	
四川唐門	사천당문-은혜는 두 배로 갚고 원한은 열 배로 갚는다
上帝는 大韓을 도우소서	삼한강토대한제국광명광복부흥연합회
義	仁한 자에게 대적할 자는 없다
蒼天南宮	선두에서 뚫어! 그게 남궁세가다! 남궁이 어째서 장전인 줄 아십니까? 하늘 아래 부끄럽지 않아야 하기 때문입니다/화산귀환, 비가
千年少林	
天魔神敎	세상은 그걸 천하라 부릅니다.
天友盟	
覇	내가 원하는 것은 당연히 너희의 몰살이다!
平和	세상의 모든 평화를 위하여
下汚門	
花郞道 日月明徒	

평등하고 민주적인 집회를 위한 모두의 약속

평등한 집회에 대한 고민은 이번에 처음 시작된 것이 아니다. 2016~2017년 박근혜 퇴진 촉구 집회에서는 "앞으로 100년 내로는 여성 대통령은 꿈도 꾸지 마라" 같은 미소지니(misogyny)에 기반을 둔 정치인들의 여성 혐오 발언, 광장에서의 성폭력 문제가 있었다. 한국여성단체연합이 최근 만들어 공개한 '평등한 집회를 위한 모두의 약속'은 2016~2017년 탄핵 국면에서 활용한 내용에서 다양한 소수자를 차별하지 말자는 당부 등이 더해졌다.[1] 윤석열즉각퇴진·사회대개혁 비상행동은 '평등하고 민주적인 집회를 위한 모두의 약속'을 만들어 배포했다. (글: 정원옥)

〈평등하고 민주적인 집회를 위한 모두의 약속〉
민주주의는 멀리 있지 않습니다.
민주적 집회 참여와 실천에서부터 시작해봅시다.
민주주의를 지키기 위해 이곳에 선 우리가 누군가를 향해

---

[1] 박현정, ""외모 언급·반말은 안해요"... 평등 번져가는 촛불집회 문화", 〈한겨레〉(2024.12.13., 2025.3.19. 검색).

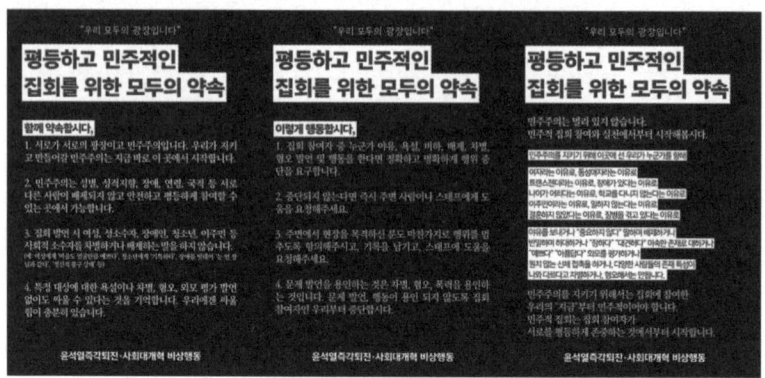

여자라는 이유로, 동성애자라는 이유로
트랜스젠더라는 이유로, 장애가 있다는 이유로
나이가 어리다는 이유로, 학교를 다니지 않는다는 이유로
이주민이라는 이유로, 일하지 않는다는 이유로
결혼하지 않았다는 이유로, 질병을 겪고 있다는 이유로
야유를 보내거나 "중요하지 않다" 말하며 배제하거나
반말하며 하대하거나 "장하다" "대견하다" 미숙한 존재로 대하거나
"예쁘다" "아름답다" 외모를 평가하거나
원치 않는 신체 접촉을 하거나, 다양한 사람들의 존재 특성이
나와 다르다고 차별하거나, 혐오해서는 안됩니다.
민주주의를 지키기 위해서는 집회에 참여한
우리의 "지금"부터 민주적이어야 합니다.
민주적 집회는 집회 참여자가
서로를 평등하게 존중하는 것에서부터 시작합니다.

함께 약속합시다.

1. 서로가 서로의 광장이고 민주주의입니다. 우리가 지키고 만들어갈 민주주의는 지금 바로 이곳에서 시작합니다.
2. 민주주의는 성별, 성적 지향, 장애, 연령, 국적 등 서로 다른 사람이 배제되지 않고 안전하고 평등하게 참여할 수 있는 곳에서 가능합니다.
3. 집회 발언시 여성, 성소수자, 장애인, 청소년, 이주민 등 사회적 소수자를 차별하거나 배제하는 말을 하지 않습니다(예: 여성에게 '마음도 얼굴만큼 예쁘다', 청소년에게 '기특하다', 장애를 빗대어 '눈먼 장님과 같다', '정신적 불구 상태' 등).
4. 특정 대상에 대한 욕설이나 차별, 혐오, 외모 평가 발언 없이도 싸울 수 있다는 것을 기억합니다. 우리에겐 싸울 힘이 충분히 있습니다.

이렇게 행동합시다.

1. 집회 참여자 중 누군가 야유, 욕설, 비하, 배제, 차별, 혐오 발언 및 행동을 한다면 정확하고 명확하게 행위 중단을 요구합니다.
2. 중단되지 않는다면 즉시 주변 사람이나 스태프에게 도움을 요청해주세요.
3. 주변에서 현장을 목격하신 분도 마찬가지로 행위를 멈추도록 항의해주시고, 기록을 남기고, 스태프에게 도움을 요청해주세요.
4. 문제 발언을 용인하는 것은 차별, 혐오, 폭력을 용인하는 것입니다. 문제 발언, 행동이 용인되지 않도록 집회 참여자인 우리부터 중단합시다.

나눔 문화

집회도 식후경, '푸드트럭'

집회 현장에는 집회 참가자들을 독려하고 지원하기 위한 수많은 푸드트럭이 등장했다. 집회에 참여한 시민들은 추운 날씨에 따뜻하게 몸을 녹일 음료부터 어묵, 떡볶이, 붕어빵 등 다양한 음식을 모두 무료로 제공받았다. 이러한 푸드트럭 나눔에는 전국학교비정규직노동조합 같은 단체부터 익명으로 재료를 후원한 개인들, 온라인 모금을 통해 뜻을 모은 미국에 사는 재미교포[1]들까지 음식 종류만큼이나 다양한 주체가 참여한 것으로 알려졌다. 집회 현장에 푸드트럭 수가 점차 늘어나자 집회 주최 측(윤석열 즉각퇴진·사회대개혁 비상행동)은 아예 본 집회 장소 한편에 '푸드트럭 존'을 만들고 페이스북을 통해 "먹겠다는 일념으로 오셔도 좋다"라며 많은 시민의 집회 참여를 독려하고 이용을 안내하기도 하였다.

---

1 이하린, ""마음만은 함께다"… 탄핵 집회에 어묵꼬치 1만 2천 개 보낸 재미교포들", 〈매일경제〉 (2024.12.12., https://www.mk.co.kr/news/society/11192368 2025.4.22. 검색).

나눔과 연대의 매핑 '화장실 위치정보 공유'

시민들은 집회 참가자들이 사전에 알아두면 유용한 정보를 페이스북이나 엑스 같은 SNS를 중심으로 공유하고 확산시켰다. 화장실 위치정보 공유도 그중 하나로, 시민들은 여의도와 경복궁 인근에 있는 개방/공공 화장실 위치를 지도 어플 화면에 표시한 뒤 해당 이미지를 게시하는 방식으로 정보를 공유했다. 또한 자신이 있는 곳에서 가장 가까운 화장실을 검색하고 찾는 방법을 공유하기도 했는데, 엑스에서 한 이용자가 12월 7일 개방 화장실 검색 방법에 대해 작성한 게시글은 49만 누적 조회수를 기록하고 약 5천 건 리트윗이 되었다.[2] 이처럼 수많

---

2 게이바이럴(@soutn1m) https://x.com/soutn1m/status/1865081734246924518 2025.4.23. 검색.

은 시민이 참여해 생산한 화장실 위치정보 데이터가 점차 쌓이자 이를 바탕으로 비영리단체 커뮤니티매핑센터에서는 〈모두의 화장실지도〉를 제작한 뒤 개시하였고 현재까지 서비스 중이다.³

여성의 연대는 어디서든 길을 내지, '여자화장실 물품 나눔'
여의도 국회 앞을 중심으로 집회가 본격화되던 시기 엑스(구 트위터)에 올라온 한 게시글이 화제가 되었다. "국회의사당역 여자화장실 안에 생수, 초코바, 여성용품 등을 비치해두었으니 필요한 사람은 사용하시라"라는 글이었다. 해당 글에는 언급한 물건들과 물건에 대한 설명이 적힌 메모지가 가지런히 놓인 사진이 함께 첨부되어 있었다. 또 다른 이는 "화장실에 핫팩을 비치했으니 추운 날씨에 필요하신 분은 가져가시라"라는 글을 핫팩 사진과 함께 게시했고 해당 글도 엑스를 통해 빠르게 확산하였다. 또한 2024년 12월 21일 '남태령대첩'으로 불리는 집회에 참여한 시민들은 인근 남태령역 여자화장실에서도 물품 나눔을 이어갔다.⁴ 이날 남태령역 여자화장실에는 시민들이 두고 간 여성용품, 간식, 핫팩 등이 화장실 한쪽 벽면을 가득 채웠다. 어느 곳에서든 여성들의 연대는 길을 만든다.

• • •

3 〈모두의 화장실지도〉, 커뮤니티매핑센터 https://www.mapplerk3.com/minjumap.
4 권현서, '요술봉 들고, '집회 올출러' 되고… 알려지지 않은 그들의 이야기", 〈오마이뉴스〉 (2024.12.28., https://www.ohmynews.com/NWS_Web/View/at_pg.aspx?CNTN_CD=A0003091652 2025.4.22. 검색).

집회에 나설 용기를 제공한 '키즈버스'

키즈버스는 집회에 참여한 영유아와 보호자를 위한 공간 제공을 목적으로 탄핵 찬성 집회에 마련되었던 버스다. 영유아 자녀가 있는 보호자들은 외출시 아이의 기저귀를 갈고, 분유를 먹이거나 수유를 할 수 있는 공간을 찾게 되는데 이러한 공간을 집회 현장에서 기대하기는 어렵다. 인근 지하철역을 이용하려 해도, 아이와 함께 집회 인파를 뚫고 지하철역에 도착해 다시 영유아 거치대가 있

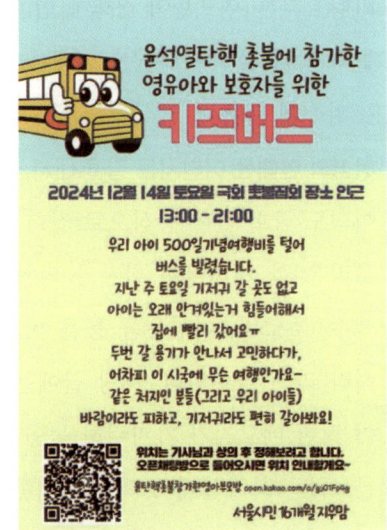

키즈버스 안내 포스터
(출처: 윤탄핵촛불참가한영아부모방)

는 화장실을 찾아가야 하는 과정은 쉽지 않은 일이다. 그런데 이번 집회에 키즈버스라는 현수막을 단 버스가 등장했다. 현수막에는 "부모는 못 이깁니다"라는 문구와 함께 "윤석열 탄핵 촛불에 참가한 영유아와 보호자를 위한 키즈버스"라고 적혀 있었다. 이 버스는 집회에 참여한 한 시민의 사비로 시작되었다(이후에는 오픈채팅방을 통해 후원금이 모금되어 모금 금액으로 운영했다고 알려져 있다).[5] 이 시민은 키즈버스 운영을 알리는 SNS 글을 통해 자신을 서울에 사는 16개월 지우 엄마로 소개하며 아이의 500일 기념 여행비를 털어 버스비를 마련했다고 밝혔다.

---

5 이승연, "화장실·선결제 지도에 기저귀갈이 버스… 탄핵집회 '꿀팁'", 〈연합뉴스〉(2024.12.13., https://www.yna.co.kr/view/AKR20241213039500505?input=copy 2025.4.22. 검색).

또한 한 매체와의 인터뷰를 통해 집회에 아이와 함께 참여하는 자신을 포함한 다른 부모들이 집회에 한 번이라도 더 나설 용기를 가질 수 있게 되지 않겠냐며 키즈버스 마련 취지에 대해 설명했다.[6] 일부 시민들은 버스에 분유나 간식들을 두고 가며 물품 나눔으로 연대를 확장했다. (글: 이윤서)

---

6 김보경·조아영·최규화, ""아이 500일 여행경비로⋯" 촛불집회 '키즈버스' 뜬다", 〈진실탐사그룹셜록〉(https://www.neosherlock.com/archives/31090 2025.4.23. 검색).

시민발언

시민발언은 대중집회에서 시민들의 자발적인 신청을 받아 꾸려지는 발언이다. 당사자 혹은 대표자 중심의 지정 발언과는 다른 양식을 지닌다. 우선, 시민발언은 집회에서 소수가 발언을 독점하는 게 아니라 참가자 시민이 발언에 참여할 수 있도록 개방하는 것을 목표로 도입되었다. 매주 일본군 위안부 문제 해결을 위해 열리는 수요집회와 같은 소규모 집회에서부터 수만여 시민이 참여하는 '기후정의행진'까지, 크고 작은 무대에서 시민발언은 집회 프로그램의 일부로 할애되어왔다.

 작은 집회일 경우는 대부분 현장에서 신청 후 바로 무대에 오를 수 있지만, 큰 집회에서는 사전 신청을 통해 선정하는 절차를 거친다. 이때 주최 측은 성별, 지역, 연령 등 사회적 배경을 다양하게 고려하여 시민발언자를 선정하며, 혐오 표현이 있을 시 미리 정정 요청을 한다.

 3분이면 즉석요리 하나가 뚝딱 만들어질 시간이긴 하지만, 보통 집회에서의 발언이 5분이 넘는다는 걸 고려하자면 꽤 짧은 시간이라 할 수 있다. 3분 발언을 글자수로 환산하면 800자 정도로, A4용지 반 장 분량이다. 이 때문에 주어진 발언 시간을 초과하는 발언자가 꽤 있으며, 주최 측에선 사회자가 개입하거나 배경음악을 트는 식으로 발언을 얼른 마무리해달라는 의사를 전달한다. 제한된 시간에 더 많은 시민에게 발언할 기회를 제공하기 위해서다.

시민발언의 경우, 대개 시민들은 자신의 연령대, 성별, 직업, 지역 등을 밝히며 짧게 자기소개를 하며 발언을 시작한다. 12.3 내란 이후 열린 집회에서는 특히 자신의 성정체성을 밝히며 시작하는 발언이 많아졌는데, 이는 성소수자들을 가시화하고 연대를 끌어내는 효과를 지녔다는 점에서 주목을 받았다. 자기소개에 이어 발언자는 집회에 참여한 이유, 집회에서 요구하고 싶은 주장, 자신의 경험과 생각 등을 이야기한다. 어떤 발언은 비장하고, 또 어떤 발언은 익살스럽기도 하다. 발언을 마무리할 땐 구호를 함께 제창하는 경우가 많다.

시민발언은 주최 측이 전달하고자 하는 핵심 메시지에서 다소 벗어날 수 있다는 위험이 있지만, 선동 양식이 고착화되어 뻔한 느낌을 주곤 하는 지정 발언의 한계를 넘어 집회에 신선함을 불어넣는다고 평가받고 있다. (글: 박이현)

다시 만난 세계

2024년 12월 14일 오후 5시 국회 앞, "대통령 윤석열 탄핵소추안은 총 투표수 300표 중 가 204표, 부 85표, 기권 3표, 무효 8표로서 가결되었음을 선포합니다"라는 우원식 국회의장의 선언과 함께 국회 앞에 모인 200만 명 시민의 떼창이 시작되었다. "사랑해 널 이 느낌 그대로 / 그려왔던 헤매임의 끝 / 이 세상 속에서 반복되는 / 슬픔 이젠 안녕." 탄핵 플레이리스트에서 선택된 노래는 '소녀시대'의 〈다시 만난 세계〉였다.

'소녀시대'가 2007년 발표한 노래 〈다시 만난 세계〉가 집회 현장에서 불려 사람들의 관심을 끌게 된 것은 2016년부터다. 직장인을 대상으로 한 평생교육 단과대학인 미래라이프대학의 설립을 반대하며 본관 점거농성 중이던 이화여자대학교 학생 100여 명은 2016년 7월 30일 경찰 병력 1,600명과 맞서 대치하게 된다. 총장과의 대화를 약속했던 학교 측이 학생들과의 대화가 아닌 경찰 병력을 동원한 강제 해산을 택한 것이다. 결국 학생들은 경찰에 의해 강제 해산되었는데, 당시 본관 복도에서 경찰과 대치하던 이화여대 학생들이 옆 사람과 팔짱을 낀 채 〈다시 만난 세계〉를 부르던 모습이 SNS를 통해 공개되면

서 〈다시 만난 세계〉라는 노래가 알려지게 되었다.[1]

당시 이화여대 학생들이 왜 〈다시 만난 세계〉를 부르게 되었는지에 대해서는 정확하게 알려지지 않았다. 다만 2016년 이전부터 퀴어문화축제에서는 〈다시 만난 세계〉를 포함한 케이팝 노래들을 많이 부르면서 즐기고 있었고, 2016년 당시 '프로듀스 101'이라는 서바이벌 오디션 프로그램에서 〈다시 만난 세계〉가 미션곡이 되면서 상반기 노래방 애창곡으로 꼽히기까지 했다는 점 등을 생각해볼 수 있다. 농성 중인 이화여대 학생들은 서로를 응원하고 힘을 북돋울 수 있는 노래로 모두가 잘 알고 있는 노래, 거리에서 종종 불리던 노래인 〈다시 만난 세계〉를 선택하지 않았을까.

이후 〈다시 만난 세계〉는 2016년 겨울 박근혜 탄핵 집회에서 다시 등장했고, 몇몇 케이팝 노래와 함께 거리의 응원가로 자리 잡기 시작했다. 그리고 '12.3 내란 사태' 이후 계속되고 있는 집회에서도 〈다시 만난 세계〉는 중요한 거리의 응원가로 시민들에게 힘을 주었다. '소녀시대'의 멤버 유리는 집회 선결제 응원과 함께 탄핵 찬성 집회에 참석하는 팬들에게 "다만세가 울려 퍼지는 것도 너무너무 잘 봤어. 나도 매일 함께 듣고 있어~"라는 메시지를 남기기도 했다.[2]

〈다시 만난 세계〉를 포함한 몇몇 케이팝 노래는 '민중가요화'되었고, 시민들의 마음을 위로하고 서로를 응원하는 대표곡으로 자리 잡았

• • •

1 닷페이스, "이화여대에서 소녀시대 '다시만난세계'를 부른 이유는?: 이화여대 미래라이프 대학 설립 철회 논란/닷페이스(Justice)"(2016.8.3., https://www.youtube.com/watch?v=IKiObS9ba5A 2025.5.4. 검색).
2 MBC뉴스, "'임을 위한 행진곡'과 만난 '다만세'"(2024.12.16., https://www.youtube.com/watch?v=QCSyngQC_4Y 2025.5.4. 검색).

다.³ 퀴어문화축제, 거리집회 등에서 〈다시 만난 세계〉를 포함한 케이팝 노래를 만나는 것은 이제 전혀 낯설지 않다. 앞으로 사회적인 이슈에 적극적으로 반응하는 케이팝 아티스트의 탄생과 같은 케이팝의 성장과 변화를 기대해볼 수 있지 않을까. (글: 최준영)

〈다시 만난 세계〉(Into the New World)

작사: 김정배 / 작곡: 켄지 / 노래: 소녀시대

전해주고 싶어 슬픈 시간이 / 다 흩어진 후에야 들리지만

눈을 감고 느껴봐 / 움직이는 마음, 너를 향한 내 눈빛을

특별한 기적을 기다리지 마 / 눈앞에선 우리의 거친 길은

알 수 없는 미래와 벽 / 바꾸지 않아, 포기할 수 없어

변치 않을 사랑으로 지켜줘 / 상처 입은 내 맘까지

시선 속에서 말은 필요 없어 / 멈춰져 버린 이 시간

사랑해 널 이 느낌 이대로 / 그려왔던 헤매임의 끝

이 세상 속에서 반복되는 / 슬픔 이젠 안녕

수많은 알 수 없는 길 속에 / 희미한 빛을 난 쫓아가

언제까지라도 함께 하는 거야 / 다시 만난 나의 세계

특별한 기적을 기다리지 마 / 눈앞에선 우리의 거친 길은

알 수 없는 미래와 벽 / 바꾸지 않아, 포기할 수 없어

...

3 내란청산·사회대개혁 비상행동, "윤석열파면 사회대개혁 플레이리스트!"(2025.3.4., https://www.youtube.com/watch?v=k-hyLdW_ya8&list=PLiX6qQKi2T17gtuV1xNRsWSngqYOfVIMJ&index=1 2025.5.4. 검색).

변치 않을 사랑으로 지켜줘 / 상처 입은 내 맘까지
시선 속에서 말은 필요 없어 / 멈춰져 버린 이 시간
사랑해 널 이 느낌 이대로 / 그려왔던 헤매임의 끝
이 세상 속에서 반복되는 / 슬픔 이젠 안녕
수많은 알 수 없는 길 속에 / 희미한 빛을 난 쫓아가
언제까지라도 함께 하는 거야 / 다시 만난 우리의
이렇게 까만 밤 홀로 느끼는 / 그대의 부드러운 숨결이
이 순간 따스하게 감겨오네 / 모든 나의 떨림 전할래
사랑해 널 이 느낌 이대로 (이대로) / 그려왔던 헤매임의 끝
이 세상 속에서 반복되는 / 슬픔 이젠 안녕
널 생각만 해도 난 강해져 / 울지 않게 나를 도와줘 (도와줘)
이 순간의 느낌, 함께 하는 거야 / 다시 만난 우리의

은박 담요(키세스단)

매년 1월 5일경 또는 4월 4일 윤석열 파면일이 되면 키세스 초콜릿을 서로 선물하며 그날의 집회들을 기념하고 민주주의를 되새기는 전통이 있다고 한다(아님. 그렇게 되기를 바란다는 필자의 상상으로 쓴 문장이다).

　내란죄 피의자 윤석열 체포영장 유효기간 만료일(1월 6일)이 다가오는 가운데 시민들의 간절함은 체감온도 영하 20도 엄동설한에도 꺾이지 않고 밤샘 농성으로 이어졌다. 한남동의 대통령 관저 앞 대로에서 '노동자 시민 윤석열 체포 대회' 사흘째(1월 5일), 대설주의보가 내려진 가운데 새벽부터 내린 눈 속에서 시민들은 보온용 '은박 담요'(space blanket)까지 동원하며 밤을 새웠다. 그 모습이 흡사 은박지로 포장된 초콜릿 '키세스'의 모습을 빼다 박아서 사람들은 이에 '키세스단', '키세스 시위대'라는 별명을 붙여주었다. 키세스단은 남태령 등을 비롯한 집회 곳곳에서 출현하며 계엄과 내란으로 인한 민주주의의 겨울을 이기는 민주시민들의 뜨거운 '복사열'과 의지를 상징했다. 소셜미디어에서 시민들은 키세스를 밈으로 사용하고 또 몇몇 시민은 동료들에게 키세스를 선물하기도 했다.

　이 은박 담요는 알루미늄의 복사열 반사 기능을 이용해 열을 가둠으로써 단열 및 보온을 하는 얇고 가벼운 알루미늄-플라스틱 시트로 미 항공우주국(NASA)이 1964년 개발한 것이다. 우주인뿐만 아니라 지구인, 한국인, 시위꾼, 운동선수의 저체온증을 막거나 재난 구조에 쓰인다. 계엄이라는 정치적 재난에도 용도 적합성이 증명되었다. 하지만 내구성은 낮아 일회용으로 쓰이며 1천 원 정도로 저렴하다.

민주주의와 시민의 상징이 된 '키세스단'을 내란 옹호와 우파의 상징으로 도용하려는 시도들도 있었다. 장재희 작가(대전 촛불행동 홍보국장)의 '키세스 시위대' 그림은 소셜미디어에서 많은 호응을 받았는데, 내란 옹호 극우 계정에서 무단으로 변조하고 도용했다. 또 이정현 만화가의 '키세스 시민단' 그림 역시 내란을 옹호하는 도서인 『혁명과 반혁명』(북저암 출판사)에서 뒤표지로 무단 도용했다가 비판을 받고 도서를 전량 폐기하기도 했다. (글: 김현준)

난방버스 · 난방성당

"버스는 교통수단이 아닙니다. 난방기구입니다."

남태령, 한남동 시위에 등장한 이래, 난방버스는 이제 겨울철 집회의 필수품이 되었다. 집회 후원자들은 후원금과 핫팩, 간식 등 각종 현물에 성이 차지 않았는지 버스까지 후원하는 지경에 이르렀다. 엄혹한 계절이 길어질수록 난방버스의 행렬도 길어졌다. 한 언론사의 카메라에 무려 16대가 포착된 경우도 있었다. 후원자들끼리 연락하여 '릴레이 난방버스'가 이어지기도 했다. 자매품(?)으로 여성 전용 버스, 영유아 돌봄 및 수유를 할 수 있는 키즈버스도 있다. 난방버스 대여비는 하루에 대략 최소 50에서 최대 100만 원이라고 한다. 한편 내란 옹호 집회에도 난방버스가 등장했다. 겨울은 민주주의자들에게만 가혹한 것은 아니었다.

"난방성당"

수도원 입구에 표지판이 걸렸다. 꼰벤뚜알프란치스코수도회는 주말 동안의 한남동 대통령 관저 앞 '윤석열 체포 밤샘 집회' 내내 수도원 화장실과 교육관 건물 전체를 개방했다. 게다가 남자 화장실을 '성중립 화장실'로 명명했다. 화장실을 안내하고자 밤길에 응원봉을 든 사제(수사)와 그 뒤를 따라 언덕을 오르는 사람들의 모습은 화장실 가는 행위마저 성스럽게 만들어주었다. 공교롭게도(?) 화장실을 개방하지 않겠다던 여의도순복음교회의 방침 덕에 그 대비는 더욱 선명해졌다. 사람들은 칭찬했고 후원금까지 보내기도 했다.[1] '속된' 화장실은 공공의 이익을 위한 개방을 통해서 '성스러운' 종교와 민주주의의 상징이 되었다. 화장실 한 번 갔다가 하느님을 믿게 될지 모를 일이다. 이토록 성스러운 화장실을 본 적이 있을까. (글: 김현준)

...

1 나수진, "키세스 전사들과 함께한 '난방성당'", 〈뉴스앤조이〉(2025.1.7., https://www.newsnjoy.or.kr/news/articleView.html?idxno=306956 2025.4.30. 검색).

말벌 동지

이번 탄핵광장에서 연대의 새로운 풍경을 만들어낸 운동의 주체를 꼽자면, 단연 '말벌 동지'일 것이다. 말벌 동지는 하청노동자와 해고노동자, 장애인 등 사회적 약자들이 투쟁하는 현장에 말벌 아저씨처럼 순식간에 뛰어가 연대하는 이들을 일컫는다. 〈나는 자연인이다〉 프로그램에 출연한 한 남성이 말벌이 나타나자 꿀벌을 지키기 위해 뛰어가는 '말벌 아저씨' 밈에서 유래했다. '말벌 동지'들이 남태령대첩 이후 소규모 투쟁 사업장을 찾아가 연대하면서 비장하고 엄숙했던 기존 노동조합의 투쟁 분위기를 바꾸고, 연대와 연대를 잇는 공동체 문화를 만들어내고 있다.[1]

추위를 견디기 위해 은박 담요를 둘러 입은 시위대의 '키세스' 이미지로 각인된 2025년 1월 3일부터의 한남동 집회는, 경찰이 막아선 길을 민주노총이 여는 것에서 나아가, '시민'들이 민주노총의 연대 요청에 화답하면서 금전적 연대에서 직접적인 투쟁 현장으로의 연대로 이어지는 결정적인 계기가 되었다. '말벌 아저씨' 밈을 전유하여 '말벌

---

[1] 플랫팀, ""우리랑 닮았으니 연대한다"... '자신의 세계'를 확장하는 '말벌 동지'들의 투쟁", 〈경향신문〉(2025.4.3., https://v.daum.net/v/20250403105830881 2025.4.15. 검색).

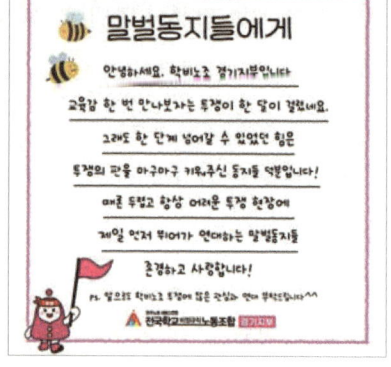

시민', '말벌 동지' 등으로 불리는 이들은 전국장애인철폐연대의 출근길 지하철 투쟁, 동덕여자대학교 공학 전환 반대 투쟁, 세종호텔 해고노동자 복직투쟁, 거통고지회 조선소 하청노동자 투쟁, 구로구 환경지회 파업 출범식, 구미 옵티칼 고용승계 고공농성 등 다양한 투쟁 사업

장에 깃발을 들고 함께한다. 엑스에는 '투쟁지도'를 만들어서 서울 외에도 전국적인 투쟁 사안과 일정을 소개하는 계정도 만들어졌다.[2]

말벌 동지들은 대부분 '덕질' 경험이 있다. 이 덕질 경험이 투쟁 방법으로 활용된다. 깃발에 자신이 덕질하는 분야와 관련된 문구를 넣어 정체성을 드러내고, 각종 스티커와 배지 등 굿즈도 자체 제작한다. 말벌 동지들의 또 다른 특징은 기존 노동운동의 언어, 방식을 적극적으로 차용하고 또 패러디한다는 것이다. 이들은 이마에 머리띠를 매고, 노조 조끼를 착용한다. '동지', '투쟁', '저항', '농성' 등의 단어를 가감 없이 쓴다. X엔 투쟁 정보를 공유하는 계정도 여러 개 생겼다. 노조가 아니라 말벌 동지들이 운영하는 계정이다.[3] 청년 여성들이 주축이 된 말벌 동지들은 투쟁도 '힙'하고 즐겁게 만든다.[4]

말벌 동지는 갑자기 등장한 것이 아니다. 말벌 동지라는 이름이 붙지 않았을 뿐, 여러 시위에 연대하는 이들은 12.3 내란 이전에도 다양한 방식으로 활동했다. 각자의 삶에서 정치적 행보를 계속해서 밟으며 연대해온 경험이 축적되어 있었기에 12.3 내란 이후에 '말벌 동지'로 호명될 수 있었던 것이 아닐까.[5] (글: 정원옥)

2 정고은, "훼걸'과 '말벌': 초대장에 응답·연대하는 방식", 〈문화/과학〉 121(2025), 126- 127쪽.
3 이혜리, "머리띠 매고, 플루트 들고... 말벌동지는 투쟁하러 간다", 〈주간경향〉(2025.3.31., https://v.daum.net/v/20250331060205582 2025.4.15. 검색).
4 우혜림·배시은, "'말벌동지'들이 뜨면... 투쟁은 축제가 된다", 〈경향신문〉(2025.3.14., https://v.daum.net/v/20250314060110566 2025.4.15. 검색).
5 김명진, "'꿀벌' 가는 곳엔 '말벌 동지'도 가지", 〈한겨레21〉(2025.4.4., https://v.daum.net/v/20250404095302012 2025.4.15. 검색).

디자인 행동

12.3 계엄 내란 사태를 통해 권력 남용과 사회의 부조리에 침묵하던 시민들은 각자의 방식으로 자신의 목소리를 드러내기 시작했다. 2024년 12월 7일 탄핵이 기각되자 몇몇 그래픽디자이너들은 분노와 답답한 마음을 포스터로 만들어 자신의 SNS 채널에 게시했다(참고: 디자인플러스).

시각 작업으로 소통하는 디자이너는 도구이자 기술로서 디자인을 활용한다. 2024년 12월 3일부터 2025년 4월까지 디자인을 행동 도구로서 시각적 스펙터클을 보여준 사례는 다음과 같다.

첫 번째로 주목한 디자인 행동은 '민주주의 구하는 페미-퀴어-네트워크'(이하 민구페퀴). 13개 단체(반성매매인권행동 이룸, 불꽃페미액션, FDSC[페미니스트 디자이너 소셜 클럽], 한국여성의전화, 플랫폼C, 언니네트워크, 장애여성공감, 한국사이버성폭력대응센터, 한국성폭력상담소, FFF[프프프], 성적권리와 재생산정의를 위한 센터 셰어, 페미당당, 뉴그라운드)가 모여 '페미니스트가 요구한다, 윤석열은 물러나라', '이게 바로 안티페미니스트 정치의 말로', '폭주하는 남성성의 시대는 끝났다' 등의 구호가 담긴 피켓을 만들고 홈페이지를 통해 피켓 이미지를 오픈 소스로 제공

했다. 이렇게 만든 피켓 78종을 2025년 3월 8일 '한국여성대회' 시민 참여 부스에서 전시했다.

    민구페퀴의 활동이 눈에 띄는 이유는 연대 단체 중 하나인 FDSC와의 활동이 시너지를 발휘했기 때문이다. FDSC는 그래픽 디자인계에서 일하는 디자이너 200여 명의 모임이다. 12월 4일 클럽 내에서는 '세상을 바꾸는 디자이너들'이라는 방이 생성, 윤석열 탄핵 요구 및 퇴진 시위 관련 피켓을 만들기 위해 디자이너들이 모였다. 이후 클럽 구성원 외에도 피켓 디자인에 참여할 수 있도록 민구페퀴 연대 단체 채널을 통해 공개적으로 디자이너를 모집, 한편에서는 피켓에 사용할 문구도 모집했다. 피켓 디자인을 위해 모았던 문구는 현재진행 중인 비상사태 상황에서 민주주의에 관한 다양한 시민들의 바람과 이야기를

민주주의 구하는 페미-퀴어-네트워크@심미섭

담은 온라인 담벼락 공간 '탄핵 이후 우리가 바라는 민주주의'로 확대되어 홈페이지에서 운영 중이다. 피켓을 만드는 과정에서부터 피켓을 나누는 방식까지 민구페퀴의 활동은 열려 있으며 '민주주의'를 향해 나아간다.

두 번째, 〈시대정신〉 프로젝트는 디자인 스튜디오 '일상의실천'이 기획했으며 일상의실천과 관계된 디자이너 중심으로 진행됐다. 12.3 계엄 내란 사태 이후 시각언어를 통해 메시지를 전달하는 디자이너의 책임과 역할은 무엇인지 자문하며, 다양한 시국선언문을 60여 명의 디자이너가 포스터로 디자인한 프로젝트다. 전시 공간으로 온라인 홈페이지를 제작하고 오프라인에서는 2025년 2월 26일~3월 16일까지 강남에 있는 'REALATION SPACE'에서 전시했다. 〈시대정신〉 프로젝트는 홈페이지 제작과 오프라인 전시 등 기존의 그래픽디자인계의 익

일상의실천

숙한 표현 방식으로 기획됐다. 그만큼 프로젝트의 완성도는 높지만, 진행 과정은 닫혀 있는 구조다. 시대정신을 담아내고 보여주고자 기획했지만 얼마나 많은 시민들한테 닿았을까 하는 생각이다.

그래픽 행동가 모임

다소 뒤늦게 합류한 '그래픽 행동가 모임'(GAA)은 12.3 계엄 내란 사태 이후 다양한 단체와 그래픽 노동으로 연대하는 모임이다. GAA 참여 디자이너들은 한국게이인권단체 친구사이, (종로, 이태원, 신림, 비서울권) 지역 업소들, 감염인 인권단체, 윤석열 탄핵 울진군민행동, 학생인권법과 청소년인권을 위한 청소년-시민전국행동, 경계인의 몫소리 연구소 등에서 사용하는 슬로건과 포스터, 카드뉴스, 깃발, 피켓 등을 디자인하며, 디자인 기술을 매개 삼아 사회적 행동과 관계를 맺고 있다. (글: 신영은)

민주주의 수호를 위한 기록과 정보·문화연구모임
— 12.03 계엄사태와 민주주의 위기

'12.03 계엄사태와 민주주의 위기 아카이브'(이하 12.03 아카이브)는 기록학을 전공하는 연구자들이 개설한 것이다. 12.3 비상계엄이 발표된 지 4시간 만에 기록학 전공자들이 모인 단톡방에서 긴급 대응을 위한 연구모임이 결성되었고, 기록학 지식을 활용한 실천 기본 전략을 마련했다고 한다. 그 전략은 크게 '기록수집과 정리 실천', '아카이빙 운영' 부문으로 나뉜다.

12.03 아카이브는 2025년 1월 3일 공개되었다. 현재 12.03 아카이브는 모두 12개의 주제별 컬렉션으로 구성되어 있는데, 구체적으로 살펴보면 ① 집회 및 시민 기록, ② 사건일지, ③ 담론 기록, ④ 국회 기록, ⑤ 행정 기록, ⑥ 정당 기록, ⑦ 시사 유튜브, ⑧ 웹페이지, ⑨ 해외 언론, ⑩ 역사 기록, ⑪ 국내 언론, ⑫ 12.03 비상계엄 국회 시민 기억으로 나뉘어 있다.[1]

...

[1] 김태현, "12.3 비상계엄 아카이빙과 공공역사", 남태령 아카이빙 심포지엄 자료집, 〈12.3 비상계엄, 그리고 '남태령'을 기록하다〉(2025.3.15.), 7-8쪽.

12.3 비상계엄 아카이브 컬렉션 구성

남태령 기록보관소

남태령 기록보관소(이하 남카이빙)는 '남태령대첩'과 관련한 시민발언 및 사진, 영상 등의 텍스트 기록을 수집하는 트위터 아카이브(트위터 계정 @namchving)다. 남태령대첩의 타임라인은 1박 2일의 밤샘 시위를 넘어서서 '남태령대첩'을 계기로 확장된 연대의 가능성과 새로운 주체 구성의 현상까지 포괄한다.[2]

트위터 향연이자, 청년 농부인 김후주는 남태령이 기록되어야 하는 이유를 다음의 네 가지로 꼽는다. 첫째, 남태령을 경험한 투쟁 주체

---

2 '남태령대첩'은 1차적으로 2024년 12월 21일 낮부터 22일 밤까지 이어진, 12.3 비상계엄과 반농업 정책에 저항하는 '전봉준투쟁단'을 중심으로 한 트랙터 투쟁과, 이에 연대한 시민들이 "기획되지 않은"(향연), '우발적인' 광장을 형성하며 트랙터 파손, 신체 상해, 집중 차벽 설치와 여경 기동대 출동 등 폭력적이고 인권 침해적인 강제 진압을 목전에 앞둔 상황에서 '평화 시위'와 '정체성 소개'를 필두로 한 시민발언을 통한 밤샘 대치, 이튿날까지 이어진 기자회견과 집회를 통해 마침내 경찰 철수를 이끌어냄으로써 관저 앞까지 평화로운 행진 및 마무리 집회, 트랙터 복귀를 이루어낸 사건을 말한다. 아울러 이에 그치지 않고, "남태령에서 온 소녀"들의 연대가 확장되어 전국장애인철폐연대, 동덕여대, 민주노총 등 시민연대를 저해해온 운동권, 퀴어/트랜스젠더, 이주민에 대한 혐오와 수평 폭력으로 만들어진 '순수한 학생/시민', '생물학적 여성', '자국 국민' 등 민족주의적이고 전체주의적, 환원주의적인 내집단 의식에 균열을 내며 연대의 가능성을 확장하고 새로운 주체성을 태동시켜온 현상을 일컫는다(최별, "남태령대첩 타임라인의 재구성을 통해 톺아보는 남태령이 가능했던 지점들", 남태령 아카이빙 심포지엄 자료집, 〈12.3 비상계엄, 그리고 '남태령'을 기록하다〉, 2025.3.15., 31쪽).

인 농민의 시점과 연대하는 시민들의 시점을 메타적으로 파악할 필요가 있다. 둘째, 남태령 현장이 제공한 감각이나 추억, 의미들을 확대 재생산하는 작업이 계속되고 있다. 셋째, 남태령에 대한 왜곡과 날조에 대항하는 집단적 기억의 기록 작업이 필요하다. 마지막으로, 이번 내란정국의 광장이 지니는 특징들을 집약적으로 드러낸 사례로서 남태령대첩 자

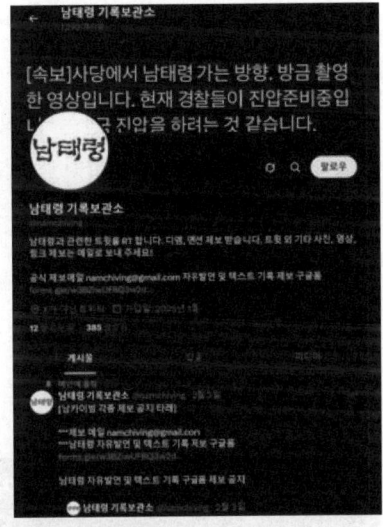

남태령 기록보관소[3]

체를 알리고 전파할 필요가 있다. 남태령대첩은 사건의 우발성으로 인해, 남태령대첩의 우발성으로 인해 양질의 사진이나 영상 기록이 부족한 형편이다. 개인이 소장한 영상과 사진을 제보받아 수집 중이며, 시민발언과 현장의 상황에 대한 녹취 작업도 이루어지고 있으나 아직 공개 여부는 확정되지 않았다.[4]

남태령 트위터 아카이브 프로젝트

'남태령 트위터 아카이브 프로젝트'는 12.3 비상계엄 이후의 시민 활동을 기록한 김해은의 프로젝트다. SNS운동이 쉽게 휘발되고 쉽게 잊

---

3 https://x.com/namchiving (2025.3.29. 검색).
4 김후주, "남태령, 왜 그리고 어떻게 기록되어야 하는가: 기억을 통한 투쟁의 모색", 남태령 아카이빙 심포지엄 자료집, 〈12.3 비상계엄, 그리고 '남태령'을 기록하다〉(2025.3.15.), 24- 28쪽.

히거나 왜곡되는 것을 극복해보고자 트위터 데이터를 모으게 되었다고 한다. 그는 남태령을 기록한 트위터들의 개인 백업 파일을 자발적 참여와 동의를 거쳐 전달받는 방식으로 데이터를 수집했으며, 시간순으로 배열하여 자신이 운영하는 홈페이지에 공개하고 있다.[5]

시국의 여자들

'시국의 여자들'은 민주주의의 중심에서 싸우는 여성들을 기록하는, 페미니스트 여성 영상인 네트워크 @fff.pri의 프로젝트다. 시국의 여

FFF 시국의 여자들

...

5   https://20241203archive.kr/namtaeryeong(2025.3.29. 검색).

자들이 자신들이 영상 기록을 남기는 이유에 대해 다음과 같이 밝힌다. "정치적 위기 속에서도 2030 여성들은 시위에 적극적으로 참여하고 목소리를 내왔지만, 주류 언론은 우리의 존재를 끊임없이 지워왔습니다. FFF 시국의 여자들은 그러한 여성들의 기록을 남기고, 당사자 여성의 시선으로 메시지를 전파합니다. 정치와 사회적 변화의 현상에서 여성들이 더 이상 배제되지 않도록 우리 스스로 기록하고 공유하며 행동합니다."[6]

언급되지 않는 청년 100인의 목소리

12월 3일 비상계엄 이후, 관련 집회에 참여하지 않았거나 단 1회만 참여한 경험이 있는 만 19~30세의 청년을 대상으로 심층면접을 실시한 결과를 분석한 『언급되지 않는 청년 100인의 목소리』가 발표되었다. 〈윤석열 물어가는 범청년행동〉에서 활동하는 청년 시민단체 및 개인 활동가들이 면담자로 참여했다. 여러 가지 이유로 집회에 참여하지 못하였거나 참여하지 않은 청년들이 탄핵 국면을 어떻게 바라보고 탄핵 이후의 세상

토론회 - 언급되지 않은 청년 100인의 목소리

---

[6] 인스타그램 @fff.demo.archive https://www.instagram.com/fff.demo.archive

을 어떻게 전망하고 있는지에 대한 생각을 듣고 정리했다.[7] 이러한 인터뷰는 '집회에 참여하는 청년 여성 vs 극우화되는 청년 남성' 구도를 만들고 젠더 이슈를 청년 담론에 결합하여 왜곡된 갈등의 양상으로 심화시키고 있는 현상에 대한 문제의식에서 진행되었다.[8]

극우 리포트: 성소수자 혐오에서 내란 옹호까지

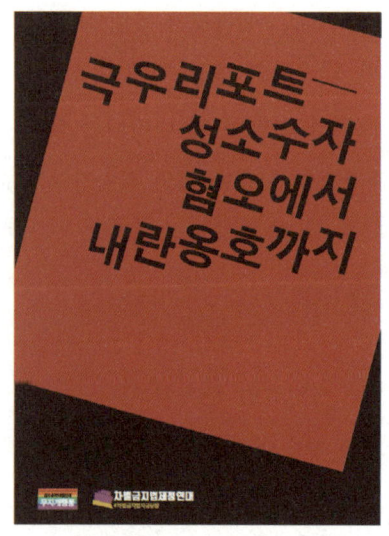

극우 리포트 – 성소수자 혐오에서 내란옹호까지

『극우 리포트: 성소수자 혐오에서 내란 옹호까지』는 성소수자 차별반대 무지개행동과 차별금지법 제정연대가 분석한 한국 극우에 대한 보고서다. 성소수자 차별 반대 무지개행동은 성소수자에 대한 차별과 혐오를 반대하고 인권을 증진하기 위해 48개 단체가 함께하는 연대체로, 12.3 내란 이후 '윤석열 퇴진 성소수자 공동행동'을 결성했다. 차별금지법 제정연대는 헌법상 평등 이념을 실현할 포괄적 차별금지법 제정을 목표로 전

...

7 〈윤석열 물어가는 범청년행동〉은 비상계엄 이후 '청년 시민의 목소리를 모으고 더 나은 민주주의와 불평등 없는 세상을 만들기 위해' 출범한 청년시민사회의 연대체로서, 2025년 3월 28일 기준으로 총 25개 단체가 가입되어 있다(윤석열 물어가는 범청년행동, 〈광장 밖 청년 100인 인터뷰 프로젝트 결과보고 및 토론회: 언급되지 않는 청년 100인의 목소리〉, 2025.3.28., 4-7쪽).
8 참여연대, https://www.peoplepower21.org/youth/1988471
9 https://www.facebook.com/story.php?story_fbid=1068479775324541&id=100064875842727

국 168개 인권·시민단체로 구성된 연대체다. 두 단체는 이 책을 통해 한국의 극우가 성소수자 등 소수자에 대한 혐오를 통해 성장했고, 끝내는 내란 옹호 세력이 되었다는 점을 드러냈다.[10]

2024년 12월의 목소리들

'2024년 12월의 목소리들'은 서강대 트랜스내셔널인문학연구소(CGSI)가 만든 성명서 및 자보 아카이빙이다.[11] 대자보가 우리 사회, 대학가에 나타난 것을 어떻게 볼 것인지, 대자보의 물성, 한시성, 상징성 그리고 제한된 익명성이 12월의 목소리와 결합될 때 나타나는 의미, 수많은 발화자가 발언의 방법으로 대자보를 선택한 것의 의미가 무엇인지 살필 필요가 있다는 생각에서 아카이빙하게 되었다고 한다.[12]

시민발언 아카이브

'윤석열즉각퇴진·사회대개혁 비상행동 시민발언 분석팀'에서는 비상행동 측으로 접수된 시민발언문을 취합하여 아카이빙하고 그 함의를 분석하는 작업을 하였다. 그 결과가 플랫폼C 4월 월례포럼에서 "광장에서 만난 세계: 시민발언을 통해 본 삶, 투쟁, 미래"라는 제목으로 발표되었다. 발언문에 대한 양적 통계 결과에 따르면, 가장 많이 나온 키워드는 '우리', '윤석열', '탄핵/퇴진/파면', '시민(들)', '여러분', '사랑',

...

10 https://drive.google.com/file/d/1JdQKJYWF3e46S02iyLQXnwR0y2JixEXe/view.
11 https://docs.google.com/spreadsheets/d/1IAc52JzY03_uL0faPMSLtRVSVHtJFv36NOpr-1tG86E/edit?gid=1149278323#gid=1149278323
12 "서강대학교 트랜스내셔널인문학연구소(CGSI): '2024년 12월의 목소리들'", 〈남태령 아카이빙 심포지엄: 12.3 비상계엄, 그리고 '남태령'을 기록하다〉(2025.3.15.), 17쪽.

'위하다', '국민', '민주주의', '내란' 등의 순이었다. 시민발언 아카이브는 추후 사회적으로 활용될 수 있도록 공개될 예정이라고 한다. (글: 정원옥)

2024~2025 탄핵광장의 풍경
광장의 다양한 풍경을 담은 사진을 제공해주신 김상규 교수, 최은별 작가님께 감사드립니다.

아카이브 473

아카이브

지은이 알림

정원옥

문화사회연구소 대표, 〈문화/과학〉 편집위원. 한국예술종합학교 겸임교수. 정동정치의 관점에서 국가폭력 및 사회적 참사의 피해자 운동을 주로 연구하고 있다.

김상규

서울과학기술대학교 디자인학과 교수. 의자 디자이너, 큐레이터로 일했다. 생태 전환 디자인과 사물 연구, 20세기 사회주의 체제의 디자인에 관심을 갖고 있다.

김성일

경희대학교 후마니타스 칼리지 교수. 〈문화/과학〉 편집위원. '문화로 세상을 바꿀 수 있다'는 신념으로 교육과 연구에 힘쓰고 있다.

김진호

글쟁이로 살아온 지 30여 년이 되었다. 한백교회 담임 목회자로 10년 정도, 소위 목회를 했다. 제3시대그리스도교연구소를 만드는 데 참여했고, 연구실장으로 일하다 은퇴했다.

김현준

서교인문사회연구실 연구원, 〈문화/과학〉 편집위원. 대학 안팎에서 과학기술·정치·문화사회학을 연구하며 강의하고 있다.

박상은

한국 현대문학/문화연구자. 카이스트 디지털인문사회과학부 겸직교수. 기후, 노동, 젠더 정의의 관점에서 과거와 현재의 문화운동을 연결하는 작업을 하고 있다.

박이현

앞산의 불을 끄는 일만큼, 너른 삶의 터를 다지는 일이 중요하다고 믿는다. 잠든 감각을 깨우고, 마음과 마음을 잇기 위해 오늘도 부지런히 씨앗을 심는 문화연대 활동가.

이윤서

문화사회연구소 비상임연구원. 대학원에서 기록학을 공부하고 있다. 다양한 종류의 일을 하고 있고, 닳은 것의 사회적 역할에 대해 고민한다.

이종임

서울과학기술대학교 IT정책전문대학원 강사, 문화사회연구소 이사. 한류문화와 젠더, 미디어문화 연구와 민속지학, 미디어 기술의 사회문화적 영향력 등에 대해 연구하고 있다.

정고은

성균관대학교 동아시아학술원 선임연구원. 2024년 「신자유주의 시대의 노동문학 연구」로 박사학위를 받았다. '노동'과 '페미니즘'에 관한 글을 쓴다.

조윤희

연세대학교 커뮤니케이션 대학원 미디어문화연구 박사과정. 신촌문화정치연구그룹 연구원. 〈문화/과학〉 편집위원. 무성애를 중심으로 섹슈얼리티 및 친밀성을 연구하고 있다.

채효정

경희대학교 후마니타스 칼리지 해직 강사. 『오늘의 교육』 편집위원장. 체제전환연구모임 활동. 정치, 인문·예술, 교육 분야에서 이론과 현실, 사유와 실천을 잇는 '현장 연구자'가 되고자 한다.

최준영

문화사회연구소 소장. 철들지 않는 것이 장수의 비결이라는 믿음. 세상을 바꾸려는 사람일수록 더 멋있고 폼나야 한다는 생각. 잠깐이라며 시작한 문화연대+문화사회연구소 생활 25년 차.

하장호

문화연대 정책위원장. 언젠가는 뮤지션이 되겠다는 꿈을 20년간 품고 살고 있다. 문화운동과 지역 활동, 정책연구까지 다양한 영역으로 활동을 확장하고 있다.

홍명교

사회운동의 대안을 모색하기 위하여 설립된 활동단체 플랫폼c의 활동가다. 체제전환운동과 동아시아 국제연대, 반전평화운동 등에 관심을 갖고 활동하고 있다.